BESTSELLER

Elizabeth Gilbert es la autora del libro de memorias *Come, reza, ama*, que se mantuvo en la lista de los libros más vendidos del *New York Times* durante 187 semanas, convirtiéndose de inmediato en un fenómeno editorial excepcional y propiciando su adaptación cinematográfica protagonizada por Julia Roberts en 2010. Además es autora de *Comprometida*, basado también en su experiencia personal, y de las novelas *La firma de todas las cosas* y *De hombres y langostas*. Asimismo, su ensayo *The Last American Man* fue nominado al National Book Award y elegido Libro Notable de 2002 por *The New York Times*. Además, escribe regularmente para la revista norteamericana *GQ*, labor por la que ha sido propuesta en dos ocasiones al National Magazine Award. Vive entre Filadelfia y Brasil.

www.elizabethgilbert.com

Biblioteca
ELIZABETH GILBERT

Come, reza, ama

Traducción de
Gabriela Bustelo

DEBOLS!LLO

Título original: *Eat, Pray, Love: One Woman's Search for Everything Across Italy, India and Indonesia*
Primera edición en Debolsillo: octubre de 2015
Primera edición en Estados Unidos: agosto de 2018

© 2006, Elizabeth Gilbert
Todos los derechos reservados
© 2015, Penguin Random House Grupo Editorial, S.A.U.
Travessera de Gràcia, 47-49. 08021 Barcelona
© Gabriela Bustelo, por la traducción

Printed in USA – Impreso en Estados Unidos

ISBN: 978-84-663-3034-3 (vol. 1099/1)
Depósito legal: B-18.894-2015

P 3 3 0 3 4 3

Penguin
Random House
Grupo Editorial

*Para Susan Bowen,
que me dio amparo aunque estaba
a 20.000 kilómetros de distancia.*

«Di la verdad, di la verdad, di la verdad»*.

SHERYL LOUISE MOLLER

* Excepto al intentar resolver transacciones inmobiliarias urgentes en Bali, tal como se describe en este libro.

Introducción

o

Cómo funciona este libro

o

El abalorio 109

Al viajar por India —sobre todo por los lugares sagrados y ashrams— se ve mucha gente con abalorios colgados del cuello. También se ven muchas fotografías antiguas de yoguis desnudos, esqueléticos y aterradores (o, a veces, incluso yoguis rechonchos, bonachones y radiantes) que también llevan abalorios. Estos collares de cuentas se llaman *japa malas*. En India los hindúes y budistas devotos los usan desde hace siglos para mantenerse concentrados durante sus meditaciones religiosas. El collar se sostiene en la mano y se toca una cuenta cada vez que se repite un mantra. En la Edad Media, cuando los cruzados llegaron a Oriente durante las guerras santas, vieron a los devotos rezar con sus *japa malas* y, admirados, llevaron la idea a Europa, donde se convirtió en el rosario.

El *japa mala* tradicional tiene 108 abalorios. En los círculos más esotéricos de la filosofía oriental el número 108 se considera el más afortunado, un perfecto dígito de tres cifras, múltiplo de tres y cuyos componentes suman nueve, que es tres veces tres. Y tres, por supuesto, es el número que representa el supremo equilibrio, como sabe cualquiera que haya estudiado la Santísima Trinidad o un sencillo taburete. Dado que todo este libro es sobre mi lucha por hallar el equilibrio, he decidido estructurarlo como un *japa mala*, dividiendo mi historia en 108 cuentos, o abalorios. Este rosario de 108 cuentos se divide, a su vez, en tres secciones sobre Italia, India e Indonesia, los tres países que visité durante este año de introspección. Es decir, hay 36 cuentos en cada sección, cosa que tiene un significado especial para mí, ya que esto lo escribo durante mi año trigésimo sexto.

Y ahora, antes de ponerme a lo Louis Farrakhan con el asunto de la numerología, permitidme acabar diciendo que también me gusta la idea de enhebrar estos cuentos como si fueran un *japa mala*, porque así les doy una forma más... estructurada. La investigación espiritual sincera es, y siempre ha sido, una suerte de disciplina metódica. Buscar la verdad no es una especie de venada facilona, ni siquiera hoy en día, en estos tiempos tan *venados* y facilones. Como eterna buscadora que soy, además de escritora, me resulta útil seguir la estructura del collar todo lo posible para poder concentrarme en mi objetivo final.

El caso es que todo *japa mala* tiene un abalorio de más, un abalorio especial —el número 109— que queda fuera del círculo equilibrado que forman los otros 108, colgando como un amuleto. Al principio yo creía que el abalorio 109 era de repuesto, como el botón extra de un jersey o el segundón de una familia real. Pero parece ser que tiene un propósito más elevado. Cuando estás rezando y lo alcanzas con los dedos, debes interrumpir la concentración de la meditación para dar las gracias a tus maestros. Así que aquí, en mi abalorio 109, me detengo incluso antes de haber empezado. Quiero dar las gracias a todos mis maestros, que han aparecido en mi vida, a lo largo de este año, de la manera más variopinta.

Pero, ante todo, quiero dar las gracias a mi gurú, una mujer que es la compasión personificada y que tan generosamente me permitió estudiar en su ashram mientras estuve en India. Por cierto, me gustaría aclarar que escribo sobre mis experiencias en India desde un punto de vista meramente personal y no como experta en teología ni como portavoz oficial de nadie. Por este motivo, no revelaré el nombre de mi gurú en este libro, ya que no puedo hablar por ella. Sus enseñanzas hablan mejor por sí mismas. Y tampoco mencionaré el nombre ni el lugar donde se halla su ashram, librando a tan digna institución de una publicidad que quizá no pueda afrontar por falta de recursos o por falta de interés.

Una última expresión de gratitud: varios nombres de los aparecidos en este libro se han cambiado por una serie de motivos y he decidido cambiar también los de todos aquellos —sean indios u occidentales— a quienes conocí en el mencionado ashram de India. Lo hago por respeto al hecho de que la gente no suele hacer una peregrinación espiritual para salir después como personajes de un libro. (A no ser, por supuesto, que se trate de mí.) Sólo he hecho una excepción en esta política de anonimato que me he impuesto. El tal «Richard el Texano» que aparece en el libro se llama, efectivamente, Richard, y es de Texas. He querido conservar su nombre real por lo mucho que significó para mí durante mi estancia en India.

Y, por último, al preguntar a Richard si le parecía bien que dijera en mi libro que había sido un yonqui y un borracho, me dijo que le parecía perfecto.

Me dijo:

—La verdad es que llevaba un tiempo pensando en cómo hacer pública esa noticia.

Pero empecemos por Italia...

ITALIA

o

«Dilo comiendo»

o

Treinta y seis historias sobre
la búsqueda del placer

1

Ojalá Giovanni me besara.

Uf, pero por muchos motivos es una idea descabellada. Para empezar, Giovanni tiene diez años menos que yo y —como la mayoría de los veinteañeros italianos— aún vive con su madre. Esto basta para convertirlo en un compañero sentimental bastante improbable, dado que yo soy una estadounidense entrada en la treintena que acaba de salir de un matrimonio fallido y un divorcio tan interminable como devastador, seguido de una veloz historia de amor que acabó en una tristísima ruptura. Estas pérdidas, una detrás de otra, me han hecho sentir triste y frágil y como si tuviera unos siete mil años. Aunque sólo sea por una cuestión de principios, no estoy dispuesta a imponer mi personaje patético y destrozado al maravilloso e inocente Giovanni. Y por si eso fuera poco, al fin he llegado a esa edad en que una mujer se empieza a plantear si recuperarse de perder a un hombre joven y guapo de ojos castaños consiste en llevarse a otro a la cama cuanto antes. Por eso ahora llevo sola tantos meses y, de hecho, he decidido pasar este año entero en celibato.

Ante esto un observador sagaz podría preguntar: «Entonces, ¿por qué has venido nada menos que a Italia?».

A lo cual sólo puedo responder, sobre todo cuando miro al guapo Giovanni, que está sentado al otro lado de la mesa: «Una pregunta excelente».

Giovanni es mi pareja de «Intercambio Tándem», cosa que puede sonar insinuante, pero por desgracia no lo es. Lo que significa es que nos reunimos un par de tardes aquí, en Roma, para practicar nuestros idiomas respectivos. Primero hablamos en italiano y él tiene paciencia conmigo; luego hablamos en inglés y yo tengo paciencia con él. Descubrí a Giovanni cuando apenas llevaba unas semanas en Roma gracias al gigantesco cibercafé que hay en la piazza Barberini frente a esa fuente que consiste en un erótico tritón con una caracola entre los labios a modo de trompeta. Él (Giovanni, no el tritón) había dejado una nota en el tablón de anuncios explicando que un italiano nativo buscaba un estadounidense nativo para poder practicar idiomas. Justo al lado de su nota había otra con el mismo texto, idéntico en todo, palabra por palabra, hasta en la letra. La única diferencia eran los datos de contacto. Una de las notas daba una dirección de correo electrónico de un tal Giovanni; la otra mencionaba a un hombre llamado Dario. Pero hasta el teléfono fijo que daban era el mismo.

Empleando mi aguda intuición, les envié el mismo correo electrónico a los dos, con una pregunta en italiano: «¿Sois hermanos, quizá?».

Fue Giovanni quien me respondió con este mensaje tan provocativo (como dicen los italianos): «Mejor todavía. ¡Somos gemelos!».

Pues sí. Mucho mejor. Resultó que eran dos gemelos idénticos de 25 años; altos, morenos, guapos y con esos enormes ojos castaños que tienen los italianos, que parecen líquidos por el centro y que a mí me hacen perder el norte. Después de conocer a los dos chicos en persona empecé a pensar si no debería replantearme la idea de pasar todo el año en celibato. Por ejemplo, podía seguir totalmente célibe, pero tener como amantes a un par de hermosos gemelos italianos de 25 años, hecho que me recordaba vagamente a una amiga mía que es vegetariana pero come beicon, aunque... De pronto me vi escribiendo uno de esos relatos para la revista *Penthouse*:

«En la penumbra de las titilantes velas del café romano era imposible saber de quién eran las manos que acariciaban...».

Pero no.

No y no.

Interrumpí la fantasía bruscamente. No era el momento adecuado para andar buscando amores que complicaran aún más mi ya enrevesada vida (cosa que iba a suceder de todas formas). Era el momento de buscar esa paz terapéutica que sólo se encuentra en soledad.

El caso es que a estas alturas, a mediados de noviembre, el tímido y estudioso Giovanni y yo nos hemos hecho muy buenos amigos. En cuanto a Dario —el hermano más ligón y presumido de los dos—, le he presentado a mi querida amiga sueca Sofie y de sus tardes en Roma sólo diré que eso sí es un «Intercambio Tándem» y lo demás son tonterías. En cambio, Giovanni y yo sólo hablamos. Es decir, comemos y hablamos. Llevamos ya muchas semanas agradables comiendo y hablando, compartiendo pizzas y pequeñas correcciones gramaticales, y esta noche no ha sido una excepción. Una hermosa velada a base de nuevos modismos y *mozzarella* fresca.

Ahora es medianoche, hay niebla, y Giovanni me está acompañando a casa, a mi apartamento del centro, en un barrio de callejones dispuestos orgánicamente en torno a los clásicos edificios romanos, como una red de pequeños afluentes serpenteando entre bosquecillos de cipreses. Ahora estamos delante de mi puerta. Nos miramos. Giovanni me da un abrazo cariñoso. Esto es todo un avance; durante las primeras semanas se limitaba a darme la mano. Creo que si pasara tres años más en Italia el chico acabaría atreviéndose a besarme. Aunque, bien mirado, le podría dar por besarme ahora mismo, esta noche, aquí mismo, delante de mi puerta... Aún hay una posibilidad..., porque nuestros cuerpos están tan pegados uno al otro y a la luz de la luna... y está claro que sería un error tremendo..., pero sigue siendo maravilloso pensar que pudiera atreverse ahora mismo..., que le diera por inclinarse hacia mí... y... y...

Pero no.

Tras abrazarme se aparta de mí.

—Buenas noches, mi querida Liz —me dice.

—*Buona notte, caro mio* —le contesto.

Subo las escaleras hasta mi apartamento del cuarto piso, sola. Abro la puerta de mi estudio diminuto, sola. Una vez dentro cierro la puerta. Otra noche solitaria en Roma. Me espera otra larga noche durmiendo, sin nada ni nadie con quien compartir la cama salvo un montón de glosarios y diccionarios de italiano.

Estoy sola; estoy completamente sola. Estoy más sola que la una.

Una vez asimilado el hecho, dejo caer el bolso, me pongo de rodillas y apoyo la frente en el suelo. En esta postura ofrezco al universo una sentida oración de agradecimiento.

Primero en inglés.

Después en italiano.

Y por último... por si no ha quedado claro... en sánscrito.

2

Y como ya estoy en el suelo en actitud suplicante, permitidme que me quede así mientras retrocedo en el tiempo hasta tres años antes de que empezara toda esta historia, hasta un momento en el que estaba yo exactamente en la misma postura: de rodillas en el suelo, rezando.

En la escena de hace tres años todo lo demás era distinto, eso sí. En aquella ocasión no estaba en Roma, sino en el cuarto de baño del piso de arriba de la enorme casa que me acababa de comprar con mi marido en las afueras de Nueva York. Estábamos en noviembre, hacía frío y eran como las tres de la mañana. Mi marido dormía en nuestra cama. Yo ya llevaba unas cuarenta y siete noches consecutivas escondiéndome en el cuarto de baño y —exactamente igual que en las noches anteriores— estaba llorando a moco tendido. Llorando tanto, de hecho, que en las baldosas del suelo del cuarto de baño se estaba formando un enorme lago de lágrimas y mocos, un auténtico lago Inferior (por así decirlo) formado por las aguas de mi vergüenza, mi miedo, mi confusión y mi tristeza.

Ya no quiero estar casada.

Estaba haciendo todo lo posible por no enterarme del tema, pero la verdad se me aparecía con una insistencia cada vez mayor.

Ya no quiero estar casada. No quiero vivir en esta casa tan grande. No quiero tener un hijo.

Pero lo normal era querer tener un hijo. Tenía 31 años. Mi marido y yo —que llevábamos ocho años juntos, seis casados— habíamos basado nuestra vida en la idea compartida de que a los 30 seríamos los dos unos vejestorios y yo querría sentar la cabeza y tener hijos. Para entonces, pensábamos, me habría hartado de viajar y estaría encantada de vivir en una casa enorme con mucho ajetreo, niños, colchas hechas a mano, un jardín en la parte de atrás y un buen guiso borboteando en la cocina. (El hecho de que éste sea un retrato bastante fiel de mi madre indica lo mucho que me costaba entonces deslindarme de la poderosa mujer que me había criado.) Pero descubrí —y me quedé atónita— que yo no quería lo mismo que ella. En mi caso, al rebasar la veintena y ver que los 30 se acercaban como una pena de muerte, me di cuenta de que no quería quedarme embarazada. Estaba convencida de que me iban a entrar ganas de tener un hijo, pero nada. Y sé lo que es empeñarse en algo, creedme. Sé bien lo que es tener una necesidad perentoria de hacer una cosa. Pero yo no la tenía. Es más, no hacía más que pensar en lo que me había dicho mi hermana un buen día mientras daba el pecho a su primer retoño: «Tener un hijo es como hacerse un tatuaje en la cara. Antes de hacerlo tienes que tenerlo muy claro».

Pero a esas alturas ¿cómo iba a echarme atrás? Todas las piezas encajaban. Ese año era el perfecto. De hecho, llevábamos varios meses intentando preñarnos. Pero no pasaba nada (aparte de que —en una especie de parodia sarcástica de un embarazo— yo tenía náuseas psicosomáticas y vomitaba el desayuno todas las mañanas). Y todos los meses, cuando me venía el periodo, susurraba a escondidas en el cuarto de baño: «Gracias, gracias, gracias, gracias por concederme otro mes de vida...».

Me decía a mí misma que lo mío era normal. Seguro que a todas las mujeres que querían quedarse embarazadas les pasaba lo mismo, decidí. («Ambivalente» era la palabra que usaba, huyendo de una descripción mucho más precisa: «totalmente aterrorizada».) Quería convencerme de que lo que me pasaba era típico pese a las abundantes pruebas en contra; como la amiga con la que me había encontrado la semana anterior, que se había quedado embarazada por primera vez después de dejarse una fortuna en tratamientos de fertilidad durante dos años. Estaba entusiasmada. Había querido ser madre toda su vida, me dijo. Y me confesó que llevaba años comprando ropa de bebé a escondidas y metiéndola debajo de la cama para que no la viera su marido. Vi la alegría en su rostro y la reconocí. Era exactamente la misma alegría que había iluminado mi rostro la primavera pasada, el día en que descubrí que la revista para la que trabajaba me iba a mandar a Nueva Zelanda para escribir un reportaje sobre el calamar gigante. Y pensé: «Mientras tener un hijo no me haga tan feliz como irme a Nueva Zelanda a investigar el calamar gigante, no puedo tener un hijo».

Ya no quiero estar casada.

De día lograba no pensar en ello, pero de noche me obsesionaba. Menuda catástrofe. ¿Cómo podía ser tan imbécil y tan jeta de haberme involucrado hasta ese punto en mi matrimonio para acabar separándome? Si sólo hacía un año que habíamos comprado la casa. ¿O es que no me había gustado irme a una casa tan bonita? ¿O es que no era yo la primera a la que le encantaba? Entonces, ¿por qué la recorría medio sonámbula todas las noches, aullando como Medea? ¿O es que no estaba orgullosa de todo lo que habíamos acumulado, de la magnífica casa del valle del Hudson, del apartamento en Manhattan, de las ocho líneas de teléfono, de los amigos, los picnics y las fiestas, de pasar los fines de semana paseando por los pasillos de nuestra tienda de lujo preferida comprando el enésimo electrodoméstico a crédito? Si yo había participado activamente, segundo a segundo, en la construcción de nuestra vida, ¿por qué me daba la sensación de que el tema no tenía nada que ver conmigo? ¿Por qué me abrumaba tanto la responsabilidad? ¿Y por qué estaba harta de ser la que más dinero ganaba y la coordinadora social y la que paseaba al perro y la esposa y la futura madre y —a ratos, en momentos robados— la escritora...?

Ya no quiero estar casada.

Al otro lado de la pared mi marido dormía en nuestra cama. Lo quería y no lo aguantaba, a partes iguales. Pero no podía despertarlo para contarle mis penas... ¿De qué serviría? Ya llevaba meses viéndome desmoronarme, viéndome comportarme como una demente (los dos usábamos esa palabra) y lo tenía agotado. Ambos sabíamos que a mí me pasaba algo y él estaba cada vez más harto del tema. Habíamos discutido y llorado y estábamos exhaustos como sólo puede estarlo una pareja cuyo matrimonio se está cayendo a trozos. Teníamos la mirada de un refugiado.

Los numerosos motivos por los que ya no quería ser la esposa de ese hombre son demasiado tristes y demasiado íntimos para enumerarlos aquí. Mis problemas tenían mucho que ver en el asunto, pero una buena parte de nuestras dificultades también estaban relacionadas con temas suyos. Es natural; al fin y al cabo en un matrimonio hay dos personas: dos votos, dos opiniones, dos bandos opuestos de decisiones, deseos y limitaciones. Pero tampoco pretendo convencer a nadie de que yo sea capaz de dar una versión objetiva de nuestra historia, de modo que la crónica de nuestro matrimonio fallido se quedará sin contar en este libro. Tampoco mencionaré aquí todos los motivos por los que sí quería seguir siendo su esposa, ni lo maravilloso que era, ni por qué le quería y era incapaz de imaginar la vida sin él. No voy a compartir nada de eso. Basta con decir que, en esa noche concreta, él seguía siendo tanto mi faro como mi albatros. Lo único que me parecía tan impensable como irme era quedarme. No quería destrozar nada ni a nadie. Sólo quería marcharme silenciosamente por la puerta de atrás, sin ningún jaleo ni secuela, y no parar de correr hasta llegar a Groenlandia.

Esta parte de mi historia no es alegre, lo sé. Pero la menciono aquí porque en el suelo de ese cuarto de baño estaba a punto de ocurrir algo que cambiaría para siempre la progresión de mi vida, casi como uno de esos increíbles momentos astronómicos en que un planeta gira sobre sí mismo en el espacio, sin ningún motivo aparente, y su núcleo fundido se desplaza, reubicando sus polos y alterando radicalmente su forma, de modo que la forma del planeta se hace oblonga de golpe, dejando de ser esférica. Pues algo así.

Lo que sucedió fue que empecé a rezar.

Vamos, que me dio por hablar con Dios.

3

En eso era una auténtica novata. Y como es la primera vez que saco esa palabra tan fuerte —Dios— en este libro, pero va a salir muchas veces en estas páginas, parece lógico que me detenga aquí durante un momento para explicar exactamente a qué me refiero cuando la empleo, para que la gente pueda decidir cuanto antes si se va a ofender mucho o poco.

Dejando para después el debate sobre si Dios existe (no, mejor todavía: vamos a saltarnos el tema del todo), dejadme aclarar primero por qué uso la palabra Dios cuando podría usar perfectamente las palabras Jehová, Alá, Siva, Brahma, Visnú o Zeus. Por otra parte, también podría llamar a Dios «Eso», tal como hacen las sagradas escrituras sánscritas, pues se acerca bastante a esa entidad integral e innombrable que he experimentado en algunas ocasiones. Pero ese «Eso» me parece impersonal —un objeto, no un ente— y, en cuanto a mí se refiere, soy incapaz de rezar a un «Eso». Necesito un nombre propio para apreciar debidamente esa sensación de asistencia personal. Por ese mismo motivo, al rezar no dirijo mis plegarias al Universo, ni al Gran Espacio, la Fuerza, el Ser Supremo, el Todo, el Creador, la Luz, el Altísimo, ni tampoco a la versión más poética del nombre de Dios, que procede, según tengo entendido, de los evangelios apócrifos: «La Sombra de la Mudanza».

No tengo nada en contra de ninguno de estos términos. Me parecen todos iguales, porque todos son descripciones, adecuadas o inadecuadas, de lo indescriptible. Pero es cierto que cada uno de nosotros necesita dar un nombre funcional a este ente indescriptible y, como «Dios» es el nombre que a mí me resulta más cercano, es el que uso. También he de confesar que suelo referirme a Dios como «Él», cosa que no me preocupa, porque lo considero sólo un práctico pronombre personal, no una descripción anatómica precisa, ni una causa revolucionaria. Por supuesto, me parece bien que determinadas personas se refieran a Dios como «Ella», y comprendo su necesidad de hacerlo. Repito que, para mí, ambos términos son equiparables, igual de adecuados o inadecuados. Lo que sí creo es que poner en mayúsculas el pronombre que se emplee es un buen detalle, una pequeña deferencia ante la divinidad.

Culturalmente, aunque no teológicamente, soy cristiana. Nací en el seno de la comunidad protestante de la cultura anglosajona blanca. Y pese a amar a ese gran maestro de la paz que fue Jesucristo, y reservándome el derecho a plantearme qué hubiera hecho Él en ciertas situaciones complicadas, soy incapaz de tragarme ese dogma cristiano de que Cristo es la *única* vía para llegar a Dios. En sentido estricto no puedo considerarme cristiana. La mayoría de los cristianos que conozco aceptan mis opiniones sobre este tema con generosidad y tolerancia. Aunque, a decir verdad, la mayoría de los cristianos que yo conozco son poco estrictos. En cuanto a los que tienen ideas más estrictas (a mi modo de ver), lo único que puedo hacer aquí es disculparme por cualquier posible ofensa y comprometerme a no inmiscuirme en sus asuntos.

Invariablemente, me he identificado con los místicos trascendentes de todas las religiones. Siempre me ha producido una profunda emoción oír decir a alguien que Dios no vive en un texto dogmático, ni en un distante trono en los cielos, sino que convive estrechamente con nosotros, mucho más próximo de lo que podríamos pensar, sensible a las zozobras humanas. Doy las gracias a cualquiera que, tras viajar al centro de un corazón humano, haya regresado al mundo para informarnos de que Dios es *una experiencia de amor supremo*. En todas las tradiciones religiosas que se conocen siempre ha habido santos místicos y trascendentes que narran exactamente esta experiencia. Por desgracia muchos de ellos acabaron en la cárcel o murieron asesinados. Aun así, los admiro profundamente.

Dicho todo esto, lo que pienso hoy de Dios es muy sencillo. Pondré un ejemplo para explicarlo: yo tenía una perra fantástica. La había sacado de la perrera municipal. Era una mezcla de unas diez razas distintas, pero parecía haber heredado los mejores rasgos de todas ellas. Era de color marrón. Cuando la gente me preguntaba: «¿De qué raza es?», siempre les contestaba lo mismo: «Es una perra marrón». Asimismo, cuando me preguntan: «¿Tú en qué Dios crees?», mi respuesta es sencilla: «Creo en un Dios grandioso».

4

Obviamente, he tenido tiempo de sobra para formular mis opiniones sobre la divinidad desde aquella noche en que, tirada en el suelo del cuarto de baño, hablé directamente con Dios por primera vez. Aunque en aquella sombría crisis de noviembre lo que pretendía no era forjarme una doctrina teológica. Lo único que quería era salvar la vida. Por fin había caído en la cuenta de que mi desesperación era tan profunda que mi vida estaba en peligro y de pronto pensé que, en semejantes circunstancias, la gente a veces pide ayuda a Dios. Si mal no recuerdo, lo había leído en algún libro.

Lo que le dije a Dios entre sollozo y sollozo fue más o menos esto: «Hola, Dios. ¿Qué tal? Soy Liz. Encantada de conocerte».

Pues sí. Estaba hablando con el creador del universo como si acabaran de presentarnos en un cóctel. Pero en esta vida usamos lo que conocemos y ésas son las palabras que siempre empleo al comienzo de una amistad. De hecho, tuve que contenerme para no decirle:

—Siempre he sido una gran admiradora de tu obra...

—Siento molestarte a estas horas de la noche —continué—. Pero tengo un problema serio. Y me disculpo por no haberme dirigido a ti directamente hasta ahora, aunque sí espero haber sabido agradecerte debidamente las muchas bendiciones que me has concedido en esta vida.

Esta idea me hizo llorar aún más. Dios me había esperado pacientemente. Logré tranquilizarme lo suficiente como para seguir hablándole:

—No soy experta en rezar, como ya sabrás. Pero, por favor, ¿puedes ayudarme? Necesito ayuda desesperadamente. No sé qué hacer. Necesito una respuesta.

Me recuerdo suplicando como quien pide que le salven la vida. Y no había manera de dejar de llorar.

Hasta que... así, de repente... se acabó.

De repente, de un momento para otro, me di cuenta de que ya no estaba llorando. De hecho, había dejado de llorar en mitad de un sollozo. Me había quedado totalmente vacía de sufrimiento, como si me lo hubieran aspirado. Levanté la frente del suelo y me quedé ahí sentada, sorprendida y casi esperando encontrarme ante el Gran Ser que se había llevado mis lágrimas. Pero no había nadie. Estaba yo sola. Aunque no estaba sola del todo. Me rodeaba algo que sólo puedo describir como una bolsa de silencio, un silencio tan extraordinario que no me atrevía a soltar aire por la boca, no fuera a asustarlo. Estaba completamente invadida por la quietud. Creo que en mi vida había sentido semejante quietud.

Entonces oí una voz. Por favor, que nadie se asuste. No era una voz hueca como la de Charlton Heston haciendo de personaje sacado del Antiguo Testamento, ni una voz de esas que te dicen que te hagas un campo de béisbol en el jardín. Era mi propia voz, ni más ni menos, hablándome desde dentro. Pero era una versión de mi propia voz que yo no había oído nunca. Era mi voz, pero absolutamente sabia, tranquila y compasiva. Era como sonaría mi voz si yo hubiera logrado experimentar el amor y la seguridad alguna vez en mi vida. ¿Cómo podría describir el tono cariñoso de aquella voz que me dio la respuesta que sellaría para siempre mi fe en la divinidad?

La voz dijo: *Vuélvete a la cama, Liz.*

Solté aire.

De pronto vi con una claridad meridiana que eso era lo único que podía hacer. Ninguna otra respuesta me habría valido. No me habría podido fiar de una voz atronadora

28

que me dijese: *¡Tienes que divorciarte de tu marido!* o *¡No puedes divorciarte de tu marido!* Eso no tiene nada que ver con la sabiduría verdadera. La auténtica sabiduría te da una única respuesta posible para cada situación y, aquella noche, volver a meterse en la cama era la única respuesta posible. *Vuelve a meterte en la cama*, porque te quiero. *Vuelve a meterte en la cama*, porque de momento lo que tienes que hacer es descansar y cuidarte hasta que des con una solución. *Vuelve a meterte en la cama* para que, cuando llegue la tempestad, tengas fuerzas para enfrentarte a ella. Y la tempestad llegará, querida. Muy pronto. Pero esta noche no.

Por tanto:

Vuélvete a la cama, Liz.

Por una parte, este pequeño incidente tenía todos los visos de la típica experiencia de conversión cristiana: la soledad de las tinieblas del alma, la petición de ayuda, la voz que responde, la sensación de transformación. Pero, en mi caso, no puedo decir que aquello fuese una *conversión* religiosa, al menos en el sentido tradicional de renacer o salvarse. Lo que sucedió aquella noche lo considero más bien el comienzo de una *conversación* religiosa. Las primeras palabras de un diálogo abierto y exploratorio que acabarían, en última instancia, acercándome enormemente a Dios.

5

De haber sabido que las cosas —como dijo Lily Tomlin en una ocasión— se iban a torcer mucho antes de torcerse del todo, no sé si habría logrado dormir mucho aquella noche. El caso es que después de pasar por siete meses muy complicados acabé dejando a mi marido. Cuando por fin tomé esa decisión, creí que lo peor había pasado ya. Hecho que demuestra lo poco que sabía de divorcios por aquel entonces.

En la revista *The New Yorker* publicaron una viñeta que viene a cuento. Salen dos mujeres hablando y una le dice a la otra: «Si quieres conocer a una persona a fondo, divórciate de ella». Huelga decir que a mí me pasó todo lo contrario. Yo diría que, si quieres DEJAR DE CONOCER a una persona a fondo, divórciate de ella. O de él, mejor dicho, porque eso es lo que nos pasó a mi marido y a mí. Yo creo que nos escandalizamos mutuamente al ver lo deprisa que pasamos de ser la pareja que mejor se conocía del mundo a ser el par de desconocidos más mutuamente incomprensibles que se había visto jamás. En el fondo de esa extravagancia estaba el hecho abismal de que los dos estábamos haciendo algo que a la otra persona le parecía inconcebible: a él jamás se le pasó por la cabeza que yo fuese a dejarlo y a mí ni se me había pasado por la imaginación que él me lo fuera a poner tan difícil.

Cuando me separé de mi marido, estaba sinceramente convencida de que podríamos solucionar nuestros asuntos prácticos en cuestión de horas con una calculadora, un poco de sentido común y la correspondiente buena voluntad hacia una persona a quien se ha querido. Mi primera propuesta fue que vendiéramos la casa y nos lo repartiéramos todo equitativamente; jamás se me pasó por la cabeza que aquello pudiera hacerse de otra manera. Pero a él eso no le pareció justo, así que mejoré mi oferta. ¿Qué le parecía quedarse con todo y echarme a mí la culpa de todo? Pero esa propuesta tampoco solucionó el tema. Al llegar a ese punto, me quedé desconcertada. ¿Cómo se negocia después de haberlo ofrecido todo? No me quedaba otra que esperar a que me hiciera una contraoferta. Me sentía tan culpable de haberlo abandonado que no me creía con derecho a quedarme ni la calderilla de todo el dinero que había ganado durante la última década. Además, la espiritualidad que acababa de descubrir me exigía huir de todo enfrentamiento. Por tanto, mi postura era la siguiente: ni me iba a defender de él ni me iba a enfrentar a él. Durante mucho tiempo, desoyendo el consejo de todos los que me querían, me negué incluso a consultar a un abogado, pues hasta eso me parecía una actitud beligerante. Estaba empeñada en llevar el tema tipo Gandhi. Había decidido ir de Nelson Mandela por la vida. Lo que no me había parado a pensar era que tanto Gandhi como Mandela eran *abogados*.

Y los meses fueron pasando. Mi vida estaba en el limbo mientras esperaba a que me dejaran marchar, pendiente de cómo iban a ser los términos del acuerdo. Estábamos separados de hecho (él se había mudado a nuestro apartamento de Manhattan), pero no había nada resuelto. Trabajábamos a trancas y barrancas, teníamos la casa abandonada, las facturas se iban acumulando y mi marido rompía su silencio sólo para mandarme algún que otro mensaje recordándome que ser tan imbécil como yo debería ser ilegal.

Pero, además, estaba lo de David.

La retahíla de complicaciones y traumas de aquellos siniestros años del divorcio se vio multiplicada por el drama de David, el tío del que me enamoré justo cuando decidí poner fin a mi matrimonio. ¿He dicho que me enamoré de David? Lo que quería decir es que salí a gatas de mi matrimonio y caí en brazos de David, como una acróbata de circo que salta de un trampolín, cae dentro de un pequeño vaso de agua y desaparece. En plena fuga matrimonial me agarré a David como si fuese el último helicóptero de Saigón. Volqué en él todas mis esperanzas de salvación y felicidad. Y, sí, me enamoré de él. Pero, si pudiese usar una palabra más fuerte que «desesperadamente» para describir cómo quería a David, la usaría, porque el «amor desesperado» siempre es el más bestia.

Nada más dejar a mi marido me fui directamente a vivir con David. Era —es— un joven muy guapo. Nacido en Nueva York, es actor y escritor, con unos enormes ojos castaños como los de los italianos, que parecen líquidos por el centro y que a mí (¿lo he dicho ya?) me hacen perder el norte. Con mucha calle, independiente, vegetariano, mal hablado, espiritual, seductor. Un yogui rebelde, un poeta de Yonkers. Un aficionado al béisbol, un hombre sexy y hecho a sí mismo. Tenía que darme pellizcos para creérmelo. Era demasiado. O eso me parecía a mí. Cuando se lo describí por primera vez a mi buena amiga Susan, vio los colores que me habían salido en las mejillas y me dijo: «Vaya por Dios. Me huelo complicaciones, ricura».

David y yo nos conocimos cuando él trabajaba en una obra basada en unos cuentos míos. Representaba un personaje inventado por mí, cosa bastante significativa. En los casos de amor desesperado siempre pasan estas cosas, ¿no? El amor desesperado consiste en inventarse un personaje, exigir a la persona amada que lo represente y hundirnos en la miseria cuando se niega a convertirse en ese ser de ficción.

Pero, ay, qué bien lo pasamos durante aquellos primeros meses en que él aún era mi héroe romántico y yo aún era su sueño viviente. Nunca había imaginado que pudiera existir tanta emoción y tanta compatibilidad. Nos inventamos un lenguaje propio. Hacíamos excursiones y nos perdíamos por las carreteras. Subíamos a pie, bajábamos a nado, organizábamos viajes por el mundo. Haciendo cola en el Departamento de Vehículos Motorizados nos divertíamos más que la mayoría de las parejas en su luna de miel. Nos pusimos el mismo mote, para que no hubiera diferencias entre nosotros. Nos marcamos metas; hicimos promesas y juramentos; salíamos mucho a cenar. Él me leía en voz alta y *me hacía la colada*. (La primera vez que me pasó llamé a Susan para contárselo asombrada, como si acabara de ver a un camello usando una cabina telefónica. Le dije: «¡Un hombre me ha hecho la colada! ¡Y me ha lavado a mano la ropa interior!». Y ella me repitió lo de: «Vaya por Dios. Me huelo complicaciones, ricura».)

El primer verano de Liz y David era como el montaje cinematográfico de las escenas de enamoramiento de todas las películas de amor que se hayan visto, incluyendo lo de chapotear en la playa y correr por el campo cogidos de la mano bajo la tenue luz dorada del crepúsculo. Por aquel entonces yo todavía era tan ingenua como para pensar que mi divorcio podía ser amistoso, aunque había dicho a mi marido que se cogiera el verano libre para que a los dos se nos enfriara la cabeza con el tema. La verdad es que me costaba visualizar tanto sufrimiento en medio de semejante felicidad. Pero ese verano (conocido como «la tregua») llegó a su fin.

El 9 de septiembre de 2001 me vi cara a cara con mi marido por última vez sin ser consciente de que todos nuestros futuros encuentros requerirían la presencia de un abogado para mediar entre nosotros. Fuimos a un restaurante a cenar. Yo intentaba hablar de nuestra separación, pero lo único que hacíamos era discutir. Él me llamó mentirosa y traidora y me dijo que me odiaba y que no pensaba volver a hablarme en su vida. Dos días después amanecí tras haber dormido mal y me enteré de que unos aviones secuestrados estaban lanzándose contra los edificios más altos de mi ciudad, como si todo lo que había parecido invencible se hubiese desmoronado, convirtiéndose en una avalancha de escoria candente. Llamé a mi marido para saber si estaba bien y lloramos espantados ante el horror, pero no fui a verlo. Durante aquella semana, cuando todos los habitantes de Nueva York olvidaron sus rencillas en deferencia a la magnitud de la tragedia, yo seguí sin reunirme con mi marido. Así fue como los dos nos dimos cuenta de que lo nuestro se había acabado de verdad.

No exagero mucho si digo que apenas pegué ojo en los siguientes cuatro meses.

Creía que ya había tocado fondo, pero en aquel momento (en consonancia con el aparente desplome del mundo entero) mi vida se hizo trizas. Se me cae la cara de vergüenza al recordar el calvario al que sometí a David durante esos meses que vivimos juntos, justo después del 11-S y de separarme de mi marido. Imaginad la sorpresa que se llevó al descubrir que la mujer más alegre y segura de sí misma que había conocido en su vida era en realidad —al quedarse sola— un turbio pozo sin fondo de sufrimiento. Igual que me había pasado antes, no podía parar de llorar. Fue entonces cuando él empezó a retroceder y cuando vi el lado oculto de mi apasionado héroe romántico, el

David solitario como un náufrago, frío como un témpano, con más necesidad de espacio que una manada de bisontes americanos.

Es probable que la repentina espantada sentimental de David hubiera sido una catástrofe para mí incluso en la mejor de las circunstancias posibles, dado que soy el ente vivo más cariñoso del planeta (una especie de cruce entre un perro labrador y un percebe), pero es que aquélla era la peor de mis circunstancias. Abatida e insegura, necesitaba más mimos que una camada de trillizos prematuros. Su distanciamiento me hacía sentir más necesitada y mi desamparo crecía conforme él se iba alejando, hasta verse en franca retirada, acribillado por mis lacrimógenos ruegos tipo «¿Adónde vas?» y «¿Qué ha sido de nosotros?».

(Consejo para las mujeres: A los hombres les ENCANTAN estas cosas.)

Lo cierto es que me había hecho adicta a David (en mi defensa debo decir que él lo había propiciado por ser una especie de *hombre fatal)* y ante su falta de atención cada vez mayor yo empecé a sufrir unas consecuencias fácilmente previsibles. La adicción es típica en todas las historias de amor basadas en el encaprichamiento. Todo comienza cuando el objeto de tu adoración te da una dosis embriagadora y alucinógena de algo que jamás te habías atrevido a admitir que necesitabas —un cóctel tóxico-sentimental, quizá, de un amor estrepitoso y un entusiasmo arrebatador—. Al poco tiempo empiezas a necesitar desesperadamente esa atención tan intensa con esa ansia obsesiva típica de un yonqui. Si no te dan la droga, tardas poco en enfermar, enloquecer y perder varios kilos (por no hablar del odio al camello que te ha fomentado la adicción, pero que ahora se niega a seguirte dando eso tan bueno, aunque sabes perfectamente que lo tiene escondido en algún sitio, maldita sea, porque *antes te lo daba gratis)*. La fase siguiente es la de la escualidez y la temblequera en el rincón, sabiendo que venderías el alma o robarías a tus vecinos con tal de probar *eso* una sola vez más. Mientras tanto, a tu ser amado le repeles. Te mira como si no te conociera de nada, como si jamás te hubiera amado con una pasión fervorosa. Lo irónico del asunto es que no puedes echarle la culpa. Porque, vamos, mírate bien. Eres un asquito, un ser patético, casi irreconocible ante tus propios ojos.

Pues ya está. Ya has llegado al destino final del amor caprichoso: la más absoluta y despiadada devaluación del propio ser.

El hecho de poder escribir sobre ello tranquilamente a día de hoy es una prueba fehaciente del poder balsámico del tiempo, porque no me lo tomaba nada bien conforme me iba ocurriendo. Perder a David justo después de mi fracaso matrimonial y justo después del ataque terrorista a mi ciudad y justo después de la etapa más siniestra del divorcio (una experiencia que mi amigo Brian ha comparado con «sufrir un accidente de coche espantoso todos los días durante unos dos años»)... En fin, que aquello fue sencillamente demasiado.

David y yo seguíamos teniendo arrebatos de diversión y compatibilidad de día, pero de noche, en su cama, yo me convertía en el único superviviente de un invierno nuclear conforme él se iba alejando de mí *a ojos vistas*, cada día un poco más, como si tuviera una enfermedad infecciosa. Acabé temiendo la noche como si fuese una cámara de tortura. Me quedaba ahí tumbada junto al cuerpo dormido de David, tan hermoso como inaccesible, y entraba en una espiral de soledad y pensamientos suicidas meticulosamente detallados. Me dolían todas y cada una de las partes del cuerpo. Me sentía como una especie de máquina primitiva llena de muelles y con una sobrecarga mucho mayor de la que era capaz de soportar, a punto de estallar llevándose por delante a todo el que se acercara. Imaginé mis miembros saliendo despedidos, separándose de mi torso con tal de huir del núcleo volcánico de infelicidad que era *yo*. Casi todas las mañanas David se despertaba y me veía adormilada en el suelo junto a su cama, sobre un montón de toallas, como un perro.

—¿Qué te pasa ahora? —me preguntaba al verme.

Era el enésimo hombre al que había dejado totalmente extenuado.

Creo que en aquellos tiempos adelgacé algo así como quince kilos.

6

Ah, pero no *todo* fue malo durante aquellos años...

Como Dios nunca te da un portazo en la cara sin regalarte una caja de galletas de consolación (según dice un viejo refrán), también me pasaron cosas maravillosas entre las sombras de tanta tristeza. Para empezar, por fin empecé a aprender italiano. Además, conocí a un gurú indio. Y por último un anciano curandero me invitó a pasar un tiempo en su casa de Indonesia.

Lo explicaré cronológicamente.

Para empezar, las cosas comenzaron a animarse bastante cuando me fui de casa de David a principios de 2002 y me fui a vivir sola a un piso por primera vez en mi vida. Casi no tenía dinero para el alquiler, porque seguía pagando las facturas de nuestra casona de las afueras —en la que ya no vivía nadie, pero que mi marido me prohibía vender— y procuraba tener al día todos los pagos de abogados y asesores... Pero para mi supervivencia era vital tener un apartamento de un dormitorio para mí sola. Lo consideraba casi un sanatorio, una clínica especializada en mi recuperación. Pinté las paredes de los colores más cálidos que encontré y me llevaba flores a mí misma todas las semanas, como si me fuera a visitar a un hospital. Mi hermana me regaló una bolsa de agua caliente cuando me mudé (para que no pasara frío al dormir sola) y dormía con ella abrazada al pecho todas las noches, como si me hubiera lesionado haciendo deporte.

David y yo nos habíamos separado del todo. O puede que no. Es difícil recordar la cantidad de veces que nos peleamos y reconciliamos durante aquellos meses. Pero acabamos desarrollando una pauta de conducta: me separaba de David, recuperaba el valor y la confianza en mí misma y entonces (atraído como siempre por mi valor y aplomo) se reavivaba la llama de su amor. Con el debido respeto, sensatez e inteligencia hablábamos de la posibilidad de «volver», siempre basándonos en algún plan razonable para minimizar nuestras aparentes incompatibilidades. Estábamos totalmente decididos a solucionar el tema. Porque ¿cómo era posible que dos personas tan enamoradas no vivieran felices por siempre jamás? Aquello *tenía* que salir bien, ¿no? Unidos de nuevo por esta esperanza, pasábamos juntos unos días delirantemente felices. O, a veces, incluso varias semanas. Pero David acababa distanciándose de mí y yo me aferraba a él (o yo me aferraba primero y él salía huyendo; nunca logramos saber cómo empezaba la cosa) y terminaba hecha polvo otra vez. Y, entonces, él se marchaba del todo.

Para mí, David era hierba gatera y criptonita.

Pero durante esos periodos que *sí* pasamos separados, por difícil que fuera, fui aprendiendo a vivir sola. Y esta experiencia me estaba haciendo cambiar por dentro. Había empezado a notar que —aunque mi vida aún parecía un accidente múltiple en la autovía de Nueva Jersey atascada— estaba dando los primeros pasos vacilantes como individua autónoma. En los momentos en que dejaba de querer suicidarme por lo del divorcio o por el drama de David la verdad es que estaba bastante contenta de ver que mis días tenían una serie de compartimentos temporales y espaciales durante los que me podía hacer una pregunta así de radical: «¿Qué quieres hacer *tú*, Liz?».

La mayor parte del tiempo (aún intranquila por haber abandonado el barco de mi matrimonio) ni siquiera me atrevía a contestar a mi propia pregunta, pero el simple hecho de hacérmela me emocionaba en privado. Y cuando al fin empecé a responder, lo hice con una enorme cautela. Sólo me permitía a mí misma expresar necesidades mínimas, casi infantiles. Como, por ejemplo:

Quiero meterme en una clase de yoga.

Quiero marcharme de esta fiesta pronto para poder irme a casa a leer una novela.

Quiero comprarme una caja de lápices.

Y luego estaba esa extraña respuesta, la misma todas las veces:

Quiero aprender a hablar italiano.

Llevaba años queriendo saber italiano —un idioma que me parece más hermoso que una rosa—, pero nunca había dado con una buena justificación para ponerme a estudiarlo. ¿No sería más lógico perfeccionar el francés o el ruso que había estudiado hacía años? ¿O aprender español para poder comunicarme mejor con varios millones de mis compatriotas estadounidenses? ¿De qué me iba a servir saber *italiano*? Si me fuera a vivir a Italia, todavía. Pero, no siendo así, era más práctico aprender a tocar el acordeón.

Pero ¿por qué tiene que ser todo tan práctico? Llevaba años siendo una diligente *soldada* dedicada a trabajar, a producir, respetando todas las fechas de entrega, cuidando de mis seres queridos, atenta a la salud de mis encías y mi cuenta bancaria, votando en las elecciones y demás. ¿Esta vida nuestra tiene que estar necesariamente volcada hacia el deber? En ese momento tan negro de mi vida ¿qué justificación me hacía falta para estudiar italiano, aparte de ser lo único que me podía hacer medianamente feliz? Además, tampoco era un objetivo tan heroico querer aprender un idioma. Otra cosa hubiera sido decir a mis 32 años: «Quiero ser la primera bailarina de la compañía de ballet de Nueva York». Estudiar un idioma es algo que se puede hacer de verdad. Así que me apunté en uno de esos sitios de educación continua (conocido como la Escuela Nocturna para Señoras Divorciadas). Al enterarse, mis amigos se tronchaban de la risa. Mi amigo Nick me preguntó: «¿Para qué estudias italiano? ¿Para que —si Italia vuelve a invadir Etiopía y esta vez le sale bien— puedas alardear de que sabes un idioma que se habla en dos países enteros?».

Pero yo estaba encantada. Cada palabra me parecía un gorrión cantarín, un truco de magia, una trufa toda para mí. Al salir de clase volvía a casa chapoteando bajo la lluvia, llenaba la bañera de agua caliente y me metía en un baño de espuma a leer el diccionario de italiano en voz alta, olvidándome de la tensión del divorcio y de todas mis penas. La musicalidad de las palabras me hacía reír entusiasmada. Cuando me hablaba de mi móvil decía *il mio telefonino* (que quiere decir «mi telefonito»). Me convertí en una de esas personas agotadoras que se pasan la vida diciendo *Ciao!* Pero lo mío era aún peor, porque siempre explicaba de dónde viene la palabra *ciao*. (Ante tanta insistencia diré que es una abreviatura un saludo coloquial que usaban los italianos en la Edad Media: *Son il suo schiavo!*, que quiere decir «¡Soy su esclavo!».) Me bastaba con pronunciar esas palabras para sentirme sexy y feliz. Mi abogada matrimonialista me dijo que no era tan raro. Otra de sus clientas (de origen coreano), después de pasar por un divorcio terrorífico, se cambió legalmente el nombre por uno italiano para volver a sentirse sexy y feliz.

No, si al final, hasta podía acabar yéndome a Italia y todo...

7

El otro hecho destacable de aquella época era la recién descubierta aventura de la disciplina espiritual. Este interés nació en mí cuando entró en mi vida una auténtica gurú india, hecho por el que estaré eternamente agradecida a David. A mi gurú la conocí la primera vez que fui a casa de David. La verdad es que me enamoré un poco de los dos a la vez. Entré en su casa y al ver en la cómoda de su cuarto una foto de una mujer india de belleza radiante pregunté:

—¿Quién es ésa?

Él me contestó:

—Es mi maestra espiritual.

Mi corazón dio un vuelco, tropezó y cayó de culo. Pasado el primer susto, mi corazón se puso en pie, se sacudió el polvo, respiró hondo y anunció:

—Yo quiero tener una maestra espiritual.

Me refiero, literalmente, a que fue mi *corazón* el que lo dijo aunque hablara por mi boca. Yo noté perfectamente esa escisión tan extraña, y mi mente salió de mi cuerpo durante unos instantes, se volvió asombrada hacia mi corazón y le preguntó en voz baja:

—*¿De verdad quieres eso?*

—*Sí* —respondió mi corazón—. *Sí que quiero.*

Entonces mi mente le preguntó a mi corazón con cierto retintín:

—*¿Desde cuándo?*

Eso sí que lo sabía yo: desde aquella noche en que me arrodillé en el suelo del cuarto de baño.

Dios mío, pero sí que quería tener una maestra espiritual. En ese mismo instante empecé a construirme la situación. Imaginaba a una mujer india de belleza radiante que venía a mi apartamento un par de tardes por semana, y nos veía sentadas en el salón, tomando té y hablando del poder divino, y ella me mandaba leer textos y explicarle el significado de las extrañas sensaciones que tenía yo durante la meditación...

Toda esta fantasía se volatilizó cuando David habló del estatus internacional de esta mujer, de los miles de estudiantes que la seguían, muchos de los cuales no la habían visto nunca. Pero todos los martes por la noche se reunía un grupo de sus devotos para meditar y cantar. David decía: «Si no te asusta la idea de estar en una habitación con cientos de personas que corean el nombre de Dios en sánscrito, vente algún día».

El siguiente martes por la noche fui con él. En lugar de asustarme con los cánticos de aquellas gentes tan normales, me pareció que mi alma se alzaba diáfana entre sus voces. Aquella noche volví andando a casa con la sensación de que el aire me atravesaba, como si fuese una sábana limpia colgada en una cuerda, como si Nueva York fuese una ciudad de papel y yo pesara tan poco como para correr sobre los tejados. Empecé a asistir a las sesiones de cánticos todos los martes. Después comencé a dedicar las mañanas a meditar sobre el mantra sánscrito tradicional que la gurú da a todos sus alumnos (el regio *Om Namah Sivaya*, que significa: «Honro la divinidad que vive en mí»). Entonces oí hablar a la gurú por primera vez y al escuchar sus palabras se me puso toda la piel de gallina, hasta la de la cara. Y cuando supe que tenía un ashram en India, decidí ir a visitarlo lo antes posible.

8

Mientras tanto, sin embargo, tenía pendiente un viaje a Indonesia.

Cosa que sucedió, una vez más, porque me habían encargado un reportaje para una revista. Justo cuando empezaba a darme bastante pena de mí misma por estar arruinada y sola y encerrada en el Campo de Concentración del Divorcio, la directora de una revista femenina me preguntó si no me importaba que me pagara por ir a Bali a escribir un artículo sobre el yoga como opción vacacional. A modo de respuesta le hice una serie de preguntas tipo *¿El agua moja?* y *¿Me lo dices o me lo cuentas?* Cuando llegué a Bali (que, por cierto, es un lugar muy agradable), el profesor que dirigía el centro de yoga nos preguntó: «Ahora que os tengo reunidos, ¿alguien se apunta a hacer una visita a un curandero balinés que es el último de una familia de nueve generaciones?» (otra pregunta demasiado obvia para contestarla) y nos fuimos todos a verlo una noche a su casa.

El curandero resultó ser un vejete pequeño de ojos vivarachos y piel rojiza con una boca bastante desdentada, cuyo parecido con el personaje Yoda de *La guerra de las galaxias* era realmente asombroso. Se llamaba Ketut Liyer. Hablaba un inglés desparramado de lo más ameno, pero había un traductor que nos sacaba del atolladero cuando se atascaba con alguna palabra.

El profesor de yoga nos había dicho que cada uno de nosotros podía hacer al curandero una pregunta o consulta que el hombre procuraría resolver. Yo llevaba días pensando en qué preguntarle. Al principio no se me ocurrían más que tonterías. *¿Puedes conseguir divorciarme de mi marido? ¿Volveré a atraer sexualmente a David?* Lógicamente, me avergonzaba de que eso fuese lo único que se me venía a la cabeza: ¿a quién se le ocurre recorrerse el mundo entero y tener la suerte de conocer a un anciano curandero en Indonesia para acabar contándole *cosas de hombres?*

Así que, cuando el viejo me preguntó directamente qué era lo que yo quería, logré hallar otras palabras más auténticas.

—Quiero sentir a Dios de una manera más prolongada —le dije—. A veces me parece entender el aspecto divino de este mundo, pero esa sensación nunca me dura, porque me acaban distrayendo mis mezquinos deseos y temores. Quiero estar con Dios siempre. Pero no quiero ser un monje ni renunciar a los placeres terrenos. Creo que lo que quiero hacer es aprender a vivir en este mundo y disfrutar de sus placeres, pero también querría entregarme a Dios.

Ketut me dijo que podía responder a mi pregunta con una imagen. Me enseñó un dibujo que había hecho una vez mientras meditaba. Era una silueta humana andrógina, erguida, con las manos unidas como si estuviera rezando. Pero la figura tenía cuatro piernas y no tenía cabeza. Donde debería haber estado la cabeza había una especie de maraña de helechos y flores. Y a la altura del pecho había un bosquejo de un rostro sonriente.

—Para hallar el equilibrio que buscas —dijo Ketut, hablando a través de su traductor— te tienes que convertir en esto. Debes tener los pies tan firmemente plantados en la tierra que parezca que tienes cuatro piernas en lugar de dos. De este modo podrás estar en el mundo. Pero debes dejar de mirar el mundo con la mente. Tienes que mirarlo con el corazón. Así llegarás a conocer a Dios.

Entonces me pidió permiso para leerme la mano. Le enseñé la mano izquierda y procedió a juntar mis piezas como si yo fuese un rompecabezas de tres partes.

—Eres una trotamundos —empezó.

Cosa que me pareció quizá un poco obvia, teniendo en cuenta que estaba en Indonesia en ese mismo instante, pero no saqué el tema...

—Nunca he conocido a nadie con tanta suerte como tú. Tendrás una larga vida y tendrás muchos amigos, muchas experiencias. Verás el mundo entero. Sólo tienes un problema en la vida. Te preocupas demasiado. Siempre eres demasiado sensible, demasiado nerviosa. Si te prometo que jamás en la vida vas a tener motivo alguno de preocupación, ¿me creerías?

Asentí nerviosa sin creerle.

—En tu trabajo haces algo creativo, quizá seas algo como una artista, y te pagan mucho dinero por ello. Siempre te pagarán mucho por esto que haces. Eres generosa con el dinero, tal vez demasiado generosa. También veo un contratiempo. Habrá una vez en tu vida en que pierdas todo tu dinero. Creo que tal vez suceda pronto —me dijo.

—Creo que sucederá en cuestión de seis meses, diez como mucho —le expliqué, pensando en mi divorcio.

Ketut asintió como diciendo *Sí, por ahí anda la cosa*.

—Pero no te preocupes —añadió—. Después de haber perdido todo tu dinero volverás a recuperarlo. Saldrás bien parada del asunto. Te casarás dos veces en tu vida. Un matrimonio será corto; el otro, largo. Y tendrás dos hijos...

Casi esperaba que dijera: «Un hijo, corto; el otro, largo», pero de pronto se quedó callado, mirándome la palma de la mano con el ceño fruncido.

—Qué raro —murmuró.

Obviamente, ésa es una expresión que no quieres oír decir ni a tu dentista ni a la persona que te está leyendo la mano. Me pidió que me pusiera directamente debajo de la bombilla para poder verlo mejor.

—Me he equivocado —anunció—. Sólo tendrás un hijo. Será ya bien entrada tu vida, una hija. Tal vez. Si tú lo decides..., pero hay una cosa más —dijo con el ceño fruncido y, alzando la mirada con un repentino aplomo, añadió—: Un buen día, pronto, volverás aquí, a Bali. Debes hacerlo. Te quedarás en Bali durante tres meses, o tal vez cuatro. Te harás amiga mía. Tal vez vivas aquí, con mi familia. Yo podré mejorar mi inglés contigo. Nunca he tenido una persona con quien poder practicar inglés. Me parece que se te dan bien las palabras. Creo que este trabajo creativo que haces tiene que ver con las palabras, ¿no?

—¡Sí! —dije—. Soy escritora. ¡Escribo libros!

—Así que eres una escritora de Nueva York —dijo, asintiendo a modo de confirmación—. Pues volverás aquí, a Bali, y vivirás en mi casa y me enseñarás inglés. Y yo te enseñaré todo lo que sé.

Entonces se levantó y se restregó las manos, como diciendo: *Pues no se hable más.*

—Si lo dices en serio, señor mío, me apunto.

Me dedicó una sonrisa desdentada y dijo:

—Hasta luego, cocodrilo.

9

Yo soy ese tipo de persona que, si un curandero indonesio de una familia de nueve generaciones de curanderos me dice que estoy destinada a irme a Bali a pasar cuatro meses en su casa, hago todo lo posible por cumplirlo. Y así fue, finalmente, como empezó a cuajar la idea de que tenía que pasarme todo un año viajando. Estaba claro que tenía que conseguir volver a Indonesia como fuera, y esta vez con mi propia pasta. Eso era evidente aunque aún no tenía ni la más remota idea de cómo iba a hacerlo, dado lo caótica y ajetreada que era mi vida. (No sólo tenía todavía un costoso divorcio pendiente y todo el dramón de David sin solucionar, sino que mi trabajo en una revista me impedía irme a ningún sitio durante tres o cuatro meses seguidos.) Pero *tenía* que volver a ese sitio. ¿No? ¿No me lo había *revelado* ese hombre? Lo malo era que también quería ir a India, al ashram de mi gurú, y un viaje a la India es caro, además de requerir bastante tiempo. Para terminar de complicar las cosas, también estaba empeñada en ir a Italia para poder practicar italiano hablándolo en su contexto, pero también porque me atraía la idea de conocer de cerca una cultura que venera el placer y la belleza.

Todos estos deseos parecían totalmente contrapuestos. Sobre todo el conflicto Italia/India. ¿Qué era más importante? ¿La parte mía que quería ir a comer ternera en Venecia o la que quería despertarse mucho antes del amanecer en la austeridad de un ashram para empezar un largo día de meditación y oración? Rumi, el célebre poeta y filósofo sufí, pidió en una ocasión a sus alumnos que hicieran una lista de las tres cosas que más anhelaban en la vida. Si alguno de los elementos de la lista no armoniza con uno de los demás, les advirtió Rumi, os espera la infelicidad. Lo mejor es llevar una vida orientada en una única dirección, les explicó. Entonces, ¿qué hay de los beneficios de vivir armónicamente entre dos extremos?

¿Qué sucedería al crear una vida lo bastante expansiva como para poder sincronizar varios contrarios incongruentes en un esquema vital que no excluyera nada? Mi verdad era exactamente la que había contado al curandero de Bali... Es decir, quería experimentar ambas cosas. Quería los placeres mundanos y la trascendencia divina..., la gloria dual de una vida humana. Quería lo que los griegos llamaban el *kalos kai agathos*, el extraordinario equilibrio entre la bondad y la belleza. Había echado ambas de menos durante aquellos años tan tensos porque tanto el placer como la devoción requieren un espacio sin estrés para poder desarrollarse y yo había vivido en un contenedor gigante de basura y de ansiedad continua. En cuanto al modo de equilibrar el ansia de placer frente al deseo de devoción..., sin duda sería cosa de aprenderse el truco. Y en el poco tiempo que había pasado en Bali me daba la impresión de que los balineses podían enseñarme a hacerlo. Quizá hasta pudiera enseñármelo el propio curandero.

Estar con cuatro pies en la tierra, una cabeza hecha de follaje, mirando el mundo con el corazón...

Así que abandoné la idea de elegir un país —¿Italia? ¿India? ¿Indonesia?— y acabé aceptando que quería ir a los tres. Cuatro meses en cada uno. Un año en total. Por supuesto, se trataba de un deseo ligeramente más ambicioso que el de «Quiero comprarme una caja de lápices». Pero era lo que yo quería. Y sabía que quería escribir sobre ello. No era tanto querer explorar detenidamente esos países, porque eso ya se ha hecho. Era más bien querer explorar detenidamente un aspecto de mí misma con el telón de fondo de cada país en cuestión, donde esa tradición concreta sea algo bien arraigado. Quería explorar el arte del placer en Italia, el arte de la devoción en India y, en Indonesia, el arte de equilibrar ambas. Fue después, tras admitir que tenía ese deseo, cuando descubrí la feliz casualidad de que todos estos países empiezan por la letra I. Un indicio bastante halagüeño, me parecía a mí, para un viaje interior.

Llegados a este punto, os pido que imaginéis el pitorreo con el que se tomaron este asunto mis amigos más bromistas. Así que me había dado por viajar a tres sitios que empezaran por I, ¿eh?* ¿Y por qué no pasaba el año en Irán, Israel e Islandia? O mejor aún, si la cosa iba de triunviratos de *íes*, ¿por qué no hacía una peregrinación a Islip de camino a Ikea por la I-95? Mi amiga Susan me sugirió que montara una ONG sin ánimo de lucro llamada Divorciadas Sin Fronteras. Pero todas sus bromas cayeron en saco roto, porque aún no estaba libre para irme a ningún sitio. Ese divorcio —tanto tiempo después de haberse acabado mi matrimonio— no tenía visos de llevarse a cabo. Para presionar legalmente a mi marido empecé a hacer cosas siniestras, sacadas de mis peores pesadillas sobre el divorcio, como notificarle la demanda inesperadamente y escribir terroríficas acusaciones legales (requeridas por el Código Civil de Nueva York) de su supuesta crueldad mental. Eran documentos sin sutileza alguna, sin recoveco alguno para poder decirle al juez: «Oye, mira, es que era una relación muy complicada y yo también

---

* En inglés, el pronombre personal yo es I, de modo que la letra inicial de los países por los que va a viajar la autora tiene, en Estados Unidos, una connotación egocéntrica. (*N. de la T.*)

cometí errores y lo siento mucho, pero sólo quiero que me dejen marcharme».

(Aquí me detengo a ofrecer una oración por mi amable lector: Ruego por ti para que nunca, nunca pases por un proceso de divorcio en la ciudad de Nueva York.)

En la primavera de 2003 la cosa estaba a punto de ebullición. Un año y medio después de haberme marchado, mi marido estaba por fin dispuesto a discutir los términos de un acuerdo. Pues sí, quería dinero en efectivo y la casa y el título de propiedad del piso de Manhattan, todo lo que yo le había ofrecido desde el primer momento. Pero también me pedía cosas que ni se me habían pasado por la cabeza (un porcentaje de los derechos de autor de los libros que yo había escrito durante el matrimonio, una parte de los derechos cinematográficos potenciales de mi trabajo, una participación en mis pensiones de jubilación...) y entonces no me quedó más remedio que rebelarme por fin. Nuestros abogados llevaban muchos meses de negociación, parecía que sobre la mesa se iba materializando una especie de pacto y daba la impresión de que mi marido podría acabar aceptando un acuerdo modificado. Me iba a salir muy caro, pero ir a los juzgados iba a ser una pérdida de dinero y tiempo infinitamente mayor, por no mencionar la corrosión anímica. Si mi marido firmaba el acuerdo, lo único que tenía que hacer yo era pagar y darme media vuelta. Cosa que, llegados a ese punto, me parecía perfecta. Dado que nuestra relación estaba ya completamente destrozada y que éramos incapaces de tener un trato mínimamente cordial, yo sólo quería largarme por la puerta.

La incógnita era: ¿iba a firmar o no? Fueron pasando las semanas mientras él rebatía cada vez más detalles. Si no se avenía a firmar ese acuerdo, tendríamos que ir a los tribunales. Un juicio implicaba dejarme hasta el último centavo que me quedaba en costas legales. Peor aún, un juicio conllevaba otro año —como poco— de líos y papeleos. Así que, fuera cual fuera su decisión, mi marido (porque seguía siendo mi marido) iba a determinar un año más de mi existencia. ¿Iba a poder viajar a mis anchas por Italia, India e Indonesia? ¿O me iban a hacer un feroz interrogatorio en el sótano de algún juzgado para tomarme declaración sobre el divorcio?

Todos los días llamaba a mi abogada unas catorce veces —*¿se ha sabido algo?*— y todos los días me aseguraba que estaba en ello, que me llamaría inmediatamente si lograba que se firmara el acuerdo. Mi nerviosismo de aquel entonces estaba a medio camino entre ir al despacho del director de un colegio y esperar los resultados de una biopsia. Me encantaría decir que estaba tranquila y en actitud zen, pero no era así. Alguna que otra noche, en pleno ataque de furia, di una paliza a mi sofá con un bate de béisbol.

Entretanto, me había vuelto a separar de David. Esta vez parecía que era definitivo. O puede que no, porque éramos incapaces de dejarlo del todo. A menudo me entraba un enorme deseo de dejarlo todo por mi gran amor hacia él. Otras veces me dejaba llevar por el instinto contrario, que era poner entre nosotros la mayor cantidad posible de continentes y océanos que pudiera con la esperanza de hallar la paz y la felicidad.

Ya me habían salido arrugas en la cara, unos surcos permanentes en el entrecejo, de tanto llorar y preocuparme.

Y en medio de todo eso me iban a publicar un libro que había escrito hacía un par de años, y tenía que hacer una pequeña gira de promoción. Para no ir sola, me llevé a mi amiga Iva, que tiene mi edad, pero se crió en Beirut, en Líbano. Eso significa que, mientras yo hacía deporte y me presentaba a pruebas musicales en una escuela secundaria de Connecticut, ella pasaba cinco noches de cada siete agazapada en un refugio antiaéreo intentando que no la mataran. No entiendo cómo un contacto con la violencia tan temprano como intenso ha podido crear un alma tan serena, pero Iva es una de las personas más tranquilas que conozco. Además, tiene lo que yo llamo «el batmóvil del universo», una especie de conexión personal con los poderes sagrados que le funciona veinticuatro horas al día.

El caso es que íbamos las dos en coche por Kansas y yo estaba en mi estado habitual de sudor frío por el acuerdo de divorcio —*¿firmará?, ¿no firmará?*— cuando le dije a Iva:

—No creo que resista un año más de pleitos. Una intervención divina es lo que me hace falta. Ojalá pudiera escribir una *petición* a Dios rogándole que ponga fin a esta historia.

—¿Y por qué no lo haces? —me contestó ella.

Expliqué a Iva mis opiniones sobre el asunto de la oración. Es decir, que no me parece bien pedir a Dios cosas concretas, porque lo veo como una especie de falta de fe. No me gusta decirle: «¿Puedes cambiar esto o aquello que no me funciona en la vida?». Porque —¿quién sabe?— tal vez Dios quiera ponerme ese reto por algún motivo concreto. En cambio, prefiero rezar para pedirle valor para enfrentarme a lo que me suceda en la vida con ecuanimidad, sin importarme los resultados.

Después de escucharme educadamente, Iva me preguntó:

—¿De dónde has sacado esa idea tan tonta?

—¿Cómo dices?

—¿De dónde has sacado que no puedes usar la oración para pedir algo al universo? Tú formas parte de este universo, Liz. Eres un componente más. Tienes todo el derecho del mundo a participar en el funcionamiento del cosmos y a permitir que se conozcan tus sentimientos. Así que date a conocer. Expón tu caso. Créeme, al menos te escucharán.

—¿En serio? —dije muy sorprendida.

—En serio. Vamos a ver, si fueras a escribir una petición a Dios ahora mismo, ¿qué dirías?

Me lo pensé durante unos segundos. Después saqué un cuaderno y escribí esta petición:

Querido Dios:

Por favor, intervén para ayudarme a acabar con este divorcio. Mi marido y yo hemos fracasado en nuestro matrimonio y ahora estamos fracasando en nuestro divorcio. Este proceso tan venenoso nos está haciendo sufrir enormemente a nosotros y a todos los que nos quieren.

Sé perfectamente que tienes que ocuparte de guerras y tragedias y conflictos mucho mayores que la última bronca de una pareja disfuncional. Pero tengo entendido que la salud del planeta se ve afectada por la salud de todos los individuos que lo habitan. Mientras dos almas se hallen en desacuerdo, el mundo entero se verá contaminado por su disputa. De igual modo, si al menos dos almas se liberan de la discordia, esto incrementará la salud general de todo el planeta, igual que un grupo de células sanas incrementa la salud general del cuerpo donde se hallen.

Por tanto, mi humilde petición es que nos ayudes a po-
ner fin a este conflicto para que al menos dos personas pue-
dan disfrutar de la libertad y la salud, y para que haya un
poco menos de animosidad y amargura en un mundo ya
sobrecargado de sufrimiento.
Te agradezco tu amable atención.
Respetuosamente,
Elizabeth M. Gilbert

Se lo leí a Iva, que asintió para mostrar su aprobación.

—Eso podía haberlo firmado yo —dijo.

Le pasé la petición y un bolígrafo, pero, como era ella
la que conducía, me dijo:

—No, porque es como si ya lo hubiera firmado. Lo
he firmado con el corazón.

—Gracias, Iva. Te agradezco tu apoyo.

—¿Y quién más estaría dispuesto a firmarlo? —me
preguntó.

—Mi familia. Mi madre y mi padre. Mi hermana —contesté.

—Vale —dijo—. Pues acaban de hacerlo. Da sus nombres por añadidos. He notado cómo firmaban. Ya están
en la lista. Vamos a ver... ¿Quién más lo firmaría? Dime
nombres.

Así que empecé a decir nombres de todas las personas que probablemente estuvieran dispuestas a firmar la
petición. Cité a mis mejores amigos, a algunos parientes
y a varias personas con las que trabajaba. Después de cada
nombre Iva decía muy convencida: «Pues sí. Ése lo acaba de
firmar» o «Ésa lo ha firmado ahora mismo». A veces incluía a firmantes de su propia cosecha, como: «Mis padres

lo acaban de firmar. Criaron a sus hijos durante una guerra y odian el sufrimiento inútil. Se alegrarían de ver acabar tu divorcio».

Cerré los ojos para ver si se me ocurrían más nombres.

—Creo que Bill y Hillary Clinton lo acaban de firmar —dije.

—No me extraña —dijo ella—. Mira, Liz, esta petición la puede firmar todo el mundo. ¿Lo entiendes? Tú llama a quien sea, vivo o muerto, y empieza a recolectar firmas.

—¡San Francisco de Asís lo acaba de firmar! —exclamé.

—¡Pues claro que sí! —dijo Iva, dando una firme palmada en el volante.

Y ahí me disparé:

—¡Ha firmado Abraham Lincoln! Y Gandhi, y Mandela, y todos los pacifistas. Eleanor Roosevelt, la madre Teresa, Bono, Jimmy Carter, Mohamed Alí, Jackie Robinson y el Dalái Lama... y mi abuela la que murió en 1984 y mi abuela la que vive... y mi profesor de italiano, mi terapeuta y mi agente... y Martin Luther King y Katharine Hepburn... y Martin Scorsese (aunque no era de esperar, pero es un detalle por su parte)... y mi gurú, por supuesto... y Joanne Woodward, y Juana de Arco, y la señora Carpenter, mi profesora de cuarto curso, y Jim Henson...

Me salían nombres a chorros. No dejaron de salirme en casi una hora mientras recorríamos Kansas en coche y mi petición de paz se alargaba al incluir una página invisible tras otra de partidarios. Iva los iba confirmando —*sí, ése lo ha firmado; sí, ésa lo ha firmado*— y me empecé a sentir muy protegida, rodeada de la buena voluntad colectiva de tantas almas poderosas.

Al ir acabando de completar la lista, también se me fue quitando la ansiedad. Me entró sueño. Iva sugirió:

—Échate una siesta. Ya conduzco yo.

Cerré los ojos y apareció un último nombre.

—Ha firmado Michael J. Fox —murmuré antes de quedarme dormida.

No sé cuánto dormí, puede que sólo diez minutos, pero fue un sueño profundo. Cuando me desperté, Iva seguía al volante. Estaba canturreando una cancioncilla.

Bostecé y sonó mi teléfono móvil.

Miré el *telefonino* que vibraba como loco en el cenicero de nuestro coche alquilado. Estaba desorientada, como si la siesta me hubiera dejado con una especie de *colocón* que me impedía recordar cómo funciona un teléfono.

—Venga —dijo Iva, como si supiera quién era—. Contesta.

Cogí el móvil y susurré «Hola».

—¡Buenas noticias! —anunció mi abogada desde la lejana Nueva York—. ¡Acaba de firmarlo!

10

Varias semanas después ya vivo en Italia.

He dejado mi trabajo, pagado los gastos y costas de mi divorcio, cedido mi casa, cedido mi apartamento, guardado los pocos objetos que me quedaban en casa de mi hermana y me he venido con dos maletas. Mi año de viaje acaba de empezar. Y puedo permitirme hacerlo gracias a un milagro asombroso: mi editor ha comprado, por adelantado, el libro que voy a escribir sobre mis viajes. Es decir, que todo ha salido tal y como había predicho el curandero indonesio. Iba a perder todo mi dinero, pero lo iba a recuperar inmediatamente, o al menos lo suficiente para costearme un año de vida.

Así que ahora vivo en Roma. El apartamento que he encontrado es un estudio tranquilo en un edificio histórico, situado a escasas manzanas de la Piazza di Spagna, velado entre las sombras de los jardines Borghese, en la calle que da a la Piazza del Popolo, donde los romanos hacían sus carreras de cuadrigas. Huelga decir que este barrio no tiene la grandiosa elegancia del barrio donde vivía en Nueva York, a la entrada del túnel de Lincoln, pero...

Me vale.

11

Lo primero que comí en Roma no fue nada del otro mundo. Una sencilla pasta casera (espaguetis a la carbonara) y unas espinacas salteadas con ajo. (Espantado ante la comida italiana, el gran poeta romántico Shelley escribió una carta a un inglés amigo suyo: «Las jóvenes de cierta posición comen algo que no te puedes ni imaginar: *¡Ajo!*».) Y también tomé una alcachofa, sólo por probarla; los romanos están muy orgullosos de sus alcachofas. Y, además, la camarera me sorprendió con un plato «regalo-de-la-casa»: una ración de flores de calabacín fritas con una pizca de queso blando en el centro (un manjar tan delicado que las flores no debían ni saber que ya no estaban en la huerta). Después de los espaguetis probé la ternera. Ah, y también pedí una botella de tinto de la casa, todo para mí. Y tomé pan tostado con aceite de oliva y sal. De postre, tiramisú.

Al volver andando a casa después de esa cena, sobre las once de la noche, oí mucho ruido en uno de los edificios de mi calle, un barullo que sonaba a una convención de niños de 7 años... ¿Una fiesta de cumpleaños tal vez? Risas y gritos y un estrépito de pasos. Subí las escaleras hasta mi apartamento, me tumbé en mi cama nueva y apagué la luz. Medio esperaba que me diera una llorera o un ataque de angustia, que es lo que solía pasarme al apagar la luz, pero me encontraba muy bien. Estupendamente, la verdad. Incluso me pareció notar los primeros síntomas de una cierta felicidad.

Mi cuerpo agotado preguntó a mi mente exhausta:

—Esto es cuanto necesitabas, ¿entonces?

No hubo respuesta, porque ya estaba dormida como un tronco.

12

En todas las ciudades importantes de Occidente hay una serie de cosas que se repiten. Se ven los mismos hombres africanos vendiendo copias de los mismos bolsos y gafas de marca, y los mismos músicos guatemaltecos tocando *El cóndor pasa* con sus flautas de caña. Pero algunas cosas sólo te pasan en Roma. Como lo del hombre del mostrador de los bocadillos, que me llamaba *guapa* tranquilamente todas las veces que lo veía. ¿Este *panino* lo quieres tostado o frío, *bella?* O lo de las parejas comiéndose a besos en todas partes, como si participaran en algún concurso, retorciéndose juntos en los bancos, acariciándose el pelo y la entrepierna uno al otro, achuchándose y restregándose sin parar...

Y luego están las fuentes. Plinio el Viejo escribió sobre ello: «Si alguien se para a pensar en la abundancia del suministro público de agua para baños, cisternas, zanjas, casas, jardines y mansiones; y toma en consideración la distancia que recorre el preciado líquido, los arcos erigidos, las montañas perforadas, los valles recorridos, tendrá que admitir que no hay nada tan maravilloso en el mundo entero».

Varios siglos después me cuesta decidir cuál es mi fuente romana preferida. Una de ellas está en la Villa Borghese. El elemento central es una juguetona familia esculpida en bronce. El papá es un fauno y la mamá es una mujer humana normal. Tienen un niño al que le gusta comer uvas. Papá y mamá están en una postura extraña: uno frente al otro, cogidos de las muñecas, los dos inclinados hacia atrás. No se sabe si tiran uno del otro con cierto enojo o si están bailoteando alegremente, pero hay mucha energía entre ellos. Sea como fuere, el retoño está encaramado sobre las muñecas, ajeno a su enojo o alegría, picoteando su manojo de uvas. Sus pequeñas pezuñas se balancean en el aire mientras come. (Ha salido al padre.)

Estamos a principios de septiembre de 2003. Hace un calor perezoso. Llevo ya cuatro días en Roma y mi sombra no ha oscurecido aún la puerta de ninguna iglesia o museo, ni tan siquiera he ojeado una guía. Pero he estado paseando incansablemente, sin rumbo, hasta que al final he dado con un sitio diminuto donde, según un amable conductor de autobús, tienen «el mejor *gelato* de Roma». Se llama Il Gelato di San Crispino. No estoy segura, pero creo que quizá pueda traducirse como «el helado del santo crujiente». He probado una mezcla del de miel con el de avellana. Ese mismo día vuelvo para probar el de pomelo y el de melón. Y por la noche del mismo día voy por última vez para tomar una copita del de canela con jengibre.

He procurado leerme un artículo de periódico todos los días, por mucho que tarde. Busco en el diccionario aproximadamente una de cada tres palabras. La noticia de hoy era apasionante. Cuesta imaginar un titular más dramático que «Obesità! I Bambini Italiani Sono i Più Grassi d'Europa!» ¡Santo Dios! ¡Obesidad! El artículo, creo, dice que los niños italianos son ¡los más gordos de Europa! Al seguir leyendo me entero de que los niños italianos son considerablemente más gordos que los alemanes y muchísimo más gordos que los franceses. (Afortunadamente, no los comparan con los niños estadounidenses.) Estas alarmantes cifras sobre la gordura infantil italiana las reveló ayer —aquí no hay necesidad de traducir— un grupo de corresponsales internacionales. Tardé casi una hora en descifrar el artículo entero. Mientras tanto, comía pizza y escuchaba a un niño italiano que tocaba el acordeón en la acera de enfrente. El chaval no me parecía muy gordo, pero quizá fuera por ser gitano. No sé si capté bien la última frase o no, pero me pareció entender que el Gobierno se estaba planteando subir los impuestos a los obesos para combatir la crisis de sobrepeso italiana... ¿Sería verdad eso? Después de varios meses de comer a este ritmo, ¿vendrán por mí?

También es importante leer el periódico todos los días para ver qué tal le va al Papa. Aquí en Roma la salud del Papa sale en el periódico todos los días, como el parte meteorológico o la programación televisiva. Hoy el Papa está cansado. Ayer el Papa estaba menos cansado de lo que está hoy. Mañana esperamos que el Papa no esté tan cansado como lo está hoy.

Para mí, esto es como una especie de paraíso del lenguaje. Teniendo en cuenta que siempre he querido hablar italiano, ¿dónde mejor que en Roma? Es como si alguien hubiera inventado una ciudad adaptada a mis requisitos, donde todos (¡hasta los niños, los taxistas y los actores de los anuncios!) hablan el mismo idioma mágico. Es como si toda la sociedad conspirase para enseñarme italiano. ¡Hasta publican sus periódicos en italiano mientras esté yo aquí!; ¡no les importa! ¡Hay librerías que *sólo venden libros en italiano!* Me topé con una de esas librerías ayer por la mañana y me dio la impresión de haber entrado en un palacio encantado. *Todo* estaba en italiano, hasta los cómics estadounidenses del Dr. Seuss. Me di un buen paseo por la tienda, tocando todos los libros, pensando que ojalá quienes me vieran me tomaran por una oriunda del lugar. Por Dios, ¡qué ganas tengo de desentrañar el misterio del italiano! Era como cuando tenía 4 años y aún no sabía leer, pero estaba deseando aprender. Recuerdo estar sentada con mi madre en la consulta de un médico con una revista femenina en la mano, pasando las páginas lentamente, mirando fijamente al texto para que todos los *mayores* creyeran que sabía leer. No había vuelto a sentirme tan incomprendida desde aquel día. En esa librería tenían versiones bilingües de algunos poetas estadounidenses con la versión original a un lado de la página y la traducción italiana al otro. Compré un libro de Robert Lowell y otro de Louise Glück.

Por todas partes surgen, espontáneamente, clases de conversación. Hoy estaba sentada en el banco de un parque cuando una mujer diminuta vestida de negro se me acercó, se me instaló al lado y empezó a echarme la bronca por algún motivo. Muda y desconcertada, negué con la cabeza. Me disculpé, diciéndole en un italiano muy académico: «Lo siento, pero no hablo italiano», y ella me miró como si quisiera pegarme con una cuchara de madera en caso de haberla llevado encima. Insistió: «¡Claro que me entiende!». (Curiosamente, tenía razón. Esa frase *sí* que la entendía.) Entonces quiso saber de dónde era yo. Le dije que era de Nueva York y le pregunté de dónde era ella. Pues... de Roma. Al oírla decirlo, aplaudí como una niña pequeña. *¡Ah, Roma! ¡La hermosa Roma! ¡Me encanta Roma! ¡Qué bonita es Roma!* La mujer escuchó mis toscas rapsodias con bastante escepticismo. Entonces decidió ir al grano y me preguntó si estaba casada. Le dije que estaba divorciada. Era la primera vez que se lo contaba a alguien y resultó ser en italiano. Por supuesto, me preguntó: *Perché?* Y explicar el porqué de algo es bastante complicado, sea en el idioma que sea. Tartamudeé y al fin logré decir: *L'abbiamo rotto* (Lo habíamos roto).

Ella asintió, se puso en pie, caminó hacia su parada de autobús y no volvió la cabeza para mirarme ni una sola vez. ¿Se habría enfadado conmigo? Increíblemente, pasé veinte minutos más sentada en ese banco con la descabellada esperanza de que tal vez volviera para retomar nuestra conversación, pero no volvió. Se llamaba Celeste, que se pronuncia con *ch*, como violonchelo.

Ese mismo día me topé con una biblioteca. Por Dios, cómo me gustan las bibliotecas. Como estamos en Roma, la biblioteca es antigua y bella, y dentro tiene un patio ajardinado que uno no se espera al ver el edificio desde la calle. El jardín es un cuadrado perfecto salpicado de naranjos y en el centro tiene una fuente. Vi enseguida que aquella fuente iba a ser una candidata a convertirse en mi fuente romana preferida, aunque no se parecía a ninguna de las que había visto por ahora. Para empezar, no era de mármol imperial. Era una pequeña fuente orgánica, cubierta de musgo verde. Era como una mata de helechos desmadejada y húmeda. (De hecho, era exactamente como la maraña de hojas que tenía en la cabeza la figura orante que me había dibujado el curandero indonesio.) Del centro de aquel arbusto florido brotaba un chorro de agua que rociaba las hojas, llenando el patio entero de un murmullo hermoso y melancólico.

Vi un buen sitio para sentarme, bajo un naranjo, y abrí uno de los libros de poesía que había comprado ayer. Louise Glück. Leí el primer poema en italiano, luego en inglés, y me paré en seco al llegar a este verso:

Dal centro della mia vita venne una grande fontana...

«Del centro de mi vida brotaba una gran fuente...»

Apoyándome el libro en el regazo, me estremecí aliviada.

13

A decir verdad, no soy la mejor viajera del mundo.

Lo sé porque he viajado mucho y he conocido gentes a las que se les da muy bien. Viajeros natos. Algunos son tan robustos que podrían beberse un par de litros de agua de una alcantarilla de Calcuta sin ponerse enfermos. Gente capaz de pillar un idioma exótico donde los demás sólo pillan una infección. Gente que sabe poner en su sitio a un policía malencarado o al funcionario arisco encargado de dar los visados. Gente que tiene la altura y la pinta perfectas para parecer *normal*, sea donde sea; en Turquía podrían ser turcos, en México de repente son mexicanos, en España los toman por vascos, en el norte de África a veces los toman por árabes...

Yo, en cambio, no tengo ninguna de esas aptitudes. Para empezar, no me fundo con el entorno. Alta, rubia y de piel rosada, en lugar de un camaleón parezco un pájaro flamenco. Vaya donde vaya, quitando Dusseldorf, desentono a tope. Cuando estuve en China, la gente se me acercaba por la calle para que sus hijos pudieran verme bien, como si fuera un animal escapado de un zoo. Y los susodichos niños —que nunca habían visto nada semejante a una persona de piel rosada y pelo amarillo— a menudo se echaban a llorar al verme. China tenía eso de malo.

Se me da mal (o, mejor dicho, me da pereza) documentarme antes de un viaje y lo que suelo hacer es plantarme en el sitio a ver qué pasa. Cuando se viaja así, lo típico es tirarte horas en una estación de tren sin saber qué hacer o gastarte muchísimo dinero en hoteles porque no te enteras de nada. Mi escaso sentido de la orientación y mi despiste geográfico me han llevado a explorar los continentes sin tener ni la más remota idea de dónde estoy cada momento. Aparte de mi disparatado compás interno, también tengo una falta de soltura evidente, cosa que puede ser bastante desastrosa al viajar. No sé poner ese gesto vacuo de competente invisibilidad que resulta tan útil al viajar por países desconocidos y peligrosos. Ya sabéis, esa pinta relajada de controlar totalmente el cotarro que te hace parecer «uno más» en todas partes, estés donde estés, aunque sea en mitad de un disturbio en Yakarta. Pues a mí no me pasa. Cuando no sé de qué va el tema, tengo cara de no saber de qué va el tema. Cuando estoy ansiosa o nerviosa, tengo cara de estar ansiosa o nerviosa. Y cuando me pierdo, cosa que me pasa con frecuencia, tengo cara de haberme perdido. Mi rostro es un transmisor transparente de todos mis pensamientos. Como dijo David una vez: «Tu cara es todo lo contrario de una cara de póquer. Tú tienes más bien... cara de minigolf».

Por no hablar, ay, ¡del sufrimiento que me ha infligido tanto viaje en el sistema digestivo! La verdad es que no quiero abrir esa caja de Pandora, por así decirlo, pero baste decir que he experimentado todos los extremos de la emergencia digestiva. En Líbano pasé una noche de indisposición tan explosiva que pensé que debía de haber contraído el virus del Ébola en versión Oriente Medio. En Hungría sufrí una molestia intestinal totalmente distinta que cambió para siempre mi manera de entender el término *bloqueo soviético*. Pero también tengo otras debilidades corporales. Se me pinzó la espalda el primer día de un viaje por África, fui la única en salir de las selvas venezolanas con unas picaduras de araña infectadas y decidme

—¡os lo ruego!— si conocéis a alguien más que se haya quemado la piel en Estocolmo.

Aun así, pese a todo ello, viajar es el gran amor de mi vida. Siempre he pensado, desde los 16 años, cuando me fui a Rusia con lo que había ahorrado cuidando niños, que todo gasto o sacrificio son válidos con tal de poder viajar. Mi amor por el viaje es constante y fiel aunque en mis otros amores no he tenido la misma constancia y fidelidad. Un viaje despierta en mí lo mismo que siente una madre por su bebé insoportable, diarreico y nervioso: me importa un bledo lo mucho que me haga sufrir. Porque lo adoro. Porque es mío. Porque es clavado a mí. Me puede vomitar encima todo lo que quiera. Me da igual.

De todas formas, para ser un pájaro flamenco tampoco voy por la vida como una negada total. Tengo mis técnicas de supervivencia. Una es la paciencia. Otra es que llevo poco equipaje. Y como lo que me echen. Pero mi gran baza viajera es que soy capaz de llevarme bien con cualquiera. Me llevo bien hasta con los muertos. En Serbia me hice amiga de un genocida y me invitó a pasar las vacaciones en las montañas con su familia. No me enorgullezco de contar a un asesino en serie serbio entre mis seres más queridos (me hice la colega con él para que me contara la historia y también para evitar que me diera un puñetazo). Lo que digo es que soy capaz de hacerlo. Y si no hay otra persona con quien hablar, acabaría llevándome bien con el primer montón de piedras que encontrara por ahí. Por eso no me da miedo viajar a los sitios más remotos del mundo, porque sé que en todos hay seres humanos con los que poder hablar. Cuando me iba a ir a Italia, la gente me preguntaba: «¿Tienes amigos en Roma?» y yo me limitaba a sacudir la cabeza, pensando para mis adentros: *No, pero los tendré.*

En los viajes los amigos se suelen hacer sin proponérselo, porque te tocan al lado en un tren, o en un restaurante, o en la celda de una cárcel. Pero éstos son encuentros casuales y uno nunca debe fiarse totalmente de la casualidad. Si se quiere hacer un acercamiento más sistemático, aún existe el viejo sistema de la carta de presentación (hoy en día, un correo electrónico) para ponerte en contacto con un conocido de un conocido. Éste es un modo maravilloso de encontrar gente, pero hay que tener la caradura de llamar en frío para pedir que te inviten a cenar. Así que antes de irme a Italia pregunté a todos mis amigos estadounidenses si conocían a alguien en Roma y me alegro de poder decir que salí de mi país con una lista considerable de contactos italianos.

Entre todos los nominados que tengo en la lista de Amigos Potenciales Italianos, el que más me intriga es un tío llamado... —increíble pero cierto...— Luca Spaghetti. El tal Luca Spaghetti es un buen amigo de mi querido Patrick McDevitt, a quien conocí en mis tiempos de estudiante. Y de verdad que se llama así, juro por Dios que no me lo he inventado. Es un disparate demasiado grande. Porque... imagináoslo. ¿Os veis yendo por la vida con un nombre como Luca Spaghetti?

En fin, que pienso ponerme en contacto con Luca Spaghetti lo antes posible.

14

Eso sí, antes tengo que organizarme la vida académica. Hoy voy a mi primera clase en la Academia de Idiomas Leonardo da Vinci, donde estudiaré italiano cinco días a la semana, cuatro horas al día. Lo de estudiar me hace mucha ilusión. Tengo alma de estudiante. Anoche dejé la ropa preparada, como hacía la noche antes en mi primer curso en el cole, cuando iba con zapatos de ante y me llevaba la comida de casa. Espero caer bien al profe.

En la Academia Leonardo da Vinci siempre hacen un examen el primer día para colocarnos en el nivel correspondiente a nuestros conocimientos de italiano. Cuando les oigo decirlo, lo primero que pienso es que ojalá no me pongan en el Nivel Uno, porque sería humillante teniendo en cuenta que he dado un semestre entero de italiano en la Escuela Nocturna para Señoras Divorciadas de Nueva York, y que me he pasado el verano memorizando tarjetas con palabras, y que llevo una semana en Roma, y que he estado practicando el idioma, y que hasta he hablado de divorcio con una abuela italiana. El caso es que no sé cuántos niveles hay en la academia, pero, en cuanto oigo la palabra «nivel», decido que tengo que estar en el Nivel Dos, como poco.

Hoy está lloviendo a cántaros, pero llego puntual a la academia (igual que de pequeña, como una empollona cualquiera) y hago el examen. ¡Resulta que es dificilísimo! ¡No consigo hacer ni una décima parte! Sé mucho italiano, sé *docenas* de palabras en italiano, pero no me preguntan nada de eso. Y luego hay un examen oral, que es aún peor. Una profesora delgaducha me entrevista en un italiano que a mí me parece totalmente acelerado y debería estarlo haciendo mucho mejor, pero estoy nerviosa y me equivoco en cosas que sé perfectamente (por ejemplo, ¿por qué dije *Vado a scuola*, en vez de *Sono andata a scuola?* ¡Si lo sé de sobra!).

Al final, por lo que parece, la cosa no ha ido tan mal. La profesora delgaducha echa un vistazo a mi examen y decide el nivel que me toca.

¡Nivel DOS!

Me ha tocado el horario de tarde. Así que me marcho a comer (endivias al horno) y al volver a la academia paso con aire de superioridad por delante de los alumnos del Nivel Uno (que deben de ser *molto stupidi*, la verdad) y entro en mi primera clase. Con gente que está a mi altura. Lo malo es que enseguida resulta obvio que la que no está a su altura soy yo y que no pinto nada ahí, porque el Nivel Dos es increíblemente difícil, la verdad. Me da la sensación de estar nadando, pero a punto de ahogarme. Como si tragara agua en cada brazada. El profesor, un tío delgaducho (¿por qué serán tan escuálidos todos los profesores de este sitio?, no me fío de los italianos escuálidos), va a toda pastilla, saltándose capítulos enteros del libro y diciendo: «Esto ya os lo sabéis, esto también os lo sabéis...» y hablando a la velocidad del rayo con mis compañeros de clase, que parecen dominar el idioma a la perfección. Tengo el estómago encogido del horror y respiro entrecortadamente mientras rezo para que no me haga hablar a mí. En cuanto llega la pausa entre una clase y otra, salgo del aula con un tembleque en las piernas y corro hacia la oficina de administración donde, al borde de las lágrimas, les ruego en un inglés muy claro que me pongan en una clase de Nivel Uno. Y me hacen caso. Y aquí estoy.

Esta profesora es rechoncha y habla despacio. Mucho mejor.

15

Lo interesante de mi clase de italiano es que, en realidad, nadie tiene por qué estar aquí. Nos hemos juntado doce personas —de todas las edades, de todas partes del mundo— a estudiar un idioma y todos estamos en Roma por el mismo motivo: para estudiar italiano porque nos apetece. No hay nadie con un jefe que le haya dicho: «Es fundamental que estudies italiano para que nos lleves el negocio en el extranjero». Todos ellos —hasta un ingeniero alemán que parece estresado— comparten conmigo una cosa en la que yo me creía muy original: queremos hablar italiano porque nos gusta la sensación que nos produce. Una mujer rusa de rostro triste nos dice que se está dando el lujo de estudiar italiano porque «Creo que me merezco algo así de hermoso». El ingeniero alemán dice: «Quiero saber italiano porque me encanta la *dolce vita*, la buena vida». (Pero con su acartonado acento alemán acaba sonando como si hubiera dicho que le encanta *«la deutsche vita»* —la vida alemana—, de la que debe de estar bastante harto, me temo.)

Como iré descubriendo durante los siguientes meses, está bastante justificado que el italiano se considere uno de los idiomas más bellos y seductores del mundo y por eso no soy la única que lo piensa. Para entender por qué, conviene saber que Europa era antaño un pandemonio de incontables dialectos derivados del latín que gradualmente, con el paso de los siglos, se desgajaron en un puñado de idiomas distintos: francés, portugués, español, italiano. En Francia, Portugal y España se produjo una evolución orgánica: el dialecto de la ciudad más importante acabó siendo el idioma principal de toda la región. Por tanto, lo que hoy llamamos francés es, en realidad, una versión del lenguaje parisino medieval. El portugués es, de hecho, el lisboeta. El español es, esencialmente, el castellano. Todas ellas fueron victorias capitalistas; la ciudad más fuerte acababa estableciendo el idioma del país entero.

En Italia sucedió algo distinto. La diferencia fundamental fue que, durante muchísimo tiempo, Italia ni siquiera fue un país. Tardó bastante en conseguir unificarse y hasta 1861 fue una península de ciudades estado enfrentadas entre sí al mando de arrogantes príncipes locales o de otras potencias europeas. Había partes de Italia que pertenecían a Francia, o a España, o a la Iglesia, o al primero que se hacía con el castillo o el palacio correspondiente. Esta intromisión producía en los italianos dos reacciones contrapuestas: unos se sentían humillados y otros se lo tomaban con la indiferencia típica de los nobles. La mayoría se oponían a la colonización de sus prójimos europeos, pero había un sector apático que decía: *Franza o Spagna, purché se magna*, lo que significa en dialecto: «Lo mismo me da Francia o España mientras tenga algo que comer».

Esta disgregación interna significaba que Italia jamás llegó a unificarse debidamente y el italiano, tampoco. Por eso no sorprende que, durante siglos, los italianos escribieran y hablaran en dialectos locales que eran indescifrables los unos para los otros. Un científico florentino apenas podía comunicarse con un poeta siciliano o un mercader veneciano (menos en latín, por supuesto, que no era precisamente el idioma nacional). En el siglo XVI se reunieron una serie de intelectuales italianos y decidieron que esto era absurdo. La península Itálica necesitaba un idioma *italiano*, al menos en su forma escrita, que convenciera a todos por igual. Y esta camarilla de intelectuales hizo algo sin precedentes en la historia de Europa; eligieron el más hermoso de los dialectos locales y lo proclamaron como el idioma italiano.

Para hallar el dialecto más hermoso de todos los que se hablaban en la península, tuvieron que retroceder doscientos años en el tiempo, hasta la Florencia del siglo XIV. Lo que esta asamblea decidió convertir en italiano oficial fue el idioma particular del grandísimo poeta florentino Dante Alighieri. Corría el año 1321 cuando Dante publicó su *Divina Comedia*, narrando un periplo visionario por el infierno, el purgatorio y el cielo, y escandalizó a su entorno cultural al no haberlo escrito en latín. En su opinión, el latín era un idioma corrupto y elitista y el hecho de que la prosa culta lo empleara había «prostituido la literatura», convirtiéndola en algo sólo apto para las clases aristocráticas, que eran las que tenían el privilegio de hablarlo. Lo que hizo Dante fue recurrir al lenguaje de la calle, al florentino auténtico que hablaban los habitantes de su ciudad (entre los que había coetáneos de la talla de Boccaccio y Petrarca) y emplearlo para escribir su relato.

Escribió su obra maestra en lo que él llamaba el *dolce stil nuovo*, el «dulce estilo nuevo» de la lengua vernácula, que fue estilizando conforme escribía en ella, dándole una impronta tan personal como después haría Shakespeare con el inglés isabelino. Y resultó que varios siglos después un puñado de intelectuales nacionalistas decidió que el italiano de Dante iba a ser el idioma oficial de Italia, que es como si un puñado de catedráticos de Oxford hubiera decidido a principios del siglo XIX que —a partir de ese momento— en Inglaterra se iba a hablar el más puro inglés shakespeariano. Pero lo curioso es que funcionó.

El italiano que hablamos hoy, por lo tanto, no es el romano ni el veneciano (en cuyas ciudades se concentraba el poder militar y mercantil, respectivamente), ni tampoco el florentino propiamente dicho. A decir verdad, es un italiano *dantesco*. Ningún otro idioma europeo tiene un pedigrí tan artístico. Como no habrá ningún otro acondicionado expresamente para expresar los sentimientos humanos, como le sucedió al italiano florentino del siglo XIII, embellecido por uno de los más grandes poetas de la civilización occidental. Dante escribió su *Divina Comedia* en *terza rima*, una estrofa cuya rima se repetía tres veces cada cinco versos, dando a su hermoso florentino vernáculo lo que los expertos llaman una «rima encadenada», rima que pervive en las parrafadas melodiosas y poéticas que hablan los taxistas y los carniceros y los políticos de hoy en día. El último verso de la *Divina Comedia*, en el que Dante se enfrenta al mismísimo Dios en persona, expresa un sentimiento fácilmente comprensible para cualquiera que hable el italiano actual. Dante describe a Dios no sólo como una visión cegadora de luz celestial, sino ante todo como *l'amor che move il sole e l'altre stelle*...

«El amor que mueve el sol y las demás estrellas.»

Así que, en realidad, no es tan raro que me haya empeñado en aprender este idioma.

16

Al cabo de diez días en Italia Depresión y Soledad me acechan. Tras una tarde feliz en la academia paseo por la Villa Borghese al anochecer, viendo la basílica de San Pedro iluminada por los rayos dorados del crepúsculo. Esta escena romántica me ha puesto de buen humor, aunque debo de ser la única de todo el parque que está sola, porque el resto de la gente parece estarse achuchando con alguien o jugando con algún niño. Pero me apoyo en la barandilla y me pongo a mirar la puesta de sol y me da por pensar y por comerme el tarro y es entonces cuando me acecha la neura.

Primero noto una presencia amenazadora, como la de los detectives de la agencia Pinkerton y después me van rodeando Depresión a la izquierda, Soledad a la derecha. No hace falta que se identifiquen enseñándome su placa. Llevamos años jugando al perro y el gato. Aunque admito que me sorprende encontrármelas aquí, al anochecer, en este elegante jardín italiano. La verdad es que no es su sitio.

Les digo:

—¿Cómo sabíais que estaba aquí? ¿Quién os ha dicho que estaba en Roma?

Depresión, que va de tía lista, me dice:

—¡Anda! ¿Es que no te alegras de vernos?

—Lárgate —le pido.

Soledad, que siempre hace de *poli bueno*, me replica:

—Lo siento, señora, pero puede que la siga durante todo el viaje. Tengo órdenes.

—Pues prefiero que no, la verdad —contesto.

Soledad se encoge de hombros con aire compungido, pero se me acerca más.

Entonces me cachean. Y me sacan de los bolsillos todo lo que pueda producirme algo parecido a la alegría. Depresión incluso llega a usurparme la identidad, su viejo truco de toda la vida. Después Soledad me interroga, cosa que aborrezco, porque suele durar varias horas. Lo hace con educación, pero es implacable y siempre consigue ponerme del revés. Me pregunta si tengo algún motivo verdadero para estar contenta. Me pregunta por qué estoy sola esta noche, otra noche más. Me pregunta (aunque esto mismo lo hemos hecho cientos de veces) por qué soy incapaz de mantener una relación, por qué he destrozado mi matrimonio, por qué me he peleado con David, por qué la he jorobado con todos los hombres con los que he estado. Me pregunta dónde estaba la noche en que cumplí 30 años y por qué las cosas se han torcido tanto desde entonces. Me pregunta por qué soy incapaz de controlarme y por qué no tengo una bonita casa y unos bonitos niños como debería tener una mujer respetable a mi edad. Me pregunta por qué, si se puede saber, creo merecerme unas vacaciones en Roma cuando tengo mi vida hecha unos zorros. Me pregunta por qué creo que escaparme a Italia como una colegiala me va a hacer feliz. Me pregunta dónde creo que voy a acabar de mayor como siga viviendo así.

De vuelta a casa espero poder quitármelas de encima, pero van pisándome los talones, las muy capullas. Depresión me agarra del hombro con firmeza y Soledad sigue dándome la vara con el interrogatorio. No me queda otra que saltarme la cena para evitar que me miren fijamente mientras como. Procuro que tampoco me sigan escaleras arriba hasta la puerta de mi apartamento, pero, conociendo a Depresión, sé que lleva una porra, así que no puedo impedirle entrar si se empeña.

—No tenéis ningún derecho a estar aquí —le digo a Depresión—. Ya he saldado mi deuda con vosotras. Cumplí mi condena en Nueva York.

Pero Depre me dedica esa tenebrosa sonrisa suya, se instala en mi silla preferida, pone los pies encima de la mesa y enciende un cigarrillo, llenándome la casa de su humo apestoso. Sin quitarme el ojo de encima, Soledad suspira y se mete en mi cama vestida, con zapatos y todo, tapándose hasta el cuello. Voy a tener que compartir la cama con ella una vez más, lo sé.

17

Hacía muy pocos días que había dejado de tomar pastillas. Me parecía una locura total tomar antidepresivos estando en Italia. ¿Quién se iba a deprimir en un sitio así?

Para empezar, yo nunca había querido medicarme. Llevaba mucho tiempo resistiéndome y tenía una larga lista de objeciones personales (por ejemplo, los estadounidenses nos medicamos en exceso; no sabemos el efecto a largo plazo de los potingues químicos en el cerebro humano; es una salvajada que hasta los niños estadounidenses tomen antidepresivos hoy en día; la salud mental del país está en situación de emergencia...). Aun así, durante estos últimos años estaba claro que yo tenía un problema grave y que ese problema no iba camino de solucionarse muy deprisa. Al fracasar mi matrimonio e ir evolucionando mi tragedia con David, había ido desarrollando todos los síntomas de una depresión grave: pérdida de sueño, apetito y deseo sexual, llanto incontrolable, dolores de espalda y de estómago crónicos, alienación y desesperación, dificultad para concentrarme al trabajar, incapacidad para reaccionar negativamente cuando los republicanos ganaron de mala manera las elecciones presidenciales... y así sucesivamente.

Cuando te pierdes en un bosque, a veces tardas un rato en darte cuenta de que te has perdido. Te puedes tirar un buen tiempo intentando convencerte de que te has alejado un poco del camino, pero que lo vas a encontrar de aquí a nada. Entonces cae la noche sin parar, y sigues sin tener ni idea de dónde estás, y ha llegado el momento de admitir que te has apartado atolondradamente del camino, tanto que ya no sabes ni siquiera por dónde sale el sol.

Afronté mi depresión como si fuese la mayor cruzada de mi vida, cosa que era cierta, por otra parte. Me dediqué a estudiar a fondo mi experiencia depresiva, intentando desentrañar sus causas. ¿Cuál era la raíz de tamaña desesperación? ¿Era psicológica? (¿Era culpa de papá y mamá?) ¿Era una cosa temporal, sólo un «mal momento» de mi vida? (¿Y se terminará con el divorcio?) ¿Era algo genético? (Melancolía, a la que se le han dado muchos nombres, lleva años afectando a mi familia junto con su triste novio, Alcoholismo.) ¿Era algo cultural? (¿Era una simple crisis de la típica trabajadora americana posfeminista que intenta encajar en un mundo urbano cada vez más estresante y alienante?) ¿Era una cuestión astrológica? (¿Estoy tan triste porque soy una Cáncer dura de pelar con todos los planetas importantes en el inestable signo de Géminis?) ¿Era algo artístico? (¿Las personas creativas somos más propensas a la depresión por ser tan hipersensibles y *especiales?*) ¿Era un tema evolutivo? (¿Llevo en mi interior el pánico residual procedente de la milenaria lucha por la supervivencia de mi especie en un mundo brutal?) ¿Era un tema kármico? (¿Estos espasmos dolorosos se deben a una mala conducta en las vidas anteriores y son sólo los últimos obstáculos antes de la liberación?) ¿Era un problema hormonal? ¿Alimentario? ¿Filosófico? ¿Estacional? ¿Medioambiental? ¿Tenía acaso un anhelo cósmico de Dios? ¿Tenía un desequilibrio químico? ¿O lo que me hacía falta era que me echaran un buen polvo?

¡Qué enorme cantidad de factores hay detrás de un ser humano! ¡Qué enorme cantidad de capas hay que traspasar y cuánto nos influyen la mente, el cuerpo, el pasado, la familia, el entorno y hasta la esencia espiritual y los gustos culinarios! Mi depresión era, sin duda, un surtido variado de todos esos factores, además de incluir también algún otro elemento que era incapaz de nombrar o de reconocer. Y afronté el reto a todos los niveles. Me compré todos esos vergonzantes libros de autoayuda (que siempre ocultaba bajo el último número de la revista *Hustler* para despistar a los desconocidos). Recurrí a la asistencia profesional de una terapeuta tan amable como intuitiva. Rezaba como una novicia. Dejé de comer carne (durante una época, al menos) después de que me dijeran que me estaba comiendo «el miedo que siente el animal justo antes de morir». Una masajista iluminada me dijo que tenía que llevar bragas naranja para recuperar el equilibrio de mis *chakras* sexuales y, hay que jorobarse, lo hice. Me tomé tantas tazas de esa maldita tisana de hipérico (supuestamente antidepresiva) como para animar a todo un gulag ruso sin notar ningún efecto positivo. Hice ejercicio. Me dediqué sólo a las artes que levantan el ánimo, protegiéndome cuidadosamente de determinadas películas, libros y canciones (si a alguien se le ocurría decir las palabras *Leonard* y *Cohen* en la misma frase, no me quedaba otra que marcharme de la habitación).

Hice todo lo posible por luchar contra los arrebatos de llanto incontrolable. Recuerdo haberme planteado una noche, arrebujada en la esquina de siempre del sofá de siempre, llorando una vez más por la enésima cantinela de pensamientos tristes: «¿No puedes cambiar esta escena en algo, Liz?». Y lo único que se me ocurrió fue levantarme, aún llorando, y ponerme a la pata coja en mitad del salón. Sólo para demostrar que —aunque no podía parar de llorar ni de silenciar mi lúgubre monólogo interior— no había perdido totalmente el control: al menos podía llorar histéricamente a la pata coja. Oye, que por algo se empieza.

Bajaba a la calle a pasearme al sol. Recurría a mi red de apoyo, dejándome querer por mi familia y cultivando mis amistades más abiertas de mente. Y cuando alguna de esas revistas femeninas tan meticonas me avisó de que mi bajo nivel de autoestima no era nada bueno para mi depresión, me corté el pelo a la última y me compré un buen maquillaje y un vestido bonito. (Cuando una amiga me dijo que estaba muy mona, lo único que pude decirle, muy seria, fue: «Operación Autoestima. Maldito Día Uno».)

Mi último recurso, después de llevar dos años luchando contra la neura, fueron las pastillas. Si se me permite dar mi opinión sobre este asunto, creo que es lo último que hay que probar. En mi caso concreto tomé la decisión de probar la ruta de la Vitamina P —como llaman irónicamente al Prozac— después de pasarme una noche entera sentada en el suelo de mi habitación, intentando convencerme a mí misma de que era una tontería cortarme las venas con un cuchillo de cocina. Esa noche gané yo contra el cuchillo, pero por los pelos. Por aquel entonces se me había ocurrido alguna otra genialidad, como tirarme desde una azotea o volarme la tapa de los sesos para dejar de sufrir. Pero eso de pasarme la noche con un cuchillo en la mano fue definitivo.

Al día siguiente, en cuanto salió el sol, llamé a mi amiga Susan y le supliqué que me ayudara. En toda la historia de mi familia no sé de ninguna mujer que haya hecho eso, que se plante a medio camino, en la mitad de su vida, y diga: «No puedo dar un solo paso más... Alguien tiene que ayudarme». En cualquier caso, creo que a ninguna de esas mujeres les habría servido de nada detener sus vidas. Nadie las habría ayudado, porque nadie podía ayudarlas. Sólo habrían conseguido morirse de hambre ellas y sus familias. El caso es que no podía dejar de pensar en esas mujeres.

Y nunca olvidaré el rostro de Susan cuando entró casi corriendo en mi apartamento, como una hora después de recibir mi llamada de socorro, y me vio hecha un guiñapo en el sofá. Aún sigo viendo la imagen de mi dolor reflejada en su rostro —sé que llegó a temer por mi vida— y es uno de los recuerdos más espeluznantes de aquellos espeluznantes años. Yo me quedé hecha un ovillo mientras Susan hacía varias llamadas para dar con un psiquiatra dispuesto a darme hora para ese mismo día y hablar de la posibilidad de recetarme antidepresivos. Escuché lo que Susan le contaba al médico y la oí decir: «Me temo que mi amiga pueda autolesionarse gravemente». Yo también me lo temía.

Cuando fui al psiquiatra esa misma tarde, me preguntó por qué había tardado tanto en pedir ayuda, como si no llevara una eternidad intentando ayudarme yo sola. Le hablé de lo poco que me convencían los antidepresivos, enumerándole mis objeciones. Poniendo encima de su mesa ejemplares de mis tres libros publicados hasta entonces, le dije:

—Soy escritora. Por favor, no me hagas nada que pueda dañarme el cerebro.

—Si tuvieras un problema de riñón, no dudarías en tomarte las pastillas de turno. ¿Por qué tienes tanta prevención en este caso?

Lo que demuestra lo poco que sabía de mi familia, porque un Gilbert es capaz de no medicarse una enfermedad renal, porque en mi familia *cualquier* enfermedad se valora como un síntoma evidente de un fracaso personal, ético y moral.

Me fue recetando medicamentos —Trankimazin, Besitran, Zyntabac, Buspar—, hasta que dimos con una combinación que no me hacía vomitar ni me dejaba el deseo sexual perdido en una lejana nebulosa. Rápidamente, en menos de una semana, fue como si en el cerebro se me abriese un agujero de varios centímetros por el que me entraba la luz del sol. Además, por fin conseguí dormir algo. Y eso sí que fue una bendición, porque, si no duermes, no hay manera de salir de la zanja; no hay ni la menor posibilidad. Las pastillas me devolvieron esas horas de sueño reparador, además de quitarme el temblor de las manos, aliviarme la enorme presión que me atenazaba el pecho y permitirme caminar por la vida sin ir siempre con el botón rojo de alarma encendido.

Pese a todo, lo de las pastillas nunca acabó de convencerme del todo aunque me ayudaron enormemente. Me traía sin cuidado que la gente me dijera que no pasaba nada por tomar pastillas y que era algo totalmente seguro; siempre tuve mis dudas sobre ese asunto. Formaron parte de mi tabla de salvación, de eso no hay duda, pero quería dejar de tomarlas cuanto antes. Empecé a tomar la medicación en enero de 2003 y en mayo ya había disminuido la dosis significativamente. De todas formas, ésos fueron los peores meses: los últimos meses del divorcio, los últimos meses maltrechos con David. ¿Habría podido pasar esa época sin pastillas si le hubiera echado narices al asunto? ¿Podría haber sobrevivido a mí misma yo sola, sin ayuda de nadie? Pues no lo sé. Es lo malo de nuestras vidas, que no tenemos *controladores*, así que no sabemos cómo habríamos salido si nos hubieran cambiado alguna de las variables.

Lo que sé es que las pastillas me sirvieron para quitarle algo de catastrofismo a mi sufrimiento. Eso sí que lo agradezco. Pero los medicamentos que alteran el estado de ánimo aún me producen sentimientos contradictorios. Su poder me asombra, pero me preocupa lo extendido que está su uso. Creo que en Estados Unidos deberían venderse sólo con receta médica, con muchas más restricciones y jamás sin el apoyo de un tratamiento psicológico paralelo. Medicar el síntoma de una enfermedad cualquiera sin averiguar la causa que hay detrás es abordar un problema de salud con la típica chapuza occidental. Puede que esas píldoras me hayan salvado la vida, pero fue en conjunción con otra veintena de cosas que hice en aquella época para intentar rescatarme a mí misma y espero no tener que volver a tomarlas jamás. Lo cierto es que un médico me dijo que quizá tenga que tomar antidepresivos varias veces más a lo largo de mi vida debido a mi «tendencia a la melancolía». Espero, por Dios, que se haya equivocado. Haré cuanto esté en mi mano para demostrar que se equivoca, y, eso sí, lucharé contra esa tendencia melancólica con todas las armas que tenga a mi alcance. Que eso me convierta en una cabezota derrotista o en una cabezota con instinto de supervivencia... está por ver.

Pero aquí estamos.

18

Mejor dicho, aquí estoy. Estoy en Roma y metida en un buen lío. Las capullas de Depresión y Soledad han tomado mi vida al asalto y el último Zyntabac me lo tomé hace tres días. Tengo más pastillas en el último cajón de la cómoda, pero no las quiero. Lo que quiero es librarme de ellas para siempre. Pero tampoco quiero irme dando de bruces con Depresión o con Soledad, así que no sé qué hacer y me está entrando un ataque de pánico, como siempre me pasa cuando no sé qué hacer. Así que esta noche saco el cuaderno de notas más secreto de todos, que guardo junto a la cama para los casos de emergencia. Lo abro. Encuentro la primera página en blanco. Escribo:

«Necesito tu ayuda».

Entonces, me quedo esperando. Al cabo de un rato me llega la respuesta, escrita de mi propio puño y letra:

Aquí me tienes. ¿Qué puedo hacer por ti?

Y entonces empieza una conversación de lo más extraña y secreta. Aquí, en mi cuaderno más privado, es donde hablo conmigo misma. Hablo con esa voz que se me presentó aquella noche cuando, sentada en el suelo del cuarto de baño, recé a Dios por primera vez, rogándole llorosa que me ayudara y algo (o alguien) me dijo: «Vuélvete a la cama, Liz». En los años que han pasado desde entonces he vuelto a hallar esa voz siempre que he estado en una situación de código rojo y he descubierto que la mejor manera de comunicarme con ella es mediante una conversación escrita. Me ha sorprendido descubrir, además, que casi siempre tengo acceso a esa voz por muy tenebrosa que sea mi angustia. Incluso en mis momentos de máximo sufrimiento esa voz tranquila, compasiva, cariñosa e infinitamente sabia (que puede que sea yo o que no sea del todo yo) siempre está disponible para tener una conversación escrita, a cualquier hora del día o de la noche.

He decidido no comerme el tarro con eso de que hablar conmigo misma significa ser esquizofrénica. Puede que esa voz con la que hablo sea la de Dios, o la de mi gurú expresándose a través de mí, o puede que sea el ángel al que le ha tocado encargarse de mí, o mi Yo Supremo, o una construcción de mi subconsciente inventada para protegerme de mi tormento. Según Santa Teresa estas voces internas son divinas; ella las llamaba «locuciones», es decir, voces sobrenaturales que entran en la mente de manera espontánea, traducidas al idioma propio para ofrecernos su consuelo celestial. Lo que sí sé es lo que habría dicho

Freud de estas consolaciones espirituales, claro está: que son irracionales y «poco convincentes. Sabemos, por experiencia, que el mundo no es un jardín de infancia». Estoy de acuerdo en que el mundo no es un jardín de infancia. Pero precisamente por lo complicada que es la vida a veces hay que saltarse las normas y pedir ayuda a los poderes supremos capacitados para aliviar nuestras penas.

Al inicio de mi experimento espiritual no confiaba del todo en esta sabia voz interna. Recuerdo una ocasión en que, dominada por la ira y la tristeza, saqué mi cuaderno secreto y garabateé un mensaje a mi voz interior —a mi divina fuente de consuelo— que ocupaba toda una página en letras mayúsculas:

«¡NO CREO EN TI, JODER!»

Al cabo de unos instantes, respirando entrecortadamente, noté que se me encendía una lucecita por dentro y me sorprendí al verme escribir esta respuesta serena, pero irónica:

¿Y con quién estás hablando, entonces?

Desde ese momento no he vuelto a poner en duda su existencia. Por eso esta noche acudo de nuevo a la voz. Es la primera vez que lo hago desde que llegué a Italia. Lo que escribo en mi cuaderno esta noche es que me siento débil y tengo mucho miedo. Cuento que han vuelto a aparecer Depresión y Soledad, y que me asusta que se queden para siempre. Digo que ya no quiero tomar más pastillas, pero me temo que tendré que hacerlo. Me aterra ser incapaz de controlar mi vida.

De lo más recóndito de mis entrañas surge esa presencia que ya conozco y me tranquiliza diciéndome lo que siempre he querido oír en los malos momentos. Esto es lo que escribo en la página de mi libreta:

Aquí estoy. Te quiero. Me da igual que te pases toda la noche llorando. Me quedaré contigo. Si tienes que volver a tomar pastillas, tómalas. Te seguiré queriendo aunque las tomes. Si no las necesitas, también te seguiré queriendo. Hagas lo que hagas, jamás perderás mi amor. Te protegeré hasta que te mueras y después de tu muerte te seguiré protegiendo. Soy más fuerte que Depresión y más valiente que Soledad y no hay nada que pueda acabar conmigo.

Esa noche, sorprendida ante la insólita ofrenda amistosa que me brota de dentro —es decir, que yo misma me echo una mano al ver que nadie más me ofrece consuelo—, me acuerdo de una cosa que me pasó en Nueva York. Una tarde en que iba con prisa entré en un edificio de oficinas y me metí en el ascensor a toda velocidad. Una vez dentro me llevé la sorpresa de ver mi propia imagen reflejada en un espejo de seguridad. En ese momento mi cerebro hizo algo extraño. Me envió este mensaje instantáneo: «¡Oye! ¡Si a ésa la conoces! ¡Es amiga tuya!». Y yo me acerqué sonriente a mi imagen reflejada, dispuesta a saludar a esa chica de cuyo nombre no me acordaba, pero cuya cara me sonaba muchísimo. Pero, claro, en cuestión de segundos me di cuenta de mi error y reí avergonzada de haber reaccionado casi como un perro al verme en un espejo. Curiosamente, esa noche de neura en Roma me acuerdo de aquello y acabo escribiendo esta reconfortante apostilla en la parte inferior de la página:

Nunca olvides que una vez, en el momento más inesperado, te viste a ti misma como una amiga.

Con el cuaderno abrazado al pecho me duermo, tranquila ante esa última ocurrencia. Al despertarme por la mañana, aún queda en el aire un leve atisbo del tabaco de Depresión, que ha desaparecido del mapa. En algún momento de la noche se ha levantado y se ha ido. Y su colega Soledad también se ha largado con viento fresco.

19

Lo que sí es raro es que no consigo hacer yoga desde que he llegado a Roma. Era una costumbre que tenía desde hacía años y que me tomaba muy en serio, tanto que hasta me he traído el tapete con mis mejores intenciones. Pero el caso es que aquí no me sale. Porque, vamos a ver, ¿cuándo se supone que tengo que hacer mis ejercicios de yoga? ¿Antes de desayunar a la italiana, que consiste en una sobredosis de pastas de chocolate y un capuchino doble? ¿O después? Los primeros días, cuando estaba recién llegada, sacaba el tapete de yoga por la mañana, muy dispuesta, pero al verlo soltaba una carcajada. Una de esas veces, al verme paralizada ante la silenciosa alfombrilla, me dije en voz alta: «Vamos a ver, *doña Penne ai Quattro Formaggi*, ¿qué ejercicios nos tienes preparados para hoy?». Abochornada, guardé el tapete en el fondo de la maleta (y no volví a sacarlo, la verdad, hasta que llegué a India). Lo que hice fue darme un paseo y tomarme un helado de pistacho, cosa que los italianos hacen tranquilamente a las 9.30 de la mañana. Y yo no iba a ser menos.

El yoga y la cultura romana no pegan ni con cola, y nadie me va a convencer de lo contrario. De hecho, he decidido que Roma y el yoga no tienen absolutamente nada en común. Salvo, eso sí, que los dos tienen algo que ver con la palabra «toga».

20

Tengo que hacer amigos como sea. Así que me pongo a ello y al llegar el mes de octubre ya tengo un buen surtido. Resulta que en Roma hay otras dos Elizabeth, aparte de mí. Las dos son estadounidenses, las dos son escritoras. La primera Elizabeth es novelista y la segunda escribe sobre gastronomía. Con un apartamento en Roma, una casa en Umbría, un marido italiano y un trabajo que consiste en ir por Italia probando comida para escribir en la revista *Gourmet*, debe de ser que la segunda Elizabeth ha librado de la muerte a muchos huérfanos en su vida anterior. Como era de esperar, sabe dónde hay que comer en Roma, incluyendo una *gelateria* donde dan helado de pastel de arroz (y si no es eso lo que comen en el cielo, pues mejor no ir). El otro día salí a comer con ella y no sólo tomamos cordero y trufas y *carpaccio* relleno de *mousse* de avellana, sino un manjar exótico en adobo llamado *lampascione* que, como todo el mundo sabe, es el bulbo del jacinto silvestre.

A estas alturas, por supuesto, también me he hecho amiga de Giovanni y Dario, mis gemelos de ensueño del «Intercambio Tándem». En mi opinión, Giovanni, con su dulzura, debería formar parte del patrimonio nacional italiano. Me encariñé con él la noche que nos conocimos, cuando al verme nerviosa porque me faltaban palabras para hablar en italiano me puso la mano en el brazo y me dijo:

—Liz, tienes que tratarte mejor a ti misma cuando estés aprendiendo algo nuevo.

A veces se porta como si fuera mayor que yo, con su frente despejada y su licenciatura en Filosofía y sus solemnes opiniones políticas. Me empeño en hacerlo reír, pero Giovanni no siempre entiende mis chistes. No es fácil entender el humor en un idioma distinto al nuestro. Sobre todo si eres tan serio como Giovanni. La otra noche me dijo:

—Cuando eres irónica, siempre me quedo atrás. Soy más lento. Es como si tú fueras el rayo y yo, el trueno.

Y yo pensé: *¡Sí, cielo! ¡Y tú eres el imán y yo, el acero! ¡Llévame hacia tu cuerpo de hombre, libérame de mis encajes de mujer!*

Pero aún no me ha besado.

A Dario, el otro gemelo, no lo veo demasiado, pero él a la que sí ve mucho es a Sofie, mi mejor amiga de la academia de idiomas. Y, si yo fuese Dario, también querría pasar mucho tiempo con ella. Sofie es sueca, tiene veintitantos años y es una tía tan mona que se la podría poner en un anzuelo para cazar hombres de todas las edades y nacionalidades. Tiene un buen trabajo en un banco sueco, pero ha escandalizado a su familia y asombrado a sus compañeros de trabajo al pedir cuatro meses de baja para venirse a Roma a estudiar italiano, sólo por lo bonito que le parece. Todos los días, después de clase, Sofie y yo nos sentamos a orillas del Tíber a comer *gelato* y a estudiar juntas. Aunque a lo que hacemos no se le puede llamar «estudiar», la verdad sea dicha. Es más bien disfrutar juntas del italiano en una especie de ritual religioso y siempre nos enseñamos una a la otra las expresiones que más nos gustan.

Por ejemplo, el otro día aprendimos que *un'amica stretta* quiere decir «una buena amiga». Pero *stretta*, literalmente, significa «estrecha» y se usa para prendas de vestir, como una falda de tubo. Es decir, que una buena amiga o amigo, en italiano, es el que puedes llevar bien pegado a la piel; y precisamente eso es lo que está empezando a ser Sofie, mi querida amiga sueca, para mí.

Al principio me gustaba pensar que Sofie y yo parecíamos hermanas. Pero el otro día íbamos en taxi por Roma y el taxista nos preguntó si Sofie era hija mía. Vamos a ver, hombre, si sólo tiene unos siete años menos que yo. El cerebro se me puso en fase de centrifugado mientras analizaba lo que había dicho el tío. (Pensaba cosas como ésta: *Puede que este taxista romano de pura cepa no hable italiano bien del todo y que quiera preguntar si somos* hermanas.) Pero no. Había dicho hija y quería decir hija. Por Dios, ¿y qué digo yo ahora? Me han pasado muchas cosas en los últimos años. El divorcio éste me habrá dejado hecha un desastre y con pinta de vieja. Pero como dice ese viejo tema *country* con acento texano: «Me han jodido y demandado y tatuado, pero aquí me tienes, dispuesta a todo...».

También me he hecho amiga de una pareja muy *cool* —Maria y Giulio—, que he conocido a través de mi amiga Anne, una pintora americana que pasó unos años en Roma. Maria ha nacido en Estados Unidos; Giulio, en el sur de Italia. Él es director de cine y ella trabaja en una organización agrícola internacional. Él casi no habla inglés, pero ella habla italiano perfectamente (y francés y chino igual de bien, por lo que mi mal italiano no me acompleja). Giulio quiere aprender inglés y me pregunta si estoy dispuesta a darle conversación en un «Intercambio Tándem».

En caso de que alguien se pregunte por qué no habla inglés con su mujer estadounidense, pues resulta que, como están casados, se pelean mucho cuando uno de ellos intenta enseñar algo al otro. Así que Giulio y yo comemos juntos dos veces por semana para practicar italiano e inglés; una buena manera de aprovechar el tiempo para dos personas que no tienen la costumbre de sacarse de quicio uno al otro.

Giulio y Maria tienen un piso muy bonito, cuyo elemento más impresionante es, a mi modo de ver, la pared que Maria llenó de tacos furibundos (escritos con un grueso rotulador negro) un día en que estaban discutiendo, pero «él grita más alto que yo» y así consiguió meter baza.

Maria es una mujer muy sensual y este apasionado arrebato a base de grafitis es prueba de ello. Curiosamente, sin embargo, Giulio considera la pared pintarrajeada como un claro síntoma de la represión de Maria, porque los insultos que le dedicaba estaban en italiano, y el italiano es su segundo idioma, un idioma que la obliga a pensar durante unos segundos antes de elegir cada palabra. Decía que, si Maria se hubiese dejado llevar por la furia de verdad —cosa que, según él, no hace jamás, como buena anglosajona protestante que es—, habría llenado la pared de garabatos en su inglés nativo. Dice que todos los estadounidenses son así: unos reprimidos. De ahí que sean peligrosos y hasta mortíferos cuando por fin pierden los papeles.

—Un pueblo salvaje —diagnostica Giulio.

Lo que me encanta es que esta conversación la tenemos mientras cenamos tranquilamente, contemplando la susodicha pared.

—¿Más vino, cielo? —le pregunta Maria.

Pero de los italianos que voy conociendo el más reciente es, por supuesto, Luca Spaghetti. Por cierto, en Italia también se considera gracioso llamarse Spaghetti de apellido. Y gracias a Luca por fin me pongo a la altura de mi amigo Brian, que tenía de vecino a un nativo americano llamado Dennis Ha-Ha y se pasaba la vida fardando de amigo con nombre molón. Al fin puedo competir en ese terreno.

Además, Luca habla inglés perfectamente y tiene buen saque (en italiano *una buona forchetta*, un buen tenedor), así que es un acompañante perfecto para una comilona como yo. A menudo me llama a media mañana y me dice:

—Oye, que estoy en tu barrio. ¿Tienes unos minutos para tomar un café? ¿O una fuente de rabo de buey?

Pasamos un montón de tiempo metidos en las tascas diminutas de la parte antigua de Roma. Nos gustan esos restaurantes iluminados con tubos de neón y sin cartel fuera. Con hules de cuadros en las mesas. *Limoncello* casero. Tinto de la casa. Raciones descomunales de pasta y camareros a los que Luca llama «pequeños Julios Césares», lugareños altivos, machacones, con pelo en el dorso de la mano y un tupé repeinado.

Estando en uno de esos bares, le dije a Luca:

—Me da la sensación de que estos tipos se consideran primero romanos, después italianos y, por último, europeos.

Luca me corrigió, diciéndome:

—No. Son primero romanos, después romanos y, por último, romanos. Y todos y cada uno de ellos se considera a sí mismo un emperador.

Luca es asesor fiscal. Un asesor fiscal *italiano*, lo que significa que es, en sus propias palabras, «un artista», porque los códigos tributarios italianos contienen varios centenares de leyes y todas ellas se contradicen. De modo que hacer una declaración de Hacienda aquí requiere una capacidad de improvisación como la de un músico de jazz. El caso es que a mí me hace gracia que sea asesor fiscal, porque me parece un trabajo muy serio para un tipo tan alegre. A él, por su parte, le hace gracia que yo tenga ese otro lado —el del yoga— que nunca se me ve. Es incapaz de entender que yo quiera ir a India —a un sitio tan absurdo como un ashram—, cuando podría quedarme el año entero en Italia, que es donde debería estar. Al verme chupándome los dedos después de haber rebañado la salsa del plato con un trozo de pan, me dice: «¿Y qué piensas *comer* en India?». Otras veces me llama Gandhi con bastante ironía, sobre todo cuando me ve descorchar la segunda botella de vino.

Luca ha viajado lo suyo aunque asegura que jamás se le ocurriría irse de Roma, donde tiene a su madre. En eso es el típico hombre italiano. ¿Qué iba a decir si no? Pero no sólo se queda por lo de la *mamma*. Tiene treinta y pocos años y lleva con la misma novia desde que era pequeño (la guapa Giuliana, a quien Luca describe con acierto y ternura como *acqua e sapone*, es decir, tan sencilla como el agua y el jabón). Sus amigos son los mismos desde que era pequeño y todos son del mismo barrio. Los domingos siempre ven el fútbol juntos —en el estadio o en un bar (si el equipo romano juega fuera de casa)— y después cada uno se va a casa de sus padres a darse el atracón dominical con lo que han preparado sus respectivas madres y abuelas.

Si yo fuese Luca Spaghetti, yo tampoco me iría de Roma.

A todas éstas, Luca ha estado un par de veces en Estados Unidos y le gusta. Nueva York le parece fascinante, aunque opina que los neoyorquinos trabajan demasiado, por muy contentos que parezcan. A los romanos, en cambio, les horroriza trabajar. Lo que a Luca Spaghetti no le gusta es la comida americana, que, según él, puede describirse con una sola palabra: «telepizza».

Fue Luca el que intentó convencerme de que probase mollejas de cordero lechal. Es una especialidad romana. Lo cierto es que Roma es una ciudad bastante tosca, donde son célebres ciertos guisos tradicionales, como la entraña y la lengua; es decir, las partes del animal que los ricos del norte tiran a la basura. Las mollejas de cordero sabían bien siempre que no me parase a pensar en lo que eran. Tenían una salsa espesa y sabrosa que sabía a mantequilla y estaba muy rica, pero los intestinos tenían una textura... pues eso..., *intestinal*. Como la del hígado, pero más líquida. La cosa iba bien hasta que me dio por pensar en cómo describiría ese guiso, y pensé: *Pues no se nota que son intestinos. Tienen más pinta de gusanos.* Y ahí fue cuando aparté el plato y pedí una ensalada.

—¿No te gusta? —me preguntó Luca, que lo considera un manjar.

—Seguro que Gandhi no comió mollejas de cordero jamás —le dije.

—Puede que sí.

—Es imposible, Luca. Gandhi era vegetariano.

—Pero esto pueden comerlo los vegetarianos —insistió él—. Porque las mollejas no son carne, Liz. Son pura mierda.

21

A veces me planteo qué demonios hago aquí. Lo admito.

Aunque he venido a Italia a experimentar el placer, la idea me dio un cierto pánico durante las primeras semanas que pasé aquí. Francamente, el placer en estado puro no es mi arquetipo cultural. A lo largo de muchas generaciones, lo que más se ha valorado en mi familia es la seriedad. Los antepasados de mi madre eran inmigrantes suecos, unos granjeros dispuestos a luchar contra el placer a patadas y, a juzgar por las fotos, capaces de aniquilarlo con sus botas claveteadas. (Mi tío los llamaba «los bueyes».) Los ancestros de mi padre eran puritanos ingleses, gente relajada y juerguista donde la haya. Mirando el árbol genealógico de mi padre, que se remonta hasta el siglo XVII, aparecen ancestros puritanos con nombres como Diligencia y Docilidad.

Mis padres tienen una pequeña granja en la que nos criamos mi hermana y yo, que sabemos hacer las labores propias del campo. Nos enseñaron a ser formales, responsables, las mejores de la clase y las cuidadoras de niños más organizadas y eficaces de la ciudad; es decir, dos réplicas en miniatura de nuestra laboriosa madre —enfermera y granjera—, dos navajas suizas nacidas para la multifuncionalidad. He vivido muy buenos momentos con mi familia, me he reído mucho con ellos, pero teníamos las paredes empapeladas de listas de cosas pendientes y no he visto ocioso a ninguno de mis parientes jamás en la vida.

Lo que es verdad es que los estadounidenses son incapaces de disfrutar del placer por las buenas. Estados

Unidos valora el entretenimiento, pero eso no implica que valore el placer. Los americanos dedican miles de millones de dólares a la industria del entretenimiento, que incluye desde el cine porno hasta los parques temáticos, pasando por la mismísima guerra, pero eso no es exactamente lo mismo que el disfrute silencioso. Los estadounidenses trabajan más y mejor que nadie e invierten en ello más horas estresantes que ningún otro país actual. Pero, como señala Luca Spaghetti, todo indica que lo hacemos porque nos gusta. Unas estadísticas alarmantes indican que muchos norteamericanos están más contentos y se sienten más realizados en la oficina que en casa. Obviamente, todos acabamos trabajando demasiado y nos quemamos y no nos queda otra que pasarnos el fin de semana entero en pijama, comiendo cereales directamente de la caja y viendo la tele en estado levemente comatoso (que es lo contrario de trabajar, sí, pero no es exactamente lo mismo que el placer). La verdad es que los estadounidenses no saben estar sin hacer nada. Por eso existe ese estereotipo americano tan triste: el del ejecutivo estresado que se va de vacaciones, pero no consigue relajarse.

Una vez pregunté a Luca Spaghetti si los italianos que se van de vacaciones tienen el mismo problema.

—¡Qué va! —me dijo—. Nosotros somos los maestros del *bel far niente*.

Ésta es una expresión estupenda. *Bel far niente* significa «la belleza de no hacer nada». Ahora bien, el pueblo italiano ha sido un pueblo trabajador, sobre todo esos sufridos obreros llamados *braccianti* (porque sólo contaban con la fuerza bruta de sus brazos —*braccia*— para salir adelante en la vida). Pero, incluso con ese hacendoso telón de fondo, el *bel far niente* es el ideal de todo italiano que se precie. La belleza de no hacer nada es la meta de todo tu trabajo, el logro final por el que más te felicitan. Cuanto más exquisita y placenteramente domines el arte de no hacer nada, más alto habrás llegado en la vida. Y no necesariamente tienes que ser rico para experimentarlo, además. Hay otra expresión italiana maravillosa: *l'arte d'arrangiarsi*, el arte de sacar algo de la nada. La capacidad de convertir un puñado de ingredientes sencillos en un banquete o un puñado de amigos selectos en un fiestón. Para hacer esto lo importante no es ser rico, sino tener el talento de saber ser feliz.

En mi caso, sin embargo, el gran obstáculo que me impedía disfrutar plenamente del placer era el profundo sentido de culpa que tenía por mi educación puritana. ¿Realmente me merezco este placer? Eso también es muy americano: no tener claro que nos hemos ganado el derecho a la felicidad. Una de las consignas de la publicidad estadounidense consiste en decir al consumidor indeciso que «Sí, que tú te mereces darte esta alegría tan especial. ¡Esta cerveza Bud es para ti! ¡Hoy te has ganado un descanso! ¡Porque tú lo vales! ¡Has trabajado mucho, tío!». Y el consumidor indeciso va y dice: *¡Sí! ¡Gracias! ¡Voy a comprarme seis latas de cerveza, maldita sea! ¡Y hasta puede que me compre doce!* Y entonces se coge el consiguiente colocón. Seguido del típico remordimiento. Seguro que estas campañas de publicidad no funcionarían igual de bien en Italia, donde la gente ya sabe que tiene derecho a pasarlo bien en la vida. Si a un italiano se le dice eso de «Hoy te mereces un descanso», probablemente te conteste: *¿Sí? ¡No me digas! Pues voy a tomarme ese descanso al mediodía y así puedo ir a tu casa a acostarme con tu mujer.*

Por eso, cuando dije a mis amigos italianos que había ido a su país para disfrutar de cuatro meses de puro placer, la idea no les pareció nada rara. *Complimenti! Vai avanti!* Enhorabuena, como dirían ellos. Adelante. Date el placer. Tú misma. Ni uno solo me dijo: «Hay que ver lo irresponsable que eres» o «Qué lujo tan egoísta». Pero, aunque los italianos me han dado permiso para disfrutar a tope, no acabo de conseguirlo. Durante las primeras semanas que pasé en Italia mi cerebro protestante hacía sinapsis sin parar, ávido de encontrar una labor provechosa. Quería abordar el placer como los *deberes del cole* o como un gigantesco proyecto científico. Me hacía preguntas del tipo: «¿Qué se hace para maximizar el placer más eficazmente?». Llegué a plantearme pasar todo el tiempo que estuviera en Italia metida en la biblioteca, haciendo un estudio sobre la historia del placer. O entrevistar a una serie de italianos que hubieran experimentado mucho placer en su vida y preguntarles qué habían sentido y escribir un reportaje sobre ese tema. (¿A doble espacio y con márgenes de tres centímetros tal vez? ¿Para entregarlo el lunes por la mañana a primera hora?)

Al ver que la única pregunta que se me ocurría era «¿Cómo definiría yo el placer?» y teniendo en cuenta que estaba en uno de los pocos países cuyos habitantes me iban a dejar explorar ese tema tranquilamente, todo cambió. Todo se volvió... delicioso. Lo único que tenía que hacer era preguntarme a mí misma todos los días por primera vez en mi vida: «¿A ti qué te gustaría hacer hoy, Liz? ¿Qué sería un placer para ti en este momento?». Sin tener que amoldarme a los horarios de nadie y no teniendo ninguna obligación propia, esta pregunta se había destilado hasta convertirse en algo absolutamente unipersonal.

Una vez que me di a mí misma permiso plenipotenciario para disfrutar de mi experiencia, fue interesante descubrir lo que *no* quería hacer en Italia. Como es un país donde el placer se manifiesta por doquier, me iba a faltar tiempo para catarlo todo. Hay que decidir en cuál de los placeres se va a basar la tesis doctoral, por así decirlo, para no abrumarse. Teniendo esto en cuenta, me salté la moda, la ópera, el cine, los coches de lujo y el esquí alpino. Ni siquiera me empeñé en ver mucho arte. Me da un poco de vergüenza reconocerlo, pero no fui a un solo museo durante los cuatro meses que pasé en Italia. (Uf, un momento, que es peor aún. Tengo que confesar que sí que fui a un museo: el Museo Nacional de la Pasta, en Roma.) Descubrí que lo único que quería de verdad era comer comida maravillosa y hablar todo el italiano maravilloso que pudiera. Y ya está. Así que, en realidad, elegí un tema doble para mi tesis: el idioma y la comida (haciendo hincapié en el *gelato*).

La cantidad de placer que obtuve comiendo y hablando fue inestimable pese a su sencillez. A mediados de octubre hubo un par de horas que vistas desde fuera pueden parecer una tontería, pero que atesoro entre las más felices de mi vida. Cerca de mi apartamento, a un par de calles de distancia, descubrí un mercado que se me había escapado hasta entonces. Me acerqué a un diminuto puesto de verduras donde una mujer italiana y su hijo vendían un surtido selecto de sus productos: unas hojas de espinaca magníficas, tan verdes que casi parecían algas; unos tomates de un rojo tan sangriento como los intestinos de una vaca, y unas uvas de color champán de piel tan tersa como los leotardos de una corista.

Elegí un manojo de espárragos esbeltos y relucientes. Logré preguntar a la mujer, en un italiano decente, si podía llevarme sólo la mitad de esos espárragos. Al vivir sola, le expliqué, con eso me bastaba. Sin pestañear me quitó de las manos el manojo de espárragos y lo dividió en dos partes. Le pregunté si tenía el puesto en el mismo sitio todos los días y me contestó que sí, que estaba en ese mismo sitio desde las siete de la mañana. Su hijo, que era muy guapote, me miró con gesto guasón y dijo: «Bueno, algunas veces consigue llegar a las siete...». Todos nos reímos. La conversación entera fue en italiano, un idioma del que meses atrás no hablaba ni una palabra.

Volví a pie a mi apartamento y me hice un par de huevos —morenos, frescos— pasados por agua. Les quité la cáscara y los puse en un plato junto a los siete tallos de espárrago (tan finos y crujientes que no me hizo falta ni hervirlos). También le añadí al plato unas aceitunas, los cuatro pedazos de queso de cabra que había comprado el día anterior en la *formaggeria* de abajo y dos lonchas de salmón rosado y aceitoso. De postre, el hermoso melocotón —aún tibio de estar bajo el sol romano— que me había regalado la mujer del puesto de verduras. Pasé un buen rato sintiéndome incapaz de tocar aquel manjar, porque mi almuerzo era una obra maestra, la materialización del arte de sacar algo de la nada. Finalmente, después de asimilar la belleza de aquel plato, me senté en el parqué limpio de mi salón, en un sitio donde daba el sol, y me comí hasta el último bocado, con los dedos, mientras leía en el periódico el artículo en italiano que me tocaba ese día. Rezumaba felicidad por todas las moléculas de mi cuerpo.

Hasta que —como me pasaba a menudo durante los primeros meses de mi viaje siempre que me daba un arrebato de felicidad— se me disparó la alarma de la felicidad. Oí la voz de mi ex marido hablándome en tono despreciativo: *¿O sea, que lo has abandonado todo por esto? ¿Por esto has tirado a la basura nuestra vida? ¿Por unos espárragos esmirriados y un periódico en italiano?*

Le contesté en voz alta.

—Para empezar, siento decirte que eso ya no es asunto tuyo —le solté—. Pero te diré que la respuesta a tu pregunta es... «sí».

22

Un tema evidente que debería tratar en relación con mi búsqueda de la felicidad en Italia es: *¿Y el sexo qué?*

La respuesta a esa pregunta es sencilla: No quiero practicar sexo mientras esté aquí.

Aunque la respuesta completa y sincera a esa pregunta es que, por supuesto, a veces tengo unas ganas tremendas de sexo, pero he decidido quedarme en el banquillo de momento. No quiero tener ninguna historia con nadie. Lo que sí echo de menos es los besos, porque me gusta mucho besar. (Me quejo tanto de eso con Sofie que el otro día me dijo con bastante desesperación: «Por Dios, Liz, si no queda más remedio, te tendré que besar yo».) Pero, de momento, no voy a hacer nada. Cuando tengo uno de esos días de sentirme sola, pienso: *Pues estate sola, Liz. Aprende a relacionarte con ella. Haz un mapa de la soledad. Siéntate a su lado por una vez en la vida. Da la bienvenida a esa experiencia humana. Pero no vuelvas a usar el cuerpo o los sentimientos de otras personas para intentar aliviar tus deseos insatisfechos.*

Éste es un procedimiento de emergencia para salvarme la vida más que otra cosa. Yo me inicié pronto en mi búsqueda del placer romántico y sexual. Apenas había salido de la adolescencia cuando tuve mi primer novio y en mi vida, desde los 15 años, siempre ha habido algún chico o algún hombre (a veces los dos a la vez). Eso fue hace —mm, vamos a ver— diecinueve años, van a ser. Es decir, que llevo casi dos décadas sólidas metida en algún drama con algún tío. Se iban solapando sin que hubiera ni una semana de respiro entre uno y otro. Y no puedo evitar pensar que eso es un cierto estorbo en mi camino hacia la madurez.

Por otra parte, con los hombres siempre tengo problemas de espacio. Aunque quizá no sea ésa la manera de expresarlo. Para tener problemas de espacio con alguien, primero hay que tener un espacio propio, ¿no? Pero yo me fundo tanto con la persona a la que quiero que desaparezco. Soy como una membrana permeable. Si te quiero, te lo doy todo. Te doy mi tiempo, mi cariño, mi entrepierna, mi dinero, mi familia, mi perro, el dinero de mi perro, el tiempo de mi perro... *todo*. Si te quiero, cargaré con tus penas, saldaré todas tus deudas (de todo tipo, literalmente), te protegeré de todas tus inseguridades, te sacaré de dentro todas esas cualidades que no habías sabido cultivar y compraré regalos de Navidad a toda tu familia. Te daré el sol y la luna, y, si no puedo dártelos, te invitaré a unas buenas vacaciones, llueva o truene. Te daré todo esto y más, hasta que me quede tan machacada y vacía por dentro para recuperar energías que no me quede más remedio que enamorarme perdidamente de otro.

Estas cosas mías no las cuento con orgullo, pero así he ido siempre por la vida.

Poco después de haber dejado a mi marido estaba en una fiesta y un tío al que conocía muy poco me dijo: «Anda, si estás tan cambiada que pareces una persona distinta, ahora que tienes ese novio nuevo. Antes te parecías a tu marido, pero ahora te pareces a David. Si hasta te vistes como él y hablas como él. ¿Sabes que hay gente que se parece a su perro? Pues creo que tú siempre te pareces al hombre de turno».

Santo Dios, creo que me vendría bien un paréntesis en ese ciclo para tomarme el tiempo de descubrir cómo soy y cómo hablo cuando no estoy empeñada en fundirme con alguien. Y, además, si soy sincera, la verdad es que haría un generoso bien público si dejase la intimidad tranquilita durante un buen rato. Si hago un repaso de mi currículum amoroso, la cosa no tiene muy buena pinta. Ha sido una catástrofe detrás de otra. ¿A cuántos tipos distintos de hombre puedo empeñarme en querer, fracasando siempre? Por decirlo de otra manera, si tienes diez accidentes de tráfico graves, todos seguidos, ¿no te acaban quitando el carné? ¿No estarías hasta *deseando* que te lo quitaran?

Y, por último, hay otro motivo por el que no quiero tener ninguna historia con nadie. Resulta que sigo enamorada de David y sería una injusticia hacerle eso al tío siguiente. Ni siquiera sé si David y yo nos hemos separado o no. Nos seguíamos viendo mucho cuando me vine a Italia aunque llevábamos mucho tiempo sin dormir juntos.

Pero los dos seguíamos diciendo que teníamos la esperanza de que un día...

No lo sé.

Lo que sí sé es que estoy harta de haber ido acumulando la carga de una vida entera de decisiones precipitadas y pasiones caóticas. Cuando vine a Italia, tenía el cuerpo y el espíritu arrasados. Estaba tan agobiada como la tierra de una de esas granjas multiuso, totalmente sobreexplotada y necesitada de un periodo de barbecho. Por eso he decidido dejar el asunto.

Creedme, soy consciente de lo irónico que suena eso de ir a Italia buscando placer en plena época de celibato autoimpuesto. Pero estoy convencida de que la abstinencia es lo que más me conviene ahora mismo. Lo tuve especialmente claro la noche en que oí a mi vecina de arriba (una italiana muy mona con una enorme colección de botas de tacón alto) tener el encuentro amoroso más largo y sonoro que había oído en mi vida, con sus correspondientes palmadas, brincos y piruetas en compañía del último afortunado al que recibía en su apartamento. Este baile sincopado duró una hora larga, aderezado con efectos de sonido tipo ataque de ansiedad y aullido de animal salvaje.

Cansada y sola, tumbada en mi cama —justo debajo de la suya—, lo oí enterito, pero lo único que se me ocurrió pensar fue: *La verdad es que el sexo es mucho curro...*

Obviamente, hay momentos en que me invade la lujuria. Todos los días me cruzo con un promedio de unos doce hombres italianos a los que imagino metidos en mi cama perfectamente. O yo metida en la suya. O donde sea, vamos. Para mi gusto, los hombres que se ven en Roma son ridículamente, peligrosamente, estúpidamente guapos.

Incluso más guapos que las mujeres romanas, a decir verdad. La belleza de los hombres italianos es comparable a la de las mujeres francesas, es decir, que no escatiman ningún detalle en su búsqueda de la perfección. Son como perros de concurso. A veces tienen tan buena pinta que dan ganas de aplaudir. Son hombres tan guapos que para describirlos me veo obligada a acudir a esos epítetos de las novelas románticas. Son «diabólicamente atractivos», o «pérfidamente bellos», o «sorprendentemente fornidos».

Sin embargo, tengo que hacer una confesión no muy halagüeña y es que esos romanos con los que me cruzo por la calle no me miran demasiado. Vamos, que casi ni me miran, la verdad. Al principio me asusté un poco. Sólo había estado en Italia una vez, a los 19 años, y lo que más recuerdo es la lata que me daban los hombres por la calle. Y en las pizzerías. Y en el cine. Y en el Vaticano. Era interminable y espantoso. Era algo que te amargaba el viajar por Italia, que casi hasta te quitaba el apetito. Pero ahora, a los 34, parece ser que me he vuelto invisible. Bueno, a veces algún hombre me dice amablemente: «Qué guapa está usted hoy, *signorina*», pero tampoco es muy frecuente y jamás alcanza un tono agresivo. Y la verdad es que se agradece que ningún desconocido asqueroso te meta mano en el autobús, pero una tiene su orgullo femenino y no queda más remedio que preguntarse: *¿Qué ha cambiado aquí? ¿Soy yo? ¿O son ellos?*

Así que hablo con la gente del tema y todos me dicen que sí, que en los últimos diez o quince años Italia ha cambiado mucho. Puede que sea una victoria feminista, o una evolución cultural, o el inevitable efecto modernizador de haber entrado en la Unión Europea. O quizá sea simplemente que los jóvenes se abochornan de lo lascivos que eran sus padres y sus abuelos. Sea lo que sea, el caso es que la sociedad italiana parece haber decidido que eso de andar persiguiendo y dando la tabarra a las mujeres ya no es aceptable. Ya ni siquiera incordian a las jovencitas guapísimas como mi amiga Sofie, y eso que antes a las suecas con pinta de granjeras les daban una murga impresionante.

Resumiendo, parece que los hombres italianos se han ganado el premio al Hombre Más Renovado.

Hecho que me alivia, porque por un momento había pensado que era cosa mía. Vamos, que pensaba que no me miraban porque ya no soy una monada de 19 años. Me temía que tuviera razón mi amigo Scott cuando me dijo el verano pasado: «Ah, no te preocupes, Liz, que los italianos ya no te van a dar la lata. No es como en Francia, donde les gustan las tías mayores».

23

Ayer por la tarde fui a ver un partido de fútbol con Luca Spaghetti y sus amigos. Fuimos a ver jugar al Lazio. En Roma hay dos equipos de fútbol: el Lazio y el Roma. La rivalidad entre los equipos y sus hinchas es tan tremenda que puede enemistar a una familia feliz y convertir un barrio pacífico en una especie de guerra civil. Es importante elegir cuanto antes en la vida si eres del Lazio o del Roma, porque de ello dependerá, en gran medida, con quién vas a pasar la tarde del domingo durante el resto de tu vida.

Luca tiene un grupo de unos diez buenos amigos que se quieren unos a otros como hermanos. Lo único malo es que la mitad son del Lazio y la otra mitad, del Roma. No pueden evitarlo; han nacido en una familia cuya preferencia ya estaba establecida. El abuelo de Luca (al que me encantaría que llamaran el Nonno Spaghetti, que es como el Abu Espagueti en italiano) le regaló su primer jersey del Lazio —color azul celeste— cuando casi no sabía andar. Luca, como él, será hincha del Lazio hasta el día de su muerte.

—Podemos cambiar de mujer —me dice—. Podemos cambiar de trabajo, de nacionalidad o hasta de religión, pero jamás en la vida cambiaremos de equipo de fútbol.

Por cierto, en italiano «hincha» se dice *tifoso*, que viene de la palabra «tifus». Es decir, un tío que está enfebrecido.

El primer partido de fútbol que vi con Luca Spaghetti y sus amigos fue, para mí, un banquete delicioso de palabras en italiano. En ese estadio aprendí muchísimas cosas nuevas e interesantes, de las que no te enseñan en el colegio. Detrás de mí había un anciano que hilaba hermosas cadenetas de tacos que gritaba a los jugadores del campo. Yo no sé mucho de fútbol, pero no perdí nada de tiempo preguntando a Luca simplezas sobre el partido. Lo único que le decía sin parar era:

—Luca, ¿qué ha dicho el tío de atrás? ¿Qué quiere decir *cafone?*

Y Luca, sin apartar los ojos del campo, me contestaba:

—Gilipollas. Quiere decir «gilipollas».

Yo lo escribía y después cerraba los ojos para escuchar la perorata del hombre, que era más o menos así:

Dai, dai, dai, Albertini, dai... va bene, ragazzo mio, perfetto, bravo, bravo... Dai! Dai! Via! Via! Nella porta! Eccola, eccola, eccola, mio bravo ragazzo, caro mio, eccola, eccola, ecco... AAAAAAAAAAAAH!!! VAFFANCULO!!! FIGLIO DI MIGNOTTA!! STRONZO! CAFONE! TRADITORE! Madonna... Ah, Dio mio, perché, perché, perché, questo è stupido, è una vergogna, la vergogna... Che casino, che bordello... NON HAI UN CUORE, ALBERTINI! FAI FINTA! Guarda, non è suceso niente... Dai, dai, ah... Molto migliore, Albertini, molto migliore, sì, sì, sì, eccola, bello, bravo, anima mia, ah, ottimo, eccola adesso... nella porta, nella porta, nell... VAFFANCULO!

Cuya traducción aproximada sería:

Venga, venga, venga, Albertini, venga... Eso es, eso es, muchacho, perfecto, muy bien, muy bien. ¡Venga! ¡Venga! ¡Corre! ¡Corre! ¡A puerta! Ya está, ya está, ya está, tío valiente, ya está, ya está, ya... ¡¡¡AAAAAAAAAAAAH!!! ¡QUE TE DEN POR CULO! ¡QUÉ HIJO DE PUTA! ¡MIERDERO! ¡GILIPOLLAS! ¡TRAIDOR! La madre del... Ay, Dios mío, por qué, por qué, por qué, menuda tontería, esto es vergonzoso, qué vergüenza... Qué asco [Nota de la autora: Por desgracia no hay una traducción exacta de las expresiones italianas che casino *y* che bordello, *que son fantásticas y significan literalmente «vaya casino» y «vaya burdel», que viene a ser «menudo lío de la leche»] ¡ERES UN DESALMADO, ALBERTINI! ¡ERES UN FANTASMA! Mira, si no ha pasado nada... Venga, venga, eso, sí... Mucho mejor, Albertini, mucho mejor, sí, sí, sí, ahí lo tienes, muy bonito, muy bien, muchacho, ah, perfecto, ahí lo tienes, ahora... a puerta, a puerta, a... ¡QUE TE DEN POR CULOOO!*

Ay, qué momento tan exquisito de mi vida, qué suerte estar sentada justo delante de ese hombre. Me encantaban todas y cada una de las palabras que salían de su boca. Hubiera querido apoyar la cabeza en su vetusto regazo para que me regara los tímpanos eternamente con sus elocuentes groserías. ¡Y encima no era el único! Todo el estadio retumbaba con soliloquios como el suyo. ¡Eso sí que era fervor! Cada vez que en el campo se producía alguna injusticia grave el estadio entero se ponía en pie y todos agitaban los brazos indignados, como si los 20.000 acabaran de meterse en un grave altercado de tráfico. Y los jugadores del Lazio, igual de dramáticos que sus hinchas, se tiraban al suelo retorcidos de dolor, como si estuvieran representando las escenas del asesinato de *Julio César*, actuando para el público del gallinero hasta que de repente, en cuestión de segundos, se levantaban de un salto para abalanzarse hacia la portería del contrario.

A pesar de todo, el Lazio perdió.

Para animarse después del partido, Luca Spaghetti preguntó a sus amigos:

—¿Salimos por ahí?

Yo pensé que estaba diciendo «¿Vamos a un bar?», que es lo que hacen los hinchas estadounidenses cuando pierde su equipo. Van a un bar y se emborrachan hasta las trancas. Y no son los únicos; lo mismo hacen los ingleses, los australianos, los alemanes... Bueno, todos, ¿no? Pero Luca y sus amigos no fueron a un bar a levantarse el ánimo. Fueron a una panadería. A una panadería pequeña e inocua escondida en un semisótano de un anodino barrio de Roma. Esa noche de domingo la tienda estaba abarrotada. Pero siempre se llena después de un partido. Los hinchas del Lazio se pasan por ahí al salir del estadio y se quedan horas de pie en la calle, apoyados en la moto, hablando del partido, haciéndose los machos y comiendo hojaldres de crema.

Me encanta Italia.

24

Voy aprendiendo unas veinte palabras italianas al día. Me paso el tiempo estudiando, repasando mis tarjetas de vocabulario mientras paseo esquivando a los peatones locales. ¿Cómo puedo tener espacio en mi cabeza para almacenar tantas palabras? Ojalá mi cerebro haya decidido deshacerse de las ideas trasnochadas y los recuerdos tristes y los sustituya por estas palabras tan nuevas y relucientes.

Me curro mucho lo del italiano, pero espero que un día se me muestre de golpe, entero y verdadero. Un buen día abriré la boca y sabré italiano como por arte de magia. Entonces seré una auténtica chica italiana en lugar de una americana que al oír a alguien llamar a gritos a su amigo Marco por la calle siempre quiere completar el nombre gritando «¡Polo!». Estoy deseando que el italiano me tome al asalto, pero es un idioma lleno de chapuzas. Por ejemplo, ¿por qué las palabras italianas equivalentes a «árbol» y a «hotel» (*albero* y *albergo*) se parecen tanto? Por eso me paso la vida diciendo a la gente que me crié en «una granja-hotel de Navidad» en lugar de darles la descripción auténtica y ligeramente menos surrealista: «una granja de árboles de Navidad». Y, además, hay palabras con significados dobles y hasta triples. Por ejemplo, *tasso*, que puede ser «tasa de interés», «tejón» (un animal) o «tejo» (un árbol). Dependerá del contexto, supongo. Pero lo que más me molesta es dar con ciertas palabras italianas que son —me cuesta decirlo— sorprendentemente feas. Es un tema que me tomo casi como una afrenta personal. Lo siento, pero no me he cruzado el charco para venirme a Italia a aprender a decir palabras como *schermo* (pantalla).

A pesar de todo, en conjunto merece la pena. Es, ante todo, puro placer. Giovanni y yo lo pasamos muy bien enseñándonos uno al otro los correspondientes modismos en inglés y en italiano. Hace poco dedicamos una tarde a hablar de las expresiones que se usan para consolar a la gente. Le dije que en inglés a veces decimos «Yo he pasado por eso». Al principio no lo entendía. «¿He pasado por dónde?», preguntaba. Y le expliqué que la tristeza profunda a veces es casi como un lugar geográfico, como unas coordenadas en el mapa del tiempo. Cuando estás perdido en el bosque del dolor, te parece inimaginable poder estar en un sitio mejor. Pero, si alguien te asegura que ha estado en ese sitio y ha logrado salir, a veces sirve para dar esperanza.

—Entonces, ¿la tristeza es un sitio? —preguntó Giovanni.

—Un sitio en el que la gente a veces se pasa años —contesté.

Entonces, Giovanni me dijo que el equivalente italiano sería *L'ho provato sulla mia pelle*, que significa «Eso lo he sufrido en carne propia». Es decir, eso a mí también me ha herido o marcado y entiendo lo que estás viviendo.

Pero, de momento, lo que más me gusta decir en italiano es una palabra común y corriente:

Attraversiamo.

Quiere decir «Crucemos al otro lado». Los amigos se lo dicen unos a otros cuando van andando por la acera y deciden que ha llegado el momento de cruzar la calle. Vamos, que es una palabra pedestre, literalmente. No tiene nada de especial. Pero, por algún motivo, me entusiasma. La primera vez que Giovanni me la dijo íbamos paseando cerca del Coliseo. Al oírle decir de repente esa palabra tan bonita, me paré en seco y le dije:

—¿Qué quiere decir eso? ¿Qué acabas de decir?

—*Attraversiamo.*

Era incapaz de entender por qué me gustaba tanto. *¿Vamos a cruzar la calle?* Pues vaya. Pero para mis oídos es una combinación perfecta de sonidos italianos. El melancólico *ah* introductorio, la vibración ondulante de después, la relajante S, y esa reverberación del final, «i-a-mo». Me encanta esa palabra. Ahora la pronuncio sin parar. La digo aunque no venga a cuento. A Sofie la tengo frita. *¡Vamos a cruzar la calle! ¡Vamos a cruzar la calle!* La tengo entrando y saliendo sin parar del demencial tráfico romano. A ver si nos van a atropellar a las dos por culpa de la palabrita.

La palabra inglesa que más le gusta a Giovanni es *half-assed*, tonto del culo.

La preferida de Spaghetti es *surrender*, rendición.

25

En Europa se ha desatado una lucha por el poder. Una serie de ciudades compiten entre sí para ver cuál de ellas emerge como la gran metrópoli europea del siglo xxi. ¿Será Londres? ¿París? ¿Berlín? ¿Zúrich? ¿Tal vez Bruselas, la capital de la joven Unión? Todas se afanan en superar a las demás cultural, arquitectónica, política y fiscalmente. Pero Roma, todo hay que decirlo, ni siquiera se ha molestado en participar en este concurso de estatus. Roma no compite. Roma se limita a contemplar el ajetreo y el empeño, totalmente impertérrita, como si dijera con cierta chulería: *Mira, haced lo que os dé la gana, porque yo sigo siendo Roma*. En cuanto a mí, me dejo llevar por esa regia seguridad en sí misma que tiene esta ciudad, tan asentada y rotunda, tan entretenida y monumental, tranquila de saber que tiene su sitio asegurado en el regazo de la historia. Cuando sea una señora mayor, me gustaría ser como Roma.

Hoy me llevo a mí misma a dar un paseo de seis horas por Roma. Es bastante llevadero, sobre todo si paras cada poco tiempo a repostar café expreso y pastas. Salgo por la puerta de mi apartamento y paseo por ese centro comercial cosmopolita que es mi barrio. (Aunque tampoco se le puede llamar *barrio* en el sentido tradicional de la palabra. Vamos, que si es un barrio, entonces mis vecinos son esa gente sencilla y campechana con apellidos como Valentino, Gucci y Armani.) Éste siempre ha sido un buen barrio. Rubens, Tennyson, Stendhal, Balzac, Liszt, Wagner, Thackeray, Byron, Keats, todos vivieron aquí. Yo vivo en lo que llamaban el «gueto inglés», donde descansaban los aristócratas elegantes en mitad de sus periplos por Europa. Había un club inglés que se llamaba la Sociedad de los Dilettanti. ¡Hay que tener cara para anunciar que eres un diletante! ¡Ah, qué tiempos de gloriosa insolencia!

Paseo hasta la Piazza del Popolo y miro el enorme arco que esculpió Bernini para honrar la solemne visita de la reina Cristina de Suecia (que fue una de las bombas atómicas de la historia. Mi amiga Sofie describe así a su gran reina: «Montaba a caballo, cazaba, era culta, se hizo católica y fue todo un escándalo. Hay gente que dice que era un hombre, pero debía de ser lesbiana, eso sí. Llevaba pantalones, participaba en excavaciones arqueológicas, coleccionaba arte y se negó a parir un heredero»). Junto al arco hay una iglesia en la que se pueden ver gratis dos cuadros de Caravaggio que narran el martirio de San Pedro y la conversión de San Pablo (tan apabullado por su estado de gracia que ha caído al suelo en pleno éxtasis celestial; hasta su caballo parece asombrado). Las obras de Caravaggio siempre me dejan triste y abrumada, pero me animo al pasear hacia la otra punta de la iglesia, donde veo al Niño Jesús más alegre, bobalicón y risueño que he visto en Roma hasta ahora.

Sigo andando en dirección sur. Paso por delante del Palazzo Borghese, edificio que ha tenido muchos inquilinos famosos, como Paulina, la descocada hermana de Napoleón, que recibió en él a un número incontable de amantes. Según parece, usaba a sus doncellas como taburetes. (Una tiene la vaga esperanza de haberlo leído mal en la guía de Roma, pero, no; es cierto. Y a Paulina también le gustaba que la llevaran a la bañera en brazos, cosa que hacía «un negro gigantesco», según nos informan.) Después paseo por las orillas del enorme, pantanoso y rural río Tíber, hasta llegar a la isla Tiberina, uno de mis refugios preferidos en esta ciudad. Esta pequeña isla siempre se ha asociado con la curación. Tras la peste de 291 a.C. se construyó aquí un templo de Esculapio; en la Edad Media una cofradía de monjes llamados los Fatebene Fratelli —que puede traducirse libremente como los «Hermanos Haz-El-Bien»— mandaron construir en ella un hospital y a día de hoy sigue habiendo una clínica en la isla.

Cruzo el río y entro en el Trastevere, el barrio que alardea de cobijar a los romanos más auténticos, los obreros, los tíos que llevan siglos construyendo todos los monumentos que hay al otro lado del Tíber. Almuerzo en una tranquila *trattoria* y disfruto tranquilamente de la comida y el vino, porque en el Trastevere nadie te impide pasar horas comiendo si te da la gana. Pido un surtido de *bruschette*, unos espaguetis *cacio e pepe* (esa sencilla especialidad romana que consiste en tomar la pasta con queso y pimienta) y luego un pequeño pollo asado, que acabo compartiendo con un perro que lleva un buen rato mirándome comer con esos ojos que ponen los perros callejeros.

Al acabar vuelvo a cruzar el puente y paso por el viejo gueto judío, un sitio de pasado tristísimo, que había sobrevivido durante siglos hasta que lo despoblaron los nazis. Caminando en dirección norte paso por la Piazza Navona, cuya mastodóntica fuente honra los cuatro grandes ríos del planeta Tierra (incluyendo en la lista, con más orgullo que veracidad, el perezoso río Tíber). Después voy a darme una vuelta por el Panteón. El Panteón procuro verlo todo lo que puedo, porque estoy en Roma y dice el refrán que «quien va a Roma y el Panteón no ve tonto llegó y tonto se fue».

Desviándome algo del camino que me lleva a casa, hago una parada en el sitio más conmovedor de la ciudad: el Augusteum. Este enorme montón redondo de ladrillos desportillados fue en algún momento un glorioso mausoleo construido por Octavio Augusto para alojar los restos de su familia por los siglos de los siglos. En aquel entonces al emperador ni se le pasó por la cabeza que Roma pudiera dejar de ser un poderoso imperio gobernado por sucesivos Augustos. ¿Cómo iba a imaginarse la caída del imperio romano? ¿Cómo iba a saber que, con los acueductos destruidos por los bárbaros y las carreteras abandonadas a su suerte, Roma quedaría desierta y tendrían que pasar casi veinte siglos para que recuperase la población que tuvo en sus días de esplendor?

En la Edad Media el mausoleo de Augusto cayó en manos de los saqueadores y se quedó en ruinas. Se llevaron las cenizas del emperador, vete a saber quién sería. Sin embargo, en el siglo XII la poderosa familia Colonna lo convirtió en una fortaleza para protegerse del ataque de los belicosos príncipes locales. A partir de entonces el mausoleo fue, sucesivamente, un viñedo, un jardín renacentista, una plaza de toros (ya en el siglo XVIII), un depósito de fuegos artificiales y una sala de conciertos. En torno a 1930, Mussolini se lo apropió y lo restauró, devolviéndole su estructura clásica para dar allí eterno descanso a *sus* restos fúnebres. (Una vez más, en aquel entonces a nadie se le pasó por la cabeza que Italia dejase de ser un imperio gobernado por sucesivos Mussolinis.) Obviamente, su sueño fascista no prosperó, ni él obtuvo el entierro grandioso que había previsto.

Hoy el mausoleo de Augusto es uno de los lugares más tranquilos y solitarios de Roma, oculto en las profundidades de la tierra. La ciudad ha ido creciendo a su alrededor durante siglos. (Se dice que, por regla general, el paso del tiempo deja a sus espaldas tres centímetros de residuos al año.) Por encima del monumento pasa el tráfico a toda velocidad, trazando un círculo frenético sobre él sin que nadie baje nunca a visitarlo —por lo que parece— excepto para usarlo como aseo público. Pero el edificio en sí aún existe: ocupa orgullosamente la superficie de Roma que le corresponde mientras aguarda a su siguiente reencarnación.

Es muy tranquilizador que el mausoleo de Augusto sea tan resistente, pues, pese a su errática existencia, esta construcción siempre se ha adaptado a la extravagancia concreta de cada época. Yo veo el Augusteum como una de esas personas que han llevado una vida de locura —quizá un ama de casa que al enviudar tuviese que ganarse la vida con la danza del vientre, pero acabase siendo, inexplicablemente, la primera mujer dentista en salir al espacio y un personaje político de cierto renombre—, pero manteniendo su identidad intacta pese a las transformaciones sufridas.

Al contemplar el mausoleo, pienso que tal vez mi vida no haya sido tan caótica después de todo. Lo que es caótico es este mundo nuestro, que nos trae cambios totalmente inesperados. El mausoleo parece advertirme de que no me aferre a ninguna idea obsoleta sobre quién soy, lo que represento, a quién pertenezco, ni qué papel he podido querer representar alguna vez. El ayer pudo ser glorioso, ciertamente, pero mañana puedo verme convertida en un almacén de fuegos artificiales. Incluso en la Ciudad Eterna, nos dice el silencioso mausoleo, uno ha de estar siempre dispuesto a sufrir alteraciones convulsas, desenfrenadas e interminables.

26

Justo antes de salir de Nueva York hacia Italia, me mandé a mí misma una caja de libros. Me habían garantizado que tardaría entre cuatro y seis días en recibirla en mi apartamento italiano, pero creo que los funcionarios de correos italianos debieron de leer «cuarenta y seis días», pues han pasado dos meses y no hay ni rastro de la caja. Mis amigos italianos me aconsejan que me olvide de la caja totalmente. Dicen que puede llegar o no, pero que esas cosas no dependen de nosotros.

—¿Me la habrán robado? —pregunto a Luca Spaghetti—. ¿Se habrá perdido en la oficina de correos?

Él se cubre los ojos con las manos.

—No quieras saber tantas cosas —me aconseja—. Sólo vas a conseguir ponerte más nerviosa.

Una noche mi amiga estadounidense Maria, su marido Giulio y yo nos enzarzamos en una larga discusión sobre el misterio de mi caja desaparecida. Maria opina que en una sociedad civilizada se debe tener la seguridad de que las oficinas de correos te van a entregar los envíos a tiempo, pero Giulio dice que no está de acuerdo. Según él, una oficina de correos no es un asunto del todo humano, sino que depende del destino, y la entrega de un paquete no es algo que pueda garantizarse del todo. Maria, indignada, dice que ésta es una prueba más del cisma entre los protestantes y los católicos. Pero el mejor argumento, según ella, es el hecho de que los italianos —incluido su marido— sean incapaces de organizarse la vida, ni siquiera con una semana de antelación. Si a una mujer protestante del Medio Oeste americano le pides que sugiera un día para cenar la semana siguiente, esa mujer protestante, creyéndose dueña de su propio destino, dirá: «El jueves me viene muy bien». Pero, si le pides a un católico de Calabria que haga lo mismo, se encogerá de hombros, elevará los ojos hacia los cielos y preguntará: «¿Quién de nosotros puede saber si podrá ir a una cena el jueves por la noche si estamos en manos de Dios y no sabemos cuál es nuestro destino?».

Aun así, voy a la oficina de correos un par de veces para intentar averiguar qué le ha pasado a mi caja, pero es inútil. La funcionaria de correos romana no está dispuesta a que mi presencia interrumpa la charla telefónica con su novio. Y mi dominio del italiano —que ha ido mejorando, la verdad sea dicha— me falla por lo estresante de las circunstancias. Intento hablar con cierta lógica sobre mi caja desaparecida, pero la mujer me mira como si estuviese haciendo pompas de saliva.

—¿Puede que llegue la semana que viene? —le pregunto en italiano.

Se encoge de hombros y dice:

—*Magari.*

Otra expresión coloquial intraducible, que está a medio camino entre «Ojalá» y «Más quisieras, capulla».

Bueno, pues no hay mal que por bien no venga. La verdad es que ya ni me acuerdo de qué libros me había mandado a mí misma. Serían cosas que pensé que me convenía estudiar para entender Italia bien del todo. Había llenado la caja hasta arriba de documentación pendiente sobre Roma, pero ahora que estoy aquí tampoco me parece tan importante. Creo que hasta había metido todos los volúmenes de la *Historia de la decadencia y caída del Imperio Romano*, de Gibbon. Puede que sea más feliz habiéndome quedado sin todo ello, la verdad. Con lo corta que es la vida, ¿realmente quiero pasarme una nonagésima parte de la mía en esta tierra leyendo a Edward Gibbon?

27

La semana pasada conocí a una chica australiana que —mochila al hombro— está recorriendo Europa por primera vez. Le indiqué dónde está la estación de tren. Iba hacia Eslovenia sólo para echarle un vistazo. Cuando me contó sus planes, acuciada por un tonto arrebato de envidia, pensé: *¡Quiero ir a Eslovenia! ¿Por qué a mí nunca me toca ir a ningún sitio?*

Tal vez a primera vista parezca que lo que yo estoy haciendo es viajar. Y querer viajar cuando ya se está de viaje es, lo admito, una especie de exceso avaricioso. Es un poco como fantasear con hacértelo con tu estrella de cine favorita mientras te lo haces con tu *otra* estrella de cine favorita. Pero el hecho de que esa chica me preguntara a mí (considerándome una ciudadana normal) indica que, técnicamente, no estoy de viaje por Roma, sino que vivo aquí. Por pasajera que sea mi estancia, de momento soy una paisana más. Es más, cuando me topé con la chica por la calle, había salido para pagar la factura de la luz, que no es precisamente a lo que se dedica la viajera típica. La energía-para-viajar-a-un-sitio y la energía-para-vivir-en-un-sitio son esencialmente distintas y, cuando me encontré a esa chica australiana de camino hacia Eslovenia, me entró el gusanillo de la carretera y manta.

Por eso llamé a mi amiga Sofie y le dije:

—¡Vámonos a Nápoles a pasar el día y a comernos una pizza!

Inmediatamente, en cuestión de horas, estamos en el tren y de repente —como por arte de magia— ya hemos llegado. Nápoles me gusta desde el primer momento. Precisamente por lo salvaje, estridente, sucia y desvergonzada que es. Un hormiguero metido en una madriguera, todo el exotismo de un bazar de Oriente Medio con un toque del vudú de Nueva Orleans. Un manicomio desquiciado, peligroso y jaranero. Mi amigo Wade vino a Nápoles en la década de 1970 y lo atracaron... en un *museo*. La ciudad entera está decorada con la ropa que cuelga de todas las ventanas y ondea en todas las calles; las camisetas y los sujetadores recién lavados de todo el mundo aletean al viento como las banderolas místicas de los tibetanos. No hay en todo Nápoles una sola calle sin un muchachote de pantalón corto y calcetines desparejados berreando desde abajo a otro gamberro subido a un tejado. Como no hay un solo edificio en toda la ciudad sin al menos una anciana enclenque atisbando recelosa desde su ventana todo cuanto sucede en la calle.

Todos ellos están increíblemente sintonizados con su ciudad ¿y por qué no iban a estarlo? Ésta es la ciudad que nos dio no sólo la pizza, sino también el helado. Las mujeres napolitanas, en concreto, son un tropel de señoras gritonas, malhabladas, generosas y entrometidas que te mangonean, se cabrean y siempre te la arman, pero resulta que sólo quieren ayudarte; por Dios, *¿es que nadie ve lo hartas* *están de cargar ellas con todo, todo, todo?* El acento de *les* es como un golpe burlón en la oreja. Es como pasearse por una ciudad llena de camareros de barra, todos desgañitándose a la vez. También conservan un dialecto propio y tienen un diccionario líquido del efervescente argot local pero, por algún motivo, los napolitanos son los italianos con los que mejor me entiendo. ¿Por qué será? Pues porque ellos quieren que los entiendas, maldita sea. Hablan en voz alta y enfáticamente y, si no consigues entenderlos por lo que les sale de la boca, puedes acabar deduciéndolo por el gesto. Como esa colegiala canija que iba de paquete en la moto de su primo y que me dedicó un gesto obsceno con la mano —eso de enseñar el dedo central— mientras me sonreía encantada, como diciendo: «Eh, que no pasa nada, señora. A mis 7 años ya puedo decirte que eres una imbécil total, pero, tranqui, que no estás mal del todo y, aunque tengas cara de lerda, me caes bien. Las dos sabemos que te encantaría ser como soy yo, pero lo siento, es imposible. Así que trágate mi chulería del dedo, que te diviertas en Nápoles y *¡ciao!*».

Como pasa en toda Italia, en cualquier lugar público hay un grupo de niños pequeños, quinceañeros y hombres jugando al fútbol, pero en Nápoles la cosa tiene su miga. Hoy, por ejemplo, me he encontrado con unos niños —me refiero a un hatajo de niños de 8 años— que, con unas destartaladas cajas de verduras, habían hecho unas mesas y unas sillas y estaban jugando al póquer en plena *piazza* con tanta concentración que llegué a temerme que uno de ellos pudiera morir acribillado a balazos.

Giovanni y Dario, mis gemelos del «Intercambio Tándem», son de Nápoles, cosa que me cuesta creer. No consigo imaginarme a Giovanni —tan tímido, estudioso y sensible— pasando su niñez en este entorno tan mafioso, y nunca mejor dicho. Pero es napolitano, de eso no hay duda, porque estando aún en Roma me dio el nombre de una pizzería napolitana que tenía que probar, porque es donde dan la mejor pizza de Nápoles, según él. Aquello me llenó de alborozo porque, dado que la mejor pizza italiana se come en Nápoles y la mejor pizza del mundo es la italiana, la pizzería en cuestión tendría que tener... por superstición casi no me atrevo ni a decirlo... *¿la mejor pizza del mundo?* Giovanni me dijo el nombre del sitio con tal seriedad y apasionamiento que por un momento me pareció estar entrando en una sociedad secreta. Escribió el nombre en un pedazo de papel, me lo puso en la palma de la mano y me dijo, como si me confiara un grave secreto: «Por favor, ve a esta pizzería. Pide la pizza margarita con doble ración de *mozzarella*. Si vuelves de Nápoles sin haber probado esta pizza, por favor, miénteme y dime que sí la has probado».

Así que Sofie y yo hemos venido a la Pizzeria da Michele y las pizzas que acabamos de pedir —una para cada una— nos tienen loquitas. Lo mío ha sido un caso de amor a primera vista y, en pleno delirio, estoy convencida de que mi pizza también se ha enamorado de mí. Vamos, que estoy interactuando tanto con esta pizza que lo nuestro parece una historia de amor. Mientras tanto, Sofie, al borde del llanto y en plena crisis metafísica, me pregunta:

—¿Cómo se atreven a llamar «pizza» a lo que hacen en Estocolmo? ¿Y cómo nos atrevemos los suecos a comerlo?

La Pizzeria da Michele es un sitio pequeño con dos salas y un horno que funciona sin parar. Está a un cuarto de hora de la estación de tren y, si te coge lloviendo, no te lo plantees: date el paseo. Más te vale llegar a media mañana, porque a veces se quedan sin harina, cosa que te parte el alma. A la una del mediodía las calles que rodean la pizzería están abarrotadas de napolitanos que intentan entrar, abriéndose paso a codazos, como si quisieran subirse a un bote salvavidas. El sitio no tiene un menú. Sólo hay dos tipos de pizza: normal y con doble ración de queso. Aquí no se andan con tonterías; nada de aceitunas y tomates secados al sol, ni esas pijadas *new age* del sur de California. La masa —cosa que descubro cuando llevo media pizza comida— sabe más a *nan* indio que a otra cosa. Es suave y maleable y chiclosa, pero la superficie es increíblemente ligera. Siempre había pensado, en cuanto a pasta de pizza, que sólo teníamos dos opciones: la ligera y crujiente, y la amazacotada y tierna. ¿Cómo iba yo a imaginar que en este mundo había una masa ligera y tierna a la vez? ¡Loados sean los cielos! El paraíso de la pizza ligera, tierna, consistente, chiclosa, sabrosa y condimentada. Encima de eso va una salsa de tomate dulce y cremosa que burbujea al derretir la *mozzarella* de búfala fresca, y la ramilla de albahaca colocada justo en el centro parece dar a todo el invento un resplandor campestre, del mismo modo que una radiante estrella de cine contagia su *glamour* a todos los invitados de una fiesta. Eso sí, debo decir que es técnicamente imposible comerse esta pizza. Cuando intentas dar un mordisco a la porción de turno, la masa chiclosa se dobla y el queso fundido se desparrama como la capa de arena superior en un corrimiento de tierras, poniéndote hecha una cerda a ti y a todo lo que te rodea, pero te aguantas y sigues comiendo.

Mientras, los tíos responsables de este milagro meten y sacan de un horno de leña una pala cargada de pizza; y la verdad es que parecen unos caldereros cargando de carbón los ardientes fogones de las bodegas de un enorme barco. Con las mangas remangadas asomando bajo los antebrazos sudorosos y la cara roja del esfuerzo entrecierran el ojo más cercano al fuego y tensan los labios para sujetar el cigarrillo que les cuelga de la boca. Sofie y yo pedimos otra ronda —una pizza entera para cada una— mientras ella intenta recuperarse de la emoción, pero es un manjar tan rico que estamos abrumadas.

Unas palabritas sobre mi cuerpo. Día tras día voy engordando, por supuesto. Aquí en Italia estoy haciendo cosas tremendas a mi cuerpo, como tomar cantidades pantagruélicas de queso y pasta y pan y vino y chocolate y masa de pizza. (Alguien me ha dicho que en Nápoles también hay un engendro llamado pizza de chocolate. Pero ¿qué tontería es ésa? El caso es que acabé probándola y resultó que estaba buenísima, pero seamos serios... *¿Pizza de chocolate?*) No estoy haciendo nada de ejercicio, no estoy tomando suficiente fibra, ni vitaminas de ningún tipo. En mi vida real era de las que desayunaba yogur ecológico de leche de cabra espolvoreado con germen de trigo. Ya no queda nada de aquellos viejos tiempos. Sé que, allá en Estados Unidos, mi amiga Susan va diciendo a la gente que estoy haciendo el típico viaje de una «mujer *light* reciclada». Pero la verdad es que mi cuerpo se está tomando muy bien todo el asunto. Haciendo caso omiso de mis desliz es y vilezas, parece decirme: «Vale, tía, a vivir, que son dos días. Ya sé que esto es transitorio. Tú avísame cuando acabes de hacer experimentos con el placer y ya veré cómo arreglo los desperfectos».

El caso es que al mirarme en el espejo de la mejor pizzería de Nápoles veo una cara alegre y sana, de piel tersa y ojos relucientes. Hacía mucho tiempo que no me veía esa cara.

—Gracias —susurro.

Después Sofie y yo salimos a buscar una pastelería bajo la lluvia.

28

Supongo que será esta felicidad (que nació hace dos meses) la que me hace pensar, a mi regreso a Roma, que tengo que solucionar lo de David. Y que quizá haya llegado el momento de acabar con la historia de una vez por todas. Ya lo habíamos dejado, eso era oficial, pero seguía existiendo la esperanza de que un buen día (después de mis viajes, al cabo de un año) pudiéramos volver a intentarlo. Nos queríamos. Eso nunca lo habíamos puesto en duda. Lo que no sabíamos era qué teníamos que hacer para no destrozarnos la vida uno al otro de una manera tan dolorosa y brutal que nos dejábamos el alma partida.

La primavera anterior David —medio en broma— me había propuesto esta increíble solución para nuestros problemas: «¿Por qué no admitimos que esta relación es una mierda, pero seguimos adelante? ¿Por qué no admitimos que nos sacamos de quicio mutuamente, discutimos sin parar y apenas tenemos relaciones sexuales, pero que no podemos vivir uno sin el otro? Así podríamos pasar el resto de la vida juntos, hundidos en la miseria, pero contentos de no habernos separado».

Para ilustrar lo enamorada que estoy de este tío, diré que me he pasado los últimos diez meses planteándome su oferta seriamente.

La otra posibilidad que se nos pasaba por la cabeza, por supuesto, era que uno de nosotros fuese capaz de cambiar. Él podría ser más abierto y cariñoso sin retraerse, ante la mujer que le quiere, por miedo a que ella le devore el alma. O yo podría aprender a... no intentar devorarle el alma.

Cuántas veces he deseado ser con David como es mi madre en su matrimonio: independiente, fuerte, autosuficiente. Capaz de retroalimentarse. Capaz de existir sin dosis regulares de cariño ni adulación por parte de mi padre, el granjero solitario. Capaz de plantar alegres margaritas entre los inexplicables muros de silencio que mi padre a veces construye a su alrededor. Mi padre es, sencillamente, la persona a la que más quiero del mundo, pero hay que admitir que es un poco extraño. Un ex novio lo describía así: «Tu padre sólo tiene un pie en la tierra. Pero tiene unas piernas larguísimas...».

Lo que yo veía en mi casa de pequeña era una madre que recibía el amor y el cariño de su marido cuando a él le daba la gana de dárselo, pero que se ponía en un segundo plano y se las arreglaba sola cuando él se encerraba en su peculiar universo de abandono inconsciente y torpe. Así lo veía yo, al menos, teniendo en cuenta que nadie (y los hijos mucho menos) conoce jamás los secretos de un matrimonio. Lo que yo creía haber visto era una madre que nunca pedía nada a nadie. Y así era mi madre, la verdad, una mujer que aprendió a nadar sola de pequeña en un lago de Minnesota y sin ayuda de nadie: con un libro de la biblioteca local llamado *Aprende a nadar*. Desde mi punto de vista no había nada que esa mujer no supiera hacer sola.

Pero entonces tuve una reveladora conversación con mi madre poco antes de venirme a Roma. Había ido a Nueva

York a comer conmigo antes de que me fuera y me preguntó abiertamente —ignorando la férrea tradición social de nuestra familia— qué me había pasado con David. Saltándome yo también el Procedimiento Comunicativo Oficial de la Familia Gilbert, se lo conté. Se lo conté entero. Le expliqué lo mucho que quería a David, pero lo sola y enferma que me sentía estando con una persona que se pasaba la vida desapareciendo... de la habitación, de la cama, del planeta.

—Me recuerda un poco a tu padre —dijo con una valentía y una honestidad admirables.

—Lo malo es que yo no soy como mi madre —le contesté—. No soy tan fuerte como tú, mamá. Yo necesito tener un nivel constante de cercanía con la persona a la que quiero. Ojalá me pareciese más a ti, porque así podría tener una historia de amor con David. Pero me mata no poder contar con ese afecto cuando lo necesito.

Entonces, mi madre me dejó atónita. Me dijo:

—¿Sabes qué te digo de todo eso que echas de menos en tu relación, Liz? Que son cosas que yo también hubiera querido tener.

Fue como si mi madre —esa mujer tan fuerte— pusiera la mano encima de la mesa, la abriera y me enseñara el puñado de balas que ha tenido que morder todos estos años para poder seguir felizmente casada (y sigue felizmente casada, la verdad sea dicha) con mi padre. Nunca había visto este lado suyo, nunca. Jamás me había parado a pensar en lo que hubiera podido desear o echar de menos, o a qué cosas había decidido renunciar en favor de otras. Al enterarme de aquello, me di cuenta de que mi filosofía de la vida iba a sufrir un cambio radical.

Si una mujer como ella quiere lo mismo que quiero yo, entonces...

Siguiendo con esta confesión insólita de intimidades, mi madre me dijo:

—Tienes que entender que a mí me han educado en la convicción de que hay una serie de cosas que no me merezco, cariño. Ten en cuenta que yo procedo de una época y un entorno distintos de los tuyos.

Cerré los ojos y vi a mi madre a los 10 años en la granja familiar de Minnesota, trabajando como un ranchero, cuidando de sus hermanos pequeños, llevando la ropa de su hermana mayor, ahorrando moneda a moneda para poder salir de ahí alguna vez...

—Y también tienes que entender lo mucho que quiero a tu padre —dijo a modo de conclusión.

Mi madre ha elegido una serie de cosas en la vida, como nos toca hacer a todos, y está en paz consigo misma. Esa paz se le nota al mirarla. No es una mujer que se haya engañado a sí misma. Los resultados positivos de sus decisiones son evidentes: un matrimonio largo y estable con un hombre al que considera su mejor amigo; una familia que incluye ahora a unos nietos que la adoran; la seguridad que le da su propia fortaleza. Quizá tuvo que renunciar a ciertas cosas y mi padre también, pero ¿quién de nosotros vive sin hacer ciertos sacrificios?

Y la pregunta que me hago yo ahora es: ¿Qué me conviene elegir a mí? ¿Qué cosas creo merecerme en la vida? ¿Qué sacrificios puedo hacer y cuáles no? Me ha costado mucho llegar a imaginarme una vida sin David. Hasta me cuesta aceptar que no volveré a irme en coche con mi compañero de viaje preferido, que jamás volveré a llegar a su casa con las ventanillas bajadas y Springsteen en la radio a todo meter, con un arsenal de risas y chucherías entre los dos asientos y la perspectiva de un destino marítimo al final de la autopista. Pero cómo voy a aceptar ese enorme placer si va acompañado de un contrapunto siniestro: el aislamiento desgarrador, la inseguridad destructiva, el rencor soterrado y, por supuesto, la destrucción total de la identidad que se produce cuando David se pone en plan «lo que el Señor nos da el Señor nos lo quita». Me siento incapaz de seguir haciéndolo. La felicidad que he descubierto en mi reciente viaje a Nápoles me ha convencido de que no sólo puedo hallar la felicidad sin David, sino que debo. Por mucho que lo quiera (y lo quiero con una intensidad ridícula), tengo que despedirme de esta persona, pero ya. Y que sea algo definitivo.

Así que le escribo un correo electrónico.

Estamos en noviembre y no hemos tenido contacto desde julio. Yo le había pedido que no intentara localizarme mientras estuviera fuera, sabiendo que mi enganchón con él era tan fuerte que no conseguiría centrarme en mi viaje si me daba por estar atenta al suyo. Pero ahora vuelvo a entrar en su vida con este correo.

Le digo que espero que esté bien y le cuento que yo estoy bien. Hago un par de bromas. Las bromas siempre se nos dieron bien. Entonces le explico que creo que deberíamos acabar con lo nuestro de una vez por todas. Que quizá haya llegado el momento de admitir que la cosa no va a funcionar y que más vale no empeñarse. La carta no es demasiado dramática. Dios sabe que de drama ya vamos bien servidos. Procuro ser breve e ir al grano. Pero hay una última cosa que tengo que decirle. Conteniendo la respiración, tecleo: «Por supuesto, si quieres buscar otra compañera con la que compartir la vida, te deseo lo mejor del mundo». Me tiemblan las manos. Me despido cariñosamente, intentando tener un tono lo más optimista posible.

Estoy como si me hubieran golpeado en el pecho con un palo.

Esa noche duermo poco, porque la paso imaginándolo mientras lee mis palabras. Al día siguiente voy corriendo al cibercafé un par de veces para ver si me ha contestado. Intento ignorar ese yo mío que está deseando leer una respuesta tipo «¡Vuelve! ¡No te vayas! ¡Cambiaré!». Procuro ignorar a esa chica que llevo dentro, la que sería capaz de abandonar este plan genial de viajar por el mundo a cambio de las llaves del apartamento de David. Pero en torno a las diez de la noche por fin me llega una respuesta. Un correo electrónico maravillosamente escrito, por supuesto. David siempre ha escrito maravillosamente. Está de acuerdo en que sí que ha llegado el momento de despedirnos para siempre. Él también lo había estado pensando últimamente, dice. No puede ser más amable de lo que es y me habla de la pena que le da perder esa capacidad de alcanzar las cotas altísimas de ternura a las que llegó conmigo por mucho que le costara. Espera que yo sepa lo mucho que me adora aunque le cueste hallar palabras para expresarlo. «Pero no somos lo más conveniente el uno para el otro», dice. A pesar de todo sabe que yo lograré encontrar el amor auténtico alguna vez en mi vida. Está seguro de ello. Al fin y al cabo, me escribe, «la belleza atrae a la belleza».

Cosa bien bonita para que te la digan, la verdad. Vamos, que es lo más bonito que te puede decir el amor de tu vida si no te dice eso de «¡VUELVE! ¡NO TE VAYAS! ¡CAMBIARÉ!».

Paso un buen rato ahí sentada, mirando la pantalla del ordenador. Un rato largo y triste. Pero es lo mejor. Lo sé. He elegido la felicidad en lugar del sufrimiento. Lo tengo clarísimo. Estoy haciendo hueco para que mi futuro desconocido me llene la vida de las sorpresas que me depare. Todo esto lo sé. Pero aun así...

Estamos hablando de *David*. Y me he quedado sin él.

Me llevo las manos a la cara durante un rato aún más largo y triste. Cuando al fin levanto la vista, veo que una de las mujeres albanesas que limpian el cibercafé ha dejado de pasar la fregona y está dedicando una parte de su turno de noche a mirarme, apoyada en la pared. Nuestros ojos cansinos se encuentran durante unos segundos. Entonces la miro, sacudo la cabeza con el mismo gesto serio y digo en voz alta: «A tomar por culo». Ella asiente amablemente. No me entiende, por supuesto, pero a su manera me entiende perfectamente.

Suena mi móvil.

Es Giovanni, que parece desconcertado. Dice que lleva más de una hora esperándome en la Piazza Fiume, que es donde quedamos los jueves por la noche para hacer nuestro intercambio de idiomas. Está perplejo, porque suele ser él quien llega tarde o se olvida de ir a la cita de turno, pero esta noche ha llegado puntual y estaba bastante seguro de que... Pero ¿no habíamos quedado?

A la que se le había olvidado era a mí. Le digo dónde estoy. Dice que pasa a recogerme en su coche. No estoy de humor para ver a nadie, pero no sé explicarlo por *telefonino*, dadas nuestras correspondientes limitaciones idiomáticas. Salgo a la calle y lo espero pasando frío. Pocos minutos después veo aparecer su cochecillo rojo y me siento a su lado. En un italiano coloquial me pregunta qué me pasa. Abro la boca para contestarle y me echo a llorar. Perdón, quiero decir que me pongo a aullar. Me refiero a esa llantina tremenda y entrecortada a la que mi amiga Sally llama una «llorera con doble bufido», que es cuando inhalas dos boqueadas histéricas de oxígeno con cada sollozo. Como estaba totalmente desprevenida, esta avalancha de tristeza fue algo incontrolable.

¡Pobre Giovanni! Me pregunta en un inglés titubeante si la culpa la tiene él. ¿Me he enfadado con él, o qué? ¿Ha dicho algo que me ha sentado mal? Incapaz de contestarle, sólo consigo sacudir la cabeza y seguir gimoteando. Estoy muy avergonzada y lo siento mucho por el pobre Giovanni, atrapado en un coche con una señora llorosa e incoherente que está totalmente *a pezzi*, hecha trizas.

Por fin consigo farfullar que mi tristeza no tiene nada que ver con él. Tragando aire, me disculpo por el número que estoy montando. Giovanni se hace cargo de la situación con una madurez encomiable.

—No te disculpes por llorar. Sin sentimientos, no somos más que robots —me dice, dándome unos klínex de una caja que lleva en el asiento de atrás, y añadiendo—: Vamos a dar una vuelta en coche.

Tiene razón. La puerta del cibercafé es un sitio demasiado público y bien iluminado como para tener un ataque de nervios. Giovanni recorre un par de calles y aparca en el centro de la Piazza della Repubblica, uno de los espacios abiertos más agradables. Para justo delante de la hermosa fuente de las ninfas desnudas, que retozan corpórea y pornográficamente con su rebaño fálico de cisnes gigantes, todos con el cuello tieso. Para los estándares romanos, esta fuente es bastante reciente. Según mi guía de Roma, las mujeres que posaron para las ninfas eran un par de hermanas, dos artistas de vodevil populares en sus tiempos. Y se hicieron aún más famosas al terminarse la fuente, pues durante meses la Iglesia se negó a destapar la obra por considerarla demasiado descocada. Las hermanas llegaron a tener muchos años, y bien entrada la década de 1920 era fácil ver a un par de señoras muy dignas que paseaban del brazo hasta la *piazza* para ver «su fuente». Y una vez al año, durante toda su vida, el escultor francés que había inmortalizado su lozanía en mármol venía a Roma y las invitaba a comer para recordar juntos los tiempos en que todos ellos eran jóvenes y bellos y bohemios.

Como decía, Giovanni aparca delante de esa fuente y espera a ver si se me pasa. Lo único que puedo hacer es restregarme los ojos con la palma de la mano para ver si logro contener las lágrimas. Giovanni y yo jamás hemos hablado de temas personales. Durante todos estos meses las numerosas veces que hemos cenado juntos sólo hemos hablado de filosofía y arte y cultura y política y comida. No sabemos nada de la vida privada del otro. Él ni siquiera sabe que yo estoy divorciada, ni que tengo otro amor en Estados Unidos. Yo sólo sé de él que quiere ser escritor y que ha nacido en Nápoles. Pero mi llorera está a punto de forzar un nuevo nivel de conversación entre estas dos personas. Ojalá no fuera así. Al menos no en estas circunstancias tan tremendas.

—Lo siento, pero no lo entiendo —me dice—. ¿Has perdido algo hoy?

Pero yo aún no sé muy bien qué decir. Giovanni sonríe y me dice para animarme:

—*Parla come mangi.*

Sabe que es una de las expresiones coloquiales italianas que más me gustan. Significa «Habla como comes», o según lo traduzco yo: «Hablar es tan sencillo como comer». Es un recordatorio —para esos casos en que te complicas la vida al intentar explicar algo, cuando no consigues encontrar las palabras adecuadas— de que lo mejor es ser tan sencillo y directo como la comida romana. No lo adornes mucho. Suéltalo y punto.

Trago aire y doy una versión italiana muy resumida (pero muy completa, eso sí) de mi situación actual:

—Es una historia de amor, Giovanni. He tenido que despedirme de un hombre hoy.

Entonces vuelvo a cubrirme los ojos con las manos y las lágrimas se me escapan entre los dedos. Dios bendiga a Giovanni, que no intenta consolarme poniéndome un brazo en los hombros ni demuestra la menor incomodidad ante mi explosión de tristeza. En lugar de eso soporta mis lágrimas en silencio, hasta que me tranquilizo. Entonces se dirige a mí con un gesto muy comprensivo, eligiendo cada palabra cuidadosamente (como profesora suya que soy, ¡qué orgullosa estoy esa noche!) y me dice, hablando despacio, pronunciando claramente, pero con cariño:

—Te entiendo, Liz. Yo he pasado por eso.

29

La llegada de mi hermana a Roma me ayuda a distraerme de la tristeza por lo de David y a recuperar mi ritmo vital. Mi hermana lo hace todo deprisa, con una energía que parece recorrerle el cuerpo como unos ciclones en miniatura. Es tres años mayor que yo y mide nueve centímetros más. Es atleta, intelectual, madre y escritora. Mientras estuvo en Roma se estaba preparando para un maratón, es decir, que se levantaba al amanecer y ya había corrido veintisiete kilómetros cuando yo sólo había conseguido leerme un artículo en el periódico y tomarme dos capuchinos. La verdad es que cuando corre parece un ciervo. Estando embarazada de su primer hijo, una noche se hizo un lago entero a nado. Yo, que ni siquiera estaba embarazada, me negué a ir con ella. Me daba miedo. Pero a mi hermana no le da miedo casi nada. Estando embarazada de su segundo hijo, una comadrona le preguntó si tenía miedo a que sucediera algo inesperado, como que el niño naciera con alguna tara genética o que el parto fuese complicado. Y mi hermana contestó: «Lo único que me da miedo es que mi hijo se haga republicano».

Mi hermana se llama Catherine. Es la única hermana que tengo. Nos criamos juntas en el campo de Connecticut, en una granja donde vivíamos con nuestros padres las dos solas. No había más niños en los alrededores. Y ella, que era fuerte y poderosa, dominaba mi vida entera. Su presencia me sobrecogía y atemorizaba; la única opinión que importaba era la suya. Llegué a hacer trampas al jugar a las cartas, a *perder* aposta para que ella no se enfadara conmigo. No siempre nos llevábamos bien. Yo la sacaba de quicio y ella me estuvo dando miedo, si mal no recuerdo, hasta que cumplí 28 años y me harté. Ése fue el año en que por fin le planté cara y ella reaccionó diciéndome algo así como: «Pero ¿por qué has tardado tanto?».

Estábamos empezando a cincelar los contornos de nuestra relación recién estrenada cuando mi matrimonio se fue al garete. Para Catherine habría sido muy fácil hacer leña del árbol caído. Yo siempre había sido la mimada y la afortunada, la preferida de la familia y la elegida por los dioses. El mundo siempre había sido un lugar más agradable y acogedor para mí que para ella; mi hermana siempre ha plantado cara a la vida y a veces la vida parecía desquitarse dándole palos bastante duros. Ante el asunto de mi divorcio y mi depresión Catherine podía haber respondido con un: «¡Ja! ¡Mírala, doña Sonrisas, quién la ha visto y quién la ve!». En lugar de eso me apoyó como una jabata. Cuando la llamaba agobiada, cogía el teléfono en plena noche y me consolaba con unos gruñiditos muy amables. Y me acompañó en mi investigación de los motivos de mi tristeza. Durante muchísimo tiempo vivió mi tristeza casi en cuerpo propio. Después de cada sesión la llamaba para darle un informe de todo lo sucedido en la consulta del psicólogo y ella interrumpía lo que estuviera haciendo y decía: «Ah... Eso aclara el tema bastante». Aclara el tema para las dos, para ella también, claro.

Ahora hablamos por teléfono casi todos los días; bueno, me refiero a antes de venirme a Roma. Y cuando una de nosotras va a subirse a un avión, la otra la llama por teléfono y le dice: «Ya sé que esto es un poco truculento, pero sólo quiero decirte que te quiero. Sabes..., por si acaso...». Y la otra contesta: «Ya, ya lo sé... Por si acaso...».

Mi hermana llega a Roma preparada a tope, como siempre. Se ha traído cinco guías, ya leídas, y ya tiene un mapa de la ciudad en la cabeza. Antes de salir de Filadelfia ya sabía orientarse por aquí. Éste es un ejemplo clásico de lo distintas que somos. Yo soy la que dedicó las primeras semanas en Roma a dar vueltas, noventa por ciento perdida y cien por ciento feliz, viéndolo todo como un maravilloso misterio inexplicable. Pero así es como yo veo el mundo siempre. A ojos de mi hermana no hay nada que no tenga explicación si uno tiene acceso a una biblioteca con buenos libros de referencia. Estamos ante una mujer que tiene la enciclopedia Columbia en la cocina, junto a los libros de recetas, y que la *lee* por puro placer.

Hay un juego al que me encanta jugar con mis amigos y que se llama «¡Ya verás!». Cuando nos surge un tema del que no sabemos nada (por ejemplo, «¿quién era San Luis?», yo digo «¡Ya verás!», agarro el teléfono más cercano y llamo a mi hermana. A veces la cojo en el coche, yendo a buscar a los niños al colegio, y entonces me dice meditabunda: «San Luis... Pues fue un rey francés que llevaba prendas de arpillera, y es interesante, la verdad, porque...».

Por eso, cuando mi hermana viene a verme a Roma —mi ciudad adoptiva—, es ella quien me enseña la ciudad a mí. Me enseña una Roma al estilo Catherine. Llena de datos y fechas y detalles arquitectónicos que yo no había visto, porque mi cabeza no funciona así. Lo que yo quiero saber de los sitios y de las personas es la *historia*; eso es lo único que me interesa, jamás busco los detalles estéticos. (Sofie vino a mi apartamento cuando yo ya llevaba un mes y cuando me dijo: «Me gusta tu cuarto de baño rosa» fue la *primera vez* que me paré a pensar que, efectivamente, era rosa. Rosa chillón, de suelo a techo, con baldosines rosas por todas partes... Pues juro que no me había dado cuenta.) Pero el ojo experto de mi hermana capta los rasgos góticos, románicos o bizantinos de un edificio, el dibujo del suelo de la iglesia o el sombrío bosquejo del fresco inacabado que asoma tras el altar. Sale a recorrerse Roma con sus largas piernas (antes la llamábamos «Catherine la de los fémures de un metro de largo») y yo correteo detrás, como he hecho desde que éramos pequeñas, dando dos animosos saltitos por cada una de sus zancadas.

—¿Lo ves, Liz? —me dice—. ¿Ves como han plantado una fachada del siglo xix encima de ese adobe antiguo? Seguro que si doblamos la esquina veremos que... ¡Ahí está!... ¿Lo ves? Han conservado los monolitos romanos como vigas de soporte, probablemente porque no tenían mano de obra para moverlos... Sí, me gusta bastante el popurrí arquitectónico de esta basílica...

Ella lleva el mapa y la guía verde Michelín y yo llevo la comida (dos bollos de pan tamaño pelota de béisbol, salchichas especiadas, banderillas de aceitunas con sardinas escabechadas, un paté de setas que sabe a bosque, bolas de *mozzarella* ahumada, rúcula asada a la pimienta, tomates *cherry*, queso *pecorino*, agua mineral y una botella de medio litro de vino blanco) y, mientras me planteo dónde sería un buen sitio para sentarnos a almorzar, ella se pregunta en voz alta: «¿Por qué la gente habla tan poco del Concilio de Trento?».

Me hace entrar en docenas de iglesias romanas, cuyos nombres no consigo recordar: San Fulano y San Merengano y San No-sé-cuántos de los Penitentes Descalzos del Bendito Misterio... Pero que sea incapaz de memorizar los nombres y los detalles de toda esa retahíla de contrafuertes y cornisas no significa que no me encante ir a ver esos monumentos con mi hermana, cuyos ojos color cobalto parecen verlo todo. No me acuerdo de cómo se llamaba una iglesia que tenía unos frescos muy parecidos a esos murales heroicos que patrocinaba el Gobierno en tiempos del New Deal, pero sí recuerdo a Catherine señalándomelos y diciendo: «Seguro que te encantan esos Papas tipo Franklin Roosevelt de ahí arriba». También hubo una mañana en que nos levantamos temprano para ir a misa en la iglesia de Santa Susana y, cogidas de la mano, oímos a las monjas entonando sus cantos gregorianos al amanecer, las dos llorando de la emoción ante aquella música celestial. Mi hermana no es una persona religiosa. De hecho, ningún miembro de mi familia lo es. (Yo me he bautizado como la «oveja blanca» de la familia.) A Catherine le interesan mis investigaciones espirituales por pura curiosidad intelectual.

—Ese tipo de fe me emociona —me susurra en la iglesia—. Pero yo me siento incapaz. No puedo...

Voy a contar otra anécdota que ilustra lo distintas que son nuestras filosofías de la vida. Recientemente, una familia del vecindario de mi hermana sufrió la doble tragedia de que tanto a la joven madre como a su hijo de 3 años les diagnosticaron un cáncer. Cuando Catherine me lo contó, sólo pude decir espantada: «Santo Dios, esa familia necesita un milagro». A lo que ella me contestó convencida: «Lo que esa familia necesita es comer caliente» y puso en marcha al vecindario entero para prepararles la cena, por turnos, todas las noches sin faltar una durante un año entero. Lo que no sé es si mi hermana se ha dado cuenta de que eso es un auténtico milagro.

Una vez fuera de la iglesia de Santa Susana me dice:

—¿Sabes por qué a los Papas les dio por urbanizar las ciudades en plena Edad Media? Pues porque todos los años llegaban nada menos que dos millones de peregrinos católicos, procedentes de todo Occidente, para hacer el trayecto entre el Vaticano y San Juan de Letrán, a veces de rodillas, y, claro, había que tener *infraestructuras* para esa gente.

En lo que tiene fe mi hermana es en el conocimiento. Su sagrada escritura es el diccionario Oxford. Cuando inclina la cabeza sobre el texto, pasando las páginas con sus raudos dedos, está con su Dios. Ese mismo día, horas después, veo a mi hermana rezar de nuevo: hincándose de rodillas en mitad del foro romano, aparta unas basurillas que hay en el suelo (como si limpiara una pizarra) y con una piedra me dibuja en la tierra un boceto de una basílica romana clásica. Señala primero a su dibujo y después a la ruina romana que tenemos delante para hacerme entender (¡hasta yo, con mis limitaciones visuales, consigo entenderlo!) cómo debió de ser ese edificio hace dieciocho siglos. Con el dedo traza en el aire los arcos que faltan, la nave central, las ventanas desaparecidas tiempo ha. Cual niño con un lápiz de colores, rellena el cosmos vacío con su imaginación, sanando a las ruinas del paso del tiempo.

En italiano hay un tiempo verbal poco usado que se llama el *passato remoto*, que se usa para describir hechos sucedidos en un tiempo muy, muy lejano, cosas sucedidas hace tanto tiempo que ya no tienen ninguna influencia en nuestras vidas, como, por ejemplo, la historia antigua.

Pero mi hermana, si supiera italiano, no usaría este tiempo verbal para hablar de historia antigua. En su mundo el foro romano no es remoto ni pertenece al pasado. A ella le resulta tan presente y cercano como yo misma.

Catherine se marcha al día siguiente.

—Oye —le digo—. Acuérdate de llamarme cuando aterrice tu avión, ¿vale? No me quiero poner truculenta, pero...

—Ya lo sé, cariño —me contesta—. Yo también te quiero.

30

Cuando me paro a pensarlo, me sorprende mucho que mi hermana sea esposa y madre y yo, no. No sé muy bien por qué, pero siempre pensé que sería al revés. Estaba convencida de que era yo la que iba a acabar con una casa llena de botas sucias y niños gritones y que Catherine viviría sola, apartada del mundanal ruido, leyendo en su cama vacía por la noche. No somos las mujeres que parecía que íbamos a ser de pequeñas. Mejor así, creo yo. Contra todo pronóstico, nuestras vidas respectivas son las que más nos convienen. Ella, con su carácter solitario, necesita una familia que le haga compañía; y yo, que soy sociable por naturaleza, nunca estaré sola, ni siquiera en mis periodos de soltería. Me alegra pensar que ella ha vuelto al calor de su familia y que a mí me quedan nueve meses de viaje en los que podré dedicarme a comer y leer y rezar y escribir.

Sigo sin saber si alguna vez querré tener hijos. Me he quedado atónita al descubrir que a los 30 no quiero tenerlos; tanto me he sorprendido a mí misma que no me atrevo a imaginarme qué me puede pasar a los 40. Sólo puedo decir cómo estoy en este momento: contenta de estar sola. También sé que no voy a tener hijos sólo para no arrepentirme de no haberlos tenido; no me parece un motivo suficiente para traer más niños a este mundo. Aunque supongo que habrá gente que se reproduzca por eso, como una especie de seguro contra el arrepentimiento futuro. Creo que los niños se tienen por todo un abanico de razones: para presenciar y alimentar una nueva vida, porque no queda más remedio, para intentar conservar a un ser amado o tener un heredero, o por las buenas, sin darle muchas vueltas al tema. Pero los motivos por los que *no* se tienen hijos también son muy distintos. Y no todos son necesariamente egoístas.

Esto lo digo porque sigo afrontando la acusación que me hizo muchísimas veces mi marido mientras nuestro matrimonio se desmoronaba. Me refiero al *egoísmo*. Cada vez que lo decía yo lo admitía a pies juntillas, aceptaba tener toda la culpa; compraba todo lo que había en la tienda, por así decirlo. Por Dios, si aún no había tenido hijos y ya me sentía culpable de haberlos abandonado y de anteponer mis intereses a los suyos. Ya era una mala madre. Los susodichos niños —unos niños fantasmas— salían mucho en nuestras conversaciones. ¿Quién se iba a hacer cargo de los niños? ¿Quién se iba a quedar en casa con los niños? ¿Quién iba a pagar los gastos de los niños? ¿Quién iba a levantarse a atender a los niños por la noche? Recuerdo que, cuando mi matrimonio ya era insoportable, le dije a mi amiga Susan:

—No quiero que mis hijos crezcan en una casa como ésta.

—¿Qué tal si no mezclas a los supuestos niños con todo lo demás? —me contestó Susan—. Si ni siquiera existen todavía, Liz. ¿Qué tal si admites que eres *tú* la que no quiere ser infeliz? Mejor dicho, a los dos os pasa lo mismo. Y más vale darse cuenta ahora que en la sala de partos cuando ya hayas dilatado cinco centímetros.

Recuerdo que, por esas fechas, fui a una fiesta en Nueva York. Una pareja de artistas de éxito acababa de tener un hijo y la madre inauguraba una exposición de sus obras más recientes. Tengo grabada la imagen de aquella mujer, la madre recién estrenada, mi amiga la artista, intentando hacer de anfitriona (la fiesta era en su loft) mientras cuidaba de su hijo y hablaba de su labor profesional. Nunca había visto a nadie con tanta cara de cansancio. Me parece estar viéndola en su cocina, pasadas las doce de la noche, los brazos metidos hasta los codos en una pila llena de cacharros sucios, dispuesta a hacerlo todo ella sola. Entretanto, su marido (siento tener que contarlo y sé perfectamente que su caso no es generalizable) estaba en la habitación de al lado, viendo la tele con los pies encima de la mesa, literalmente. Cuando ella por fin le pidió que la ayudara a recoger la cocina, él le contestó: «Anda, déjalo, cielo, ya lo hacemos mañana». En ese momento el niño se echó a llorar otra vez. Mi amiga tenía el vestido de cóctel manchado de la leche que le rezumaba del pecho.

Es muy probable que el resto de los asistentes a la fiesta se llevaran impresiones distintas de la mía. Quizá hubo una serie de invitadas bastante envidiosas de esa mujer tan guapa, con un niño tan sano, una carrera artística de éxito, un marido tan simpático, un buen piso, un bonito vestido de cóctel. Habría personas en aquella fiesta que habrían cambiado su vida por la de ella en cuestión de segundos si hubieran podido. Hasta ella misma recordará aquella noche —si es que se acuerda— como una velada agotadora, pero provechosa en el satisfactorio conjunto de su vida como madre, esposa y artista. Pero yo, en cambio, me pasé toda la fiesta temblando de miedo y pensando: *Si no te das cuenta de que éste es el futuro que te espera, Liz, es que estás ciega. No dejes que esto te suceda a ti.*

Pero ¿yo había aceptado la responsabilidad de formar una familia? Santo Dios. La *responsabilidad*. La palabra me agobió hasta que la encaré, la estudié cuidadosamente y la dividí en las dos palabras que componen su verdadera definición: la *capacidad* de *responder*. Y ante lo que no me quedaba más remedio que responder era ante el hecho de que todos los átomos de mi ser me decían que tenía que dar puerta a mi matrimonio. En mi interior se había activado un sistema de alerta precoz que me avisaba de que, si seguía metida en ese berenjenal, iba a acabar desarrollando un cáncer. Y si tenía hijos a pesar de todo, sólo por la pereza o la vergüenza que me daba revelarme como la mujer poco práctica que soy, *eso* sí sería una irresponsabilidad grave.

Pero al final me guié por una cosa que me dijo mi amiga Sheryl esa misma noche, en la fiesta de marras, cuando me vio atrincherada en el cuarto de baño del lujoso loft de nuestra amiga, remojándome la cara y temblando de miedo. Por aquel entonces Sheryl no sabía que mi matrimonio se iba a pique. Nadie lo sabía. Y esa noche no se lo conté. Lo único que me salió fue decirle: «No sé qué hacer». Recuerdo que ella me agarró de los hombros y, mirándome a los ojos con una serena sonrisa, me dijo, sencillamente: «Di la verdad, di la verdad, di la verdad».

Y eso fue lo que intenté hacer.

Pero acabar con un matrimonio es muy duro, y no sólo por las complicaciones legales/financieras o por el monumental cambio de vida. (Como me dijo sabiamente mi amiga Deborah: «Que yo sepa, nadie se ha muerto por partir muebles en dos».) Es el impacto emocional lo que te da el palo, el susto de apearte de un estilo de vida convencional y perder las maravillosas comodidades por las que muchos siguen en ese carril para siempre. Formar una familia con un cónyuge es una opción muy común para dar a la propia vida una continuidad y un sentido; esto es así en la sociedad estadounidense y en casi todas las demás. Me reafirmo en ello siempre que voy a una reunión de la familia de mi madre en Minnesota y veo a mis parientes firmemente instalados en los mismos puestos de siempre. Primero eres un niño pequeño, después un adolescente, un recién casado, un padre o madre, un jubilado, un abuelo... En cada etapa sabes quién eres, sabes cuáles son tus obligaciones y sabes dónde tienes que sentarte en la reunión. Te sientas con los correspondientes niños, adolescentes, padres, madres o jubilados. Hasta que al final acabas sentado a la sombra con los ancianos de 90 años, contemplando a tu progenie con satisfacción. ¿Quién eres? Pues está clarísimo. Eres la persona que ha creado todo cuanto te rodea. La satisfacción que te produce esa idea es inmediata y, ante todo, universalmente reconocida. ¿A cuántas personas hemos oído decir que sus hijos son su mayor logro y el gran consuelo de su vida? Siempre están ahí para animarnos cuando nos da la crisis metafísica o si nos entran las dudas sobre nuestra propia trascendencia. *Aunque no haya hecho nada más en la vida, al menos he educado bien a mis hijos.*

Pero ¿qué sucede si, por voluntad propia o por necesidad reticente, resulta que no participas en esta reconfortante órbita familiar? ¿Qué sucede si te sales del círculo? ¿Dónde te sientas en la reunión? ¿Cómo puedes dejar huella en los anales del tiempo para no pasar por esta tierra sin relevancia alguna? Tendrás que hallar otro propósito, otro baremo con el que juzgar si has triunfado como ser humano o no. A mí me encantan los niños, pero ¿qué pasa si no tengo hijos? ¿Qué tipo de persona soy entonces?

Virginia Woolf escribió: «Sobre el amplio continente de la vida de una mujer se proyecta siempre la sombra de una espada». Una de las caras de esa espada, según ella, es la de las convenciones, las tradiciones y el orden, donde «todo es correcto». Pero la otra cara de esa espada, si estás tan loca como para elegirla y llevar una vida ajena a las convenciones, es donde «todo es confusión» y «nada sigue un curso normal». En su opinión, si una mujer rebasa la sombra de esa espada, puede llevar una vida mucho más interesante, pero también será más peligrosa.

Yo me alegro de que, al menos, tengo lo que escribo. Eso la gente lo entiende. *Ah, se separó de su marido para dedicarse a su carrera artística.* Pues es verdad aunque no lo sea del todo. Muchos escritores tienen una familia. A Toni Morrison, por poner un ejemplo, tener un hijo no le impidió ganar esa fruslería conocida como el premio Nobel de Literatura. Pero Toni Morrison siguió su camino y yo he de seguir el mío. El *Bhagavad Gita* —la base sánscrita fundamental del yoga— mantiene que más vale vivir tu propio destino imperfectamente que vivir a la perfección el destino de otra persona. Por eso he comenzado a vivir mi propia vida. Por imperfecta y torpe que me parezca, al fin empieza a asemejarse a mí, la mire por donde la mire.

Pero, dicho todo esto, tengo que admitir que —comparada con la vida de mi hermana, que tiene una casa, un buen marido y unos hijos— yo me siento bastante inestable últimamente. Ni siquiera tengo una dirección habitual y eso, a la provecta edad de 34 años, es casi un crimen. Ahora mismo todas mis pertenencias están en casa de Catherine, en cuyo último piso tengo un aposento provisional (al que todos llamamos el «cuarto de la tía soltera» por la ventana abuhardillada perfecta para mirar los páramos vestida de novia caduca, añorando la juventud perdida). Catherine parece encantada con esta solución, que a mí me parece estupenda, aunque soy consciente de que, si me paso haciendo de trotamundos, corro el peligro de convertirme en «la rara de la familia». Aunque, bien mirado, puede que ya lo sea. El verano pasado mi sobrina de 5 años estaba jugando con una amiguita en casa de mi hermana. Cuando pregunté a la niña por su fecha de cumpleaños, me dijo que el 25 de enero.

—Huy, huy —le dije—. ¡Eres Acuario! He salido con muchos Acuarios y sé que sois bastante complicados.

Las dos niñas me miraron entre perplejas y asustadas, con un desconcierto propio de sus 5 años. De pronto me asaltó la imagen de la mujer que puedo acabar siendo como no tenga cuidado: «tía Liz, la Loca». Esa divorciada que lleva una túnica *mumu* hawaiana y el pelo teñido de rojo; la que no come productos lácteos, pero fuma mentolados; la que siempre acaba de volver de un crucero astrológico o se acaba de separar de su novio «el de la aromaterapia»; la que lee el tarot hasta a los niños pequeños y dice cosas como: «Si traes a la tía Liz otro tinto de verano, cielo, te dejo ponerte mi sortija anímica...».

Puede que, en breve, tenga que volver a ser una ciudadana consistente, eso lo sé.

Pero aún no... *por favor*. Todavía no.

31

En las seis semanas siguientes voy a Bolonia, Florencia, Venecia, Sicilia, Cerdeña, otra vez a Nápoles y, por último, a Calabria. Casi todos son viajes cortos —una semana aquí, un fin de semana allí—, justo el tiempo suficiente para vivir el ambiente de un sitio, para darse una vuelta, para preguntar a la gente que va por la calle dónde se come bien para ir a probarlo. Al final abandono mis clases de italiano, porque me obligan a quedarme encerrada en un aula en vez de viajar por Italia, donde se puede practicar en vivo y en directo.

Estas semanas de periplo espontáneo son un glorioso bucle temporal en el que vivo algunos de los días más relajados de mi vida, corriendo a la estación de tren para comprar billetes aquí y allá, tomándole por fin el pulso a mi libertad, porque por fin me he dado cuenta de que *puedo ir a donde me dé la gana*. Llevo una temporada sin ver a los amigos que tengo en Roma. Giovanni me dice por teléfono: «*Sei una trottola*» («Eres como una peonza»). Una noche, en un hotel de un pueblecillo mediterráneo, en una habitación que da al mar, el sonido de mi propia risa me despierta en mitad de un sueño muy profundo. Me pego un susto tremendo. *¿Quién se está tronchando de risa en mi cama?* Al darme cuenta de que soy yo, vuelvo a reírme. Lo que no recuerdo es lo que estaba soñando. Creo que salían unos barcos, o algo así.

32

Lo de Florencia es sólo un fin de semana; el viernes por la mañana hago un corto viaje en tren para ir a visitar al tío Terry y la tía Deb, que han venido de Connecticut para conocer Italia y también para ver a su sobrina, por supuesto. Cuando llegan, a última hora de la tarde, los llevo a dar un paseo para ver el Duomo, que siempre es un espectáculo impresionante, como demuestra la reacción de mi tío:

—¡La leche! —dice, añadiendo tras una pausa—: Aunque puede que no sea lo más adecuado para alabar una iglesia católica...

Vemos *El rapto de las sabinas* —violadas ahí mismo, en mitad del jardín de las esculturas, sin que nadie haga nada para impedirlo— y hacemos los honores a Miguel Ángel, al Museo de las Ciencias y a las vistas que se contemplan desde las colinas que rodean la ciudad. Y me despido de mis tíos, dejándolos que disfruten del resto de sus vacaciones sin mí, y me voy sola a la próspera y holgada Lucca, una pequeña ciudad toscana famosa por sus carnicerías, que exhiben las mejores piezas de toda Italia con una sensualidad inigualable, como si dijeran «pruébame, que estás deseando». Salchichas en todos los tamaños, colores y versiones imaginables, como piernas de mujer embutidas en unas provocativas medias, se bambolean desde los techos de las tiendecillas. Voluptuosos jamones cuelgan de las ventanas, engatusando a los viandantes como las prostitutas del barrio rojo de Ámsterdam. Los pollos tienen un aspecto tan rollizo y satisfecho, aun estando muertos, que te los imaginas prestándose orgullosamente al sacrificio tras competir unos con otros para ver cuál llegaba a ser el más tierno y rechoncho. Pero en Lucca no sólo es maravillosa la carne; también están las castañas, los melocotones, los pasmosos higos que llenan los escaparates. Dios mío, qué higos...

La ciudad también es famosa, cómo no, porque en ella nació Puccini. Sé que ese tema debería interesarme, pero me interesa mucho más el secreto que me ha contado uno de los fruteros locales: las mejores setas de la ciudad se comen en un restaurante que está justo enfrente de la casa donde nació Puccini. Así que me paseo por Lucca, preguntando en italiano a la gente: «¿Sabes dónde está la casa de Puccini?», hasta que un amable lugareño me acompaña hasta allí. Lo más probable es que se quede muy sorprendido cuando le digo *Grazie* y me doy media vuelta, yendo justo en dirección contraria a la entrada del museo, hasta entrar en el restaurante de enfrente, donde espero a que escampe la lluvia mientras me como un plato de *risotto ai funghi*.

Ahora no recuerdo bien si fue antes o después de Lucca cuando fui a Bolonia, una ciudad tan hermosa que mientras estuve allí no pude parar de cantar: «¡Bolonia es el apellido y el nombre es Bonita. ¡Bonita Bolonia!». Los sobrenombres tradicionales de la ciudad —con su maravillosa arquitectura de ladrillo rojo y su célebre opulencia—

son la Roja, la Gorda y la Bella. (Sí, estuve a punto de usarlos como título para este libro.) Efectivamente, se come mucho mejor aquí que en Roma, o puede que pongan más mantequilla a los guisos. Hasta el *gelato* es mejor (me siento un poco traidora al decirlo, pero es verdad). Las setas que tienen aquí son como unas enormes lenguas orondas y sensuales y el *prosciutto* recubre las pizzas como un fino velo de encaje drapeado sobre el sombrero elegantón de una dama. Y, cómo no, de aquí es la salsa boloñesa, que se carcajea desdeñosamente de cualquier otra versión de un ragú.

Estando en Bolonia caigo en la cuenta de que en inglés no hay una expresión equivalente a la de *buon appetito*. Es una pena, pero también es muy revelador. También descubro que las paradas de tren italianas son como un tour por los nombres de las comidas y las bebidas más famosas del mundo: siguiente parada, *Parma*... Siguiente parada, *Bologna*... Siguiente parada, *Montepulciano*... En los trenes dan de comer, por supuesto, unos sándwiches diminutos y una buena taza de chocolate caliente. Cuando llueve, lo mejor es tomar un tentempié y seguir el viaje. En una de las ocasiones en el compartimento de tren me toca un joven italiano bastante guapete que duerme hora tras hora mientras afuera llueve sin parar y yo voy comiéndome una ensalada de pulpo. El tío se despierta poco antes de que lleguemos a Venecia, se rasca los ojos, me mira atentamente de pies a cabeza y murmura en voz muy baja: *Carina*. Que quiere decir «chica mona».

Grazie mille, le digo con retintín. Mil gracias.

Al oírme, se queda sorprendido. No se imaginaba que yo supiera italiano. Yo tampoco me lo imaginaba, la verdad.

Pero después de una charla de casi veinte minutos me doy cuenta de que sí lo hablo. He cruzado no sé qué barrera y resulta que sé hablar italiano. No lo voy traduciendo; lo hablo por las buenas. Por supuesto que digo algo mal en todas las frases y sólo manejo tres tiempos verbales, pero estoy comunicándome con este tío sin demasiado esfuerzo. Vamos, que *me la cavo*, como dirían ellos, que quiere decir «me las arreglo», aunque la expresión italiana es con el verbo «descorchar», así que en realidad significa algo así como: «Sé lo suficiente de este idioma como para bandeármelas en una situación difícil».

A todas éstas, ¡el tipo está ligando conmigo! La verdad es que no puedo decir que me moleste. El chico no está mal del todo. Aunque de chulería va bien servido, eso sí. En un momento dado me dice en italiano con intención de piropearme a su manera:

—No estás demasiado gorda para ser americana.

—Y tú no eres demasiado grasiento para ser italiano —le contesto en inglés.

—*Come?* —me pregunta.

Se lo repito en italiano, aunque modificando la frase ligeramente:

—Y tú eres tan encantador como todos los italianos.

¡Sé hablar este idioma! El chico cree que me gusta, pero estoy coqueteando con las palabras. Dios mío... ¡al fin me he soltado! ¡Me he descorchado la lengua y el italiano me fluye hacia fuera! El tío quiere que nos veamos en Venecia, pero no me interesa lo más mínimo. Estoy perdidamente enamorada, sí, pero del lenguaje, así que lo dejo ir. Además, ya tengo una cita en Venecia. He quedado con mi amiga Linda.

Linda la Loca, como yo la llamo, aunque no está loca, vive en Seattle, una ciudad húmeda y gris. Quería venir a Italia a verme, así que le he dicho que se una a esta etapa de mi viaje, porque me niego —me niego rotundamente— a ir a la ciudad más romántica del mundo yo sola. Ni hablar, ahora, no; este año, no. Me da por imaginarme a mí misma más sola que la una, sentada en la popa de una góndola que lleva un gondolero cantarín, deslizándome entre la bruma mientras... ¿leo una revista? Es una escena patética, parecida a subirse una cuesta sola, pedaleando en una de esas bicicletas tándem para dos. Así que Linda me va a hacer compañía, compañía de la buena, además.

A Linda la conocí (con su pelo rasta y sus *piercings*) hace casi dos años en Bali, cuando fui a hacer el reportaje sobre el yoga vacacional. Después de aquello también nos fuimos juntas a Costa Rica. Linda es una persona con la que me gusta mucho viajar, una especie de duendecilla embutida en unos pantalones de terciopelo rojo, incansable y entretenida y sorprendentemente organizada. Linda tiene una de las almas más intactas del mundo, además de una total incomprensión de la depresión y una autoestima que jamás se planteó dejar de estar alta. Una vez me dijo, mirándose en un espejo: «Es verdad que no soy una de esas que están maravillosas se pongan lo que se pongan, pero no puedo evitar quererme a mí misma». También tiene una maravillosa capacidad para mandarme callar cuando me pongo a darle la matraca con preguntas metafísicas tipo: «¿Cómo es la naturaleza del universo?». (La respuesta de Linda: «Lo que yo me pregunto es: "¿Por qué lo preguntas?"».) Linda quiere dejarse crecer las rastas del pelo hasta poder entretejerlas en un armazón de alambre sobre su cabeza, «como un jardín ornamental» donde tal vez pueda anidar algún pájaro. Los balineses la adoraban. Y los costarricenses también. Cuando no está cuidando de sus lagartos y hurones, dirige un equipo de programadores informáticos en Seattle, donde gana más dinero que cualquiera de nosotros.

Cuando nos encontramos en Venecia, Linda mira el mapa de la ciudad con gesto enfurruñado, le da la vuelta, localiza nuestro hotel, se orienta y anuncia con su humildad característica: «A esta ciudad le vamos a ver hasta el culo».

Su alegría y su optimismo no tienen nada que ver con esta ciudad apestosa, indolente, semihundida, tenebrosa, callada y extraña. Venecia parece el sitio idóneo donde sufrir una muerte lenta y alcoholizada, o donde perder a un ser amado, o donde perder el arma causante de la pérdida de ese ser amado. Al ver Venecia me alegro de haberme instalado en Roma. Me da la sensación de que aquí habría tardado más en dejar de tomar los antidepresivos. Venecia tiene la hermosura de una película de Bergman; la admiras, pero no es el sitio donde más te apetece vivir.

La ciudad entera está desconchada y marchita, como los aposentos clausurados de una mansión venida a menos, a cuyos dueños les saldría tan caro adecentarlos que prefieren clavarles unos tablones y olvidarse de los objetos valiosos que contienen. Pues así es Venecia. Las aguas grasientas del Adriático estrujan los cimientos de unos edificios torturados desde el siglo XIV, cuando se construyó este experimento de feria de las ciencias. *Oye, ¿y si construimos una ciudad metida en el mar?*

Bajo los brumosos cielos de noviembre, Venecia tiene un aire tenebroso. La ciudad cruje y se bambolea como un muelle pesquero. Pese a lo convencida que está Linda de que tenemos Venecia bajo control, nos perdemos todos los días, sobre todo de noche, cuando acabamos metidas en unos siniestros callejones sin salida que acaban de golpe, y peligrosamente, en las aguas del canal. Una noche de niebla pasamos junto a un viejo edificio que parece estar gimiendo de dolor.

—No te preocupes —me dice Linda animadamente—. Es el Diablo, que le suenan las tripas.

Le enseño mi palabra italiana preferida —*attraversiamo* («crucemos la calle»)— y nos largamos de ahí bastante asustadas.

Cuando vamos a un restaurante próximo a nuestro hotel, la dueña —una veneciana joven y guapa— reniega de su destino. Odia Venecia. Nos jura que todos los que viven en Venecia la consideran una tumba. Hace años se enamoró de un artista de Cerdeña que le había prometido un mundo de luz y sol, pero la abandonó con tres hijos y no le quedó más remedio que volver a Venecia para hacerse cargo del restaurante familiar. La mujer tiene mi edad, pero parece aún mayor que yo; y cuesta creer que un hombre pueda haber hecho una cosa así a una mujer tan atractiva. («Era un hombre poderoso», me dice. «Y yo me moría de amor en silencio.») Venecia es una ciudad conservadora. La mujer ha tenido alguna que otra historia de amor, tal vez con hombres casados, y las cosas siempre acaban mal. Los vecinos hablan de ella, aunque se callan al verla entrar. Su madre le suplica que se ponga un anillo de casada aunque sólo sea por mantener las apariencias, diciéndole: *Cariño, esto no es Roma, donde puedes llevar una vida todo lo escandalosa que quieras.* Todas las mañanas, cuando

Linda y yo bajamos a desayunar y preguntamos a la triste veneciana joven/vieja qué tal tiempo va a hacer, ella levanta el dedo índice de la mano derecha, se lo pone en la sien como si fuera una pistola, y dice: «Más lluvia».

Pero yo no me deprimo aquí. Sabiendo que son sólo unos días, sobrellevo y hasta disfruto del melancólico naufragio de Venecia. Algo en mi interior me dice que esta melancolía no es mía, sino que es algo propio y consustancial a la ciudad y ya tengo la suficiente salud mental como para poder distinguir entre Venecia y yo. No puedo evitar pensar que esto es una señal de que me estoy curando, de que me estoy coagulando por dentro. Hubo unos años desesperantes en que estaba tan perdida que experimentaba toda la tristeza del mundo como algo propio. Todo lo triste me permeaba, dejando tras de sí un rastro húmedo.

Aun así, es difícil deprimirse estando con la locuaz Linda, que intenta convencerme de que compre un enorme gorro de piel morada, o comenta de la cena asquerosa que nos dan una noche: «¿Esto qué es, palitos salados de ternera?». Es una luciérnaga, la pequeña Linda. En la Venecia medieval había un personaje llamado el *codega*, un sereno que por unas monedas te mostraba el camino con un farol, asustando a los ladrones y demonios y amparándote en la oscuridad de la noche. Eso es justo lo que hace Linda, mi *codega* veneciana provisional, enviada especialmente y en tamaño viaje.

33

Un par de días después me apeo en una Roma sumida en un caos cálido, soleado y eterno donde —inmediatamente, en cuanto pongo los pies en la calle— oigo los vítores casi futboleros de una *manifestazione* cercana, la enésima reivindicación laboral. El taxista no sabe decirme qué es lo que piden esta vez, fundamentalmente porque, según parece, le trae sin cuidado. «'Sti cazzi», dice de los manifestantes. (Traducción literal: «Qué cojones», o, como diríamos nosotros: «Me importa una mierda».) El caso es que me alegro de haber vuelto. Después de la sobria contención de Venecia me alegro de volver a un sitio donde veo a un hombre con una chaqueta de leopardo pasar ante un par de adolescentes que se están metiendo mano en plena calle. Esto sí que es una ciudad viva y despierta, que luce su coquetería y su sensualidad a pleno sol.

De repente recuerdo lo que me dijo Giulio, el marido de mi amiga Maria. Estábamos sentados en la terraza de un café, haciendo nuestras prácticas de conversación, y me preguntó qué opinaba de Roma. Le dije que era un sitio que me encantaba, por supuesto, aunque sabía que no era mi ciudad, no era donde iba a pasar el resto de mi vida. Roma tenía algo que me era ajeno, pero no sabía bien el qué. Justo cuando estábamos hablando, nos pasó por delante una persona que nos aportó una gran ayuda visual. Era una mujer, la quintaesencia de la fémina romana, una señora de cuarenta y tantos años maravillosamente arreglada, embadurnada de joyas, con tacones de doce centímetros, una falda con una abertura del tamaño de un brazo y esas gafas de sol que parecen un coche de carreras (y deben de costar más o menos lo mismo). Paseaba a un perrillo de raza atado a una correa recubierta de joyas y en su ajustada chaqueta lucía un cuello de piel que parecía la de su perrillo anterior. Caminaba envuelta en una increíble aureola de *glamour*, como diciendo: «Está claro que me vas a mirar, pero yo me niego a mirarte». Costaba creer que hubiera pasado diez minutos de su vida sin llevar rímel. La mujer era todo lo contrario de lo que soy yo, que tengo un estilo al que mi hermana llama «vestirse a lo Stevie Nicks dando clase de yoga en pijama».

Señalándosela a mi amigo, le dije:

—Mira, Giulio. Ahí tienes una mujer romana. Es imposible que Roma sea a la vez su ciudad y la mía. Sólo una de las dos está en su sitio. Y creo que sabemos perfectamente cuál es.

—Puede que Roma y tú uséis palabras distintas —dijo Giulio.

—¿A qué te refieres?

—¿No sabes que el secreto para entender a una ciudad y a sus gentes es aprender... la palabra de la calle?

Entonces me explicó, en una mezcla de inglés, italiano y gestos, que todas las ciudades tienen una sola palabra que las identifica, que define a la mayoría de sus habitantes. Si pudieras leer el pensamiento de la gente con la que te cruzas por la calle, descubrirías que la mayor parte de ellos están pensando lo mismo. Sea cual sea ese pensamiento, ésa es «la palabra» de la ciudad. Y si tu palabra no concuerda con la de la ciudad, entonces no es tu sitio.

—¿Cuál es la palabra de Roma? —le pregunté.

—Sexo —me espetó.

—Pero ¿eso no es un estereotipo que existe sobre Roma?

—No.

—Pero habrá gente en Roma que piense en cosas distintas del sexo, ¿no?

—No —insistió Giulio—. Todos ellos, a todas horas, sólo piensan en el SEXO.

—¿Incluso en el Vaticano?

—Eso es distinto. El Vaticano no forma parte de Roma. Por eso su palabra es distinta. La suya es PODER.

—Yo creía que era FE.

—Es PODER —me repitió—. Créeme. Pero la palabra de Roma es SEXO.

Entonces, si es verdad lo que dice Giulio, esa palabra tan corta —SEXO— cubre los adoquines de las calles por las que paseas, corre por los caños de las fuentes, llena el aire como el ruido del tráfico. Pensar en ello, vestirse para ello, buscarlo, planteárselo, rechazarlo, convertirlo en un deporte y un juego... Eso es a lo único a lo que se dedica la gente. Por eso, pese a su enorme belleza, sé que Roma no es mi ciudad. En este momento de mi vida, no. Porque, ahora mismo, mi palabra no es SEXO. Lo ha sido en otras etapas de mi vida, pero no lo es ahora. Por eso la palabra de Roma, que avanza por las calles como una peonza, me toca y rebota sin afectarme. Al no participar en su palabra, es como si no viviera aquí del todo. La teoría es un poco estrambótica, pero me gusta bastante.

—¿Cuál es la palabra de Nueva York? —me pregunta Giulio.

Lo pienso durante unos instantes, hasta que doy con ello.

—Es un verbo, por supuesto —le confirmo—. Yo creo que es LOGRAR.

(En mi opinión, es una palabra considerablemente distinta de la de Los Ángeles, que también es un verbo: TRIUNFAR. Cuando cuento esta teoría a mi amiga sueca Sofie, dice que cree que la palabra de las calles de Estocolmo es CONFORMARSE, cosa que nos deprime a las dos.)

—¿Cuál es la palabra de Nápoles? —pregunto a Giulio, que conoce bien el sur de Italia.

—LUCHAR —decide, y luego añade—: ¿Cuál era la palabra de tu familia cuando eras pequeña?

Qué difícil. Paso un rato pensando en una palabra que combine FRUGAL e IRREVERENTE. Pero Giulio pasó a hacerme la siguiente pregunta, que era evidente:

—¿Cuál es tu palabra?

Eso sí que no lo sé.

Ahora, después de pasarme varias semanas pensándolo, tampoco lo sé. Puedo decir algunas de las palabras que descarto claramente. Mi palabra no es MATRIMONIO, eso desde luego. Tampoco es FAMILIA (que era la palabra de la ciudad donde viví varios años con mi marido y que, al no encajar con ella, me produjo un enorme sufrimiento). Ya no es DEPRESIÓN, gracias a Dios. No me importa compartir con Estocolmo la palabra CONFORMARSE. Pero ya no creo que el LOGRAR de Nueva York me defina del todo aunque sí ha sido mi palabra hasta cumplir los 30. Puede que la mía de ahora sea BUSCAR. (Pero, seamos sinceros, también podría ser ESCONDER.) Durante estos meses que he pasado en Italia mi palabra ha sido sobre todo PLACER, pero no abarca todas las partes de mi ser, porque ya estoy deseando irme a India. Mi palabra podría ser DE-VOCIÓN, pero me hace parecer más santurrona de lo que soy sin tener en cuenta la cantidad de vino que he bebido últimamente.

No tengo la respuesta y supongo que precisamente por eso voy a dedicar un año a viajar por el mundo. Para averiguar cuál es mi palabra. Pero hay una cosa que sí puedo decir con toda seguridad. Mi palabra no es Sexo.

O eso creo, al menos. Porque entonces no entiendo por qué mis pies me han llevado ellos solos a una pequeña tienda cerca de la Via Condotti donde —bajo la experta tutela de la sedosa joven encargada— he pasado un par de horas perdida en el tiempo (y me he gastado lo que vale un billete de avión transcontinental), comprando ropa interior como para tener a la consorte de un sultán equipada durante mil y una noches. He comprado sujetadores de todas las formas y formatos. He comprado camisolas transparentes y sutiles y fragmentos de bragas descocadas en todos los colores de una cesta de huevos de Pascua y combinaciones en satenes cremosos y sedas susurrantes y cordeles y atadijos hechos a mano; una colección enorme de tarjetas de San Valentín aterciopeladas, llenas de encaje y disparatadas.

En mi vida he tenido cosas como éstas. ¿Por qué me habrá dado por comprármelas ahora? Al salir de la tienda con mi bolsa de lencería *risqué* bajo el brazo, de pronto pienso en el grito angustiado que escuché a un hincha futbolero la otra noche en el partido del Lazio, cuando la estrella del equipo —Albertini— había enviado el balón a un sitio absurdo en mitad de la nada sin ningún motivo aparente, cargándose la jugada entera.

Per chi?, había gritado el hincha al borde de la locura. *Per chi?*

«¿A quién?» ¿A quién le estás pasando el balón, Albertini? ¡Si no hay nadie!

Una vez en la calle, después de pasar unas horas delirantes comprando lencería, recordé esa frase y me la repetí a mí misma en voz baja: *Per qui?*

¿A quién, Liz? ¿A quién le vas a dedicar toda esta sensualidad decadente? ¡Si no hay nadie! Sólo me quedaban unas semanas en Italia y no tenía ni la menor intención de retozar con nadie. ¿O sí que la tenía? ¿Por fin me había hecho efecto la palabra que predomina en las calles de Roma? ¿Estaba haciendo un último esfuerzo por ser italiana? ¿Era un regalo para mí misma o para un amante que aún no existía ni en mi imaginación? ¿Era un intento de curarme la libido tras el descalabro sexual de mi última relación, que me había dejado el amor propio por los suelos?

Por último, me pregunté a mí misma: «¿Te vas a llevar todas estas monerías a India, nada menos?».

34

Este año el cumpleaños de Luca Spaghetti cae en el día de Acción de Gracias estadounidense, así que quiere celebrarlo con un pavo asado. Nunca se ha comido un buen pavo asado de esos grandes y rollizos al estilo americano, aunque los ha visto en películas. Está convencido de que hacer un banquete así tiene que ser sencillo (sobre todo si lo ayudo yo, una auténtica americana). Dice que podemos usar la cocina de sus amigos Mario y Simona, que tienen una casa enorme y preciosa en la sierra de Roma, donde Luca siempre hace sus fiestas de cumpleaños.

Y éste era su plan para la fiesta: él me pasaba a buscar sobre las siete de la tarde, al salir de trabajar, para ir los dos juntos a la casa de su amigo —al norte de Roma, a una hora en coche—, donde nos íbamos a reunir con los demás invitados a la fiesta para beber unos vinos y conocernos un poco antes de las nueve de la noche, más o menos, cuando empezaríamos a asar un pavo de diez kilos de peso...

Tuve que explicar a Luca cuánto se tarda en asar un pavo de diez kilos. Le dije que, con ese plan suyo, el pavo de su fiesta de cumpleaños estaría listo para la madrugada del día siguiente. Se quedó destrozado.

—¿Y si compramos un pavo muy pequeño? ¿Un pavo recién nacido?

—Luca —le dije—, lo mejor es no meterse en líos y comer pizza, como hacen todas las familias americanas disfuncionales el día de Acción de Gracias.

Pero sigue hecho polvo con ese tema. Y la verdad es que estos días hay un ambiente tristón en toda Roma. Ha llegado el frío. Los basureros y los empleados de tren y el personal de las líneas aéreas se han puesto todos en huelga a la vez. Acaban de publicar un estudio donde se dice que el treinta y seis por ciento de los niños italianos tienen alergia al gluten de la pasta, la pizza y el pan, así que la cultura italiana se va al garete. Peor aún, hace poco he visto un artículo con un titular chocante: «Insoddisfatte 6 Donne su 10!». Es decir, que seis de cada diez mujeres italianas están sexualmente insatisfechas. Por otra parte, un treinta y cinco por ciento de los hombres italianos tienen dificultades para mantener *un'erezione*, cosa que tiene perplejos a los científicos y que me hace plantearme si el SEXO puede seguir considerándose la palabra de la ciudad de Roma o no.

En cuanto a malas noticias, pero serias, diecinueve soldados italianos han muerto recientemente en la guerra de los Americanos (como la llaman aquí) en Irak. Es el mayor número de bajas por motivos bélicos desde la Segunda Guerra Mundial. Los romanos se quedan espantados y la ciudad entera guarda luto el día que entierran a los jóvenes soldados. La mayoría de los italianos no quieren tener nada que ver con la guerra de George Bush. Su participación se debe a la decisión de Silvio Berlusconi, el primer ministro italiano (a quien la gente llama *l'idiota*). Este hombre de negocios antiintelectual, dueño de un equipo de fútbol y envuelto en una pátina engominada de corrupción y sordidez, que suele avergonzar a sus conciudadanos haciendo gestos soeces en el Parlamento europeo, que domina el arte de *fate l'aria fritta* (marear la perdiz), que manipula astutamente los medios de comunicación (cosa fácil si eres el dueño) y cuya conducta habitual no es la de un líder mundial, sino la de un alcalde de Waterbury (eso es un chiste local que sólo entenderán los ciudadanos de Connecticut, lo siento), ahora ha involucrado a los italianos en una guerra con la que no se identifican en absoluto.

—Han dado la vida por la libertad —dijo Berlusconi en el entierro de los diecinueve soldados italianos, aunque la mayoría de los romanos tienen otra opinión: *Han muerto por una* vendetta *personal de George Bush*. Este trasfondo político podría derivar en cierta hostilidad hacia un estadounidense de visita en Italia. De hecho, cuando llegué, esperaba encontrarme con cierto resentimiento, pero la mayoría de los italianos se solidarizan conmigo. Cuando sale a relucir George Bush, lo relacionan con Berlusconi y dicen: «Te entendemos de sobra. Aquí tenemos uno que es igual».

Yo he pasado por eso.

Dadas las circunstancias, resulta extraño que Luca quiera celebrar su cumpleaños como un día de Acción de Gracias estadounidense, pero la verdad es que a mí me gusta la idea. Es una festividad agradable, de la que un americano puede sentirse orgulloso y, además, es de las pocas conmemoraciones nacionales que no se han comercializado del todo. Es un día espiritual, de agradecimiento, de unión y también, eso sí, de *placer*. Por eso puede que nos venga bien a todos en este momento.

Mi amiga Deborah ha venido de Filadelfia a pasar este fin de semana en Roma y a celebrar Acción de Gracias conmigo. Deborah es una psicóloga de renombre internacional, además de escritora y teórica feminista, pero yo la sigo considerando mi clienta favorita, porque la conocí cuando yo era camarera de un restaurante en Filadelfia y ella venía a comer y pedía Coca-Cola *light* sin hielo y hacía comentarios ingeniosos desde el otro lado de la barra. La verdad es que le daba un toque *chic* al tugurio ése. Somos amigas desde hace más de quince años. Quien también va a la fiesta de Luca es Sofie, que es amiga mía desde hace unas quince semanas. A una cena de Acción de Gracias puede ir cualquiera. Y sobre todo si es el cumpleaños de Luca Spaghetti.

Al anochecer salimos en coche de la exhausta y estresada ciudad de Roma, subiendo hacia la sierra. A Luca le encanta la música pop americana, así que vamos oyendo a los Eagles a todo meter y cantando: «Take it... to the limit... one more time!!!!», una banda sonora californiana que desentona un poco con los olivares y los vetustos acueductos. Llegamos a casa de los amigos de Luca, Mario y Simona, que tienen dos gemelas de 12 años, Giulia y Sara.

Paolo —un amigo de Luca al que ya conozco de los partidos de fútbol— también está con su novia. Obviamente, también está la novia de Luca, Giuliana, que ha venido a primera hora de la tarde. La casa es una belleza, rodeada de olivos y mandarinos y limoneros. La chimenea está encendida. El aceite de oliva es casero.

Ya se sabe que no hay tiempo para asar un pavo de diez kilos, pero Luca saltea unas estupendas pechugas de pavo y yo dirijo un comando relámpago encargado de hacer el relleno típico de Acción de Gracias, procurando acordarme de la receta, hecha de migas de un exquisito pan italiano con una serie de concesiones culturales irremediables (dátiles en lugar de albaricoques; hinojo en lugar de apio). Curiosamente, sale genial. A Luca le preocupaba el asunto de la conversación, dado que la mitad de los invitados no sabe inglés y la otra mitad no sabe italiano (y Sofie es la única que habla sueco), pero resulta ser una de esas cenas milagrosas en que todos se entienden con todos perfectamente y, si no, la persona de al lado te ayuda a traducir esa palabra que se te escapa.

He perdido la cuenta de cuántas botellas de vino de Cerdeña bebemos antes de que Deborah nos sugiera, una vez sentados, que sigamos esa costumbre estadounidense tan estupenda de darnos todos la mano y que vayamos diciendo —por turnos— lo que más agradecemos en nuestra vida. Y es así como se desarrolla, en tres idiomas, esta ceremonia de gratitud, un testimonio tras otro.

Deborah empieza diciendo que agradece que Estados Unidos pueda elegir un nuevo presidente en breve. Sofie dice (primero en sueco, luego en italiano y, por último, en inglés) que agradece a los italianos su grandeza de corazón y los cuatro meses de placer que ha experimentado en este país. Las primeras lágrimas se ven cuando Mario —nuestro anfitrión— llora abiertamente al agradecer a Dios el trabajo que le ha permitido tener esta hermosa casa de la que disfrutan su familia y sus amigos. Paolo nos arranca una carcajada al decir que él también agradece que Estados Unidos tenga en breve la posibilidad de elegir un nuevo presidente. Todos nos sumimos en un respetuoso silencio cuando la pequeña Sara, una de las gemelas de 12 años, nos dice valientemente que se alegra de estar aquí esta noche con una gente tan amable, porque en el colegio lo está pasando mal últimamente —algunos de sus compañeros de clase la han tomado con ella—, «así que os doy las gracias por ser simpáticos conmigo y no bordes, como ellos». La novia de Luca dice que da las gracias a Luca por tantos años de lealtad y por el cariño con el que ha cuidado de la familia de ella en los malos tiempos. Simona —nuestra anfitriona— llora incluso más que su marido al dar las gracias por esta nueva costumbre, esta ceremonia de agradecimiento que han traído a su casa unos americanos desconocidos, que no son tan desconocidos, porque, si son amigos de Luca, son gentes de paz.

Cuando me toca el turno a mí, empiezo diciendo «Sono grata...» y entonces me doy cuenta de que soy incapaz de expresar mis verdaderos sentimientos. Es decir, que doy las gracias por verme libre esta noche de la depresión que llevaba años royéndome por dentro, una depresión que me había perforado el alma hasta tal punto que, en los peores momentos, no habría podido disfrutar de una velada tan hermosa como ésta. Pero no digo nada de todo esto, porque no quiero asustar a los niños. En cambio, digo una verdad más sencilla: que doy las gracias por tener amigos antiguos y amigos nuevos. Que doy las gracias, sobre todo esta noche, a Luca Spaghetti, a quien deseo un feliz trigésimo tercer cumpleaños y también una larga vida para servir así como ejemplo de hombre generoso, fiel y cariñoso. Y también digo que espero que a nadie le moleste verme llorar mientras hablo, aunque no creo que les importe, porque todos ellos también están llorando.

Luca está tan sobrecogido por la emoción que le faltan las palabras y sólo consigue decirnos:

—Vuestras lágrimas son mis oraciones.

El vino de Cerdeña sigue fluyendo. Y mientras Paolo lava los platos y Mario acuesta a sus hijas agotadas y Luca toca la guitarra y los demás canturreamos canciones de Neil Young con lengua estropajosa y acentos variados, Deborah, la psicóloga feminista americana, me mira y me dice en voz baja:

—Fíjate en lo buenos que son estos hombres italianos. Mira con qué facilidad expresan sus sentimientos y el cariño con el que participan en sus labores familiares. Mira el respeto y la consideración con que tratan a sus mujeres e hijos. No creas lo que lees en la prensa, Liz. Este país va por el buen camino.

La fiesta se alarga casi hasta la madrugada. Al final resulta que podíamos haber asado ese pavo de diez kilos y habérnoslo tomado para desayunar. Luca Spaghetti se da el paseo hasta la ciudad para llevarnos a casa a Deborah, a Sofie y a mí. Para que no se duerma mientras sale el sol le cantamos villancicos. *Noche de paz, noche de amor, noche santa*, cantamos una y otra vez en todos los idiomas que conocemos de camino hacia Roma.

35

No podía seguir así. A los cuatro meses de estar en Italia ninguno de mis pantalones me entra. Ni siquiera me cabe la ropa que me he comprado hace un mes (cuando tuve que descartar la ropa del «Segundo Mes en Italia»). No tengo dinero para estarme comprando ropa cada dos o tres semanas y sé que en India, donde estaré en breve, los kilos se derretirán como por arte de magia, pero, aun así, no puedo seguirme poniendo estos pantalones. Estoy demasiado incómoda.

La cosa tiene su lógica, porque hace poco me he subido a una báscula en un hotel de lujo y me he enterado de que en los cuatro meses que llevo en Italia he engordado once kilos, una estadística verdaderamente admirable. La verdad es que siete de esos kilos me venían bien, porque en los siniestros años del divorcio y la depresión me había quedado esquelética. Supongo que los dos kilos siguientes los he engordado por divertirme. ¿Y los dos últimos? Pues por reafirmarme, supongo.

Y así es como se da la situación de verme comprando una prenda de ropa que siempre guardaré como recuerdo: «Mis Vaqueros del Último Mes en Italia». La joven dependienta de la tienda es tan amable como para sacarme una sucesión de pantalones en tallas cada vez más grandes, pasándomelos por la cortina uno detrás de otro sin comentario alguno, preguntando en tono inquieto si *éste* me queda mejor. Varias veces he tenido que asomar la cabeza tras la cortina y preguntar: «Perdona, ¿no tienes una talla *un poco* más grande?». Hasta que la joven señorita me da por fin un vaquero con un ancho de cintura que me hace daño a los ojos. Salgo del probador y me planto delante de la dependienta.

La chica ni siquiera parpadea. Me observa como una experta en arte intentando calcular el valor de un jarrón. Un jarrón bastante grande.

—*Carina* —dice finalmente.

Según ella, estoy mona. Pero le pido en italiano que me diga, por favor, sinceramente, si con estos vaqueros parezco una vaca.

—No, *signorina* —me responde—. No parece una vaca.

—¿Parezco una foca, entonces?

—No —me asegura con toda seriedad—. No parece una foca, en absoluto.

—¿Y una búfala?

Al menos estoy practicando mi vocabulario. También pretendo arrancarle una sonrisa a la dependienta, pero la chica está empeñada en darle un aire profesional al asunto.

Lo intento por última vez:

—¿Parezco una *mozzarella* de búfala?

—Bueno, puede ser —me concede con un amago de sonrisa—. Quizá sí parezca un poco una *mozzarella* de búfala...

36

Sólo me queda una semana de estar aquí. Tengo pensado volver a Estados Unidos en Navidad, antes de irme a India, no sólo porque no soporto la idea de pasar la

Navidad sin mi familia, sino porque los siguientes ocho meses de mi viaje —India e Indonesia— requieren un equipaje completamente distinto. Muy pocas de las cosas que usas en Roma te sirven para andar por India.

Y puede que sea con vistas a mi viaje a India que decido pasar esta última semana recorriendo Sicilia, la parte más tercermundista de Italia y, por tanto, un sitio adecuado para irse habituando a la pobreza extrema. O tal vez sólo quiera ir a Sicilia por lo que dijo Goethe: «Sin haber visto Sicilia uno no puede hacerse una idea de lo que es Italia».

Pero no es fácil llegar a Sicilia ni circular por ella una vez allí. Empleo todas mis aptitudes indagatorias para encontrar un tren que baje por la costa en domingo y después el ferry correcto a Messina (una truculenta y sombría ciudad costera que parece gemir tras sus puertas clausuradas: «¡Yo no tengo la culpa de ser tan fea! ¡He pasado por terremotos y bombardeos aéreos y hasta ataques de la mafia!».) Cuando llego a Messina, tengo que encontrar una estación de autobús (sucia como un pulmón de fumador) y dar con un hombre sentado ante una ventanilla con cara de funeral y ver si, por favor, se anima a venderme un billete para la ciudad costera de Taormina, y después tengo que encontrar un taxi, y después un hotel. Entonces busco a la persona adecuada para hacerle mi pregunta preferida en italiano: «¿Dónde se come la mejor comida de esta ciudad?». En Taormina esa persona resulta ser un policía adormilado. Ese hombre me da lo mejor que puede darme una persona en esta vida: un pedazo diminuto de papel que lleva escrito el nombre de un recóndito restaurante y un rudimentario mapa que muestra cómo llegar hasta allí.

El sitio es una pequeña trattoria cuya dueña, una amable mujer ya entrada en años, se está preparando para el turno de noche y, descalza sobre una de las mesas, arquea los pies enfundados en unas medias al limpiar las ventanas del local, procurando no tirar el belén navideño. Le digo que no me hace falta ver el menú, pero que me traiga la mejor comida posible porque ésta es la primera noche que paso en Sicilia. Entusiasmada, se frota las manos y llama en dialecto siciliano a su aún más anciana madre, que está en la cocina, y en cuestión de veinte minutos estoy dando buena cuenta de la comida más impresionante que he probado en toda Italia sin duda alguna. Es pasta, pero con una forma que no he visto nunca: unas láminas enormes de pasta fresca —dobladas tipo ravioli como una toca papal (en miniatura, claro)—, rellenas de una cálida y aromática crema de crustáceos y pulpo y calamar, servida como una ensalada caliente con berberechos frescos y tiras de verdura cortadas en juliana, todo ello condimentado con un abundante caldo de sabor entre oceánico y oliváceo. Después viene un conejo con salsa de tomillo.

Pero Siracusa, adonde voy al día siguiente, es aún mejor. A última hora de la tarde el autobús me suelta en una esquina bajo la fría lluvia. La ciudad me encanta desde el primer momento. En Siracusa tengo tres mil años de historia bajo los pies. Pertenece a una cultura tan antigua que, a su lado, Roma es como Dallas. Según la mitología Dédalo voló hasta aquí desde Creta y Hércules durmió aquí una noche. Siracusa era una colonia griega a la que Tucídides llamó «una ciudad en absoluto inferior a la propia Atenas». Esta ciudad es el nexo de unión entre la Grecia clásica y la Roma clásica. En la Antigüedad muchos grandes dramaturgos y científicos vivieron aquí. A Platón le parecía el lugar ideal donde llevar a cabo un experimento utópico por el cual, tal vez «por mediación divina», los soberanos pudieran ser filósofos y los filósofos llegaran a ser soberanos. Según los historiadores la retórica se inventó aquí y también la *trama* (esa pequeña insignificancia).

Al pasear por los mercados de esta ajada ciudad, el corazón me rebosa un amor que no consigo justificar ni explicar mientras miro a un vejete con un sombrero de lana negra limpiarle un pez a un cliente (el hombre tiene un cigarrillo a buen recaudo entre los labios, como los alfileres que las costureras se guardan en la boca al coser, y su cuchillo se trabaja el pescado con un entregado perfeccionismo). Con cierta timidez pregunto a este pescador dónde me aconseja comer esta noche y tras unos segundos de conversación me alejo con el enésimo papelito que me dirige hacia un restaurante sin nombre donde —en cuanto me siento esa noche— el camarero me trae unas etéreas nubes de ricotta espolvoreado de pistacho, unos trozos de pan mojados en aceites aromáticos, unos platos diminutos de embutidos y aceitunas, una ensalada de naranjas frías aliñadas con cebolla y perejil. Y todo esto antes de enterarme de que su especialidad son los calamares.

«No hay ciudad que pueda vivir pacíficamente, sean cuales sean sus leyes», escribió Platón, «si sus habitantes sólo saben divertirse y beber y consumirse en la práctica del amor».

Pero ¿es tan malo pasar un tiempo viviendo así? Durante unos meses de nuestra vida ¿es tan horrible viajar por el tiempo sin mayor ambición que volver a comer bien una vez más? ¿O aprender a hablar un idioma sin otro propósito que regalarte el oído al hablarlo? ¿O echar una siesta en un jardín, a pleno sol, a mediodía, junto a tu fuente favorita? ¿Y volver a hacerlo al día siguiente?

Obviamente, no puedes pasarte así la vida entera. En algún momento se te cruzarán la vida real y las guerras y las heridas y las muertes. Aquí, en Sicilia, donde hay una tremenda pobreza, la vida real está en las mentes de todos. Desde hace siglos el único negocio que ha funcionado aquí ha sido la mafia (el negocio de proteger al ciudadano de la propia mafia), que sigue metida en la vida de la gente. Palermo —una ciudad de la que Goethe decía que tenía una belleza indescriptible— tal vez sea hoy la única ciudad de Europa Occidental donde te puedes ver caminando entre los escombros de la Segunda Guerra Mundial, hecho que da una idea de su nivel de desarrollo. Su arquitectura se ha afeado hasta extremos insospechados con los bloques de apartamentos espeluznantes y defectuosos que construyó la mafia en la década de 1980 en una operación de blanqueo de dinero. Cuando pregunté a un transeúnte siciliano si esos edificios eran de cemento barato, me dijo: «No, no. Son de cemento muy caro. En cada remesa hay varios cadáveres de personas asesinadas por la mafia, y eso cuesta dinero. Pero los huesos y los dientes refuerzan el cemento, eso sí».

En un entorno semejante ¿resulta un poco superficial lo de pensar sólo en la siguiente comida? ¿O quizá sea lo mejor que se puede hacer, vista la cruda realidad? Luigi Barzini, en su obra maestra de 1964 *Los italianos* (escrita cuando se hartó de que sólo los extranjeros escribieran sobre Italia, amándola u odiándola excesivamente), quiso aclarar los equívocos que había en torno a su país. Intentaba explicar por qué los italianos han producido los mejores cerebros artísticos, políticos y científicos de todos los tiempos sin llegar a ser nunca una primera potencia mundial. ¿Por qué son los maestros de la diplomacia verbal, pero unos ineptos en cuanto a su propia política interior? ¿Por qué son tan valientes individualmente, pero incapaces de organizarse en un colectivo como el Ejército? ¿Cómo pueden ser unos comerciantes tan astutos a nivel personal, pero tan ineficaces como país capitalista?

Sus respuestas a estas preguntas son demasiado complejas para encapsularlas aquí, pero tienen mucho que ver con una triste historia italiana llena de caciques locales corruptos y extranjeros explotadores, hecho que ha llevado a los italianos a la razonable conclusión de que en este mundo uno no puede fiarse de nada ni de nadie. Como el mundo es tan corrupto, hipócrita, exagerado e injusto, uno puede fiarse sólo de lo que percibe a través de los sentidos, y ésa es la explicación de que Italia sea el país más sensual del mundo. Por eso, según Barzini, los italianos aguantan a generales, presidentes, tiranos, catedráticos, funcionarios, periodistas y hombres de negocios tremendamente incompetentes, pero jamás toleran esa incompetencia en los «cantantes de ópera, directores de orquesta, bailarinas, cortesanas, actores, directores de cine, cocineros, sastres...». En un mundo dominado por el desorden y el desastre y el fraude tal vez sólo se pueda confiar en la belleza. Sólo la excelencia artística es incorruptible. El placer no puede menoscabarse. Y a veces la comida es la única moneda verdadera.

Por tanto, dedicarse a la creación y el disfrute de la belleza puede ser un asunto serio, no necesariamente un medio de huir de la realidad, sino a veces un medio de aferrarse a ella cuando nos invaden... la retórica y la trama. Hace no mucho tiempo el Gobierno detuvo en Sicilia a una hermandad de monjes católicos que eran uña y carne con la mafia, así que ¿de quién te puedes fiar? ¿Qué cosas te puedes creer? El mundo es antipático e injusto. Si te rebelas contra esta injusticia, en Sicilia acabas convertido en los cimientos de un espantoso edificio moderno. En un entorno semejante ¿qué puedes hacer para seguir teniendo una cierta dignidad humana? Quizá no puedas hacer nada. Nada, excepto, tal vez, ¿enorgullecerte de saber cortar a la perfección el pescado que comes o hacer la *ricotta* más vaporosa de toda la ciudad?

No quiero ofender a nadie al compararme con la sufrida población siciliana. Las tragedias que ha habido en mi vida han sido de índole personal y, en gran medida, de naturaleza autógena, sin alcanzar dimensiones épicas. He pasado por un divorcio y una depresión, no por varios siglos de tiranía homicida. He tenido una crisis de identidad, pero también tenía los recursos (económicos, artísticos y sentimentales) para procurar solventarla. Aun así, debo decir que lo que han empleado muchas generaciones de sicilianos para conservar su dignidad me ha servido a mí para empezar a recuperar la mía. Me refiero a la idea de que la capacidad de apreciar el placer nos sirva para asimilar nuestra propia humanidad. Creo que a eso se refería Goethe al decir que hay que venir aquí, a Sicilia, para entender Italia. Y supongo que esto es lo que yo supe instintivamente cuando decidí que tenía que venir a este país para poder entenderme a mí misma.

Fue metida en una bañera, en Nueva York, leyendo en voz alta las palabras de un diccionario, cuando empecé a curarme el alma. Con la vida hecha trizas estaba tan irreconocible que, si la policía me hubiera metido en una rueda de reconocimiento, habría sido incapaz de señalarme a mí misma. Pero sentí un chispazo de felicidad cuando empecé a estudiar italiano y, si después de pasar por una época tan tenebrosa ves que te queda un atisbo de felicidad en tu interior, no te queda más remedio que agarrar esa felicidad de los tobillos y no soltarla aunque acabes con la cara entera manchada de barro. No lo haces por egoísmo, sino por obligación. Te han dado la vida y tienes la obligación (y el derecho, como ser humano que eres) de hallar la belleza de la vida por mínima que sea.

Llegué a Italia consumida y enclenque. Entonces no sabía lo que me merecía. Puede que aún no sepa bien lo que me merezco. Pero sí sé que en los últimos tiempos me he reconstruido a mí misma —disfrutando de placeres inofensivos— y que hoy soy una persona mucho más pura. Para explicarlo, lo más sencillo y entendible es decir: *He engordado*. Ahora existo más que hace cuatro meses. Me voy de Italia abultando mucho más que cuando vine. Y me voy con la esperanza de que esa expansión de una persona —esa magnificación de una vida— sea un acto meritorio en este mundo. Pese a que esa vida, por primera vez y sin que sirva de precedente, no le pertenece a nadie más que a mí.

INDIA

o

«Encantada de conocerte»

o

Treinta y seis historias sobre
la búsqueda de la devoción

37

Cuando yo era pequeña, mis padres criaban pollos. Lo normal era que en casa hubiera siempre una docena de gallinas y cuando alguna de ellas desaparecía —devorada por un águila o un zorro o muerta por alguna siniestra enfermedad aviar— mi padre siempre la sustituía por otra. Se iba en coche a una granja avícola que había cerca de la nuestra y volvía con otra. Pero hay que tener mucho cuidado al meter una gallina nueva en un corral. No se la puede soltar por las buenas, porque las otras la verán como una intrusa. La cosa consiste en soltarla por la noche, cuando las demás están dormidas. Hay que buscarle una percha libre entre las demás, dejarla ahí y alejarse de puntillas. Por la mañana, al despertarse, las gallinas del corral no se dan cuenta de que hay una gallina nueva, porque piensan: «Si no la he visto llegar, será que lleva aquí toda la vida». Y lo más increíble es que, al despertarse en un gallinero desconocido, la propia recién llegada olvida que llegó anoche, pensando: «Si estoy aquí, será porque llevo toda la vida...».

Pues exactamente así es como llego yo a India.

Mi avión aterriza en Mumbai como a la una y media de la madrugada del 30 de diciembre. Consigo mis maletas y localizo un taxi para llevarme al ashram, que está a muchas horas de la ciudad en una remota aldea rural. Voy dando cabezadas mientras me interno en la India anochecida y al despertarme veo por la ventanilla las siluetas fantasmagóricas de mujeres delgadas, vestidas con sari, que andan por la carretera con fardos de leña en la cabeza. *¿A estas horas?* A nosotros nos adelantan los autobuses, que van con los faros encendidos, y nosotros adelantamos a los carros de bueyes. Los árboles banyán desparraman sus elegantes raíces por las zanjas de los campos.

Nos detenemos ante la puerta del ashram a las tres y media de la madrugada, justo delante del templo. Cuando me estoy bajando del taxi, un joven que lleva ropa occidental y un sombrero de lana sale de entre las sombras y se presenta; es Arturo, un periodista mexicano de 24 años, devoto de mi gurú, que ha salido a darme la bienvenida. Mientras nos explicamos en voz baja, escucho los primeros acordes de mi himno sánscrito preferido, que salen del interior del edificio. Es el *arati* matutino, la primera oración, que se canta todos los días a las tres y media de la mañana, cuando se despiertan los inquilinos del ashram. Señalando hacia el templo, pregunto a Arturo: «¿Puedo...?», a lo que me responde con un amable gesto, como diciendo: «Estás en tu casa». Así que pago al taxista, apoyo la mochila en un árbol y, quitándome los zapatos, me arrodillo para apoyar la frente en las escaleras del templo y entro en la casa, uniéndome a un pequeño grupo de mujeres, casi todas indias, que son quienes están cantando el hermoso himno.

Yo lo llamo el «himno góspel en sánscrito» por su fervorosa melancolía mística. Es la única canción votiva que he logrado aprenderme y no me ha supuesto un gran esfuerzo, porque lo he hecho por amor. Empiezo a cantar las conocidas palabras en sánscrito, desde el sencillo comienzo sobre los sagrados preceptos del yoga hasta los elevados tonos de alabanza («Adoro la causa del universo... Adoro a aquel cuyos ojos son el sol, la luna y el fuego... Lo eres todo para mí, oh, dios de los dioses...»), hasta esa especie de joya final en la que resume toda la fe («Esto es perfecto, aquello es perfecto; si tomas lo perfecto de lo perfecto, lo perfecto permanece»).

Las mujeres terminan de cantar. En silencio hacen una reverencia y salen por una puerta lateral, atravesando un patio oscuro que da a un templo menor, apenas iluminado por un candil y perfumado de incienso. Yo las sigo. La habitación está llena de devotos —indios y occidentales— que, envueltos en chales de lana, se abrigan del frío previo a la madrugada. Sentados en plena meditación, casi parecen gallinas en un corral y, cuando me siento entre ellos como el ave recién llegada, paso totalmente inadvertida. Cruzando las piernas, me pongo las manos encima de las rodillas y cierro los ojos.

Llevo cuatro meses sin meditar. Cuatro meses en los que ni siquiera he *pensado* en meditar. Me quedo ahí sentada, quieta. Mi respiración se va tranquilizando. Me digo el mantra a mí misma, muy despacio y concentradamente, sílaba a sílaba.

Om.

Na.

Mah.

Si.

Va.

Ya.

Om Namah Sivaya.

Honro la divinidad que vive en mí.

Al acabar, lo repito. Otra vez. Y otra más. No es tanto el hecho de estar meditando como el de estar sacando el mantra de la maleta con mucho cuidado, como sacarías la mejor porcelana de tu abuela si llevara mucho tiempo guardada en una caja. Al final no sé si me quedo dormida o medio hechizada, porque no sé ni siquiera cuánto tiempo ha pasado. Pero, cuando al fin sale el sol esa mañana en India y todos abrimos los ojos y miramos a nuestro alrededor, Italia ya está a muchos miles de kilómetros de distancia y a mí me parece que llevo toda la vida en ese gallinero.

38

—¿Por qué hacemos yoga?

Una vez, en Nueva York, durante una clase de yoga bastante difícil, mi profesor nos hizo esa pregunta. Estábamos todos contorsionados, intentando aguantar en una agotadora postura de triángulo lateral y llevábamos así mucho más tiempo del habitual.

—¿Por qué hacemos yoga? —volvió a preguntarnos—. ¿Para estar más *ágiles* que nuestros vecinos? ¿O puede que tengamos un motivo más elevado?

La palabra «yoga», que viene del sánscrito, puede traducirse por «unión». La raíz lingüística es *yuj*, que significa «ponerse el yugo»; es decir, dedicarse a una labor con la disciplina de un buey. Y la labor del yoga es hallar la unión entre la mente y el cuerpo, entre el individuo y su dios, entre nuestros pensamientos y la fuente de nuestros pensamientos, entre el maestro y el alumno e, incluso, entre uno mismo y esos vecinos a veces tan poco *ágiles*. En Occidente se tiene la idea de que el yoga consiste en hacer unos complicados ejercicios en los que hay que retorcer mucho el cuerpo, pero eso sólo se hace en el *hatha yoga*, una rama de la filosofía general. Los primeros maestros del yoga no desarrollaron estos ejercicios para estar en buena forma física, sino para desentumecer el cuerpo y prepararlo para la meditación. Al fin y al cabo es difícil pasar muchas horas quieto si te duele la cadera, impidiéndote contemplar tu divinidad intrínseca porque sólo puedes pensar: «Joder, cómo me duele la cadera».

Pero el yoga también puede ser intentar encontrar a Dios mediante la meditación, el estudio, la práctica del silencio, el culto religioso o el mantra; es decir, la repetición de palabras sagradas en sánscrito. Pese a que algunas de estas palabras tienen derivaciones de aspecto bastante hindú, el yoga no es sinónimo del hinduismo ni todos los hindúes son yoguis.

El auténtico yoga no compite con ninguna religión ni pretende ser excluyente. El yoga —la práctica disciplinada de una unión sagrada— se puede emplear para acercarse a Krisna, a Jesús, a Mahoma, a Buda o a Yahvé. Durante la temporada que pasé en el ashram conocí a devotos que se identificaban como fervientes cristianos, judíos, budistas, hindúes e, incluso, musulmanes. También conocí a otros, sin embargo, que preferían no dar a conocer sus convicciones religiosas, hecho del que no se les puede culpar, dado lo contencioso que es este mundo nuestro.

Uno de los objetivos del yoga es desentrañar los fallos inherentes a la condición humana, que definiré sencillamente como una desoladora incapacidad para la satisfacción.

A lo largo de los siglos las sucesivas escuelas filosóficas han ido dando explicaciones a esa esencia aparentemente defectuosa del ser humano. Los taoístas lo llaman desequilibrio, los budistas lo achacan a la ignorancia, el islam imputa nuestra miseria a la rebelión contra Dios y la tradición judeocristiana atribuye todo nuestro sufrimiento al pecado original. La escuela freudiana afirma que la infelicidad es el resultado inevitable del choque entre nuestros impulsos naturales y las necesidades de la civilización. (La explicación psicológica de mi amiga Deborah es: «El deseo es el fallo del diseño».) Los yoguis, sin embargo, afirman que el descontento humano es un sencillo caso de falsa identidad. Sufrimos cuando nos consideramos un simple individuo que se enfrenta en solitario a sus miedos, defectos y resentimientos y, ante todo, a su mortalidad. Creemos, equivocadamente, que nuestro pequeño y limitado ego constituye toda nuestra naturaleza. No hemos logrado hallar nuestro carácter divino, que se halla a un nivel más profundo. No nos damos cuenta de que, en alguna parte de nuestro interior, existe un Ser Supremo que disfruta de una paz eterna. Ese Ser Supremo es nuestra identidad verdadera, universal y divina. Según los yoguis, antes de conocer esta verdad estaremos siempre sumidos en la desesperación, noción que expresa perfectamente esta frase del estoico griego Epicteto: «Pobre desgraciado, que llevas a Dios en tu interior y no lo sabes».

El yoga es un intento de experimentar nuestra divinidad personal y conservarla para siempre. El yoga está relacionado con el autocontrol y el inmenso esfuerzo que supone dejar de lamentarnos continuamente de nuestro pasado y de preocuparnos a todas horas por nuestro futuro para buscar, por el contrario, una eterna *presencia* desde la que poder contemplarse pacíficamente a uno mismo y a su entorno. Solamente desde ese punto de equilibrio mental se nos revelará la verdadera naturaleza del mundo (y la nuestra). Los verdaderos yoguis, sentados en sus tronos de paz y equilibrio, contemplan el mundo entero como una manifestación total de la energía creativa de Dios: hombres, mujeres, niños, lechugas, chinches, corales... Todo forma parte del disfraz de Dios. Pero para un yogui la vida humana es una oportunidad singular, porque sólo encarnados en un cuerpo humano y con una mente humana podemos darnos cuenta de nuestra esencia divina. Las lechugas, las chinches y los corales nunca llegarán a saber lo que realmente son. Nosotros, en cambio, sí tenemos esa oportunidad.

«Nuestro único cometido en esta vida», escribió San Agustín con el talante de un maestro yogui, «es procurar ver a Dios con los ojos de nuestro corazón».

Como sucede con todos los grandes conceptos filosóficos, esto es sencillo de entender, pero casi imposible de asimilar. De acuerdo, así que todos formamos parte de un gran todo, y la divinidad reside en todos nosotros por igual. Muy bien. Entendido. Pero ahora veamos si somos capaces de vivir con esa idea. Intentemos poner en práctica ese concepto las veinticuatro horas del día. No es tan fácil. Por eso en India se da por hecho que para hacer yoga se necesita un maestro. A no ser que se nazca siendo uno de esos santos resplandecientes que vienen a esta vida totalmente actualizados, lo normal es dejarse guiar en el camino hacia la iluminación. Si tienes suerte, darás con un gurú vivo. Por eso India lleva años llenándose de peregrinos.

En el siglo IV a.C. Alejandro Magno envió un embajador a India con el encargo de hallar a uno de esos célebres yoguis y regresar a la corte con él. (Al parecer, el embajador informó de que había encontrado un yogui, pero no pudo convencerlo de hacer el viaje.) En siglo I d.C. Apolonio de Tiana, filósofo y matemático griego, escribía narrando su viaje por India: «Vi brahmanes indios que vivían en la Tierra, pero sin estar del todo en ella; que estaban amurallados sin murallas; que no poseían nada, pero tenían las riquezas de todos los hombres». El propio Gandhi siempre quiso estudiar con un gurú, pero siempre se lamentó de no haber tenido el tiempo ni la oportunidad de hallarlo. «Creo que es muy cierta la creencia de que la verdadera sabiduría no puede alcanzarse sin un gurú», escribió.

Un gran yogui es quien ha alcanzado un estado permanente de felicidad iluminada. Un gurú es un gran yogui capaz de comunicar ese estado a los demás. La palabra gurú se compone de dos sílabas sánscritas. La primera significa «oscuridad»; la segunda significa «luz». Es decir, el paso de la oscuridad a la luz. Lo que el maestro traspasa al discípulo se llama la *mantravirya:* «La potencia de la conciencia iluminada». Acudimos a un gurú, por tanto, no sólo para que nos comunique su sabiduría, como cualquier maestro, sino para que nos traspase su estado de gracia.

Estas transferencias de la «gracia» pueden darse hasta en un encuentro de lo más fugaz, tratándose de un gran ser. Una vez fui a ver a Thich Nhat Hanh —un gran monje, poeta y pacifista vietnamita—, que daba una conferencia en Nueva York. Era una noche entre semana y se había armado el típico barullo de gente empujando para abrirse paso hacia el auditorio, donde casi se respiraba la tensa inquietud del nerviosismo colectivo de los asistentes. En ese momento apareció el monje en el escenario. Estuvo un buen rato en silencio antes de empezar a hablar y, de repente, la gente del público —casi se veía cómo les iba afectando, fila tras fila, a aquella masa de neoyorquinos estresados— se quedó *colonizada* por la tranquilidad de aquel hombre. En cuestión de segundos en la sala no había ni el menor revuelo. En unos diez minutos aquel vietnamita diminuto había logrado atraernos a todos hacia su silencio. O quizá sea más preciso decir que nos había atraído hacia nuestro propio silencio, hacia esa paz que cada uno de nosotros posee de manera inherente sin haberla descubierto ni reclamado. Su capacidad para comunicarnos ese estado —con su mera presencia en la sala— es un don divino. Y por eso se acude a un gurú, con la esperanza de que los dones del maestro nos revelen nuestra propia grandeza oculta.

Según la sabiduría india tradicional hay tres factores que nos indican si un alma está bendecida con la suerte más poderosa y beneficiosa del universo:

1. Haber nacido en forma de ser humano, capaz de llevar a cabo una indagación consciente.

2. Haber nacido con —o haber desarrollado— una necesidad de entender la naturaleza del universo.

3. Haber hallado un maestro espiritual vivo.

Existe la teoría de que, si anhelamos hallar un gurú con la suficiente sinceridad, nuestro anhelo se cumplirá. El universo se altera, las moléculas del destino se reorganizan y nuestro camino pronto se cruzará con el del maestro buscado. Apenas había pasado un mes después de la noche en que recé desesperada en el suelo del cuarto de baño —una noche llorosa en que supliqué a Dios que me diera alguna respuesta— cuando encontré a mi gurú al entrar en el apartamento de David y darme de bruces con la foto de aquella asombrosa mujer india. Por supuesto, aún no tenía claro el concepto de tener un gurú. Es una palabra que a los occidentales, por norma general, no nos acaba de convencer. En la década de 1970 hubo una serie de occidentales inquietos, ricos, inocentes y susceptibles que acabaron en manos de un puñado de gurús indios tan carismáticos como caraduras. Las aguas se han calmado ya, pero aún resuenan los ecos de aquel malentendido. Pese al tiempo transcurrido yo también desconfío de la palabra gurú. A mis amigos indios no les sucede, porque han crecido en la cultura del gurú, por así decirlo, y están acostumbrados a ello. Como me dijo una chica india: «¡En India todo el mundo casi tiene un gurú!». Estaba claro lo que quería decir (que, en India, *casi* todo el mundo tiene un gurú), pero yo me sentí más identificada con la frase de ella, porque a veces me da la sensación de que *casi* tengo un gurú. Es decir, hay ocasiones en que me cuesta admitirlo, porque, como buena ciudadana de Nueva Inglaterra que soy, mi herencia intelectual se basa en el escepticismo y el pragmatismo. En cualquier caso, tampoco se puede decir que saliera conscientemente *de compras* en busca de un gurú. Apareció y punto. Y la primera vez que la vi me dio la sensación de que me miraba desde la foto —con esos ardientes ojos negros llenos de compasión inteligente— y me decía: «Me has llamado y aquí estoy. ¿Quieres seguir adelante o no?».

Olvidándome de las bromas nerviosas y las inquietudes propias de un cruce de culturas, siempre habré de recordar lo que le respondí aquella noche: un sincero y descarnado sí.

39

Una de las primeras personas con quienes compartí habitación en el ashram fue una instructora de meditación afroamericana de mediana edad, una piadosa baptista de Carolina del Sur. Posteriormente compartiría habitación con una bailarina argentina, una homeópata suiza, una secretaria mexicana, una australiana madre de cinco hijos, una joven programadora informática de Bangladesh, una pediatra de Maine y una contable filipina. También habría otros, que vendrían y se irían al irse cumpliendo sus respectivas estancias.

Este ashram no es un sitio al que se pueda venir de visita sin previo aviso. En primer lugar, no es demasiado accesible. Está lejos de Mumbai, en un camino de tierra junto a una aldea bonita pero elemental (formada por una calle, un templo, un puñado de tiendas y una población de vacas que se pasean a sus anchas, entrando a menudo en la sastrería a echarse la siesta). Una noche vi una bombilla de sesenta vatios colgada precariamente de un cable en mitad del pueblo; es la farola del lugar. El ashram potencia la economía local, por llamarle algo, y es el gran orgullo del pueblo. Fuera de los muros del ashram todo es mugre y pobreza. Dentro, todo son jardines regados, parterres de flores, orquídeas ocultas, trinos de pájaros, mangos, árboles del pan, anacardos, palmeras, magnolias y árboles banyán.

Los edificios son bonitos, pero no extravagantes. El comedor es sencillo, tipo cafetería. La extensa biblioteca contiene textos religiosos del mundo entero. También hay varios templos para los distintos tipos de reuniones. Tienen dos «cuevas» para la meditación, unos oscuros y silenciosos sótanos abiertos día y noche, llenos de cómodos cojines, que sólo pueden usarse para meditar. En el pabellón cubierto del jardín es donde se dan las clases de yoga por la mañana y hay una especie de parque rodeado de un sendero ovalado donde los estudiantes pueden correr si quieren hacer ejercicio. Yo duermo en un enorme dormitorio de cemento.

Mientras yo estuve, en el ashram nunca hubo más de doscientos huéspedes. Estando presente la gurú, esa cifra habría aumentado considerablemente, pero no coincidí con ella durante toda mi estancia en India. La verdad es que me lo esperaba; parecía ser que iba mucho a Estados Unidos, precisamente, pero tenía la costumbre de aparecer de repente, por sorpresa. No se considera esencial estar en su presencia —literalmente— para estudiar sus enseñanzas. Obviamente, vivir en el mismo lugar que un maestro de yoga es una experiencia única que da una energía especial, cosa que ya he vivido. Pero muchos de los devotos veteranos están de acuerdo en que también puede ser una distracción; si no tienes cuidado, puedes dejarte llevar por la emoción y el aura de popularidad que rodea al gurú, olvidando tus auténticas intenciones. Sin embargo, si te limitas a estar en uno de sus ashrams y te disciplinas para practicar sus enseñanzas con austeridad, te puede resultar más fácil comunicarte con tu maestra mediante estas meditaciones solitarias que abrirte paso entre hordas de estudiantes fanáticos para poder soltarle un par de palabras en persona.

En el ashram hay algún que otro empleado fijo, pero la mayor parte del trabajo la hacen los propios estudiantes. También hay paisanos de la aldea, unos a sueldo y otros, los devotos de la gurú, que viven aquí. Uno de ellos, un joven indio que andaba por el ashram, me tenía verdaderamente fascinada. Había algo en su (siento usar la palabra, pero...) *aura* que resultaba arrebatador. Para empezar, era increíblemente delgado (aunque eso es bastante común en este país; si en este mundo hay algo más escuálido que un niño indio, me daría hasta miedo verlo). Iba vestido como se vestían en mi colegio los forofos informáticos cuando iban a un concierto de pop: pantalones oscuros y una camisa blanca bien planchada y grandona, con un pescuezo delgado y larguirucho que le asomaba del cuello como una margarita solitaria plantada en una maceta gigante. El pelo siempre lo llevaba mojado y repeinado. El cinturón de hombre le daba dos vueltas en torno a una cintura que mediría cincuenta centímetros, como mucho. Todos los días llevaba lo mismo. Estaba claro que era su único atuendo. Seguro que se lavaba la camisa todas las noches y la planchaba por la mañana. (Aunque este esmero en la vestimenta también es típico de aquí; al poco de llegar, los atuendos almidonados de los estudiantes indios me hicieron avergonzarme de mis vestidos de campesina arrugados y empecé a ponerme ropa más mirada y discreta.) Pero ¿qué me pasaba con ese chico? ¿Por qué me impresionaba tanto ese rostro, un rostro tan impregnado de luminiscencia que parecía recién llegado de unas largas vacaciones en la Vía Láctea? Acabé preguntando a una estudiante india quién era el chico. La chica me contestó sin rodeos: «Es el hijo de los tenderos del pueblo. Son una familia muy pobre. La gurú lo ha invitado a quedarse aquí. Cuando ese chico toca el tambor, suena como la voz de Dios».

En el ashram hay un templo abierto al público general adonde acuden muchos indios, a todas horas del día, a rendir tributo a una estatua del siddha-yogui (o «maestro perfeccionado») que estableció esta forma de enseñanza allá por la década de 1920 y que aún es venerado en India como un gran santo. Pero el resto del ashram es sólo para estudiantes. No es un hotel ni un complejo turístico. Se parece más a una universidad. Para venir, hay que enviar una solicitud y sólo aceptan como residentes a quienes demuestren que llevan un tiempo estudiando yoga en serio. La estancia mínima que se requiere es de un mes. (Yo he decidido quedarme seis semanas y después recorrer India por mi cuenta, visitando otros templos, ashrams y lugares de culto.)

Los estudiantes que hay aquí se dividen, casi a partes iguales, en indios y occidentales (que a su vez se dividen en dos grupos casi equivalentes de estadounidenses y europeos). Los cursos son en hindi y en inglés. Al enviar tu solicitud debes incluir un ensayo escrito, una serie de referencias personales y responder a varias preguntas sobre tu salud mental y física, incluido cualquier posible historial de drogadicción o alcoholismo, además de garantizar una estabilidad económica. La gurú no quiere que la gente aproveche su ashram para huir del caos en que hayan podido convertir sus vidas; estos casos no benefician a nadie. También mantiene que, si tu familia y tus seres queridos tienen algún motivo poderoso para resistirse a que estudies con un gurú y vivas en un ashram, no debes hacerlo, porque no merece la pena. Más te vale seguir con tu vida normal y ser una buena persona. No hay ningún motivo para convertir esto en un dramón.

La enorme sensatez de esta mujer siempre me ha resultado de lo más reconfortante.

Para venir aquí, por tanto, hay que demostrar que uno también es un ser humano sensato y práctico. Debes dejar claro que estás dispuesto a trabajar, porque se espera de ti que contribuyas al funcionamiento general del lugar con unas cinco horas de *seva* o «labor desinteresada». La dirección del ashram también te ruega que si has tenido algún trauma sentimental grave en los últimos seis meses (divorcio, muerte de un pariente), por favor, pospongas tu visita, porque es muy probable que no logres concentrarte en tus estudios y, si tienes una crisis o algo así, lo único que vas a conseguir es distraer a tus compañeros. En mi caso, acabo de pasar el periodo estipulado para recuperarme del divorcio. Y cuando pienso en la angustia mental que pasé justo después de poner fin a mi matrimonio, no tengo ninguna duda de que habría sido un enorme estorbo para los residentes del ashram si hubiera venido en ese momento. Mucho mejor haber descansado en Italia primero, haber recuperado la energía y la salud, y haber venido ahora. Porque, estando aquí, me va a venir bien disponer de todas mis energías.

Te piden que vengas aquí estando fuerte, porque la vida que se lleva en un ashram es dura. No sólo físicamente, empezando la jornada a las tres de la madrugada y acabando a las nueve de la noche, sino psicológicamente. Todos los días vas a dedicar horas y horas a la meditación y la contemplación, en absoluto silencio, sin nada que te distraiga o alivie del mecanismo de tu mente. Vas a vivir en un espacio reducido con absolutos desconocidos en plena India rural. Hay insectos, serpientes y ratones. El clima puede ser agobiante; a veces llueve a cántaros durante varias semanas seguidas, a veces hace más de cuarenta grados a la sombra antes de desayunar. Aquí la vida se puede poner crudamente real, por así decirlo, en cuestión de segundos.

Mi gurú siempre dice que si vienes al ashram sólo te pasa una cosa: que descubres quién eres de verdad. Así que, si estás al borde de la locura, prefiere que te ahorres el viaje. Porque, francamente, nadie quiere tener que sacarte de aquí con una cuchara de madera entre los dientes.

40

Mi llegada coincide —y me gusta que así sea— con la llegada del año nuevo. Apenas he tenido un día para aprender a orientarme por el ashram cuando llega la Nochevieja. Después de cenar, el patio se empieza a llenar de gente. Nos sentamos todos en el suelo, unos en las frías baldosas de mármol, otros sobre esteras de paja. Todas las mujeres indias se han vestido como de boda. Llevan el pelo oscuro engrasado y con una trenza que les cae sobre la espalda. Se han puesto el sari de seda buena y sus pulseras de oro; y todas llevan una reluciente joya bindi en el centro de la frente, como un pálido reflejo de las estrellas que tenemos encima. Vamos a entonar unos cánticos, en este patio al aire libre, hasta que llegue la medianoche y pasemos de un año a otro.

«Cántico» es una palabra que no me gusta para una costumbre que amo profundamente. Me parece que la palabra «cántico» tiene una connotación de monotonía zumbona y siniestra, como lo que debían de hacer los druidas al reunirse junto a una hoguera antes de un sacrificio. Pero cuando cantamos aquí, en el ashram, es como una especie de coro angelical. Normalmente se usa una modalidad semejante a la pregunta-respuesta. Un grupo de hombres y mujeres jóvenes, todos con voces hermosísimas, empiezan cantando una frase melódica y los demás la repetimos. Esto forma parte de la meditación; se trata de concentrarse en la progresión de la música y armonizar tu voz con la de tu vecino para acabar cantando todos como una sola persona. Pero yo tengo *jet lag* y me temo que no voy a aguantar despierta hasta las doce y mucho menos cantando sin parar. Pero entonces comienza la velada musical con un solo violín que suena entre las sombras, entonando una larga nota melancólica. Después se le une el armonio, los lentos tambores, las voces...

Estoy sentada al fondo del patio con todas las madres, mujeres indias que parecen estar muy cómodas con las piernas cruzadas, sus hijos tendidos sobre ellas como pequeñas alfombras humanas. El cántico de esta noche es una nana, un lamento, un intento de dar las gracias, escrito con una *raga* (melodía) que sugiere compasión y devoción. Como siempre, cantamos en sánscrito (una lengua muerta en la India salvo para la oración y el estudio de la religión) y procuro convertirme en un espejo vocal de las primeras voces, imitando sus inflexiones como filamentos de luz azulada. Ellos me pasan las palabras sagradas, yo me las quedo durante unos instantes y se las devuelvo, y así logramos pasar kilómetros y kilómetros de tiempo cantando sin cansarnos. Nos mecemos como algas en las oscuras aguas de la noche. Los niños que me rodean están envueltos en seda, como regalos.

Estoy muy cansada, pero no suelto mi cordón de música azulada y me elevo hasta tal estado que creo estar llamando a Dios en sueños, o quizá sólo me haya precipitado por el hueco del pozo del universo. Sin embargo, a las 23.30 la orquesta domina el tempo del cántico, que es un puro estallido de júbilo. Mujeres bellamente vestidas hacen tintinear sus pulseras, batiendo palmas y bailando y agitando el cuerpo como una pandereta. El rítmico latido de los tambores es emocionante. Al ir pasando los minutos, parecemos atraer el año 2004 hacia nosotros, todos juntos. Es como si lo hubiéramos amarrado con nuestra música, arrastrándolo por los cielos en una gigantesca red de pesca, rebosante de destinos ignorados. Y cómo pesa la red, ciertamente, cargada de los nacimientos, las muertes, las tragedias, las guerras, los amores, las historias, los inventos, las transformaciones y las calamidades que nos esperan a todos en este año venidero. Seguimos cantando y tirando de ella, mano sobre mano, minuto a minuto, voz tras voz, acercándola cada vez más. Los segundos van cayendo hasta llegar a la medianoche y cantamos aún con más fervor hasta que, en un esfuerzo heroico, logramos alzar la red del Año Nuevo, cubriéndonos y revistiendo el cielo con ella. Sólo Dios sabe qué nos traerá este año, pero ya está aquí, cobijándonos a todos.

Ésta es la primera Nochevieja de toda mi vida en que no conozco a ninguna de las personas con las que la he celebrado. Tras tanto baile y tanto cántico no tengo a quién abrazar cuando llega la medianoche. Pero no diría que esta noche haya tenido nada de solitaria.

No. Eso, desde luego, no lo diría.

41

A todos nos asignan un trabajo aquí y resulta que a mí me toca fregar el suelo del templo. Así que ahí es donde me paso varias horas al día; arrodillada sobre el gélido mármol con un cepillo y un cubo, trabajando como la hermanastra de un cuento para niños. (Por cierto, la metáfora me parece obvia; fregar el templo que representa a mi corazón, limpiarme el alma, el monótono trabajo diario que debe incluirse en un ejercicio espiritual como rito de purificación, etcétera.)

Mis compañeros fregones son un puñado de chicos indios. Este trabajo se lo suelen dar a los adolescentes porque requiere altos niveles de energía física, pero no cantidades industriales de responsabilidad; si se hace mal, el desastre no puede ser muy grande. Mis compañeros de trabajo me caen bien. Las chicas son unas mariposillas hacendosas que parecen mucho más jóvenes que las estadounidenses de 18 años y los chicos son unos pequeños autócratas, muy serios, que parecen mucho mayores que los estadounidenses de 18 años. En los templos está prohibido hablar, pero son adolescentes, así que no paran de hacerlo mientras trabajamos. Y no todo es cotilleo trivial. Uno de los chicos siempre se pone a fregar a mi lado y, muy convencido, me da una charla sobre cómo se trabaja aquí: «Tú tomas en serio. Haces todo puntual. Eres tranquila y amable. Tú recuerdas esto: haces todo para Dios. Y Dios hace todo para ti».

Es una labor física agotadora, pero mis horas de trabajo diario me resultan mucho más sencillas que mis horas de meditación diaria. Me parece que la meditación no se me da demasiado bien, la verdad. Sé que he perdido la costumbre, pero la verdad es que nunca se me ha dado bien. No consigo parar mi mente. Una vez se lo conté a un monje indio y me dijo: «Es una lástima, porque eres la única persona en toda la historia del mundo a la que le pasa eso». Y me citó el *Bhagavad Gita*, el texto sagrado del yoga: «Oh, Krisna, la mente es impaciente, bulliciosa, fuerte e inflexible. La considero tan difícil de someter como el viento».

La meditación es tanto el ancla como las alas del yoga. La meditación es *el camino*. Existe una diferencia entre la meditación y la oración pese a que ambas prácticas buscan la comunión con lo divino. He oído decir que la oración es el acto de hablar con Dios mientras que la meditación es el acto de escuchar. Creo que a mí se me ve a la legua cuál de los dos me resulta más fácil. Podría pasarme la vida largándole a Dios lo que siento y padezco, pero si se trata de estar callada escuchando..., eso ya es otra historia. Si le pido a mi mente que se quede quieta, es sorprendente lo poco que tardará en llegar al (1) aburrimiento, (2) indignación, (3) depresión, (4) ansiedad o (5) todos los anteriores juntos.

Como les sucede a la mayoría de los humanoides, sobrellevo lo que los budistas llaman la «mente del mono», es decir, esos pensamientos que saltan de rama en rama, parando sólo para rascarse, escupir y aullar. Desde el remoto pasado hasta el ignorado futuro mi mente se columpia frenéticamente por los confines del tiempo, abordando docenas de ideas por minuto sin control ni disciplina alguna. Esto en sí no supone necesariamente un problema; el problema es el estado de ánimo que acompaña al pensamiento. Las ideas alegres me ponen de buen humor, pero —¡plaf!— de golpe vuelvo a la preocupación obsesiva y estropeo el asunto; y entonces recuerdo un momento de indignación y me vuelvo a acalorar y cabrear; pero entonces mi mente decide que es un buen momento para compadecerse y entonces me siento sola otra vez. Al fin y al cabo somos lo que pensamos. Los sentimientos son esclavos de los pensamientos y uno es esclavo de sus sentimientos.

El otro inconveniente de columpiarte por las viñas del pensamiento es que nunca estás donde estás. Siempre estás escarbando en el pasado o metiendo las narices en el futuro, pero sin detenerte en un momento concreto. Se parece un poco a esa costumbre que tiene mi querida amiga Susan que, cuando ve un sitio bonito, exclama medio aterrada: «¡Qué bonito es esto! ¡Quiero volver alguna vez!» y tengo que usar todo mi poder de persuasión para convencerla de que ya está ahí. Si buscas una unión con lo divino, lo de columpiarse de aquí para allá es un problema. Si a Dios lo llaman una *presencia* es por algo: Dios está aquí ahora mismo. El lugar donde hallarlo es el presente y el momento es ahora.

Pero para permanecer en el presente debemos emplear un enfoque unidireccional. Las distintas técnicas de meditación que existen no se basan en distintos enfoques unidireccionales; por ejemplo, posar los ojos en un solo punto de luz o centrarnos en nuestra aspiración y espiración. Mi gurú me enseña a meditar con un mantra, palabras o sílabas sagradas que se repiten con una concentración. El mantra tiene una función dual. Para empezar, le da a la mente una ocupación. Es como dar a un burro un montón donde hay mil botones y decirle: «Llévate estos botones, de uno en uno, para hacer un montón nuevo». Al burro esto le resulta mucho más fácil que si le pones en un rincón y le dices que no se mueva. El otro propósito del mantra es transportarnos a otro estado, como si fuésemos en un barco de remos a merced de las revoltosas olas de nuestra mente. Cuando tu atención se quede atrapada en la marea del pensamiento, lo único que tienes que hacer es volver al mantra, subirte otra vez al barco de remos y seguir adelante. Se dice que los grandes mantras sánscritos tienen poderes inimaginables, que pueden llevarte sobre las aguas —si eres capaz de quedarte con uno concreto— hasta las orillas de la divinidad.

Uno de los muchísimos escollos que me plantea la meditación es que el mantra que me han dado —*Om Namah Sivaya*— no me acaba de funcionar. Me gusta cómo suena y me gusta lo que significa, pero no me transporta suavemente hacia la meditación. En los dos años que llevo practicando este tipo de yoga jamás me ha funcionado bien. Cuando intento repetir el *Om Namah Sivaya* en mi cabeza, se me atasca en la garganta, oprimiéndome el pecho y poniéndome nerviosa. No consigo acoplar las sílabas al ritmo de mi respiración.

Una noche le hablo del asunto a Corella, mi compañera de habitación. Me da vergüenza contarle lo mucho que me cuesta concentrarme en la repetición del mantra, pero ella es profesora de meditación. Quizá pueda ayudarme. Me cuenta que a ella también se le distraía la mente durante la meditación, pero ahora que la domina es la gran felicidad de su vida, un proceso sencillo y transformativo.

—Lo único que hago es sentarme y cerrar los ojos —me dice—. Y en cuanto pienso en el mantra, me voy directa al paraíso.

Al escucharla, casi me entran náuseas de la envidia que me da. Aunque Corella lleva practicando yoga casi los mismos años que yo llevo viva. Le pido que me enseñe exactamente cómo usa el *Om Namah Sivaya* cuando medita. ¿Cada aspiración de aire le coincide con una sílaba? (Cuando yo lo hago, se me hace eterno y me pongo nerviosa.) ¿O es una palabra por cada aspiración de aire? (¡Cada palabra tiene una longitud distinta! ¿Cómo se igualan?) ¿O se dice el mantra entero al inhalar y se repite al exhalar? (Porque, cuando hago eso, me acelero y acabo estresándome.)

—Pues no lo sé —dice Corella—. Lo que hago es... decirlo.

—¿Pero lo cantas? —le insisto, medio desesperada—. ¿Le pones un ritmo?

—Lo digo por las buenas.

—¿Te importaría decirlo en voz alta como lo dices en tu cabeza cuando meditas?

Amablemente, mi compañera de cuarto cierra los ojos y empieza a decir el mantra tal como le aparece en su cabeza. Efectivamente, lo único que hace es... decirlo. Lo pronuncia con serenidad y normalidad, sonriendo levemente. Lo dice varias veces, de hecho, hasta que me entra la impaciencia y la interrumpo.

—Pero ¿no te aburres? —le pregunto.

—Ah —dice Corella, que abre los ojos, me sonríe y mira el reloj—. Han pasado diez segundos, Liz. Y ya nos hemos aburrido, ¿o qué?

42

Al día siguiente llego justo a tiempo para la sesión de meditación de las cuatro de la madrugada, con la que empieza cada jornada. Se supone que tenemos que pasarnos una hora en silencio, pero, como a mí cada minuto me parece un kilómetro, aquello se convierte en un interminable viaje de sesenta kilómetros. En el minuto/kilómetro catorce ya estoy de los nervios, me flaquean las rodillas y estoy al borde de la desesperación. Cosa comprensible, teniendo en cuenta que las conversaciones que tengo con mi mente durante la meditación son algo así:

Yo: Venga, vamos a meditar. Tenemos que concentrarnos en la respiración y centrarnos en el mantra. *Om Namah Sivaya. Om Namah Siv...*

Mi mente: Puedo ayudarte con este tema, ¿sabes?

Yo: Ah, pues qué bien, porque necesito que me ayudes. Venga. *Om Namah Sivaya. Om Namah Si...*

Mi mente: Puedo ayudarte a pensar unas bonitas imágenes meditativas. Como, vamos a ver... Mira, ésta es buena. Imagínate que eres un templo. ¡Un templo en una isla! ¡Y la isla está en el océano!

Yo: Ah, pues sí que es una imagen bonita.

Mi mente: Gracias. Se me ha ocurrido sin ayuda de nadie.

Yo: Pero ¿qué océano nos estamos imaginando?

Mi mente: El mar Mediterráneo. Imagínate que estás en una de esas islas griegas con un templo clásico. No, eso, no, que es demasiado turístico. ¿Sabes qué te digo? Que te olvides del océano. Los océanos son muy peligrosos. Se me ha ocurrido una idea mejor: imagínate que eres una isla en un lago.

Yo: ¿Y qué tal si nos ponemos a meditar? Anda, venga. *Om Namah Siv...*

Mi mente: ¡Sí! ¡Por supuesto! Pero procura no pensar que el lago está cubierto de... ¿Cómo se llaman esos chismes?

Yo: ¿Motos acuáticas?

Mi mente: ¡Eso! ¡Motos acuáticas! ¡No sabes el combustible que consumen esos chismes! Son una auténtica amenaza para el medio ambiente. ¿Sabes qué más consume mucho combustible? Los ventiladores de jardín. Nadie lo diría, pero...

Yo: Vale, pero ¿podemos MEDITAR ya, por favor? *Om Namah...*

Mi mente: ¡Es verdad! ¡Si yo lo que quiero es ayudarte a meditar! Y por eso nos vamos a olvidar de esa imagen de una isla en un lago o un océano, porque no veo que el tema funcione. Así que vamos a imaginarnos que eres una isla en medio de... ¡un río!

Yo: Ah, ya. ¿Como la isla de Bannerman en el río Hudson?

Mi mente: ¡Sí! ¡Exacto! Perfecto. Por lo tanto, finalmente, vamos a meditar sobre esta imagen. Imagínate que eres una isla en un río. Los pensamientos que pasan flotando a tu lado mientras meditas son, sencillamente, las corrientes naturales del río y puedes ignorarlas porque eres una isla.

Yo: Espera. Me habías dicho que soy un templo.

Mi mente: Es verdad, perdona. Eres un templo *encima de* una isla. A decir verdad, eres las dos cosas: el templo y la isla.

Yo: ¿Y también soy el río?

Mi mente: No, el río sólo representa los pensamientos.

Yo: ¡Déjalo! ¡Déjalo, anda! ME ESTÁS VOLVIENDO LOCA!

Mi mente (ofendida): Lo siento. Sólo quería ayudarte.

Yo: Om Namah Sivaya... Om Namah Sivaya... Om Namah Sivaya...

Aquí se produce una prometedora pausa de ocho segundos en mis pensamientos. Pero después...

Mi mente: ¿Te has enfadado conmigo?

... entonces, con un enorme suspiro, como si saliera a la superficie de una piscina a tomar aire, abro los ojos y me rindo. Llorando a lágrima viva. Un ashram es un sitio adonde se va a mejorar la técnica de meditación, pero esto es un desastre. El tema me estresa demasiado. No lo resisto. Pero ¿qué puedo hacer? ¿Salir llorando del templo en el minuto catorce todos los días?

Sin embargo, esta mañana, en lugar de enfrentarme al tema, he parado y punto. Me he rendido. Agotada, me he apoyado en la pared de detrás. Me dolía la espalda, estaba sin fuerzas y tenía una especie de temblor en la mente. El cuerpo se me desmoronó como un puente que se viene abajo. Me quité el mantra de encima de la cabeza (donde me presionaba como un yunque invisible) y lo dejé en el suelo a mi lado. Y entonces le dije a Dios: «Lo siento mucho, pero esto es lo más que me he podido acercar a ti hoy».

Los sioux lakota dicen que un niño que no puede quedarse quieto es un niño a medio desarrollar. Un antiguo texto sánscrito dice: «Existe una serie de signos que nos indican cuándo la meditación se está haciendo de forma correcta. Uno de ellos es que se te pose un pájaro en la cabeza, pensando que eres un objeto inerte». Esto aún no me ha sucedido exactamente así. Pero durante los siguientes cuarenta minutos intenté quedarme todo lo quieta que pude, encerrada en la sala de meditación, prisionera de mi vergüenza y mi torpeza, viendo a los devotos que me rodeaban, sentados en sus posturas perfectas, con sus ojos perfectos cerrados, emanando tranquilidad al transportarse a sí mismos a un paraíso perfecto. Yo estaba imbuida de una tristeza tan ardiente como poderosa y estaba deseando abandonarme al consuelo de las lágrimas, pero hice todo lo posible por dominarme, recordando lo que me había dicho mi gurú: no puedes permitirte el lujo de venirte abajo, porque entonces se convertirá en una costumbre que repetirás una y otra vez. En lugar de eso, debes procurar ser fuerte.

Pero yo no me sentía fuerte. El cuerpo entero me dolía de ser tan cobarde. Al pensar en esas conversaciones que tenía con mi mente, no tenía claro quién era «yo» y quién era «mi mente». Pensé en esa implacable máquina procesadora de ideas y devoradora de almas que es mi mente y me planteé cómo demonios iba a poder dominarla. Entonces pensé en esa frase que sale en la película *Tiburón* y no pude evitar sonreír:

—Nos va a hacer falta un barco más grande.

43

Es la hora de cenar. Estoy sentada sola, intentando comer despacio. La gurú siempre nos aconseja ser disciplinados con la comida. Nos recomienda comer con moderación para no tragar aire tontamente y no apagar los fuegos sagrados del cuerpo saturándonos el conducto digestivo de comida. (Estoy casi segura de que la gurú nunca ha estado en Nápoles.) Cuando algún estudiante se le queja de no conseguir meditar bien, ella siempre le pregunta si tiene problemas digestivos. Es razonable que resulte complicado deslizarse sutilmente hacia la trascendencia si tus tripas no consiguen digerir una salchicha *calzone*, medio kilo de alitas de pollo y media tarta de crema de coco. Por eso aquí no se comen ese tipo de cosas. La comida del ashram es vegetariana, ligera y sana. Aun así, está muy rica. Por eso me cuesta no engullirla como una huérfana famélica. Además, la comida es tipo bufé y a mí me cuesta mucho no dar una segunda o tercera vuelta cuando hay comida maravillosa a la vista, y más si huele bien y es gratis.

Así que me siento a la mesa de la cena yo sola, procurando tener controlado el tenedor cuando veo acercarse un hombre con su bandeja de la cena, buscando una silla libre. Le hago un gesto con la cabeza, invitándolo a sentarse conmigo. Es la primera vez que lo veo. Debe de ser un recién llegado. Camina con actitud de no tener ninguna prisa y se mueve con la seguridad de un sheriff de ciudad pequeña, o puede que sea un veterano jugador de póquer de altos vuelos. Parece tener cincuenta y pocos años, pero se mueve como si hubiera vivido un par de siglos. Tiene el pelo y la barba blancos y lleva una camisa de franela a cuadros. Sus hombros anchos y sus manos grandes parecen medio peligrosos, pero la expresión del rostro es totalmente relajada.

Se sienta enfrente de mí y masculla:

—Tía, en este sitio los mosquitos son tan grandes que se lo podrían hacer con una gallina.

Señoras y señores, acaba de entrar en escena Richard el Texano.

44

Entre la ristra de trabajos que ha tenido Richard el Texano en su vida —y sé que estoy pasando muchos por alto— está el de minero de petróleo, conductor de un camión de esos de dieciocho ruedas, el primer distribuidor de calzado Birkenstock de las montañas Dakota, «saquero» en un depósito de residuos del Medio Oeste (lo siento, pero no tengo tiempo para explicar lo que es un «saquero»), obrero constructor de autopistas, vendedor de coches de segunda mano, soldado en Vietnam, «intermediario en operaciones financieras» (normalmente relacionadas con narcóticos mexicanos), yonqui y alcohólico (suponiendo que se pueda considerar una profesión), ex yonqui y ex alcohólico (profesión mucho más respetable), granjero *hippy* en una comuna, actor de doblaje radiofónico y, por último, un exitoso vendedor de material médico de alta gama (hasta que su matrimonio se fue al garete y dejó el negocio a su ex y se quedó «con el culo al aire, con lo blanco que lo tengo»). Ahora se dedica a arreglar casas viejas en Austin.

—Nunca he tenido vocación para las carreras y eso —dice—. Por eso he ido haciendo lo que me iba saliendo.

A Richard el Texano no le preocupan muchas cosas en esta vida. No se puede decir que sea un neurótico. No, señor. Pero yo sí soy un poco neurótica y por eso le acabo teniendo un cariño enorme. La presencia de Richard en este ashram me da una gran seguridad, aparte de divertirme mucho. Tiene una monumental pachorra que me aplaca ese nerviosismo inherente y me recuerda que todo va a salir bien. (Y, si no sale bien, al menos será cómico.) Había una serie de dibujos animados donde salía un gallo chuleta que se llamaba Foghorn Leghorn. El caso es que Richard se le parece, y yo me convierto en su charlatana colega, la gallina Chickenhawk. Como diría Richard en su propio lenguaje: «La Zampa y yo nos pasábamos el día matados de risa».

La Zampa.

Ése es el mote que me ha puesto Richard. Le dio por llamarme así la noche en que nos conocimos, cuando vio lo mucho que era capaz de comer. Intenté defenderme («¡Si estaba concentrada en comer con disciplina y voluntad!»), pero me quedé con el nombrecito.

Puede que Richard el Texano no sea el típico yogui. Aunque, por lo que he visto en India, no está tan claro lo que es «el típico yogui». (No quiero explayarme sobre el granjero de la Irlanda rural al que conocí el otro día, o la ex monja surafricana.) Richard entró en contacto con este tipo de yoga por una ex novia que lo llevó en coche de Texas al ashram de Nueva York para ir a una conferencia de la gurú. Richard lo explica así: «El ashram me parecía el sitio más raro del mundo y estaba seguro de que tenían un cuarto donde te obligaban a darles todo tu dinero y las escrituras de la casa y los papeles del coche, pero no me pasó nada de eso...».

Después de esa experiencia, que fue hace unos diez años, a Richard le dio por rezar. Siempre pedía lo mismo. Le suplicaba a Dios: «Por favor, por favor, ábreme el corazón». Eso era lo único que quería: un «corazón abierto». Cuando acababa la oración para pedírselo a Dios, siempre decía: «Y, por favor, mándame una señal cuando suceda». Ahora, al recordar aquella época, siempre dice: «Ten cuidado con lo que pides, Zampa, porque puede que te lo den». Y después de pasarse varios meses pidiendo un corazón abierto, ¿qué le pasó a Richard? Pues, sí, una operación urgente a corazón abierto. Le abrieron el pecho de arriba abajo, literalmente, separándole las costillas para que le entrase la luz del sol en el corazón, como si Dios le dijera: «Conque una señal, ¿eh? ¡Pues toma señal!». Desde entonces Richard se toma con bastante cautela el asunto de las oraciones, según me cuenta. «Hoy en día, cuando pido algo, siempre acabo diciendo: "Oye, Dios, una cosa más. Trátame con cariño, ¿vale?".»

—¿Y qué hago con el tema de la meditación? —le pregunto a Richard un día mientras me mira fregar el suelo del templo.

(Él ha tenido suerte. Trabaja en la cocina y como pronto tiene que aparecer por allí una hora antes de la cena. Pero le gusta verme fregar el suelo del templo. Le hace gracia.)

—¿Por qué le das tantas vueltas a ese tema, Zampa?

—Porque es un asco lo mal que lo hago.

—No será para tanto.

—No consigo tener la mente quieta.

—Acuérdate de lo que nos dice la gurú. Si te sientas con la intención pura de ponerte a meditar, lo que te pase a partir de ahí no es cosa tuya. Así que ¿por qué te ha dado por juzgar tu experiencia?

—Porque el yoga no puede ser como yo lo experimento.

—Zampa, cielo. No tienes ni la menor idea de lo que está sucediendo aquí.

—Jamás tengo visiones ni experiencias trascendentes.

—¿Quieres ver colores bonitos? ¿O quieres saber la verdad sobre ti misma? ¿Cuál es tu intención?

—Cuando intento meditar, lo único que hago es discutir conmigo misma.

—Eso no es más que tu ego, que quiere mantener el control. Ésa es precisamente la función del ego. Hacerte sentir distinta, darte una sensación de dualidad, intentar convencerte de que eres imperfecta y defectuosa en lugar de un ser completo.

—Pero ¿eso de qué me sirve?

—No te sirve de nada. La función del ego no es servirte a ti. La única función del ego es tener el control. Y en este momento tu ego está aterrorizado, porque estás a punto de bajarlo de rango. Es un chico malo y sabe que como sigas con tu camino espiritual, nena, sus días están contados. Dentro de poco se va a quedar sin trabajo y será tu corazón el que tome todas las decisiones. Y ahora está en plena lucha por su vida; por eso juega con tu mente, para imponer su autoridad, encerrarte en una jaula y alejarte del resto del universo. No lo escuches.

—¿Qué se hace para no escucharlo?

—¿Alguna vez has intentado quitarle un juguete a un niño pequeño? No les gusta nada, ¿verdad? Enseguida se ponen a gritar y patalear. La mejor manera de quitar un juguete a un niño es distraerlo, darle otra cosa con la que jugar. Distraerlo. En lugar de intentar sacar pensamientos de tu mente por las malas, dale un juguete mejor para tenerla distraída. Algo más sano.

—¿Como qué?

—Como amor, Zampa. Amor puro y divino.

45

Se supone que ese momento de comunión divina es nuestra sesión de meditación diaria, pero últimamente entro ahí tan acobardada como mi perra cuando la llevaba a la consulta del veterinario (sabiendo que, por muy amigos que pareciésemos todos, le iban a acabar clavando un instrumento médico). Pero después de mi conversación con Richard el Texano esta mañana intento enfocar las cosas de otra manera. Me siento a meditar y le digo a mi mente: «Escucha. Sé que estás un poco asustada. Pero prometo que no quiero anularte. Sólo quiero darte un sitio para que descanses. Te quiero».

El otro día me dijo un monje: «El lugar de descanso de la mente es el corazón. La mente se pasa el día oyendo campanadas, ruidos y discusiones, cuando lo único que anhela es tranquilidad. El único lugar donde la mente puede hallar la paz es en el silencio del corazón. Ahí es adonde tienes que ir».

También estoy usando un mantra distinto. Es uno que ya he probado y me ha funcionado. Es sencillo; sólo tiene dos sílabas:

Ham-sa.

En sánscrito significa: «Yo soy Eso».

Los yoguis dicen que *Ham-sa* es el mantra más natural, el que Dios nos da a todos antes de nacer. Es el sonido de nuestra respiración. *Ham* al inhalar, *sa* al exhalar. (*Ham*, por cierto, se pronuncia suavemente, con la hache aspirada, *jammm*. Y la vocal de *sa* es larga: *saaaa*...) A lo largo de toda nuestra vida, cuando inhalamos o exhalamos aire, estamos repitiendo ese mantra. Yo soy Eso. Soy algo divino. Estoy con Dios. Soy una expresión de Dios. No soy distinta. No estoy sola. No soy una ilusión restringida de un individuo. *Ham-sa* siempre me ha parecido sencillo y relajante. Es más fácil meditar con él que con *Om Namah Sivaya*, el —por así decirlo— mantra «oficial» de este yoga. Pero el otro día hablé con un monje y me dijo que usara el *Ham-sa* si me iba a servir para mejorar la meditación. Me dijo: «Para meditar debes usar aquello que produzca una revolución en tu mente».

Así que hoy me sentaré aquí con ese mantra.

Ham-sa.

Yo soy Eso.

Me vienen pensamientos, pero procuro no prestarles atención, limitándome a decirles en un tono casi maternal: «Venga, gamberretes, que ya os conozco... Idos fuera a jugar..., que mamá está escuchando a Dios».

Ham-sa.

Yo soy Eso.

Me quedo dormida un rato. (O adormilada, o lo que sea. Al meditar, nunca se sabe si lo que se considera sueño realmente lo es o no; a veces es sólo otro nivel de conciencia.) Cuando me despierto, o lo que sea, noto una suave corriente eléctrica que me recorre el cuerpo en ondas azuladas. Me asusta un poco, pero también me deja asombrada. No sé qué hacer, así que tengo un diálogo interno con la energía. Le digo: «Creo en ti» y me responde magnificándose, aumentando de volumen. Ahora es increíblemente poderosa, como un secuestro de los sentidos. Me responde con un zumbido en la base de la columna. Noto una tensión en el cuello, que parece querer estirarse y retorcerse, así que le dejo hacerlo y me quedo sentada en una postura de lo más extraña: sentada muy recta, como una buena yogui, pero con el oído izquierdo pegado al hombro izquierdo. No sé por qué a mi cabeza y mi cuello les ha dado por ahí, pero no pienso discutir con ellos, porque están muy insistentes. La energía azul me sigue recorriendo el cuerpo y ahora oigo una especie de martilleo en los oídos tan fuerte que me da un ataque de pánico. Me asusta tanto que le digo: «¡Aún es pronto para esto!» y abro los ojos. De golpe, todo desaparece. Vuelvo a estar en una habitación, en un entorno conocido. Miro el reloj. Llevo aquí —o allá— casi una hora.

Estoy jadeando, literalmente, jadeando.

46

Para entender lo que fue esa experiencia, lo que sucedió ahí dentro («dentro de la cueva de la meditación» y «dentro de mí»), hay que sacar un tema algo esotérico y salvaje; es decir, el tema del *kundalini shakti*.

Todas las religiones del mundo tienen un subconjunto de fieles que anhela una experiencia directa y trascendente con Dios, rechazando la lectura fundamentalista y el estudio dogmático de las escrituras para buscar un encuentro personal con lo divino. Lo interesante de estos místicos es que, al describir sus experiencias, todos acaban describiendo exactamente el mismo suceso. Normalmente, su unión con Dios se produce en un estado meditativo y se canaliza a través de una fuente de energía que llena el cuerpo entero de una luz eléctrica y eufórica. Los japoneses llaman a esta luz el *ki*; los budistas chinos, el *chi*; los balineses, el *taksu*; los cristianos, el Espíritu Santo; los bosquimanos del desierto de Kalahari, el *n/um* (que sus curanderos describen como una energía que sube como una serpiente por la columna dorsal y taladra la cabeza para dejar entrar a los dioses). Los poetas sufíes islámicos llamaban a esa energía divina El Venerado y le escribían poesía piadosa. Los aborígenes australianos describen una serpiente que desciende del cielo y entra en el curandero, dándole un enorme poder sobrehumano. La cábala judía dice que esta unión con lo divino se produce en sucesivas etapas de ascensión espiritual, con una energía que asciende por la columna mediante una serie de meridianos invisibles.

Santa Teresa de Ávila, la figura católica más mística, describe su unión con Dios como la ascensión física de una luz a través de las siete «moradas» de su ser, tras lo cual se presentaba como una explosión ante el Ser Supremo. Mediante la meditación entraba en un éxtasis místico tan profundo que sus compañeras monjas no le encontraban el pulso. Ella les rogaba que no contaran a nadie lo que habían presenciado, pues era un suceso tan extraordinario que daría mucho que hablar. (Por no hablar de la posible intervención del Tribunal de la Inquisición.) Lo más difícil, escribió la santa en sus memorias, es no emplear el intelecto durante la meditación, pues cualquier pensamiento de la mente —hasta la más fervorosa oración— apaga el fuego de Dios. Según Santa Teresa, «en esta obra de espíritu quien menos piensa y quiere hacer hace más», porque, si la molesta mente empieza a componer discursos y soñar argumentos, tarda poco en darse aires de importancia. Pero, si se logra superar esos pensamientos y ascender hacia Dios, se llega a un «glorioso desatino», a una «celestial locura» que permite encontrar la verdadera sabiduría. Sin saberlo, Santa Teresa decía lo mismo que el poeta sufí persa Hafiz, quien se preguntaba por qué, si Dios nos ama tantísimo, no estamos todos ebrios de amor. En *Las moradas* Teresa exclamaba que si esas experiencias divinas eran un arrebato de locura, entonces, «¡Oh, qué buena locura, si nos la diese Dios a todos!».

Casi da la sensación de que la última parte del libro la escribe conteniendo la respiración. Al leer a Santa Teresa hoy, nos la imaginamos saliendo de esa experiencia delirante para darse de bruces con la represión política de la España medieval (uno de los regímenes religiosos más tiránicos de la historia), teniendo que disculparse sobria y obedientemente por haber tenido una vivencia tan intensa. Escribe pidiendo perdón por su «atrevimiento» y reitera que nadie debe prestar atención a su necia palabrería, pues, como «no tenemos letras las mujeres», somos comparables con «una alimaña» despreciable. Nos parece estar viéndola, alisándose los faldones del hábito de monja y remetiéndose los mechones sueltos del pelo, guardándose para ella el secreto divino de ese fuego oculto.

El yoga indio clásico llama a este secreto divino el *kundalini shakti* y lo representa como una serpiente que permanece enrollada en la base de la columna hasta quedar liberada por la mano de un maestro, o por un milagro, ascendiendo entonces a través de los siete *chakras*, o ruedas (que también podríamos llamar las siete mansiones del alma), hasta llegar a la cabeza, donde se produce la explosión de la unión con Dios. Estos *chakras* no existen en el cuerpo físico, según los yoguis, así que no es ahí donde deben buscarse; sólo existen en el cuerpo sutil, ese cuerpo al que se refieren los maestros budistas cuando animan a sus estudiantes a sacar de sí mismos un ser distinto del cuerpo físico, como si sacaran una espada de su vaina. Mi amigo Bob, que es estudiante de yoga y neurocientífico, me explicó lo mucho que le inquietaba la idea de los *chakras*, que habría que ver en una autopsia para poder creer en su existencia. Pero después de una experiencia meditativa particularmente trascendente empezó a entender el asunto de otra manera. Decía: «Igual que en la literatura existe una verdad literal y una verdad poética, en un ser humano también existe una anatomía literal y una anatomía poética. Una se ve; la otra, no. Una está hecha de huesos y dientes y carne; la otra está hecha de energía y memoria y fe. Pero ambas son igual de verdaderas».

Me gusta que la ciencia y la religión tengan puntos de intersección. Hace poco leí en el *New York Times* un artículo sobre un equipo de neurólogos que habían cableado el cerebro a un monje tibetano que se presentaba voluntariamente al experimento. Querían observar, desde el punto de vista científico, la conducta de un cerebro trascendente en un momento de iluminación. La mente de una persona que piensa con normalidad tiene un mecanismo en constante movimiento, una tormenta eléctrica de ideas e impulsos que el escáner registra en forma de manchas brillantes amarillas y rojas. Si el sujeto está furioso o agitado, las manchas rojas brillarán con mayor intensidad. Pero a lo largo del tiempo y en las culturas sucesivas los místicos siempre han descrito un momento de la meditación en que la mente se queda quieta y detallan el momento de la unión íntima con Dios como una luz azul que irradian desde el centro del cráneo. El yoga clásico llama a esto «la perla azul» y la meta de todo aspirante a místico es hallarla. Efectivamente, cuando escanearon al monje tibetano mientras meditaba, tenía la mente tan apaciguada que no aparecían manchas rojas ni amarillas. De hecho, toda la energía neurológica de este señor acabó concentrada en el centro de su cerebro —se veía perfectamente en el monitor—, formando una pequeña y nítida perla de color azul. Tal y como los yoguis la habían descrito siempre.

Éste es el destino del *kundalini shakti*.

La mística india tradicional y muchas de las culturas chamanísticas consideran que el *kundalini shakti* es una fuerza peligrosa para manejarla sin supervisión; un yogui inexperto podría volarse la cabeza con ella literalmente. Hace falta un maestro —un gurú— para guiarte por esta senda y, en el mejor de los casos, un lugar seguro —un ashram— en el que practicarlo. Se dice que es la mano del gurú (en persona o mediante un encuentro más sobrenatural, como un sueño) la que libera la energía *kundalini* presa en la base de la espina dorsal y le permite iniciar su viaje ascendente hacia Dios. Este momento de liberación se llama *shaktipat*, iniciación divina, y es el mayor don de un maestro iluminado. Tras ese contacto con el gurú el estudiante puede tardar años en lograr la iluminación, pero al menos ha iniciado el viaje. Ha liberado la energía.

Mi *shaktipat*, mi iniciación, fue hace dos años, cuando conocí a mi gurú en Nueva York. Fue durante un retiro en su ashram de los montes Catskill. Si he de ser sincera, no noté nada especial. Medio esperaba tener un encuentro resplandeciente con Dios, algo así como un relámpago azul o una visión profética, pero al buscar efectos especiales en mi cuerpo, lo único que noté fue que tenía un poco de hambre, como siempre. Recuerdo haber pensado que no debía de tener la fe suficiente como para experimentar algo tan salvaje como un *kundalini shakti* liberado. Pensé que era demasiado cerebral, poco intuitiva y que mi senda espiritual tendría que ser más intelectual que esotérica. Rezaría, leería libros, tendría ideas interesantes, pero no lograría ascender a la felicidad meditativa que describe Santa Teresa. Aunque me daba igual, porque me seguía gustando meditar. El *kundalini shakti* no era lo mío y punto.

Al día siguiente, sin embargo, me pasó una cosa interesante. Nos volvimos a reunir con la gurú para que nos guiara en nuestra meditación. En medio de la historia yo me quedé dormida (o algo parecido) y tuve un sueño. Me veía en una playa ante el mar. Las olas eran enormes y terroríficas y cada vez había más. De repente un hombre aparecía a mi lado. Era el maestro de la gurú, un yogui poderoso al que me referiré como Swamiji (que significa «monje venerado» en sánscrito). Swamiji había muerto en 1982 y yo sólo lo había visto en las fotos que había por el ashram.

Cuando lo miraba —he de admitirlo—, siempre me parecía un tío bastante temible, demasiado poderoso, demasiado candente para mi gusto. Desde el primer momento había procurado huir de él, huir de sus ojos penetrantes, que parecían mirarme desde la pared. Me abrumaba, la verdad. No era mi tipo de gurú. Siempre había preferido a mi hermosa maestra, una mujer sensible, femenina y que, además, estaba viva, a aquel personaje difunto, pero terrorífico.

Pero Swamiji se me había aparecido en sueños; lo tenía a mi lado en la playa en plena posesión de su energía. Lo miré aterrorizada. Él señaló hacia las olas y dijo con voz seria: «Quiero que me digas qué se puede hacer para frenar *eso*». En pleno ataque de pánico yo sacaba un cuaderno y me ponía a dibujar inventos para impedir avanzar las olas del océano. Dibujaba enormes diques y canales y presas. Pero todos mis diseños eran estúpidos e inútiles. Sabía perfectamente que aquello me rebasaba (¡no soy ingeniera!), pero tenía a Swamiji mirándome, impaciente y severo. Al final acabé rindiéndome. Ninguno de mis inventos era lo bastante inteligente, ni lo bastante fuerte, como para evitar el ímpetu de las olas.

Fue entonces cuando oí reírse a Swamiji. Miré a aquel hombrecillo indio vestido de naranja y me di cuenta de que se estaba tronchando de la risa, estaba literalmente doblado, restregándose los ojos para secarse las lágrimas.

—Dime, querida mía —me dijo, señalando hacia el océano colosal, poderoso, interminable y agitado—. Dime una cosa, si eres tan amable, ¿cómo, exactamente, pensabas parar eso?

47

Llevo dos noches seguidas soñando que entra una serpiente en mi habitación. He leído que es señal de buena suerte espiritual (y no sólo en las religiones orientales; San Ignacio tuvo visiones de serpientes en todas sus experiencias místicas), hecho que no impide que las serpientes den miedo y parezcan de verdad. Últimamente, me despierto sudando. Y lo que es peor: cuando ya estoy despierta, mi mente me juega malas pasadas, haciéndome sentir un pánico que no recordaba desde los peores años del divorcio. No hago más que pensar en mi matrimonio fracasado, en la vergüenza y la furia latentes que aún me quedan. Para colmo, estoy pensando en David otra vez. Discuto mentalmente con él; estoy furiosa y sola y recuerdo todas las maldades que me dijo o me hizo. Además, no puedo dejar de pensar en la felicidad que vivimos juntos, en la delirante emoción de los buenos momentos. Tengo que controlarme para no levantarme de esta cama de un salto y llamarlo desde India en mitad de la noche para —no lo tengo muy claro— acabar colgándole el teléfono probablemente. O rogarle que vuelva a quererme. O leerle una acusación feroz donde enumero todos los defectos de su carácter.

¿Por qué estoy acordándome de este tema otra vez?

Ya sé lo que me dirían todos los veteranos del ashram. Me dirían que es perfectamente normal, que todo el mundo pasa por esto, que la meditación profunda lo hace aflorar todo, que sirve para librarte de los «demonios residuales»... Pero estoy en un estado tan sensible que no me da la gana de tragarme ese rollo y me resbalan las típicas teorías *hippies* de esta gente. Ya me doy cuenta de que me aflora todo, muchas gracias. Como me afloran las ganas de vomitar. Igual.

No sé muy bien cómo, pero logro quedarme dormida otra vez y, mira por dónde, tengo otro sueño. Esta vez no es una serpiente, sino un perro grandullón y malvado que me persigue y me dice: «Te voy a matar. ¡Te voy a matar y te voy a comer!».

Me despierto llorando y temblando. No quiero molestar a mis compañeras de habitación, así que voy a esconderme al cuarto de baño. ¡El maldito cuarto de baño de siempre! Santo Dios, aquí estoy en un cuarto de baño otra vez, en mitad de la noche otra vez, tirada en el suelo otra vez, llorando de lo sola que estoy. ¡Qué harta estoy de este mundo tan frío y de sus horribles cuartos de baño!

Al ver que no paro de llorar, me hago con un cuaderno y un bolígrafo (el último refugio del granuja) y me siento junto al retrete una vez más. Encuentro una página en blanco y escribo mi petición de ayuda de siempre:

«Necesito tu ayuda».

Suelto un profundo suspiro al ver que, escribiendo con mi letra, esa gran amiga mía (¿quién será?) acude lealmente a rescatarme:

Aquí estoy. No hay ningún problema. Te quiero. Nunca te abandonaré...

48

La meditación de la mañana siguiente es un desastre. Desesperada, le suplico a mi mente que se quite de en medio y me deje encontrarme con Dios, pero me lanza una mirada implacable y me dice: «Jamás te voy a dejar que me pases por alto».

Me paso todo el día tan furiosa y llena de odio que temo por la vida de cualquiera que se me cruce en el camino. Le doy un bufido a una pobre mujer alemana que no habla bien inglés y no me entiende cuando le digo dónde hay una librería. Me avergüenzo tanto de mi ataque de furia que me escondo en un cuarto de baño (¡otro!) donde rompo a llorar, pero me indigno conmigo misma por llorar, porque la gurú me ha dicho que debo procurar no venirme abajo sin parar para no convertirlo en una mala costumbre... Pero ¿ella qué sabrá? Es una iluminada. No me puede ayudar. No me entiende.

No quiero que nadie me dirija la palabra. Ahora mismo no soporto ver la cara de nadie. Hasta logro dar esquinazo a Richard el Texano, pero a la hora de cenar me ve y se sienta —el muy valiente— en mitad de mi nube negra de autofobia.

—¿Por qué estás tan rarita? —me pregunta, hablando con un palillo en la boca, como siempre.

—Qué más te da —le digo antes de contarle todo el rollo entero, de principio a fin, acabando con—: Y lo peor de todo es que me he vuelto a obsesionar con David. Creía que se me había pasado, pero no hago más que acordarme.

—Date seis meses más —me aconseja—. Y ya verás cómo se te pasa.

—Ya me he dado doce meses, Richard.

—Pues date seis meses más. Échale meses, de seis en seis, hasta que se te pase. Estas cosas llevan tiempo.

Resoplo sonoramente por la nariz, como un toro.

—Zampa, escúchame —me dice Richard—. Un día de éstos vas a recordar esta época de tu vida como un dulce momento de tristeza. Entenderás que, estando de duelo y teniendo roto el corazón, estás en el mejor sitio posible para cambiar tu vida. En un hermoso lugar dedicado a la devoción y en un estado de gracia. Vive este momento minuto a minuto. Deja que las cosas se arreglen solas aquí, en India.

—Pero es que lo quería de verdad.

—Pues mira qué bien. Querías a no sé quién. ¿No sabes cómo funciona ese tema? El tío ese te ha tocado una parte del corazón que no sabías ni que tenías. Vamos, que te ha dejado *tocada*, nena. Pero ese amor que has sentido no es más que el comienzo. Casi ni lo has probado. Es sólo un amor mortal, cutre y chapucero. Ya verás como eres capaz de amar mucho más profundamente. Joder, Zampa, que un día llegarás a querer al mundo entero. Ése es tu destino. No te rías.

—No me estoy riendo —le dije, llorando—. Y, por favor, no te rías de mí, pero creo que no consigo olvidarme de este tío porque estaba convencida, en serio, de que David era mi alma gemela.

—Y probablemente lo fuera. Lo que te pasa es que no sabes lo que eso significa. La gente cree que un alma gemela es la persona con la que encajas perfectamente, que es lo que quiere todo el mundo. Pero un alma gemela auténtica es un espejo, es la persona que te saca todo lo que tienes reprimido, que te hace volver la mirada hacia dentro para que puedas cambiar tu vida. Una verdadera alma gemela es, seguramente, la persona más importante que vayas a conocer en tu vida, porque te tira abajo todos los muros y te despierta de un porrazo. Pero ¿vivir con un alma gemela para siempre? Ni hablar. Se pasa demasiado mal. Un alma gemela llega a tu vida para quitarte un velo de los ojos y se marcha. Gracias a Dios. Pero a ti no te da la gana de soltarlo. Esa historia se acabó, Zampa. La función de David era darte una sacudida, sacarte de ese matrimonio que no funcionaba, machacarte un poco el ego, hacerte ver tus obstáculos y adicciones, romperte el corazón para que te entrara la luz y desesperarte y hacerte descontrolar tanto que no te quedara más remedio que cambiar tu vida y luego presentarte a tu maestra espiritual y largarse con viento fresco. Ése era su cometido y lo ha hecho a la perfección, pero ya se acabó. Y a ti no te da la gana de archivarla como una relación corta y punto. Eres como un perro en un vertedero. Venga a chupar una lata a ver si le sacas algo de alimento. Como sigas así, se te va a quedar el hocico metido en la lata y las vas a pasar canutas. Así que olvídate del tema.

—Es que lo quiero.

—Pues quiérelo.

—Es que lo echo de menos.

—Pues échalo de menos. Mándale luz y amor cuando te acuerdes de él y olvídate del tema. Te da miedo deshacerte de los últimos trocitos de David, porque sabes que te vas a quedar muy sola y a Liz Gilbert le da pánico plantearse lo que le puede pasar si se queda sola. Pero tienes que entender una cosa, Zampa. Si liberas el hueco que tienes dedicado a obsesionarte con este tío, te va a quedar un vacío en la cabeza, un espacio abierto, una puerta. ¿Y a que no sabes lo que va a hacer el universo con esa puerta? Pues entrar por ella. Dios va a entrar en ti y te va a llenar de un amor que no has visto ni en tus mejores sueños. Deja de usar a David para bloquear esa puerta. Olvídate de ese tema.

—Pero me gustaría que David y yo...

—¿Lo ves? Eso es lo malo que tienes —me interrumpe—. Te gustan demasiadas cosas. Menos «gustar» y más «buscar», nena, que vas de culo y cuesta abajo.

Esa frase me hace soltar la primera carcajada del día.

—Pero ¿cuánto voy a tardar en dejar de sufrir? —pregunto a Richard.

—¿Quieres que te dé una fecha exacta?

—Sí.

—¿Qué quieres? ¿Marcarla con un círculo en el calendario?

—Sí.

—Te voy a decir una cosa, Zampa. Eres una manipuladora obsesiva.

La furia que me produce esa frase me consume como el fuego. *¿Manipuladora obsesiva? ¿Yo?* No sé si dar a Richard una bofetada en respuesta por semejante insulto. Y entonces, de las profundidades de mi furia ofendida, brota la verdad. La verdad inmediata, evidente y cómica.

Tiene toda la razón.

La furia me abandona tan aprisa como había llegado.

—Tienes toda la razón —le digo.

—Sé muy bien que tengo toda la razón, nena. Mira, eres una mujer fuerte, que está acostumbrada a salirse con la suya y, como en tus últimas historias de amor no te has salido con la tuya, te has quedado atascada. Tu marido no hizo lo que tú esperabas de él y David, tampoco. Por una vez en la vida las cosas no salieron como tú querías. Y si hay algo que desquicia a una manipuladora es que las cosas no le salgan como ella quiere.

—No me llames manipuladora, por favor.

—Eres adicta al control, Zampa. Venga. ¿Nadie te lo ha dicho nunca, o qué?

(Pues... sí, la verdad. Pero, cuando te estás divorciando de un tío, al final dejas de hacer caso a todas las cabronadas que te dice.)

Así que me callo y lo admito.

—Vale, puede que tengas razón. Es posible que sea adicta al control. Lo que me sorprende es que te hayas dado cuenta. Porque no creo que se me note tanto. Vamos, que la mayoría de la gente no se da cuenta nada más verme.

Richard el Texano suelta una carcajada tan grande que casi se le cae el palillo de la boca.

—¿Ah, no? Nena, ¡hasta Ray Charles se daría cuenta!

—Vale, pues ya no quiero hablar del tema, gracias.

—A ver si aprendes a dejar que las cosas pasen tranquilamente, Zampa. Como sigas así, te vas a poner enferma de verdad. No vas a volver a dormir bien en tu vida. Te vas a pasar las noches dando vueltas en la cama, recriminándote por ser un desastre. *¿Qué me pasa? ¿Cómo es posible que no me vaya bien con ningún tío? ¿Por qué me salen las cosas tan mal?* Venga, confiésamelo. Seguro que anoche te pasaste las horas muertas pensando justo eso.

—Venga, Richard, ya vale —le pido—. A ver si dejas de darte paseos por mi cabeza.

—Pues cierra la puerta, entonces —dice mi gran yogui el Texano.

49

Cuando tenía 9 años y estaba a punto de cumplir los 10 tuve una auténtica crisis metafísica. Puede parecer pronto para una cosa así, pero siempre fui una niña precoz. La historia fue en verano, entre cuarto y quinto. Iba a cumplir 10 en julio y había algo en esa transición del 9 al 10 —el paso de un solo dígito a un dígito doble— que me produjo un auténtico pánico existencial, más propio de la gente que va a cumplir 50. Recuerdo haber pensado que la vida iba *demasiado rápido*. Parecía que había sido ayer cuando estaba en párvulos y, ahí estaba, a punto de cumplir los 10. Cuando quisiera darme cuenta estaría en la veintena, luego sería una señora de mediana edad, luego una anciana y, al final, me moriría. Y los demás también estaban envejeciendo a la velocidad del rayo. En un abrir y cerrar de ojos habrían muerto. Mis padres se iban a morir. Mis amigos se iban a morir. Mi gato se iba a morir. Mi hermana mayor ya estaba casi en el instituto; la recordaba perfectamente cuando entró en primero con sus calcetines por las rodillas, ¿y ya estaba casi en el instituto? Estaba claro que le quedaba poco para morirse. ¿Qué sentido tenía todo aquello?

Lo más curioso de la crisis es que no tenía ningún origen concreto. No se me había muerto ningún amigo o familiar, haciéndome entrar en contacto con la muerte, ni había leído o visto nada relacionado con la muerte; ni siquiera había leído *Peter Pan* todavía. Ese pánico que me entró a los 10 años no era ni más ni menos que el descubrimiento espontáneo y completo del inevitable progreso de la mortalidad y, obviamente, no tenía el vocabulario espiritual adecuado para afrontarla. Mi familia es protestante, pero no somos muy religiosos, la verdad. Rezábamos sólo antes de las cenas de Navidad y Acción de Gracias y a misa íbamos de vez en cuando. Mi padre se quedaba en casa los domingos por la mañana y su liturgia religiosa era su trabajo de granjero. Yo cantaba en el coro de la iglesia porque me gustaba cantar y mi hermana —que es muy mona— hizo de ángel en el auto de Navidad. Mi madre usaba la iglesia como centro de reuniones para organizar los actos benéficos de la comunidad. Pero tampoco recuerdo que en esa iglesia se hablara mucho de Dios. Hay que tener en cuenta que estábamos en Nueva Inglaterra y a los yanquis les pone nerviosos hablar de Dios.

Lo que recuerdo es lo pequeña e inútil que me sentía. Quería tirar de un freno de emergencia para parar el universo, como los frenos que había visto al ir en metro en Nueva York. Quería pedir un tiempo muerto, decir a la gente que se estuviera quieta hasta que yo lograra entender de qué iba el tema. Supongo que esa necesidad de obligar al universo a pararse debió de ser el principio de lo que mi querido amigo Richard llama mi «adicción al control». Obviamente, toda aquella inquietud y preocupación no sirvió de nada. Cuanto más pensaba en el paso del tiempo, más deprisa pasaba, y ese verano pasó tan rápido que me dio dolor de cabeza, y recuerdo que cada vez que anochecía pensaba: «Uno menos» y me echaba a llorar.

Uno de mis amigos del instituto trabaja ahora en un centro de discapacitados mentales y dice que sus pacientes autistas son especialmente sensibles al paso del tiempo, como si no tuviesen ese filtro mental que nos permite a los demás olvidarnos de la mortalidad de vez en cuando y vivir por las buenas. Uno de los pacientes de Rob le pregunta todas las mañanas qué día es y al caer la tarde siempre le dice, por ejemplo: «Rob, ¿cuándo volverá a ser 4 de febrero?». Antes de que Rob le pueda contestar el chico mueve la cabeza apenado y dice: «Ya, ya, déjalo... No será hasta el año que viene, ¿verdad?».

Esa sensación la conozco perfectamente. Sé muy bien lo que es querer estirar un 4 de febrero para que dure más. Esa tristeza es uno de los grandes padecimientos del experimento humano. Todo parece indicar que somos la única especie del planeta con el don —o la maldición, más bien— de ser conscientes de nuestra propia mortalidad. Todo lo que nos rodea acaba muriendo, pero somos los únicos afortunados que se pasan la vida pensando en el tema. ¿Qué se puede hacer para asimilar una información semejante? A los 9 años lo único que pude hacer fue llorar. Después, al ir pasando los años, esa hipersensibilidad ante el paso del tiempo me llevó a vivir la vida a toda velocidad. Dado que nuestra visita a la Tierra es tan corta, cuanto antes lo experimentara todo, mejor. De ahí tanto viaje, tanto amor, tanta ambición y tanto comer pasta. Mi hermana tenía una amiga convencida de que Catherine tenía dos o tres hermanas menores, porque oía historias de la hermana que estaba en África, la hermana que trabajaba en un rancho en Wyoming, la hermana que era camarera en Nueva York, la hermana que estaba escribiendo un libro, la hermana que se iba a casar... ¿Una sola persona haciendo toda esa cantidad de cosas...? Pues sí. Y si hubiera podido convertirme en muchas Liz Gilbert, lo habría hecho encantada para no perderme un solo momento de la vida. Pero ¿qué estoy diciendo? Si fue justo lo que hice, convertirme en un montón de Liz Gilberts, que se desplomaron del agotamiento todas a la vez en un cuarto de baño de una casa de las afueras a los treinta y tantos años.

He de decir que soy consciente de que no todos pasan por una crisis metafísica como ésta. Algunos estamos programados para ponernos ansiosos con el tema de la mortalidad y otros parecen llevar el asunto mucho mejor. Es obvio que en este mundo hay muchas personas apáticas, pero también parece haber gente capaz de aceptar elegantemente el mecanismo de funcionamiento del universo sin que les agobien demasiado sus paradojas e injusticias. Tengo una amiga cuya abuela siempre le decía: «No existe ningún problema que no pueda curarse con un baño de agua caliente, un vaso de whisky y un devocionario». Hay personas a las que les basta con eso. Pero hay otras que requieren medidas más drásticas.

Y ahora sí que voy a mencionar a mi amigo el granjero irlandés que, aparentemente, no es el típico personaje al que uno espera encontrarse en un ashram indio. Pero Sean es como yo: una de esas personas que han nacido con un ansia, un anhelo insaciable de entender el mecanismo de la existencia. Su pequeña aldea de Country Cork no parecía tener respuestas que darle, así que en la década de 1980 abandonó su granja y se fue a recorrer India para hallar la paz interior a través del yoga. Al cabo de unos años regresó a la vaquería irlandesa. Estaba sentado en la cocina de la vieja casona de piedra con su padre —un anciano granjero parco en palabras— y Sean le estaba hablando de los descubrimientos espirituales que había hecho en el exótico Oriente. El padre de Sean le escuchaba con un cierto interés, mirando al fuego y fumando su pipa.

No abrió la boca hasta que Sean le dijo: «Papá, esto de la meditación es muy importante para alcanzar la serenidad. Te puede salvar la vida, en serio. Te enseña a apaciguarte la mente».

Su padre se volvió hacia él y le dijo amablemente: «Ya tengo la mente serena, hijo» y siguió mirando el fuego.

Puede que él, sí, pero yo, no. Y Sean, tampoco. Como muchos de nosotros. Muchos miramos al fuego y vemos sólo el infierno. Yo tengo que aprender a poner en práctica lo que el padre de Sean, según parece, nació sabiendo hacer. Es decir, eso que Walt Whitman describía como mantenerse «apartado de la lucha y la brega... entretenido, complaciente, compasivo, ocioso, unitario... dentro y fuera del juego y contemplándolo todo asombrado». Pero yo, en lugar de estar entretenida, lo que estoy es estresada. En lugar de contemplar, siempre me meto e interfiero. El otro día, rezando, le dije a Dios: «Oye, yo entiendo que no merece la pena vivir la vida sin analizarla, pero ¿crees al menos que conseguiré tomarme *una comida* sin analizarla?».

Los budistas cuentan una historia sobre los momentos posteriores a la trascendencia de Buda hacia la iluminación. Cuando —tras treinta y nueve días de meditación— al fin cayó el velo de la ilusión y al gran maestro se le reveló el verdadero mecanismo del universo, parece ser que abrió los ojos y lo primero que dijo fue: «Esto no puede enseñarse». Pero entonces cambió de parecer y decidió que saldría al mundo, pese a todo, para intentar enseñar el ejercicio de la meditación a un pequeño puñado de estudiantes. Sabía que sólo a un escaso porcentaje de personas le servirían (o interesarían) sus enseñanzas. La mayoría de la humanidad, dijo, tiene los ojos velados por la cortina de la falsedad y jamás verá la verdad por mucho que intentemos ayudarlos. Unos pocos (como el padre de Sean, quizá) tienen una perspicacia y una tranquilidad natural que no precisan enseñanza ni asistencia alguna. Pero también están los que tienen los ojos ligeramente velados por la cortina de la falsedad, y que podrían, con la ayuda del maestro adecuado, llegar a ver con claridad algún día. Buda decidió que se haría maestro de esa pequeña minoría, de «los cegados por una leve cortina de polvo».

Espero encarecidamente ser una de esas personas cegadas sólo por una cortinilla de polvo, pero no lo sé. Sólo sé que me he visto abocada a buscar la paz interior en circunstancias que a los demás les pueden parecer algo drásticas. (Por ejemplo, cuando conté a un amigo mío de Nueva York que me iba a India a vivir en un ashram para buscar la paz divina, suspiró y me dijo: «Ah, pues hay una parte de mí que está deseando hacer eso mismo... pero la verdad es que no me apetece lo más mínimo».) Pero a mí me da la sensación de que no me queda más remedio. Llevo tantos años intentando hallar la satisfacción, histéricamente, probándolo todo, acumulando cosas, triunfando profesionalmente, que al final sólo he conseguido estar agotada. Si corres para intentar atrapar la vida, morirás en el intento. Si persigues al tiempo como si fuese un bandido, se acabará comportando como tal; siempre te sacará muchos metros o kilómetros de ventaja, se cambiará de nombre o de color de pelo para darte el esquinazo, se escabullirá por la puerta trasera del hotel justo cuando tú entras por la puerta principal con una orden de registro, dejando una colilla humeante en el cenicero para jorobar. En algún momento no te quedará más remedio que dejarlo, porque el tiempo *no se va a parar nunca*. Tendrás que admitir que no puedes darle caza. Y que, además, tampoco tienes por qué hacerlo. En algún momento, como siempre me dice Richard, tienes que aceptar las cosas como son y quedarte quieta y dejar que las cosas pasen solas.

Pero eso de aceptar las cosas como son nos asusta mucho a los que creemos que el mundo se mueve porque tiene una manivela que movemos nosotros, y que si soltamos esa manivela un solo instante, pues... será el fin del universo. *Pero déjalo ya, Zampa.* Ése es el mensaje que tengo que asimilar. Quédate quietecita y deja de meterte en todo sin parar. Y a ver qué pasa. Seguro que los pájaros no van a dejar de volar y caer muertos del cielo, por ejemplo. Ni los árboles se van a marchitar y morir, ni los ríos se van a teñir de rojo sangre. La vida seguirá. Hasta la oficina de correos italiana seguirá funcionando a trancas y barrancas, yendo a su bola sin ti. ¿De dónde te has sacado eso de que tienes que ser la microdirectora del mundo entero a todas horas? ¿Por qué no lo dejas en paz?

Cuando oigo ese argumento, me suena convincente. Intelectualmente, me lo creo. En serio. Pero después me planteo —con ese anhelo inexorable, con toda mi histeria febril y ese absurdo carácter hambriento que tengo— ¿a qué voy a dedicar mi energía, entonces?

Para eso también recibo una respuesta:

Busca a Dios, me sugiere mi gurú. *Busca a Dios como busca el agua un hombre con la cabeza en llamas.*

50

La mañana siguiente, mientras medito, vuelvo a encontrarme con todos mis pensamientos cáusticos y odiosos. Son como esos agentes de *telemarketing*, que siempre llaman en el momento más inoportuno. Lo que más me asusta de la meditación es descubrir que mi mente no es ese sitio fascinante que a mí me parecía. La verdad es que sólo pienso en un par de cosas, siempre las mismas, y pienso en ellas sin parar. Creo que el término más común es «comerse el coco». Me como el coco con mi divorcio, el drama de mi matrimonio, las cosas en las que me equivoqué, las cosas en las que se equivocó mi marido y al final (y siempre me atasco en este tema espinoso) empiezo a comerme el coco con David...

Esto último me da bastante vergüenza, la verdad. Porque aquí estoy, en un templo sagrado de India, ¿y no hago más que pensar en mi ex novio? Pero ¿quién soy? ¿Una colegiala, o qué?

Y entonces recuerdo la historia que me contó mi amiga Deborah, la psicóloga. En la década de 1980 el Ayuntamiento de Filadelfia le pidió que diera asistencia psicológica a un grupo de refugiados camboyanos que acababan de llegar —en barcos abarrotados— a la ciudad. Deborah es una psicóloga excelente, pero ese trabajo le supuso un verdadero reto. Los camboyanos aquellos habían sufrido los peores padecimientos que los humanos pueden infligirse unos a otros: genocidio, violación, tortura, inanición, la contemplación del asesinato de sus parientes, largos años de encierro en campos de refugiados y arriesgadas travesías en barco hacia Occidente con peligro de morir ahogados y devorados por los tiburones. ¿Qué podía hacer una psicóloga como Deborah para ayudar a unas personas así? ¿Cómo iba a poder comprender el nivel de sufrimiento que habían padecido?

—¿A que no sabes de qué quería hablar esta gente cuando les dijeron que iban a tener asistencia psicológica? —me preguntó Deborah.

Lo único que decían era: *Conocí a un tío cuando estaba en el campo de refugiados y nos enamoramos. Yo creía que él me quería, pero nos tocó ir en barcos separados y él se enrolló con mi prima. Se ha casado con ella, pero dice que me quiere a mí y no hace más que llamarme, y sé que le debería decir que me deje en paz, pero le sigo queriendo y no puedo dejar de pensar en él. Y no sé qué hacer...*

Así es como somos los seres humanos. Colectivamente, como especie, ése es nuestro paisaje sentimental. Una señora muy mayor, que tenía casi 100 años, me dijo: «A lo largo de la historia las dos preguntas que han traído de cabeza a la humanidad son éstas: *¿Cuánto me quieres?* y *¿Quién manda aquí?*». Todo lo demás tiene solución, pero el asunto del amor y el control nos saca lo peor, nos desquicia, nos lleva a la guerra y nos hace padecer enormes sufrimientos. Y ambos temas desgraciadamente (o puede que obligadamente) afloran de manera constante en el ashram. Cuando me siento en silencio y me contemplo la mente, me pongo a pensar en cosas relacionadas con la nostalgia y el control, y me agobio, y ese agobio me impide evolucionar.

Esta mañana, después de pasar una hora sufriendo por los pensamientos que me venían a la cabeza, intenté meditar usando una idea nueva: la compasión. Le pedí a mi corazón que, por favor, le diera a mi alma una mayor generosidad a la hora de juzgar el funcionamiento de mi mente. En lugar de considerarme una fracasada, ¿no podía considerarme un ser humano más (y bastante normal, por cierto)? Los pensamientos afloraron como siempre —muy bien, así será— y después salieron los sentimientos reprimidos. Empecé a sentirme frustrada y a verme como una persona solitaria y amargada. Pero entonces brotó una enfurecida respuesta de las profundidades de mi corazón y me dije a mí misma: «Esta vez no te voy a juzgar por pensar eso».

Mi mente intentó protestar, diciendo: «Sí, pero eres una fracasada, una perdedora, y nunca llegarás a nada...».

Y, de repente, fue como si me rugiera un león dentro del pecho, ahogando con su furia todos aquellos disparates. Una voz me bramó por dentro, una voz atronadora que no había oído en mi vida. Era tan potente —internamente, eternamente— que me tapé la boca con la mano por miedo a que si la abría y dejaba salir el sonido resquebrajaría los cimientos de todos los edificios de aquí a Detroit.

Y esto fue lo que bramó la voz:

¡No tienes ni la menor idea de lo fuerte que es mi amor!

La galerna que acompañaba a esta frase desperdigó la cháchara negativa de mi mente; las ideas huyeron como pájaros y liebres y antílopes, largándose aterrorizadas. Y se hizo el silencio. Un silencio intenso, vibrante y estremecido. El león de la selva de mi corazón miró su apaciguado reino con aire satisfecho. Entonces se relamió, cerró sus ojos dorados y se durmió otra vez.

Y entonces, en medio de ese regio silencio, al fin empecé a meditar sobre (y con) Dios.

51

Richard el Texano tiene cosas que son para matarlo.
Cuando se cruza conmigo en el ashram y se da cuenta por
la expresión de mi cara de que estoy a kilómetros de distancia, siempre me dice:

—Dale recuerdos a David.

—Déjame en paz —le contesto—. No tienes ni idea
de lo que estoy pensando, listillo.

Por supuesto, tiene toda la razón.

Otra de sus costumbres es esperarme cuando salgo de
la sala de meditación, porque le gusta ver la cara de des-
control y cuelgue que tengo al salir de ahí. Como si me hubiera estado peleando con cocodrilos y fantasmas. Dice
que nunca ha visto a nadie luchar tanto contra sí misma.
Eso no sé si será verdad o no, pero lo cierto es que lo que vivo en la oscuridad de la sala de meditación es bastante intenso. La experiencia más temible es cuando aflojo con
miedo la reserva de energía que me queda y me sube por
la columna una auténtica turbina. Me río al pensar que haya podido tachar la idea del *kundalini shakti* de simple mito.
Cuando la energía esta me atraviesa, ruge como un motor
diésel en primera y lo único que me pide es una cosa muy
simple: *¿Me puedes hacer el favor de ponerte del revés, con los
pulmones y el corazón y las vísceras por fuera y el universo entero
por dentro? ¿Y puedes hacer eso mismo sentimentalmente también?* En este sitio ensordecedor el tiempo se pone a hacer
cosas raras y me veo transportada —entumecida, atontada
y atónita— a mundos muy extraños, donde experimento
todas las sensaciones posibles: el fuego, el frío, el odio, la
lujuria, el miedo... Cuando se acaba, me pongo en pie

y me tambaleo hacia la luz del día en tal estado —con un hambre devorador, una sed tremenda, excitada sexualmente— que parezco un soldado desembarcando con tres días de permiso. Richard suele estar esperándome, dispuesto a reírse de mí. Siempre me chincha con lo mismo cuando ve la cara desconcertada y agotada con la que salgo:

—¿Crees que alguna vez sacarás algo en claro, Zampa?

Pero esta mañana, después de haber oído rugir al león eso de NO TIENES NI LA MENOR IDEA DE LO FUERTE QUE ES MI AMOR, salgo de meditar sintiéndome la reina de todas las batallas. A Richard no le da ni tiempo de preguntarme si me voy a enterar de algo en esta vida, porque lo miro a la cara y le digo:

—Ya está, listillo.

—Mírala —dice Richard—. Esto sí que es para celebrarlo. Venga, nena, vamos al pueblo, que te invito a un Thumbs-Up*.

El Thumbs-Up es un refresco indio, una especie de Coca-Cola pero con nueve veces más azúcar y el triple de cafeína. Creo que también es posible que tenga algo de metanfetamina. Yo, cuando lo tomo, veo doble. Un par de veces a la semana Richard y yo vamos andando al pueblo y compartimos una botella pequeña de Thumbs-Up —un deporte de riesgo después de la pureza de la

---

* *Thumbs-Up* significa literalmente «pulgares arriba» y es una expresión muy usada en Estados Unidos cuando algo sale bien, a veces acompañada del gesto de levantar el dedo gordo de la mano con el puño cerrado. En español no existe, pero sería una mezcla entre «¡Ánimo!» y «¡Bien hecho!». (*N. de la T.*)

comida vegetariana del ashram—, siempre procurando no tocar la botella con los labios. Richard tiene una norma bastante sensata para viajar por India: «No tocar nada menos a ti mismo». (Sí, también me planteé esa frase como título del libro.)

En el pueblo tenemos nuestros sitios preferidos: siempre pasamos a decir una breve oración en el templo y vamos a saludar al señor Panicar, el sastre, que nos da la mano y nos dice: «¡Enhorabuena de conocerte!», todas las veces. Vemos unas vacas que se pasean tan campantes, disfrutando de su estatus de animal sagrado (la verdad es que abusan de sus privilegios con eso de tumbarse en mitad de la calle para demostrar lo benditas que son) y vemos a unos perros rascarse como preguntándose qué hacen ellos en un sitio como ése. Vemos a unas mujeres construyendo calles bajo el sol abrasador, partiendo piedras con unos mazos enormes, descalzas, increíblemente hermosas con sus saris coloreados como joyas y sus collares y pulseras. Nos dedican unas sonrisas deslumbrantes que a mí me cuesta mucho comprender. ¿Cómo pueden estar felices haciendo un trabajo tan duro en unas circunstancias tan terribles? ¿Cómo es posible que no se desmayen todas y se mueran a los quince minutos de estar a pleno sol con un mazo en la mano? Le pido al señor Panicar, el sastre, que me lo explique y me dice que así son todos los paisanos de aquí, que las gentes de estas tierras han nacido acostumbradas a trabajar duro y es lo único que saben hacer.

—Además —añade como el que no quiere la cosa—, las gentes de aquí no viven muchos años.

Es un pueblo pobre, por supuesto, pero no misérrimo para lo que hay en India; la presencia (y la caridad) del ashram y el hecho de que circule algo de dinero occidental suponen una diferencia importante. Tampoco es que haya mucho que comprar aquí aunque a Richard y a mí nos gusta mirar las tienduchas donde venden collares y estatuillas. Hay unos tíos de Cachemira —muy buenos vendedores, la verdad— que se pasan la vida intentando vendernos sus trastos. Hoy uno de ellos me ha dado una matraca de cuidado, preguntándome si «la señora no quiere comprar una magnífica alfombra de Cachemira para su casa».

Al oírle, a Richard le entra la risa. Uno de sus deportes preferidos es reírse de mí por no tener casa.

—No sigas, hermano —le dice al vendedor de alfombras—. Esta pobre mujer no tiene ningún suelo en el que poner una alfombra.

Sin acobardarse el vendedor nos dice: «Entonces, ¿tal vez la señora quiera colgar una alfombra en su pared?».

—Pues, lo que son las cosas —contesta Richard—, el caso es que también anda un poco escasa de paredes.

—¡Pero tengo un alma valerosa! —me defiendo.

—Y otras cualidades magníficas —añade Richard, echándome un cable por una vez en su vida.

52

Lo más arduo de mi experiencia en el ashram no es la meditación, a decir verdad. Porque eso es duro, obviamente, pero no fatídico. Aquí hay otra cosa que se me hace aún más cuesta arriba. Lo verdaderamente fatídico es lo que hacemos todas las mañanas después de meditar y antes de desayunar (por Dios, qué largas se me hacen las mañanas): un cántico llamado el Gurugita. Richard le llama el Regurgita y a mí se me ha atragantado desde el primer momento. No me gusta nada; nunca me ha gustado, desde la primera vez que lo escuché, en el ashram de los montes de Nueva York. Me encantan todos los demás cánticos e himnos de este tipo de yoga, pero el Gurugita me parece largo, agotador, ruidoso e insufrible. Es una opinión personal, evidentemente; a otras personas les encanta, cosa que me parece incomprensible.

El Gurugita tiene 182 versos. Vamos, que es para tirarse de los pelos (cosa que a veces hago) y cada verso es un párrafo escrito en un sánscrito impenetrable. Con el cántico del preámbulo y el estribillo del final se tarda como una hora y media en cantarlo entero. Todo esto es antes de desayunar, como ya he dicho, y después de habernos pasado una hora meditando y veinte minutos cantando el primer himno de la mañana. Bien mirado, el Gurugita es el motivo por el que nos tenemos que levantar a las tres de la mañana en este sitio.

No me gusta la melodía y no me gustan las palabras. Cuando esto se lo cuento a alguno de los estudiantes del ashram, me dicen: «¡Ay, pero es un texto sagrado!». Ya, pero el Libro de Job también y no me pongo a cantármelo entero todas las mañanas antes de desayunar.

El Gurugita tiene un linaje espiritual impresionante, eso sí; es un extracto de un libro sagrado del yoga llamado el *Skanda Purana*, del que sólo se conserva un pequeño fragmento, traducido del sánscrito. Como la mayor parte de los textos del yoga, está escrito en forma de conversación, casi como un diálogo socrático. La conversación es entre la diosa Parvati y el todopoderoso y omnipresente dios Siva. Parvati y Siva son la encarnación divina de la creatividad (femenina) y la conciencia (masculina). Ella es la energía generativa del universo; él es la sabiduría indeterminada. A todo lo que Siva imagina Parvati le da vida. Él lo sueña; ella lo materializa. Su danza, su unión (su yoga), es tanto la causa del universo como su manifestación.

En el Gurugita la diosa pregunta al dios cuáles son los secretos de la satisfacción mundana y él se los cuenta. Pero es un himno que me pone de los nervios, la verdad. Esperaba que mi opinión sobre el Gurugita cambiara durante mi estancia en el ashram. Pensaba que, estando en un entorno indio, aprendería a amarlo. Pero, curiosamente, me ha pasado justo lo contrario. En las semanas que llevo aquí he pasado de tenerle manía a odiarlo a muerte. He empezado a saltármelo y a dedicar la mañana a hacer otras cosas que me parecen mucho mejores para mi desarrollo espiritual, como escribir en mi cuaderno, o ducharme, o llamar a mi hermana a Pensilvania a preguntarle por los niños.

Richard el Texano siempre me echa la bronca por pirarme.

—Me he dado cuenta de que esta mañana te has saltado el Regurgita —me dice.

Y yo le contesto:

—Me estoy comunicando con Dios de otra manera.

—¿Cómo? ¿Durmiendo? —me pregunta.

Pero, cuando hago un esfuerzo y voy al cántico, lo único que consigo es agobiarme. Me refiero a que me entra agobio físico. Más que cantar yo, me da la sensación de que el himno me lleva a rastras. Me hace sudar. Y eso sí que es raro, porque yo soy una de esas personas que siempre tienen frío y en esta parte de India en enero hace frío antes de que salga el sol. Todos los demás se pasan lo que dura el cántico tapados con mantas de lana y llevan gorros para mantener el calor mientras yo me voy quitando cosas conforme avanza el canturreo, chorreando como un penco de granja agotado de trabajar. Cuando salgo del templo después del Gurugita, el sudor que me cubre la piel humea al entrar en contacto con el aire frío, como una horrible niebla verde y apestosa. Pero esa reacción física es poca cosa comparada con las oleadas de calor que me invaden cuando intento cantar ese bodrio. Además, soy incapaz de cantarlo. Sólo me sale una especie de graznido. De graznido cabreado.

¿Había dicho que tiene 182 versos?

Así que hace unos días, durante una sesión de cántico especialmente asquerosa, decidí ir a hablar con el maestro que más me gusta de los que hay aquí: un monje con un nombre sánscrito maravillosamente largo que significa «El que habita en el corazón del Dios que habita en su corazón». Este monje es estadounidense, tiene sesenta y tantos años, es listo y culto. En tiempos fue profesor de Arte Dramático en la Universidad de Nueva York (NYU) y sigue teniendo un porte bastante venerable. Pronunció sus votos monásticos hace casi treinta años. Me cae bien porque no dice tonterías, pero es gracioso. En un momento de confusión por el tema de David le conté mis desgracias amorosas. Después de escucharme respetuosamente me dio el consejo más amable que se le ocurrió y luego dijo:

—Y ahora me voy a besar la túnica.

Alzando el dobladillo de su hábito, le dio un sonoro beso a la tela de color azafrán. Pensando que tal vez fuese un rito religioso sólo apto para iniciados, le pregunté por qué hacía eso.

—Es lo que hago siempre cuando viene gente a pedirme consejos amorosos —me dijo—. Así doy gracias a Dios por ser un monje y no tener que vérmelas con este tipo de historias.

Así que sabía que podía confiar en él para hablarle sinceramente de mis problemas con el Gurugita. Una noche, después de cenar, fuimos a dar un paseo por el jardín y después de contarle lo poco que me gustaba el dichoso himno le pedí permiso para dejar de cantarlo. Al oírme, se echó a reír y me dijo:

—No tienes que cantarlo si no quieres. Aquí nadie te va a obligar a hacer nada que no quieras hacer.

—Pero la gente dice que es un ejercicio espiritual vital.

—Lo es. Pero no te puedo decir que vayas a ir al infierno por no hacerlo. Lo único que sí te digo es que la gurú ha dejado ese tema muy claro: el Gurugita es un texto esencial de este yoga y puede que, junto con la meditación, sea el ejercicio más importante que puedas hacer. Si te vas a quedar en este ashram, se espera de ti que seas capaz de levantarte todas las mañanas a cantarlo.

—Si no es que me importe levantarme temprano...

—Entonces, ¿qué te pasa?

Le expliqué al monje por qué había acabado odiando el Gurugita, la sensación tan siniestra que me producía.

—Anda, pues es verdad —me dijo—. Si sólo con hablar de ello ya has adoptado una mala postura.

Era verdad. Las axilas se me estaban llenando de un sudor frío y pegajoso.

—¿Y no puedo aprovechar ese tiempo para hacer otros ejercicios? Alguna vez me ha pasado que al ir a la cueva durante el Gurugita he conseguido concentrarme bien para meditar.

—Ah, pues Swamiji te habría gritado por hacer eso. Te habría llamado bribona por aprovecharte de la energía que viene del trabajo de los demás. Mira, el Gurugita no hay que tomárselo como una canción más o menos divertida. Tiene una función distinta. Es un texto con un poder inimaginable. Es un poderoso ejercicio de purificación. Te quema toda la basura que has ido acumulando, todos los sentimientos negativos. Y te tiene que estar haciendo un efecto positivo si te produce sentimientos y reacciones físicas tan fuertes al cantarlo. Estos ejercicios pueden ser angustiosos, pero también son muy beneficiosos.

—¿Cómo consigues mantenerte motivado para seguir cantándolo?

—¿Qué otra alternativa hay? ¿Abandonar todo aquello que nos resulte difícil? ¿Pasarte la vida dando vueltas, amuermada e insatisfecha?

—¿Has dicho «amuermada»?

—Pues sí.

—¿Y qué hago?

—Eso lo tienes que decidir tú. Pero el consejo que te doy, ya que me lo has pedido, es que sigas cantando el Gurugita mientras estés aquí precisamente por la reacción tan intensa que te produce. Si algo te afecta de esa manera, puedes estar segura de que te está sirviendo para algo. Eso es lo que hace el Gurugita. Te quema el ego, te convierte en pura ceniza. Por supuesto que es duro, Liz. El poder que tiene rebasa nuestra comprensión racional. Sólo te queda una semana de estar en el ashram, ¿verdad? Y entonces tendrás libertad para viajar y divertirte. Pues cántalo siete veces más y nunca tendrás que volver a hacerlo. Recuerda lo que dice nuestra gurú: tienes que estudiar científicamente tu propia experiencia. No has venido aquí de turista o periodista; has venido como exploradora. Así que ponte a explorar.

—Entonces, ¿no me liberas?

—Puedes liberarte a ti misma cuando te dé la gana, Liz. Lo pone en el contrato celestial que regula lo que llamamos el *libre albedrío*.

53

Así que a la mañana siguiente fui a la sesión de cántico llena de buenas intenciones, y el Gurugita me tiró por una escalera de cemento de diez metros de altura, o eso me pareció a mí. El día siguiente fue aún peor. Me levanté hecha una furia y fui al templo sudando, hirviendo por dentro, rebosando ira. No hacía más que pensar: «Sólo es una hora y media. Eres perfectamente capaz de aguantar una hora y media haciendo algo. Por el amor de Dios, si tienes amigas que han soportado partos de catorce horas...». Pero, si me hubieran grapado a la silla, no habría estado más incómoda de lo que estaba. Notaba unas bolas de fuego, como unas oleadas de sofoco menopáusico, y me parecía que me iba a desmayar en cualquier momento o que iba a morder a alguien de lo indignada que estaba.

Sentía una furia descomunal. Iba contra todas las personas del mundo, pero sobre todo contra Swamiji, el maestro de la gurú, que era el que había establecido el rito de cantar el Gurugita. Y no era mi primer encontronazo con el gran yogui difunto. Era él quien se me había aparecido en el sueño de la playa, insistiendo en que le dijera cómo pensaba detener el mar, y siempre me parecía que se estaba burlando de mí.

Durante toda su vida Swamiji fue implacable, un látigo espiritual, por así decirlo. Igual que San Francisco de Asís, pertenecía a una familia adinerada y debería haberse ocupado del negocio familiar. Pero siendo joven conoció a un santo en un pueblo próximo al suyo y aquella experiencia lo marcaría para siempre. Sin haber cumplido los 20, Swamiji se fue de casa vestido con un simple calzón y pasó años haciendo peregrinajes a todos los lugares sagrados de India, buscando a un verdadero maestro espiritual. Parece ser que conoció a más de sesenta santos y gurús sin hallar al maestro que buscaba. Ayunó, caminó descalzo, durmió al aire libre en plena tormenta del Himalaya, tuvo malaria y disentería, pero siempre dijo que los años más felices de su vida fueron aquéllos, mientras buscaba un maestro que pudiera mostrarle a Dios. Swamiji fue sucesivamente *hatha-yogui*, experto en medicina ayurvédica, cocinero, arquitecto, jardinero, músico y espadachín (cómo me gusta eso). Llegó a la mediana edad sin haber encontrado un gurú, hasta que un día se cruzó con un sabio loco que iba desnudo y que le aconsejó volver a su pueblo, al lugar donde había conocido al santo siendo niño, y que tomara a ese gran santo por maestro.

Swamiji le obedeció. Volvió a su pueblo y se convirtió en el estudiante más devoto del gran sabio; al fin alcanzó la iluminación gracias a las enseñanzas de su maestro.

Finalmente, el propio Swamiji llegó a ser un gurú. Con el tiempo, su ashram en India pasó de ser una granja baldía con una casucha de tres habitaciones al exuberante jardín que es hoy. Entonces tuvo una inspiración y emprendió una revolución para lograr la meditación mundial. En la década de 1970 llegó a Estados Unidos y dejó a todo el mundo pasmado. Todos los días daba la iniciación divina —el *shaktipat*— a centenares de miles de personas. Tenía un poder inmediato y transformativo. El reverendo Eugene Callender (un respetado defensor de los derechos civiles, compañero de Martin Luther King y hoy pastor de una iglesia baptista de Harlem) recuerda haber conocido a Swamiji en aquellos años y cuenta que al ver a aquel hombre indio cayó de rodillas asombrado, pensando: «Esto no es una chorrada ni una moto que nos han vendido, esto es verdad pura y dura... Este hombre te mira y lo sabe todo de ti».

Swamiji exigía entusiasmo, entrega y autocontrol. Siempre regañaba a la gente por ser *jad*, una palabra hindi que significa «inerte». Trajo el clásico concepto de la disciplina a la vida de sus rebeldes seguidores occidentales, mandándoles que dejaran de perder tanto tiempo y energía (propios y ajenos) con toda esa bobada de la indiferencia *hippy*. Tan pronto te tiraba su bastón a la cara como te daba un abrazo. Fue un hombre complejo, a menudo polémico, pero también muy influyente. Si en Occidente tenemos acceso a muchos de los textos de yoga clásicos es gracias a que Swamiji organizó y dirigió la traducción y la recuperación de textos filosóficos que se habían olvidado incluso en India.

Mi gurú fue la discípula más entregada que tuvo Swamiji. Nació, literalmente, para ser su discípula; sus padres, también indios, estaban entre sus primeros seguidores. De pequeña a veces se pasaba dieciocho horas seguidas entonando un cántico religioso, incansable en su devoción. Swamiji supo ver el potencial que tenía y cuando era aún una niña la eligió como traductora. Viajó por el mundo entero con él, prestándole tanta atención, según contaría ella después, que le parecía oírle hablar incluso a través de las rodillas. En 1982, sin haber cumplido los 20, se convirtió en su sucesora.

Todos los gurús verdaderos se parecen porque viven en un constante estado de autorrealización, pero sus características externas difieren. Las diferencias aparentes entre mi gurú y su maestro son enormes: ella es una mujer femenina, políglota, universitaria y profesional; él era un viejo león nacido en el sur de India, unas veces caprichoso y otras tiránico. A mí, que soy una buena chica nacida en Nueva Inglaterra, me es más fácil seguir a mi maestra tan viva y convincente, una gurú de esas que puedes llevar a casa y presentársela a papá y mamá. Porque Swamiji... era demasiado. Cuando entré en contacto con este yoga y empecé a ver fotos suyas y a oír historias sobre él, pensé: «Voy a procurar no tener nada que ver con este personaje. Es demasiado grande. Me pone nerviosa».

Pero ahora que estoy aquí en India, en el ashram que fue su casa, al que busco es a él. La única presencia que noto es la suya. Es él con quien hablo cuando rezo y medito. Me paso veinticuatro horas enganchada a Swamiji. Aquí estoy, metida en el horno de Swamiji, y el efecto que me produce es patente. Ha muerto, pero tiene una cualidad muy terrenal y omnipresente. Es el maestro que necesito cuando estoy pasando por un momento complicado, porque aunque le insulte y le muestre todos mis fallos y defectos lo único que hace es reírse. Reírse, pero queriéndome. Y esa risa me indigna y esa indignación me hace moverme. Y cuando más próximo lo noto es cuando me empeño en cantar el Gurugita con sus insondables versos en sánscrito. Me paso el himno entero discutiendo con Swamiji dentro de mi cabeza, diciéndole chulerías del tipo: «¡Pues a ver si haces algo por mí, porque yo estoy haciendo esto por ti! ¡A ver si veo algún resultado palpable! ¡A ver si es verdad que salgo de esta historia purificada!». Ayer me indigné tanto al mirar el devocionario y ver que estábamos sólo en el verso Veinticinco y que yo ya estaba en pleno sofoco, sudando (pero no como una persona normal, sino como un pollo), que solté en voz alta: «¡Venga, ya vale de cachondeo!». Y unas cuantas mujeres se volvieron y me miraron asustadas, esperando, sin duda, verme la cabeza girando diabólicamente sobre el cuello.

Cada cierto tiempo recuerdo que hace poco vivía en Roma y me pasaba las mañanas comiendo pasteles, bebiendo capuchinos y leyendo el periódico.

Ésos sí que eran buenos tiempos.

Aunque ya parecen muy lejanos.

54

Esta mañana me he quedado dormida. Vamos, que como soy una vaga de mucho cuidado me he quedado adormilada en la cama hasta pasadas las cuatro de la madrugada. Cuando me desperté, faltaban un par de minutos para que empezara el Gurugita, así que me levanté a regañadientes, me eché agua en la cara, me vestí y —sucia, malhumorada y resentida— me dispuse a salir de mi habitación en la negrura previa al amanecer... encontrándome con la desagradable sorpresa de que mi compañera de cuarto, que ya se había ido, me había dejado encerrada.

La verdad es que hacer una cosa así se las trae. La habitación no es muy grande y fijarte en que la otra sigue metida en la cama no parece tan complicado. Mi compañera de habitación es una mujer responsable y práctica, una australiana que tiene cinco hijos. No le pega nada hacer una cosa así. Pero lo ha hecho. Me ha dejado encerrada —con candado— en nuestro cuarto.

Lo primero que he pensado es: *Si estabas buscando una buena excusa para no ir al Gurugita, aquí la tienes.* ¿Y lo segundo? Pues lo segundo no ha sido un pensamiento, sino un acto.

He salido por la ventana.

Más concretamente, me he subido a la barandilla de mi ventana del segundo piso, agarrándome a ella con manos sudorosas y quedándome colgada a oscuras durante unos minutos, antes de hacerme una pregunta de lo más sensata: «¿Por qué estás saltando por la ventana de esta casa?». Una voz impersonal me responde con una convicción feroz: *Tengo que llegar al Gurugita.* Entonces me dejo caer a oscuras y caigo de espaldas unos cuatro o cinco metros hasta llegar a la acera de cemento, rozando algo que me arranca una larga tira de piel de la pierna derecha, pero no me importa. Me levanto y corro descalza con el pulso latiéndome en las sienes, hasta el templo, donde encuentro un asiento libre, abro el devocionario justo cuando estaba empezando el cántico y —sangrando sin parar— me pongo a cantar el Gurugita.

Cuando ya llevábamos varios versos, al fin recuperé el aliento y pude pensar lo que pensaba todas las mañanas instintivamente: *No quiero estar aquí.* Y la carcajada de Swamiji me tronó por toda la cabeza mientras su voz me decía: *Pues tiene gracia, porque parece que quieres estar aquí a toda costa.*

Y yo le contesté: *Muy bien. Tú ganas.*

Me quedé ahí sentada, cantando, sangrando y pensando que quizá había llegado el momento de plantearme cambiar mi relación con este ejercicio espiritual en concreto. El Gurugita debía ser un himno de amor puro, pero algo me estaba impidiendo ofrecer ese amor de una manera sincera. Así que al ir cantando los versos me di cuenta de que necesitaba algo —o alguien— a quien dedicar este himno para hallar el amor puro en mi interior. Fue al llegar al verso vigésimo cuando se me ocurrió: *Nick.*

Nick, mi sobrino, es un niño de 8 años, delgaducho para su edad, tan listo, ocurrente, sensible y complicado que da casi miedo. Pocos minutos después de nacer, de todos los recién nacidos que berrean en la unidad infantil, el único que no llora es él, que mira a su alrededor con una mirada adulta, sabia y sensible, como si ya hubiera pasado por el trance varias veces y no le quedaran muchas ganas de repetirlo. Es un niño a quien la vida no le resulta sencilla, un niño que oye, ve y siente las cosas intensamente, un niño que a veces tiene arrebatos emotivos que nos desquician a todos. Yo le tengo un cariño enorme y, además, me saca el instinto protector. Caí en la cuenta —calculando la diferencia horaria entre India y Pensilvania— de que

estaría a punto de irse a la cama. Así que canté el Gurugita a mi sobrino Nick para ayudarlo a dormir. A veces le
cuesta dormirse, porque tiene una mente muy inquieta.
Por eso le dediqué las palabras piadosas del himno a Nick.
Llené el cántico con todo lo que hubiera querido enseñarle de la vida. Procuré usar cada frase para explicarle que el
mundo a veces es duro e injusto, pero que él tiene la suerte de ser un niño muy querido. Está rodeado de personas
dispuestas a hacer lo que sea para ayudarlo. Y no sólo eso,
sino que en el fondo de su ser tiene una sabiduría y una
paciencia que se van a revelar con el tiempo y lo van a sacar de cualquier apuro. Mi sobrino es un regalo de Dios
para todos nosotros. Usé el viejo texto sánscrito para contárselo a él y al poco tiempo vi que estaba llorando unas
lágrimas frías. Pero, cuando iba a secármelas, me di cuenta
de que el Gurugita había acabado. La hora y media había pasado ya. Y a mí me habían parecido diez minutos.
Asombrada, comprendí que era Nick el que me había guia-
do. Ese pequeño ser al que había querido ayudar me había
ayudado a mí.

Caminé hacia el altar del templo y me arrodillé hasta
tocar el suelo con la frente para dar las gracias a mi Dios,
al poder revolucionario del amor, a mí misma, a mi gurú
y a mi sobrino, entendiendo de golpe a nivel molecular (no
a nivel intelectual) que todas esas palabras, ideas y personas eran, en realidad, lo mismo. Entonces me metí en la
cueva de meditación, me salté el desayuno y pasé casi dos
horas notando vibrar el silencio. Obviamente, Richard el
Texano hizo todo lo posible para burlarse de mí por haber
saltado por la ventana, pues me decía todas las noches
después de cenar: «Mañana nos vemos en el Regurgita,

Zampa. Pero, una cosa, procura bajar por las escaleras esta vez, ¿vale?». Y, por cierto, cuando llamé a mi hermana una semana después, me contó que, inexplicablemente, Nick había empezado a dormirse sin ningún problema. Y, cómo no, varios días después estaba en la biblioteca leyendo un texto sobre el santo indio Sri Ramakrishna, cuando me topé con la historia de una devota que vino a ver al gran maestro y le confesó que temía no tener la suficiente fe ni el suficiente amor a Dios. Y el santo le dijo: «¿No hay nada que ames?». La mujer admitió que adoraba a su joven sobrino más que a nada en el mundo. El santo le respondió: «Pues bien. Él será tu Krisna; será tu venerado. El culto que rindas a tu sobrino será tu culto a Dios».

Pero todo esto tiene poca importancia. El suceso verdaderamente sorprendente ocurrió el mismo día en que salté por la ventana. Esa tarde me encontré con Delia, mi compañera de cuarto. Le conté que me había dejado encerrada en nuestra habitación. Se quedó atónita.

—¡Pero cómo he podido hacer eso! —exclamó—. Además, llevo toda la mañana pensando en ti. Anoche soñé contigo y las imágenes se me han quedado marcadas. Llevo todo el día acordándome.

—Cuéntamelo —le pedí.

—Te veía envuelta en llamas —me confesó Delia—. Y tu cama estaba incendiada también. Yo me levantaba de mi cama para ayudarte, pero al acercarme ya no quedaba de ti más que un montoncillo de ceniza blanca.

55

Fue entonces cuando decidí que tenía que quedarme más tiempo en el ashram. La verdad es que no entraba dentro de mis planes para nada. Pensaba pasar aquí sólo seis semanas, vivir una experiencia trascendental y seguir viajando por India para... ejem... encontrar a Dios. ¡Ya tenía los correspondientes mapas y guías y botas de montaña y todo! Pensaba visitar una serie de templos y mezquitas y hablar con una serie de hombres santos. Al fin y al cabo ¡estaba en India! Si hay un país con cosas que ver y vivir, es éste. Tenía kilómetros por patear, templos por explorar, elefantes y camellos por montar. Y sería una verdadera lástima perderse el Ganges, el gran desierto del Rajastán, los excéntricos cines de Mumbai, el Himalaya, las viejas plantaciones de té y los *rickshaws* de Calcuta haciendo carreras como la escena de las cuadrigas de *Ben Hur*. Hasta pensaba conocer al Dalái Lama en marzo en Dharamsala. Esperaba que él sí fuera capaz de mostrarme a Dios.

Pero quedarme parada, inmovilizada en un pequeño ashram, en un pueblo en mitad de la nada... No, eso no entraba en mis planes.

Por otra parte, los maestros zen siempre dicen que no vemos nuestro reflejo en el agua en movimiento, sino en el agua quieta. Algo me decía que sería una negligencia espiritual salir corriendo ahora, cuando estaban pasando tantas cosas en este pequeño lugar enclaustrado donde cada minuto del día estaba organizado para facilitar la auto-exploración y la vida espiritual. ¿Qué se me había perdido en un montón de trenes donde iba a acabar con no sé cuántas infecciones intestinales y rodeada de una panda de mochileros? ¿No podía dejar eso para más adelante? ¿No podía conocer al Dalái Lama en algún otro momento? Además, el Dalái Lama siempre está ahí, ¿no? (Y en caso de que muriese —Dios no lo quiera— ¿no pondrán a otro en su lugar y punto?) ¿No tenía un pasaporte que parecía la mujer tatuada de un circo? ¿Seguir viajando de verdad me iba a revelar la divinidad?

No sabía qué hacer. Me pasé un día entero dándole vueltas al tema. Como de costumbre, fue Richard el Texano el que dijo la última palabra.

—Quédate quietecita, Zampa —me soltó—. Pasa de hacer turismo. Tienes toda la vida para hacer turismo. Esto es un viaje espiritual, nena. No te largues a la mitad, no te quedes sólo a la mitad de tus posibilidades. Aquí eres una invitada de Dios. ¿De verdad vas a largarte así como así?

—Y todas las cosas bonitas que hay en India, ¿qué? —le pregunté—. ¿No da un poco de pena viajar por medio mundo para acabar encerrada en un ashram diminuto?

—Zampa, nena, haz caso a tu amigo Richard. Si eres capaz de mover ese culo blanco como la leche y plantarlo en la cueva de meditación todos los días durante los siguientes tres meses, te prometo que vas a ver cosas tan bonitas que te van a dar ganas de tirar piedras al Taj Mahal.

56

Esto es lo que me ha dado por pensar esta mañana mientras meditaba.

No sé adónde irme a vivir cuando acabe de viajar este año. No quiero volver a Nueva York mecánicamente. Puede que sea buena idea irme a una ciudad nueva. Se supone que Austin, en Texas, está bien. Y Chicago tiene una arquitectura maravillosa. Aunque los inviernos son horribles, eso sí. O puede que me vaya al extranjero. Me han hablado bien de Sydney... Si viviera en un sitio más barato que Nueva York, tendría una casa más grande y entonces ¡podría poner una habitación para meditar! Eso estaría bien. La pintaría de dorado. O mejor, un azul profundo. No, dorado. No, azul...

Cuando me pillé a mí misma pensando toda esta historia, me quedé atónita. Pensé: *Aquí estás, en India, en un ashram en uno de los centros de peregrinación sagrados del planeta. Y en lugar de comulgar con la divinidad estás pensando en dónde vas a meditar dentro de un año en una casa inexistente de una ciudad que aún está por decidir. A ver si te pones las pilas, so tarada. ¿Qué tal si te dedicas a meditar aquí mismo, ahora mismo, en el sitio donde estás en este momento?*

Volví a concentrarme en la repetición silenciosa del mantra.

Minutos después me detuve durante unos segundos a retirar ese insulto que me había dedicado a mí misma cuando me había llamado tarada. No era muy cariñoso, la verdad.

Seguro que sí —pensé al momento siguiente—. *Un cuarto de meditación dorado quedaría bien, seguro.*

Abrí los ojos y suspiré. ¿No podrías hacerlo un poco mejor?

Esa misma noche puse en práctica una cosa nueva. Acababa de conocer a una mujer del ashram que había estado estudiando la meditación vipassana, una técnica de meditación budista ultraortodoxa, simple pero intensa. Consiste en sentarse, sencillamente. Un curso de preparación para la meditación vipassana dura diez días y consiste en sentarse durante diez horas al día en tramos de silencio de entre una y dos horas. Es el «deporte de riesgo» de la trascendencia. El maestro de vipassana ni siquiera te da un mantra, porque eso se considera una especie de trampa. La meditación vipassana es la práctica de la contemplación pura; consiste en observarte la mente y examinar exhaustivamente el mecanismo de tu pensamiento sin levantarte de tu sitio en ningún momento.

También es físicamente agotadora. Está prohibido mover el cuerpo una vez que se haya sentado uno por muy incómodo que se esté. La cosa consiste en estar ahí sentado y pensar: «No existe absolutamente ningún motivo para moverme en las dos horas siguientes». Si estás incómodo, debes meditar sobre esa incomodidad, estudiando el efecto que te produce el dolor físico. En la vida real no hacemos más que adaptarnos a la incomodidad —física, sentimental y psicológica— para evadirnos de esa realidad llena de sufrimiento y molestias. La meditación vipassana nos enseña que el sufrimiento y las molestias son inevitables en esta vida, pero si experimentas la quietud necesaria con el tiempo descubrirás que todo (lo incómodo y lo hermoso) pasa con el tiempo.

«El mundo está lleno de muerte y podredumbre, pero los sabios no sufren, porque conocen las urdimbres del mundo», dice un clásico axioma budista. En otras palabras: «Es lo que hay. Acostúmbrate».

No creo que la vipassana sea necesariamente el camino adecuado para mí. Es demasiado austera para mi noción de ejercicio espiritual, que tiene más que ver con la compasión y el amor y las mariposas y la felicidad y un Dios amable (lo que mi amiga Darcy llama la «Teología para Adolescentes»). En la vipassana ni siquiera se habla de «Dios», porque ciertos budistas consideran que la idea de Dios es la base de la dependencia, la manta que nos protege de la inseguridad, lo último que hay que abandonar en el camino hacia el desapego total. A mí lo del *desapego* no acaba de convencerme del todo. He conocido personas muy espirituales que parecen vivir en un estado de desconexión total de los demás seres humanos y a los que, cuando me hablan de su sagrado anhelo de desapego, me dan ganas de sacudirles y gritar: «¡Tío, si eso es lo último que necesitas!».

Aun así, entiendo que un cierto grado de desapego inteligente puede ser un valioso instrumento de paz en esta vida. Un día, después de dedicar la tarde a leer sobre la meditación vipassana, me dio por pensar que me paso la vida boqueando como un pez, la mitad de las veces huyendo de alguna molestia y la otra mitad lanzándome ansiosa hacia algo que promete un mayor placer. Y me planteé si podría servirme de algo (a mí y a los que me sufren porque me quieren) aprender a estarme quieta y aguantar un poco sin lanzarme a la farragosa carretera de la circunstancia.

Esta tarde he vuelto a plantearme todos estos temas en un banco tranquilo que he encontrado en los jardines del ashram, donde me he instalado para meditar durante una hora al estilo vipassana. Sin movimiento, sin ansiedad, sin mantras... Contemplación pura y dura. Vamos a ver qué pasa. Por desgracia había olvidado lo que pasa en India al anochecer: se llena todo de mosquitos. No había hecho más que sentarme en ese banco de ese sitio tan bonito cuando oí a los mosquitos lanzarse hacia mí, rozándome la cara y embistiéndome —en formación— la cabeza, los tobillos, los brazos. Y cómo ardían sus fieros picotazos. Aquello no me gustó nada. Pensé: «No parece una buena hora para la meditación vipassana».

Por otra parte, ¿cuándo es un buen momento del día, o de la vida, para sentarse a practicar una quietud desapegada? ¿En qué momento no tenemos algo revoloteándonos alrededor, intentando distraernos y sacarnos de quicio? Así que tomé una decisión (inspirada de nuevo por el precepto de mi gurú de que tenemos que estudiar científicamente nuestra propia experiencia). Me propuse hacer el siguiente experimento: *¿Qué tal si acepto la situación por una vez en la vida?* En lugar de dar manotazos a los mosquitos y quejarme, ¿por qué no intentaba soportar la incomodidad durante una hora de mi larga vida?

Y eso fue lo que hice. Completamente quieta, me contemplé a mí misma mientras me devoraban los mosquitos. La verdad es que, por un lado, me preguntaba de qué me iba a servir aquella especie de demostración de mi «hombría», pero también sabía que aquello era el primer paso hacia el autocontrol. Si lograba soportar esa incomodidad física que, obviamente, no ponía en peligro mi vida, entonces, ¿qué incomodidades sería capaz de soportar en el futuro? ¿Soportaría las incomodidades sentimentales, que son las que me resultan más difíciles? ¿Y los celos, la ira, el miedo, la desilusión, la soledad, la vergüenza, el aburrimiento?

Al principio el picor era enloquecedor, pero acabó convirtiéndose en un escozor generalizado y al lograr sobrellevarlo experimenté una ligera euforia. Desligué el dolor de sus asociaciones concretas y le permití convertirse

en una sensación pura —ni buena ni mala; sólo intensa—
y esa intensidad me elevó fuera de mí, llevándome a la
meditación. Pasé dos horas allí sentada. Si se me hubiera posado un pájaro en la cabeza, no lo habría notado.

Quiero dejar una cosa clara. Sé que este experimento
no fue el acto de fortaleza más estoico de la historia de la
humanidad y no estoy pidiendo una Medalla al Mérito
ni nada parecido. Pero sí me hizo una cierta ilusión darme cuenta de que, en los 34 años que llevo sobre la Tierra,
nunca me había picado un mosquito sin que le diera un
manotazo. A lo largo de mi vida he sido una marioneta de-
pendiente de millones de señales como ésa —grandes y pequeñas—, que nos indican cuándo y cómo sentir el placer
o el dolor. Pase lo que pase, yo siempre reacciono. Pero
ahí estaba, indiferente al acto reflejo. Era algo que no había hecho jamás en la vida. Vale, era un hecho nimio, pero
¿cuántas veces había podido hacer una cosa así? ¿Y qué
podré hacer mañana que todavía no pueda hacer hoy?

Al acabar el experimento, me puse en pie, fui a mi habitación y valoré los daños. Conté veinte picaduras de mosquito. Pero a la media hora todas habían disminuido. Todo
pasa. Con el tiempo todo pasa.

57

El anhelo de hallar a Dios es una inversión del orden
terrenal normal. En nuestra búsqueda de Dios nos aparta-
mos de lo que nos atrae y nadamos hacia lo difícil. Aban-
donamos nuestras cómodas costumbres con la esperanza

(la mera esperanza) de que se nos ofrezca algo mejor que lo que hemos abandonado. Todas las religiones del mundo describen de un modo parecido a un buen discípulo: aquel que se levanta temprano para rezar a su Dios, procura ser virtuoso, es un buen vecino, se respeta a sí mismo y a los demás y domina sus ansias. A todos nos gusta más levantarnos tarde, pero hay personas que llevan milenios levantándose antes de que salga el sol para lavarse la cara e ir a rezar. Y después luchan ferozmente para mantener sus convicciones durante la locura del día correspondiente.

Los devotos del mundo entero practican sus ritos sin tener garantizado que les sirva de nada. Obviamente, hay un sinfín de escrituras y un sinfín de curas que hacen un sinfín de promesas sobre los parabienes que te pueden deparar tus buenas obras (o amenazas sobre los castigos que te esperan si no cumples), pero incluso creerse todo esto es un acto de fe, porque ninguno de nosotros sabemos cómo va a acabar la partida. La fe es diligencia sin garantías. Tener fe equivale a decir: «Sí, acepto de antemano los términos del universo y acepto de antemano lo que ahora mismo soy incapaz de entender». Es lógico que exista lo que llamamos un «acto de fe», porque la decisión de aprobar la noción de la divinidad supone dar un salto gigantesco desde lo racional hacia lo desconocido y me da igual que los diligentes sabios de todas las religiones nos metan sus libros por los ojos para intentar demostrarnos con textos que su fe es racional, porque no lo es. Si la fe fuese racional, no sería fe. La fe es la creencia en lo que no se puede ver ni tocar. La fe es caminar —de frente y a toda velocidad— hacia las tinieblas. Si realmente tuviéramos todas las respuestas en cuanto al significado de la vida y la naturaleza de Dios y el destino del alma, la religión no sería un acto de fe ni un valiente acto de humanidad; sería simplemente... una prudente póliza de seguros.

El mundo de los seguros no me interesa. Estoy harta de ser una escéptica; la prudencia espiritual me fastidia y la controversia empírica me aburre y agota. No quiero oír ni una palabra más. Me importan un bledo las evidencias y las pruebas y las demostraciones. Lo único que busco es a Dios. Quiero tener a Dios dentro de mí. Quiero que Dios corra por mis venas como el sol corretea por la superficie del agua.

58

Mis oraciones se han vuelto más pausadas y concretas. He pensado que no debe de servir de mucho enviar al universo oraciones perezosas. Todas las mañanas, antes de meditar, me arrodillo en el templo y paso unos minutos hablando con Dios. Cuando acababa de llegar al ashram, creo que no parecía demasiado ocurrente en mis conversaciones divinas. Como estaba cansada, confusa y aburrida, todas mis oraciones sonaban igual. Recuerdo que una mañana me arrodillé, posé la frente en el suelo y le dije a mi creador: «Pues no sé lo que ando buscando..., pero tú debes de tener alguna sugerencia que hacerme..., así que ponte las pilas, ¿vale?».

Se parece bastante a lo que suelo decir a mi peluquero.

Y es bastante simplón, la verdad. Es fácil imaginarse a Dios levantando las cejas al recibir la plegaria y enviando un mensaje de respuesta: «Vuelve a llamarme cuando decidas tomarte el asunto en serio».

Obviamente, Dios sabe con claridad lo que ando buscando. La cuestión es: ¿lo sé yo? Postrarte desesperadamente a los pies de Dios está muy bien —¡anda que no lo habré hecho yo!—, pero cuanto más pongas de tu parte, más provecho le sacarás a la experiencia. Hay un chiste italiano maravilloso sobre un pobre hombre que va todos los días a la iglesia y se pone a rezar ante la estatua de un gran santo, diciendo: «Querido santo, por favor, por favor, por favor, concédeme el don de que me toque la lotería». Y esta letanía se repite durante cuatro meses. Hasta que un día la estatua cobra vida, baja la cabeza hacia el hombre suplicante y le dice con un cansancio infinito: «Hijo mío, por favor, por favor, por favor... *compra un décimo*».

Rezar es relacionarse; la mitad de la tarea es mía. Si pretendo transformarme, pero no me tomo la molestia de explicar exactamente qué quiero conseguir, ¿cómo se me va a cumplir? La mitad del provecho de una oración está en la pregunta en sí, en el planteamiento de una intención claramente expuesta y bien pensada. Sin él tus ruegos y deseos serán endebles, quebradizos, inertes; formarán una fría bruma que se arremolinará en torno a ti, incapaz de despegarse. Por eso todas las mañanas dedico un rato a precisar qué es exactamente lo que ando buscando. Me arrodillo en el templo con la cara apoyada en el frío mármol, y me tomo todo el tiempo necesario para formular una oración auténtica. Si no me parece sincero lo que he pensado, me quedo postrada en el suelo hasta conseguirlo. Lo que me sirvió ayer no tiene por qué servirme hoy. Las oraciones empiezan a sonar rancias y se convierten en una cantinela soporífera si no las ponemos al día cada cierto tiempo. Estando bien alerta, podré asumir responsablemente la labor de mantenimiento de mi alma.

En mi opinión el destino también es una relación entre dos partes, una partida entre la gracia de Dios y un esfuerzo humano consciente. Hay una mitad que no controlamos en absoluto; la otra mitad está totalmente en nuestras manos y nuestros actos tendrán manifiestas consecuencias. Un ser humano no es enteramente un títere de los dioses ni enteramente dueño de su destino; es una mezcla de ambas cosas. Galopamos por la vida como artistas de circo que se bambolean precariamente a lomos de dos veloces caballos; un pie va sobre el caballo llamado Destino y el otro, sobre el caballo llamado Libre Albedrío. Y la pregunta que nos hacemos todos los días es: ¿cuál caballo es cuál? ¿A cuál de los dos lo puedo dejar ir por su cuenta, porque no está bajo mi control, y a cuál lo tengo que llevar de las riendas bien sujetas?

En mi destino hay muchas cosas que se me escapan, pero hay otras que sí están bajo mi jurisdicción. Hay una serie de billetes de lotería que puedo comprar, aumentando mis posibilidades de llegar a ser feliz. Puedo decidir cómo paso el tiempo, con quién me relaciono, con quién comparto mi vida, mi dinero, mi cuerpo y mi energía. Puedo seleccionar lo que como, leo y estudio. Puedo establecer cómo voy a reaccionar ante las circunstancias desfavorables de la vida; si voy a considerarlas maldiciones u oportunidades (y cuando no consiga ser optimista, porque esté pasando por un momento de bajón, puedo decidir intentar cambiar de actitud). Puedo elegir las palabras que uso y el tono de voz que empleo para hablar con los demás. Y, por encima de todo, puedo elegir mis pensamientos.

Este último concepto es todo un descubrimiento para mí. Se lo debo a Richard el Texano que, cuando me estaba quejando de lo neura que soy, me dijo: «Zampa, tienes que aprender a seleccionar tus pensamientos, igual que eliges la ropa que te vas a poner todos los días. Es una capacidad que tienes y que puedes llegar a dominar. Si quieres controlar tu vida, tienes que controlar tu mente. En lugar de intentar controlar todo lo demás, céntrate en eso. Olvídate de todo lo demás. Porque, si no aprendes a dominar tu pensamiento, nunca vas a levantar cabeza».

De buenas a primeras parece una tarea casi imposible. ¿Controlar tus *pensamientos?* ¿No era al revés? Pero ¿y si es verdad que se puede? El tema no tiene nada que ver con la represión ni con la negación. La represión y la negación son complicados artificios que sirven para disimular los sentimientos negativos. Lo que dice Richard es que debemos admitir la existencia de las ideas negativas, entender de dónde vienen y por qué; y entonces —con mucha misericordia y entereza— descartarlas. Esta capacidad encaja perfectamente con toda la labor psicológica que se hace durante una terapia. La consulta de un psiquiatra nos sirve para entender por qué tenemos estas ideas destructivas; los ejercicios espirituales pueden usarse para sobreponernos a ellas. Obviamente, nos cuesta quitárnoslas de encima. Supone abandonar nuestras viejas costumbres, las reconfortantes manías de toda la vida y las estampas familiares de siempre. Es evidente que el asunto requiere una práctica y un esfuerzo firmes. No es una lección que se oiga una vez y se aprenda a dominar de manera inmediata. Requiere una rutina y una buena disposición. Debemos decirnos: «Tengo que hacerlo para ser fuerte». *Devo farmi le ossa,* es como lo dicen en italiano. Una expresión equivalente sería «hay que hacer callo».

Por eso ahora me dedico a vigilar mis pensamientos durante todo el día; les hago un seguimiento constante. Repito este juramento unas 700 veces al día: «No daré cobijo a mis pensamientos insanos». Cada vez que veo aflorar un pensamiento denigrante, pronuncio el juramento. *No daré cobijo a mis pensamientos insanos.* La primera vez que me escucho decirlo me detengo en la palabra «cobijo», que cada vez se usa menos. Significa amparo, refugio, puerto. Un puerto es, obviamente, un lugar resguardado, pero abierto al exterior. Me imagino el puerto de mi mente, un poco desvencijado, marcado por las tormentas, pero bien situado y con un buen calado. El puerto de mi mente es una bahía grande, el único acceso a la isla de Yo (que es una isla volcánica joven, pero fértil y prometedora). Ha sufrido alguna que otra guerra, eso sí, pero ahora sólo busca la paz bajo una nueva gobernanta (una servidora) con un programa político destinado a lograr la protección de la zona. Y ahora —a ver si se corre la noticia por los siete mares— las leyes son mucho más estrictas en cuanto a quién tiene acceso al puerto y quién no.

Ya no se puede entrar cargado de ideas crueles e injustas, con torpederos atestados de ideas, con mercantes esclavistas atestados de ideas, con buques de guerra atiborrados de ideas. Todos ellos serán rechazados. Tampoco se dará paso a los pensamientos de los desterrados furiosos o famélicos, de los amargados y los propagandistas, de los amotinados y los asesinos violentos, de las prostitutas, los chulos y los polizones insurrectos. Las ideas antropófagas, por motivos evidentes, tampoco tendrán acceso.

Todos los que arriben a puerto serán filtrados, hasta los misioneros para ver si son realmente sinceros. Éste es un puerto de paz, la vía de entrada a una isla estupenda y orgullosa donde al fin reina algo de tranquilidad. Si respetáis estas nuevas leyes, queridos pensamientos, seréis bienvenidos a mi mente. De no ser así, os haré zarpar rumbo a los procelosos mares de donde veníais.

Tal es mi misión y jamás cejaré en su desempeño.

59

Me he hecho amiga de una niña india de 17 años que se llama Tulsi. Fregamos juntas el suelo del templo todos los días. A última hora de la tarde nos damos un paseo por los jardines del ashram y hablamos de Dios y de música hip-hop, dos temas que a ella le parecen igual de apasionantes. Tulsi es una niña muy mona y muy empollona; y ahora está todavía más graciosa, porque la semana pasada se le cayeron las «lentes» (como ella dice) y, aunque el cristal roto parece una telaraña casi de cómic, ella sigue llevando las gafas. Tulsi tiene muchas cosas interesantes y exóticas: es una adolescente un poco «chicazo», es india, es la rebelde de su familia y está tan obsesionada con Dios que casi parece una colegiala enamorada. Además, habla un inglés británico maravilloso —esa versión cantarina que sólo se oye en India— y que incluye reminiscencias coloniales como: «¡Espléndido!» o «¡Paparruchas!» y que a veces produce frases elocuentes tipo: «Es agradable pasear por la hierba en las primeras horas del día, cuando ya se ha condensado el rocío, porque baja la temperatura corporal de una manera grata y natural». Cuando le dije que iba a pasar un día en Mumbai, Tulsi me dijo: «Por favor, presta atención al caminar, pues verás autobuses veloces por todas partes».

Tiene exactamente la mitad de años que yo y abulta prácticamente la mitad que yo.

Últimamente, Tulsi y yo hablamos del matrimonio durante nuestros paseos. Dentro de poco cumple 18 años, hecho que la convierte en una mujer casadera. La cosa será más o menos así: a partir de su decimoctavo cumpleaños tendrá que asistir a las bodas familiares vestida de sari para dejar claro su estatus de mujer. Una amable *amma* (tía) se sentará a su lado y le hará un montón de preguntas para irla conociendo. «¿Qué edad tienes? ¿Cómo es tu familia? ¿A qué se dedica tu padre? ¿En qué universidades te gustaría estudiar? ¿Qué temas te interesan? ¿Cuándo es tu cumpleaños?». Y poco después el padre de Tulsi recibirá por correo un abultado sobre con la foto del nieto de esa mujer, un chico que estudia informática en Delhi, incluyendo su carta astral, su expediente académico y la inevitable pregunta: «¿Querría su hija casarse con él?».

A Tulsi todo el tema le parece «un asco».

Pero para una familia es muy importante que los hijos se casen bien. Tulsi tiene una tía que se acaba de afeitar la cabeza para dar las gracias a Dios porque su hija mayor —que tiene la jurásica edad de veintiocho años— se ha casado por fin. Era una chica difícil de casar, porque tenía muchas cosas en contra. Cuando pregunté a Tulsi qué problemas puede haber para casar a una mujer india, me dice que son incontables.

—Que tenga un mal horóscopo, que sea demasiado mayor, que tenga la piel demasiado oscura —me explica—. También puede que sea demasiado culta y no encuentren un hombre con un nivel más alto que el suyo. Ése es un problema muy común hoy en día, porque una mujer no puede ser más culta que su marido. O puede que haya tenido un novio y todo el mundo lo sepa. Uf, entonces sería bastante complicado encontrarle un marido...

Hago un rápido repaso mental de la lista para ver las posibilidades que tendría yo de casarme con un indio. No sé si mi horóscopo es bueno o malo, pero está claro que soy demasiado mayor, excesivamente culta y tengo una moralidad reprobable que he exhibido en público sin ningún recato... No parezco una candidata muy halagüeña. Al menos tengo la piel clara. Es lo único que tengo a mi favor.

La semana pasada Tulsi fue a la boda de otra prima y después me contaba (con una actitud impropia de una chica india) lo mucho que odia las bodas. Todo consiste en bailar y cotillear. Y qué aburrimiento lo de ir tan elegante. Me dice que le gusta mucho más estar en el ashram, fregando suelos y meditando. En su familia nadie la entiende; su devoción por Dios no les parece nada normal.

—Los de mi familia me consideran tan rara que ya ni siquiera me dicen nada —me explica—. Tengo fama de ser una persona a la que si le dices que haga una cosa, hará justo la contraria. Además, tengo mal carácter. Y no he sido demasiado estudiosa, aunque a partir de ahora lo voy a ser, porque en la universidad podré decidir yo sola los temas que me interesan. Quiero estudiar psicología, como hizo nuestra gurú en la universidad. Pero se me considera una chica difícil. Los que me conocen saben que para convencerme de que haga algo hay que darme un buen motivo. Mi madre lo entiende y siempre intenta razonarme las cosas, pero mi padre, no. Y cuando me intenta convencer, sus argumentos no siempre me parecen válidos. A veces no sé por qué tengo una familia como la mía, porque no me parezco a ellos en absoluto.

La prima de Tulsi que se casó la semana pasada sólo tiene 21 años y la siguiente de la lista es su hermana mayor, que sólo tiene 20, así que cuando le llegue el turno la van a presionar mucho para que se case. Le pregunto si quiere casarse y me contesta:

—Noooooooooooooooooooooo...

Su respuesta se prolonga más que la puesta de sol que estamos viendo desde el jardín.

—¡Yo quiero viajar por el mundo! —exclama—. Como tú.

—Tulsi, yo no puedo pasarme la vida viajando, sabes. Y he estado casada.

Frunce el ceño y me mira desconcertada con sus gafas rotas, como si acabara de decirle que antes era morena y le costara imaginarlo. Al cabo de unos segundos me pregunta:

—¿Tú, casada? Me cuesta creer algo así.

—Pues es verdad.

—¿Fuiste tú la que puso fin al matrimonio?

—Sí.

—Me parece muy loable que hayas puesto fin a tu matrimonio. Ahora pareces estar espléndidamente feliz. Pero yo, ¿cómo he llegado aquí? ¿Por qué nací siendo una niña india? ¡Es indignante! ¿Por qué nací en esta familia? ¿Por qué me veo obligada a ir a tantas bodas?

Entonces Tulsi echó a correr en círculos para descargar su frustración, gritando bastante alto (para estar en un ashram):

—¡Quiero vivir en Hawai!

60

Richard el Texano también estuvo casado. Tiene dos hijos, ya mayores, que se llevan muy bien con su padre. A veces Richard menciona a su mujer al contar alguna anécdota y siempre habla de ella con cariño. A mí me entra un poco de envidia al oírlo, porque me parece que Richard tiene suerte de llevarse bien con su ex aunque ya se hayan separado. Éste es un curioso efecto secundario de mi terrible divorcio; cuando oigo hablar de parejas que se han separado amistosamente, me pongo celosa. Peor aún, me parece muy romántico que un matrimonio acabe de manera tan civilizada. Pienso: «Mira qué bien... Seguro que se querían mucho...».

Así que un día le hablo a Richard del tema.

—Hablas con cariño de tu ex mujer. ¿Os seguís llevando bien?

—Qué va —me contesta muy tranquilo—. Dice que me he cambiado de nombre y que ahora me llamo «Hijo de puta».

La calma con la que se lo toma Richard me impresiona. Mi ex marido también dice que me he cambiado de nombre, pero a mí me deprime mucho que lo diga. Una de las cosas más dolorosas de mi divorcio fue que mi ex marido nunca me perdonó que me hubiera marchado; le importaba un bledo que le diera toneladas de disculpas o explicaciones, que asumiera toda la culpa de lo sucedido, que le ofreciera una serie de activos y actos de contrición a cambio de mi libertad. Jamás se le pasó por la cabeza felicitarme y decirme: «Oye, me han impresionado mucho tu generosidad y tu sinceridad y quiero decirte que ha sido un placer que te divorcies de mí». Eso nunca. Lo mío era imperdonable. Y yo seguía llevando dentro ese oscuro agujero imperdonable. Incluso en los momentos de felicidad y emoción (sobre todo en los momentos de felicidad y emoción) no lograba quitarme esa pena de encima. *Él me sigue odiando*. Y me daba la sensación de que era algo que llevaría conmigo siempre, algo de lo que no me iba a librar jamás.

Un día estaba hablando de este tema con mis amigos del ashram con la reciente incorporación de un fontanero de Nueva Zelanda, un tío al que le han contado que soy escritora y que ha querido conocerme para decirme que él también escribe. Es un poeta que acaba de publicar en su país un magnífico relato testimonial que se llama *El progreso del fontanero**, sobre su viaje espiritual. El fontanero/poeta de Nueva Zelanda, Richard el Texano, el granjero irlandés, Tulsi, la chicazo india, y Vivian —una mujer mayor de pelo canoso y alborotado y ojos burlones e incandescentes que ha sido monja en Suráfrica— son mis amigos de aquí, un grupo ameno formado por unos personajes que jamás hubiera esperado conocer en un ashram indio.

---

* Título adaptado de *El progreso del peregrino*, de John Bunyan (1628-1688), libro famosísimo en Estados Unidos. *(N. de la T.)*

Un día estamos todos comiendo juntos y, cuando sale el tema del matrimonio, el fontanero/poeta de Nueva Zelanda dice:

—Yo el matrimonio lo veo como una cirugía que une a dos personas con una sutura y el divorcio es una especie de amputación que puede tardar mucho tiempo en curarse. Cuanto más tiempo lleves casado o más brusca sea la amputación, más tardarás en recuperarte.

Eso explicaría la sensación de tener un miembro amputado que llevo años notando desde mi divorcio, como si acarreara una pierna fantasma que me hace tirar cosas de las estanterías y tal.

Richard el Texano me pregunta si voy a pasarme la vida pensando de mí misma lo que pensaba mi ex marido y le contesto que aún no lo tengo muy claro. La verdad es que mi ex me influía mucho y tengo que reconocer que sigo medio esperando que el hombre me perdone, me libere y me deje seguir mi camino tranquilamente.

El granjero irlandés comenta:

—Ponerte a esperar a que ese día llegue no parece una manera muy racional de emplear tu tiempo.

—Gente, ¿qué queréis que os diga? —me defiendo—. La culpa es lo mío. Hay otras mujeres que se dedican a la moda, por ejemplo.

La ex monja católica (que debe de ser experta en el tema de la culpa, digo yo) no se traga mis excusas.

—La culpa es el truco que usa tu ego para convencerte de que estás progresando moralmente. No te dejes engañar, querida.

—Lo peor del final de mi matrimonio es que no hubo final —les explico—. Es como una herida abierta que no se cura nunca.

—Si te empeñas, allá tú —me dice Richard—. Si te lo quieres tomar así, no seré yo quien te lo impida.

—Un día de éstos tengo que solucionar este asunto —afirmo—. Lo que no sé es cómo.

Al acabar de comer, el fontanero/poeta de Nueva Zelanda me pasó una nota. Decía que quería verme después de cenar para enseñarme una cosa. Esa noche me reuní con él junto a las cuevas de meditación y me dijo que tenía un regalo para mí. Me llevó a la otra punta del ashram, entramos en una casa donde yo no había estado nunca, abrió una puerta que estaba cerrada con llave y subimos por unas escaleras traseras. Pensé que debía de conocer toda aquella zona, porque era él quien se encargaba del mantenimiento del aire acondicionado y varios de los módulos estaban allí. Arriba de las escaleras había una puerta que tuvo que abrir con una combinación, cosa que hizo rápidamente, como si la supiera de memoria. Entonces salimos a una hermosa azotea con un suelo de mosaico que brillaba bajo la luz del crepúsculo como el fondo de un lago resplandeciente. Cruzamos juntos la azotea y llegamos a un torreón, una especie de minarete, en cuya puerta me mostró unas escaleras que llevaban arriba del todo. Señalando el torreón, me dijo:

—Y yo ahora me voy. Tú vas a subir hasta arriba y te vas a quedar ahí hasta que se acabe.

—¿Hasta que se acabe el qué? —le pregunté.

Con una sonrisa el fontanero me dio una linterna «para que veas las escaleras cuando bajes» y me dio un papel doblado. Después se fue.

Subí hasta la cúspide del torreón. Estaba en lo más alto del ashram y veía entero el valle fluvial donde estábamos, en mitad de la campiña india. Hasta donde me alcanzaba la vista había montañas y granjas por todas partes. Lo más seguro es que a los estudiantes no les dejaran subir al torreón, pero el lugar era bellísimo. Pensé que era posible que la gurú subiera allí a ver las puestas de sol cuando estaba en el ashram. Y el sol se estaba poniendo precisamente en ese momento. Soplaba una brisa cálida. Desdoblé la hoja de papel que me había dado el fontanero/poeta.

Había escrito lo siguiente:

INSTRUCCIONES PARA LA LIBERTAD

1. *Las metáforas de la vida son las instrucciones de Dios.*
2. *Acabas de subir a lo más alto del tejado. No hay nada que te separe del infinito. Déjate llevar.*
3. *El día está acabando. Ha llegado el momento de convertir algo que era bello en otra cosa bella. Déjate llevar.*
4. *Tu anhelo de hallar una solución es una plegaria. Estar aquí es la respuesta de Dios. Déjate llevar y mira las estrellas cuando salgan por fuera y por dentro.*
5. *Con todo tu corazón ruega por la gracia de Dios y déjate llevar.*
6. *Con todo tu corazón perdónale, PERDÓNATE A TI MISMA y déjate llevar.*
7. *Procura mantenerte libre del sufrimiento inútil. Y déjate llevar.*
8. *Observa cómo el calor del día deja paso al frío de la noche. Déjate llevar.*
9. *Cuando se acaba el karma de una relación, sólo queda el amor. Y eso es bueno. Déjate llevar.*

10. Cuando tu pasado haya pasado al fin, déjalo ir. Ahora puedes bajar y empezar a vivir el resto de tu vida. Déjate llevar.

Durante los primeros minutos no pude parar de reírme. Veía el valle entero por encima del paraguas que formaban los árboles de mango y el viento me alborotaba el pelo como una bandera. Vi ponerse el sol, me tumbé de espaldas en la azotea y vi salir las estrellas. Pronuncié una pequeña oración en sánscrito y la fui repitiendo cada vez que veía salir una estrella en el cielo oscurecido, casi como si las estuviera llamando por su nombre, pero entonces empezaron a salir demasiado rápido y no pude seguirles el ritmo. En poco tiempo el cielo se convirtió en un fulgurante espectáculo de estrellas. Lo único que me separaba de Dios era... nada.

Entonces cerré los ojos y dije:

—Querido Dios, por favor, enséñame todo lo que me queda por aprender sobre el perdón y la rendición.

Lo que había querido durante mucho tiempo era tener una buena conversación con mi ex marido, pero era evidente que eso no iba a suceder. Lo que buscaba era una solución del conflicto, una cumbre por la paz, de la que saliéramos habiendo comprendido los dos lo que nos había pasado en nuestro matrimonio y siendo capaces de perdonarnos lo siniestro que había sido nuestro divorcio. Pero muchos meses de terapia y mediación sólo habían servido para separarnos más y enquistarnos en nuestras respectivas posturas, convirtiéndonos en dos personas absolutamente incapaces de darnos tregua uno al otro. Sin embargo, era lo que ambos necesitábamos, de eso estaba segura. Como estaba segura de que las normas de trascendencia insisten en que no te vas a aproximar ni un centímetro a la divinidad mientras te rindas a la seducción de la culpa, aunque sea un solo ápice. Tan malo como el tabaco para los pulmones es el rencor para el alma; una sola bocanada ya es nociva. Porque, vamos a ver, ¿cómo vamos a rezar algo tipo «El rencor nuestro de cada día, dánosle hoy»? Ya puedes ir abandonando el tema y despidiéndote de Dios si piensas culpar a los demás de los fallos de tu propia vida. Lo que pedí a Dios esa noche en la azotea del ashram fue —dado que probablemente no iba a volver a hablar con mi ex marido en mi vida— si había algo que pudiéramos hacer para comunicarnos. ¿Había algo que pudiéramos hacer para perdonarnos?

Me quedé ahí tumbada, en lo alto del mundo, totalmente sola. Empecé a meditar y esperé a recibir instrucciones sobre lo que tenía que hacer. No sé cuántos minutos o cuántas horas pasaron antes de tener claro lo que tenía que hacer. Me di cuenta de que me había planteado todo el asunto de una manera demasiado literal. ¿Que quería hablar con mi ex marido? Pues adelante. Ése era un buen momento para hablar. ¿Que quería que me perdonaran? Pues podía empezar perdonando yo. En ese mismo momento. Pensé en la cantidad de personas que se mueren sin haber recibido perdón ni haber perdonado. Pensé en la cantidad de personas que han perdido hermanos, amigos, hijos o amantes de haber podido decir o escuchar esas preciosas palabras de clemencia o absolución. ¿Cómo consiguen los supervivientes de una relación soportar el sufrimiento de un asunto inacabado? Desde aquel lugar dedicado a la meditación hallé la respuesta. Puedes acabar el asunto tú mismo, desde dentro de ti. No sólo es posible, sino que es esencial.

Entonces, mientras meditaba, me sorprendí a mí misma haciendo una cosa de lo más extraña. Invité a mi ex marido a reunirse conmigo en aquella azotea india. Le pregunté si sería tan amable de encontrarse allí conmigo para despedirnos como estaba mandado. Entonces esperé su llegada. Y llegó. De pronto su presencia era absoluta y tangible. Casi lo estaba oliendo.

Le dije:

—Hola, cielo.

Estuve a punto de echarme a llorar, pero enseguida comprendí que no venía a cuento. Las lágrimas forman parte de nuestra vida terrenal y los términos en que se iban a encontrar nuestras dos almas en India no tenían nada que ver con el cuerpo. Las dos personas que tenían que hablar una con otra en ese tejado ni siquiera eran personas. Ni siquiera iban a hablar. Ni siquiera eran ex esposos. No eran un hombre terco del Medio Oeste ni una mujer yanqui un poco histérica; no eran un tío de cuarenta y tantos ni una tía de treinta y tantos; no eran dos personas limitadas que llevaban años discutiendo sobre sexo, dinero y muebles. Nada de eso tenía la menor importancia. En lo concerniente a aquel encuentro, al nivel que se iba a producir aquella reunión, sólo eran dos frías almas azules que tenían las cosas muy claras. Desligados de sus cuerpos, desligados de la compleja historia de su relación anterior, se reunían sobre esta azotea (en un lugar aún más alto) para compartir su infinita sabiduría. Mientras seguía meditando, vi cómo aquellas dos frías almas azules se aproximaban, fundían, volvían a separarse y contemplaban la perfección y el parecido que compartían. Lo sabían todo. Ya hacía tiempo que sabían y seguirían sabiéndolo todo. No tenían por qué perdonarse; habían nacido perdonándose.

La lección que me enseñaron con su hermoso reencuentro fue: «No te metas en esto, Liz. Tu participación en esta relación se ha acabado. Déjanos a nosotros llevar este asunto a partir de ahora. Tú vive tu vida».

Mucho después abrí los ojos y supe que la historia se había acabado. No sólo mi matrimonio, no sólo mi divorcio, sino ese vacío hueco y siniestro que había acarreado durante años... Se había acabado. Me sentía libre al fin. Aunque eso no significaba que jamás volviera a pensar en mi ex marido ni que hubiera eliminado todos los sentimientos ligados a su recuerdo. Lo que me había dado el ritual de la azotea era un lugar donde poder albergar esos pensamientos e ideas cuando me surgieran en el futuro, cosa que me sucedería durante toda mi vida. Podría enviarlos allí, a aquella azotea guardada en mi memoria, al cuidado de aquellas dos frías almas azules que lo entendían todo y siempre lo entenderían.

Para eso sirven los rituales. Los seres humanos oficiamos ceremonias espirituales para alojar adecuadamente nuestros más profundos sentimientos de alegría o dolor, de modo que no tengamos que cargar siempre con ellos. Todos necesitamos unos ritos que nos proporcionen esos lugares de salvaguardia. Y creo que, si nuestra cultura no posee el rito concreto que necesitamos, entonces estamos en nuestro perfecto derecho de crear una ceremonia propia, empleando el ingenio natural propio de un fontanero/poeta para arreglar todas las roturas de nuestro sistema emocional. Si la ceremonia casera se hace con la suficiente seriedad, Dios será benevolente. Por eso necesitamos a Dios.

Poniéndome en pie, hice el pino en la azotea de mi gurú para celebrar la idea de la liberación. Noté el polvo de los azulejos bajo la palma de las manos. En ese momento fui consciente de mi fuerza y mi equilibrio. Noté la agradable brisa de la noche en las plantas de los pies desnudos. Aquel acto espontáneo —el pino— no es lo típico que hace un alma azul fría e incorpórea, pero un ser humano sí puede hacerlo. Tenemos manos; si queremos, podemos usarlas para hacer el pino. Tenemos ese privilegio. Ésa es la alegría de la que disfruta un cuerpo mortal. Por eso Dios nos necesita. A Dios le gusta sentir las cosas a través de nuestras manos.

61

Richard el Texano se ha marchado hoy. Ha vuelto a Austin. Lo he acompañado al aeropuerto y los dos íbamos tristes. Nos hemos quedado un buen rato en la acera antes de que él entrase en la terminal.

—¿Y a quién voy a dar caña yo si no es a Elizabeth Gilbert? —dijo con un suspiro, añadiendo—: Lo del ashram ha sido una buena experiencia, ¿no? Tienes mucha mejor cara que hace unos meses, como si te hubieras quitado algo de ese muermo con el que andabas.

—Estoy muy contenta últimamente, Richard.

—Pues ten en cuenta que, si echas mucho de menos tu sufrimiento, siempre vas a poder llevártelo cuando te vayas, porque te estará esperando en la puerta.

—No pienso llevármelo.

—Así se habla.

—Me has ayudado mucho —le digo—. Eres como un ángel con las manos peludas y las uñas de los pies destrozadas.

—Es verdad. Se me quedaron así en Vietnam y nunca se han recuperado, las pobres.

—Podía haber sido peor.

—Para muchos tíos lo fue. Yo, al menos, tengo las dos piernas enteras. La verdad es que en esta reencarnación he tenido bastante suerte, nena. Y tú también. No lo olvides. En tu siguiente vida te puede tocar ser una de esas pobres mujeres indias que se pasan el día partiendo piedras en la cuneta de la carretera. Entonces sí que verías el lado chungo de la vida. Así que valora lo que tienes, ¿vale? Procura cultivar siempre la gratitud. Así vivirás más tiempo. Ah, una cosa, Zampa. ¿Me haces un favor? Olvida el pasado y vive la vida, ¿de acuerdo?

—Es lo que estoy haciendo.

—Me refiero a que te busques un nuevo amor. Tómate el tiempo necesario para recuperarte, pero recuerda que tendrás que acabar compartiendo tu corazón con alguien. No levantes un monumento a David ni a tu ex marido.

—No pienso —le dije.

Y, de repente, me di cuenta de que era verdad. No lo iba a hacer. El sufrimiento acumulado del amor perdido y los errores pasados pareció atenuarse ante mis propios ojos gracias al poder curativo del tiempo, la paciencia y la gracia divina.

Entonces Richard me dijo algo que me hizo volver de golpe a las realidades más básicas de la vida.

—Ya sabes lo que dicen, cielo, que la mejor manera de superar un viejo amor es tumbarse debajo de un nuevo amor.

Solté una carcajada.

—Vale, Richard, lo pillo. Y ahora ya puedes irte tranquilo a Texas.

—Más me vale —dijo, echando una mirada al lúgubre aparcamiento del aeropuerto indio—. Porque estando aquí de pie no veo que me esté poniendo más guapo.

62

En el viaje de vuelta al ashram, después de haber dejado a Richard en el aeropuerto, decido que últimamente he estado hablando demasiado. A decir verdad, siempre he sido una bocazas, pero durante mi estancia en el ashram me he pasado. Me quedan dos meses de estar aquí y no quiero desperdiciar la gran experiencia espiritual de mi vida haciéndome la simpática y hablando con todo el mundo. Me ha sorprendido mucho descubrir que incluso aquí, incluso en este lugar sagrado de retiro espiritual que está en la otra punta del mundo, he logrado crear ese ambiente de cóctel que parece que llevo allá donde voy. No sólo he hablado sin parar con Richard —aunque los dos rajamos por los codos—, sino que siempre estoy de palique con alguien. Por increíble que parezca —¡al fin y al cabo estoy en un ashram!—, quedo con la gente como si fueran citas laborales y a veces digo cosas tipo: «Lo siento, no puedo comer contigo hoy, porque he quedado con Sakshi... Si te viene bien, podemos vernos el martes que viene».

Eso me ha pasado toda la vida. Soy así. Pero últimamente me ha dado por pensar que puede ser un inconveniente desde el punto de vista espiritual. El silencio y la soledad son ejercicios espirituales universalmente reconocidos por motivos obvios. Disciplinar la forma de hablar es una manera de evitar perder energía por la boca, porque hablar es una actividad agotadora que llena el mundo de palabras, palabras, palabras, en lugar de propagar la serenidad, la paz y la felicidad. Swamiji, el maestro de mi gurú, insistía en que el ashram estuviera en silencio, que consideraba una práctica espiritual obligatoria. Decía que el silencio es la única religión verdadera. Por eso es ridículo haber hablado tanto precisamente aquí, en uno de los lugares del mundo donde el silencio debe —y puede— reinar.

Así que he decidido dejar de ser la simpática del ashram. Se acabó lo de corretear, cotillear y hacer bromas. Se acabó lo de protagonizarlo todo y monopolizar las conversaciones. Se acabó lo de hacer florituras verbales para conseguir afecto o seguridad. Ha llegado el momento de cambiar. Ahora que se ha ido Richard el resto de mi estancia va a ser una experiencia totalmente silenciosa. Será difícil, pero no imposible, porque se trata de algo universalmente aceptado en el ashram. Será una decisión que la comunidad entera apoyará como un disciplinado acto de devoción. En la librería incluso venden unas chapas que dicen: «Estoy en silencio».

Voy a comprarme cuatro de esas chapitas.

En el viaje de vuelta desde el aeropuerto voy visualizando lo silenciosa que voy a ser a partir de ahora. Voy a estar tan callada que se me va a conocer por ello. Estoy segura de que todos me acabarán llamando Esa Chica Tan Callada. Respetaré el horario del ashram, comeré sola, meditaré durante infinitas horas todos los días y fregaré el suelo del templo sin parar ni para hacer pis. Mi interacción con los demás se limitará a sonreírles beatíficamente desde mi sencillo mundo de silencio y piedad. La gente hablará de mí. Se preguntarán unos a otros: «¿Quién es Esa Chica Tan Callada que siempre se pone al fondo del templo y que se pasa la vida fregando suelos de rodillas? Nunca habla. Qué huidiza es. Qué mística es. Ni siquiera sé cómo tendrá la voz. Cuando pasea por el jardín no la oyes ni acercarse... porque es sigilosa como la brisa. Debe de estar siempre meditando, en un constante estado de comunión con Dios. *Es la chica más silenciosa que he visto en mi vida*».

63

A la mañana siguiente estaba yo de rodillas en el templo, fregando el mármol del suelo una vez más, emanando (o eso creía yo) el sagrado resplandor del silencio, cuando un niño indio vino a darme un recado. Tenía que presentarme en el departamento de Seva inmediatamente. *Seva* es la palabra india que designa la práctica espiritual de labores desinteresadas (como, por ejemplo, fregar el suelo del templo). El departamento de Seva organiza el reparto de todo el trabajo que se hace en el ashram. Presa de una enorme curiosidad, fui a ver qué querían de mí y la amable señora de la mesa me preguntó:

—¿Eres Elizabeth Gilbert?

Con la más amable y piadosa de mis sonrisas sonreí. En silencio.

Y entonces me dijo que el tipo de labor que yo desempeñaba había cambiado. Por petición expresa de la dirección ya no iba a formar parte del equipo dedicado a fregar los suelos. Me iban a dar un cargo nuevo en el ashram.

El nombre de mi cargo era —ojo al dato, por favor— «coordinadora social».

64

Aquélla era, evidentemente, otra de las bromas de Swamiji.

Conque querías ser Esa Chica Tan Callada, ¿eh? Pues mira por dónde...

Pero estas cosas siempre pasan en el ashram. Tomas una decisión fundamental sobre lo que quieres hacer, o cómo quieres ser, y entonces se producen una serie de circunstancias que te indican al instante lo poco que te conocías a ti misma. No sé cuántas veces lo habrá dicho Swamiji a lo largo de su vida ni sé cuántas veces lo habrá repetido mi gurú desde que él murió, pero da la sensación de que aún no he asimilado la verdad de su afirmación más pertinaz, que es:

«Dios vive en ti, forma parte de ti».

Está en ti.

Si este yoga tiene una verdad sagrada, está encapsulada en esa frase. Dios vive en ti como vives tú y es exactamente como eres tú. No tiene ningún interés en verte montar un número ni en que cambies de personalidad porque tienes una idea peregrina sobre el aspecto o la conducta de una persona espiritual. En el fondo todos pensamos que, para ser sagrados, tenemos que cambiar radicalmente de personalidad, renunciando a nuestra individualidad. Éste es un clásico ejemplo de lo que en Oriente se denomina «pensar equivocadamente». Swamiji decía que los partidarios de la renuncia logran encontrar todos los días algo a lo que poder renunciar, pero suele ser la depresión, no la paz, lo que logran. Siempre insistía en que la austeridad y la renuncia, por las buenas, no tienen ninguna eficacia. Para conocer a Dios sólo hay que renunciar a una cosa: a la sensación de que Dios es independiente de nosotros. Por lo demás, debemos conservar nuestra esencia, nuestra personalidad natural.

¿Y cuál es mi manera de ser natural? Me encanta estudiar en este ashram, pero mi sueño de hallar la divinidad deslizándome silenciosamente por todas partes con una sonrisa etérea y dócil... Pero ¿ésa quién es? Pues será alguna tía a la que he debido de ver en un programa de televisión. Lo cierto es que me da un poco de pena tener que admitir que nunca seré ese personaje. Siempre me han fascinado esas almas sutiles, espectrales. Siempre he querido ser la chica silenciosa. Precisamente porque no lo soy, claro. Por eso me parece tan bonito el pelo oscuro y voluminoso. Precisamente porque no lo tengo ni lo voy a tener. Pero en algún momento de tu vida tienes que reconciliarte con lo que te han dado y si Dios hubiese querido que yo fuera una chica tímida de pelo oscuro y voluminoso, me habría hecho así, pero el caso es que no lo hizo. Por tanto, quizá sea práctico aceptarme tal y como soy y encarnarme plenamente en mi cuerpo.

O como dijo el filósofo Sexto el Pitagórico: «El hombre sabio siempre se parece a sí mismo».

Pero no por eso voy a dejar de ser una mujer religiosa. No por eso voy a dejar de arrullarme y humillarme ante el infinito amor de Dios. Ni voy a dejar de servir a la humanidad. Ni me va a impedir mejorar como ser humano, perfeccionar mis virtudes y trabajar a diario para minimizar mis vicios. Por ejemplo, nunca voy a ser la sosa de la fiesta, pero eso no significa que no pueda replantearme seriamente mi manera de hablar y procurar cambiar a mejor, trabajándomelo desde dentro. Sí, me gusta hablar, pero no tengo por qué decir tantos tacos ni tengo por qué buscar la risotada fácil ni tengo por qué pasarme la vida hablando de mí misma. Y puedo plantearme llevar a cabo algo verdaderamente radical. ¿Qué tal si dejo de interrumpir a los demás cuando hablan? Porque puedo intentar darle una justificación creativa, pero la interpretación pura y dura es ésta: «Estoy convencida de que lo que yo digo es más importante que lo que dices tú». Y detrás de eso sólo hay una explicación posible: «Estoy convencida de que soy más importante que tú». Y eso no puede ser.

Sería útil incorporar todos estos cambios. Pero aunque modifique razonablemente mis hábitos conversacionales, es probable que jamás se me llegue a conocer como Esa Chica Tan Callada. Por mucho que me guste esa imagen y por mucho que me esfuerce, eso no va a pasar. Porque seamos sinceros a la hora de reconocer las cosas. Cuando la señora del departamento de Seva me contó que mi nuevo cargo era el de coordinadora social, me dijo: «A la persona que ocupa este puesto la llamamos Susanita la Simpática, porque tiene que ser muy sociable y dicharachera y sonreír sin parar, ¿sabes?».

¿Que si lo sabía?

Le di la mano, me despedí en silencio de la vana ilusión de convertirme en una mujer discreta y anuncié solemnemente:

—Señora, soy justo lo que andan buscando.

65

Lo que voy a coordinar, para ser exactos, es una serie de jornadas espirituales que se van a celebrar en el ashram en primavera. A cada una de ellas va a asistir en torno a un centenar de fieles procedentes de todos los países del mundo, que van a pasar entre una semana y diez días perfeccionando sus técnicas de meditación. Mi trabajo consiste en ocuparme de esas personas mientras estén aquí. Durante la mayor parte del tiempo los participantes van a estar en silencio. Los que no hayan experimentado el silencio como ejercicio espiritual descubrirán lo intenso que puede ser. Pero yo seré la única persona del ashram con la que van a poder hablar en caso de que tengan algún problema.

Es decir, que mi labor *oficial* es conseguir que se comuniquen.

Los participantes en las jornadas vendrán a contarme sus problemas y yo procuraré resolverlos. Es posible que tengan que cambiar de compañero de habitación porque ronque o puede que tengan que ir al médico por alguna molestia digestiva relacionada con la comida india. El caso es que me va a tocar a mí intentar solucionarlo. Tendré que saberme el nombre de todos y de dónde son. Iré a todas partes con una libreta, donde tomaré notas de todo lo que vaya sucediendo. Soy como Julie McCoy, la relaciones públicas de *Vacaciones en el mar*, pero en este caso el crucero es por el mundo del yoga.

Ah, por cierto, una de las prebendas del cargo es que llevo un busca.

Cuando empiezan las jornadas espirituales, resulta evidente que soy la idónea para ese trabajo. Estoy sentada tras la «mesa de bienvenida», con un cartel de esos de *Hola, me llamo Merenganita* en la solapa y va llegando gente procedente de treinta países distintos, bastantes de ellos budistas veteranos, aunque hay muchos que nunca han estado en India. A las diez de la mañana ya hay una temperatura de 38 grados centígrados y la mayoría de ellos llevan toda la noche metidos en un vuelo chárter. Algunos llegan al ashram con pinta de haber dormido en el maletero de un coche y no tener ni idea de lo que están haciendo aquí. Por mucha necesidad de trascendencia que tuvieran cuando se apuntaron a estas jornadas, hace tiempo que la han olvidado, probablemente cuando perdieron el equipaje en Kuala Lumpur. Tienen sed, pero aún no saben si el agua del grifo es potable. Tienen hambre, pero no saben a qué hora se come aquí ni dónde está la cafetería. Llevan ropa poco adecuada: materiales sintéticos y botas abrigadas que dan mucho calor en un clima tropical como éste. Además, no saben si aquí habrá alguien que hable ruso.

Resulta que yo hablo una pizca de ruso...

Y puedo ayudarlos. Soy la ayudante perfecta. Las «antenas» que he ido desarrollando a lo largo de mi vida me sirven para adivinar los sentimientos de la gente y tengo la intuición propia de una hija menor hipersensible, por no hablar de la capacidad para escuchar que adquirí como camarera complaciente y periodista preguntona; y, además, tengo un complejo maternal típico de quien lleva años siendo esposa o novia. Todo ello me sirve para ayudar a esta gente a sobrellevar la difícil tarea que se han impuesto. Según van llegando de México, Filipinas, África, Dinamarca, Detroit, cada vez me acuerdo más de esa escena de *Encuentros en la tercera fase* en que Richard Dreyfuss y un grupo de devotos han acabado en un descampado de Wyoming, sin saber por qué, atraídos por la llegada de una nave espacial. También me asombra su valentía. Estas personas han decidido olvidarse de sus familias y vidas durante unas semanas para hacer un retiro espiritual en India, rodeados de absolutos desconocidos. No todo el mundo tiene valor como para hacer eso, ni siquiera una sola vez en la vida.

Automáticamente, les tomo a todos un cariño incondicional. Hasta a los típicos pesados que dan la matraca. Tras la coraza de su neurosis intuyo que tienen pánico a lo que puedan experimentar cuando se pasen siete días dedicados a meditar en silencio. Contengo la risa al escuchar las quejas de un hombre indio en cuya habitación hay una figurilla de quince centímetros del dios indio Ghanesa, pero le falta uno de los pies. Indignado, me dice que es un mal presagio y pide que un sacerdote brahmán se la lleve tras haber celebrado el correspondiente rito de purificación. Lo escucho, procuro tranquilizarlo y aprovechando la hora de la comida mando a mi amiga Tulsi a su cuarto para que se lleve la figurilla. Al día siguiente le envío una nota diciéndole que espero que se encuentre mejor, ahora que le hemos retirado la figurilla rota y pidiéndole que se ponga en contacto conmigo si le surge algún otro problema; el hombre me premia con una enorme sonrisa de alivio. Lo que estaba era asustado. También hay una mujer francesa que está al borde del ataque de pánico porque tiene alergia al trigo. Lo suyo también es una cuestión de miedo. Un argentino quiere reunirse con todo el departamento de Hatha yoga para que le aconsejen sobre la postura en que debe sentarse al meditar para que no le duela el tobillo. Otro que está asustado. Todos están asustados, porque se van a sumergir en las profundidades del alma y de la mente. Es un terreno desconocido hasta para un veterano de la meditación. Es un lugar donde todo es posible. La guía espiritual de estas jornadas es una mujer maravillosa, una mística de cincuenta y tantos años, que encarna la compasión en cada uno de sus gestos y palabras. Sin embargo, todos siguen estando asustados, porque la guía —por muy cercana que sea— no va a poder acompañarlos en su viaje. Ni ella ni nadie.

Cuando estaban empezando las jornadas, recibí una carta de un amigo estadounidense que hace documentales de naturaleza para la revista *National Geographic*. Había ido a una cena de gala en el hotel Waldorf Astoria de Nueva York en honor a los socios del Club de Exploradores y me contaba lo mucho que le había impresionado conocer a personas tan valientes, capaces de jugarse la vida una y otra vez para descubrir las cordilleras, desfiladeros, ríos, cuencas oceánicas, islas polares y volcanes más inaccesibles del mundo. Me decía que a muchos de ellos les faltaba alguna parte del cuerpo: narices y dedos de las manos y los pies, pequeños fragmentos que se les habían congelado o les había arrancado un tiburón en uno de los peligrosos viajes que llevaban años haciendo.

La carta de mi amigo decía: «En tu vida has visto tantas personas valientes reunidas en un mismo sitio».

Y al leerlo, pensé: «Eso lo dirás tú, Mike».

66

El tema central de las jornadas, y su gran objetivo, es el estado *turiya*, es decir, el cuarto estado de nuestra conciencia, que es especialmente escurridizo. Según dicen los yoguis, la mayoría de nosotros nos movemos siempre entre tres estados de conciencia diferentes: la vigilia, el sueño y el sueño profundo (sin ensoñaciones). Pero, además, existe un cuarto nivel. Este último es testigo de los otros tres estados y funciona a un nivel de conciencia integral que los engloba a todos. Es la conciencia en estado puro, una apreciación inteligente capaz —por ejemplo— de recordarte lo que has soñado cuando te despiertas. Tú te vas al país de los sueños, por así decirlo, pero alguien vela esos sueños mientras tú duermes. ¿Quién es ese testigo? ¿Quién se mantiene siempre fuera de nuestra mente, contemplando sus pensamientos? Un yogui diría que se trata de Dios. Y si sabes acceder a ese estado de testigo consciente, entonces puedes estar con Dios cuando quieras. Esta conciencia constante, esta apreciación de la presencia de Dios en nuestro interior, sólo sucede en el cuarto estado de la conciencia que se denomina *turiya*.

Sabrás si has alcanzado el nivel *turiya* si experimentas una felicidad constante. La persona que vive en un estado de *turiya* no tiene cambios de estado de ánimo ni teme al paso del tiempo ni sufre las pérdidas que experimenta en la vida. «Puro, limpio, vacío, tranquilo, reposado, desinteresado, eternamente joven, constante, eterno, nonato e independiente, vive sumido en su propia grandeza», dicen los *Upanisad* —los libros sagrados del hinduismo— de aquel que ha alcanzado el estado del *turiya*. Todos los grandes santos, gurús y profetas de la historia vivían en un constante estado de *turiya*. En cuanto al resto de los mortales, la mayoría lo hemos experimentado alguna vez aunque sólo sea durante unos instantes. Casi todos —aunque sólo sea durante dos minutos de nuestra vida— hemos sentido en un momento dado una sensación inexplicable de absoluta felicidad, ajena a lo que estuviéramos viviendo en el mundo exterior. Tan pronto eres el tío de siempre, viviendo la rutina diaria a trancas y barrancas como de repente, sin que cambie nada, te sientes elevado por la gracia de Dios, lleno de admiración, colmado de felicidad. Sin que exista ningún motivo aparente, todo te parece perfecto.

Obviamente, la mayoría de nosotros entramos y salimos de este estado a toda velocidad. Es casi como si alguien quisiera burlarse de ti, mostrándote una breve imagen de tu perfección interior y haciéndote volver a toda prisa a la «realidad», donde siguen tus problemas y ansiedades de siempre. Siglo tras siglo muchos han querido prolongar ese estado de felicidad perfecta valiéndose de medios externos —como las drogas, el sexo, el poder, la adrenalina y la acumulación de objetos bellos—, pero no lo han conseguido. Buscamos la felicidad en todas partes, pero somos como el famoso mendigo de Tolstói, que se pasaba la vida pidiendo limosna a todos los que le pasaban por delante sin saber que estaba sentado encima de una vasija llena de oro, es decir, que tenía lo que buscaba pero sin saberlo. Todos tenemos dentro un tesoro, que es nuestra perfección. Pero para conseguirlo tienes que abandonar el ajetreo de la mente y las necesidades del ego y entrar en el silencio del corazón. El *kundalini shakti* —la suprema energía de lo divino— te guiará.

Por eso estamos todos aquí.

Al escribir esa frase, lo que quería decir era: «Por eso han venido a las jornadas espirituales de este ashram indio un centenar de personas procedentes del mundo entero». Pero los filósofos y los santos yoguis estarían de acuerdo con la frase más general: «Por eso estamos *todos* aquí». Según los místicos, esta búsqueda de la felicidad divina es el gran objetivo de nuestra vida. Por eso elegimos nacer y por eso el sufrimiento y el dolor de esta vida merecen la pena, porque nos dan la oportunidad de experimentar este amor infinito. Y una vez descubierta nuestra divinidad interna, ¿somos capaces de conservarla? En caso de que sea así..., seremos felices.

Durante las jornadas siempre me pongo al fondo del templo, viendo a los participantes meditar en la silenciosa penumbra. Tengo que conseguir que todos estén a gusto y también estar atenta para detectar si alguno tiene algún problema o necesidad. Todos han hecho un voto de silencio que deben cumplir mientras dure su estancia y al ir pasando los días se van sumergiendo en el silencio hasta que el ashram entero está colmado de su quietud. Por respeto a los integrantes de las jornadas todos caminamos de puntillas y comemos en absoluto silencio. De nuestros tiempos de cháchara no queda ni rastro. Hasta yo estoy callada. Es un silencio semejante al de la medianoche, esa quietud atemporal que solemos experimentar a las tres de la madrugada, estando completamente solos; pero en este caso se produce a plena luz del día y es compartido por todos los habitantes del ashram.

Viendo meditar a este centenar de almas, no tengo ni idea de lo que estarán pensando o sintiendo, pero sí sé lo que querrán experimentar y les dedico todas mis oraciones a ellos, haciendo curiosas propuestas como ésta: *Te ruego que concedas a esta gente maravillosa todas las bendiciones que pudieras tenerme asignadas a mí.* Me he propuesto no meditar nunca a la vez que los visitantes; se supone que tengo que estar pendiente de ellos, no de mi propio viaje espiritual. Pero todas las mañanas me elevo sobre las ondas de su misticismo colectivo, como esas aves predadoras que aprovechan las corrientes termales terrestres que las elevan por los aires a una altura mucho mayor que la que habrían alcanzado sólo con sus alas. Así que no es sorprendente que sea en este momento cuando me sucede algo impresionante. Un jueves por la tarde, cuando estoy al fondo del templo atenta a mi labor de coordinadora social, con mi tarjeta identificativa y todo, de pronto me veo entrar por las puertas de universo y viajar hasta el centro de la mano de Dios.

67

Como lectora e investigadora, me frustra mucho llegar a ese momento de un texto ascético en que el alma abandona el tiempo y el espacio presente y se funde con el infinito. Desde Buda y Santa Teresa hasta los místicos sufíes y mi propia gurú, a lo largo de toda nuestra historia han sido muchas las grandes almas que han querido expresar lo que significa fundirse con la divinidad, pero estas descripciones nunca acaban de satisfacerme. Muchas emplean el exasperante adjetivo *indescriptible*. Pero hasta los más elocuentes cronistas de la experiencia mística —como Rumi, que decía haberse atado a la manga de Dios, o Hafiz, que aseguraba vivir tan unido a Dios como dos hombres en una pequeña balsa, «riéndonos al toparnos siempre el uno con el otro»—, me dejan insatisfecha, porque no me conformo; quiero experimentarlo yo también. Sri Ramana Maharshi, un venerado gurú indio, daba largas charlas sobre su experiencia trascendental y al final siempre decía a sus alumnos: «Id a descubrirlo vosotros».

Pues yo acabo de descubrirlo. No quiero decir que lo que viví esa tarde de jueves en India fuera indescriptible, pero lo fue. A ver si consigo explicarlo. Resumiendo mucho, me vi transportada por el túnel del Absoluto y, mientras avanzaba a toda velocidad, entendí de golpe el funcionamiento del universo. Salí de mi cuerpo, del templo, del planeta y del tiempo, y entré en el vacío. Estaba dentro del vacío, pero a la vez formaba parte de él y lo contemplaba. Era un lugar de ilimitada paz y sabiduría. Era un lugar consciente e inteligente. Era Dios, lo que significa que estuve dentro de Dios. Pero sin ninguna tosca connotación física, es decir, no era Elizabeth Gilbert encajada en el músculo del muslo de Dios, o algo así. Simplemente, formaba parte de Dios. Y, además, yo también era Dios. Era un fragmento diminuto del universo, pero también era exactamente del mismo tamaño que el universo. («Todos saben que una gota se pierde en un océano, pero pocos saben que un océano se pierde en una gota», escribió el sabio Kabir; y yo atestiguo que es verdad.)

Pero aquello no fue una sensación alucinógena. Fue algo completamente básico. Fue celestial, sí. Fue el amor más profundo que he experimentado en mi vida, muy superior al que pudiera haber imaginado, pero no era eufórico. Tampoco era emocionante. Había eliminado el ego y la pasión, así que no podía sentir euforia ni emoción. Aquello era simplemente algo evidente. Fue como estar contemplando una ilusión óptica, forzando la mirada para ver si se descubre el truco, hasta que de pronto cambia la perspectiva y resulta —¡si estaba clarísimo!— que los dos jarrones eran dos rostros. Una vez que se ha desentrañado una ilusión óptica, jamás la volvemos a ver como al principio.

—Así que éste es Dios —pensé—. Pues «encantada de conocerte».

Donde yo estaba no puede describirse como un lugar terrenal. No era oscuro, ni claro; no era grande, ni pequeño. No era un sitio ni yo estaba técnicamente de pie en él ni yo era técnicamente «yo». Aún tenía ideas, pero eran discretas, silenciosas y contemplativas. No sólo sentía una indudable compasión y fusión con todo y con todos, sino que me parecía imposible y verdaderamente extraño que alguien pudiera sentir algo distinto. También me parecían ingenuas y distantes mis antiguas ideas sobre quién y cómo era yo. *Soy una mujer, soy estadounidense, soy locuaz, soy escritora.* Todo ello me parecía tan gracioso como obsoleto. ¿Por qué te vas a meter en una diminuta caja de identidad pudiendo experimentar tu infinitud?

Me preguntaba: «¿Por qué me habré pasado la vida buscando la felicidad cuando tenía la dicha tan cerca?».

No sé cuánto tiempo estuve sumida en ese magnífico éter unificador antes de pensar repentinamente: «¡Quiero quedarme así para siempre!». Y fue justo entonces cuando empecé a salir de ello. Bastaron esas dos palabritas —¡*yo quiero!*— para volver lentamente hacia la Tierra. Entonces mi mente empezó a protestar en serio —*¡No! ¡Yo no quiero irme de aquí!*— mientras seguía mi camino de vuelta.

¡Quiero!
¡No quiero!
¡Quiero!
¡No quiero!

Cada vez que repetía desesperadamente esas palabras notaba cómo iba traspasando las sucesivas capas de mi ilusión, como un héroe de una comedia de acción atravesando una docena de toldos al caer de un edificio. Aquella nostalgia inútil me estaba haciendo regresar a mis pequeños confines, a mis limitaciones de criatura mortal, a mi limitado mundo de viñeta de cómic. Vi regresar mi ego como se ve una foto Polaroid ir tomando nitidez segundo tras segundo —el rostro, las arrugas en torno a la boca, las cejas— hasta quedar completa la foto, hasta que me veo como he sido toda la vida. Me estremezco del miedo y la pena que me da haberme quedado sin una experiencia tan divina como ésta. Pero paralelamente al pánico también descubro un testigo de todo lo sucedido, una versión más sabia y madura de mí, que sacude la cabeza y sonríe, consciente de una cosa: si este estado de felicidad me parecía transitorio, estaba claro que no lo había entendido. Por tanto, aún no estaba preparada para habitarlo de forma completa. Iba a tener que practicar más. En el momento en que descubro eso es cuando Dios me deja ir, me deja colarme entre sus dedos con este último mensaje piadoso y telepático:

Puedes regresar cuando hayas comprendido por completo que siempre estás aquí.

68

Las jornadas acabaron dos días después y todos abandonaron su silencio. Recibí una enorme cantidad de abrazos de personas que me agradecían mi ayuda.

—¡No, no! Gracias a ti —repetía yo una y otra vez, frustrada ante lo inadecuadas que sonaban esas palabras, lo imposible que era expresarles mi gratitud por haberme elevado a semejantes alturas místicas.

Una semana después llegó otro centenar de participantes en las siguientes jornadas espirituales, de modo que se repitieron los correspondientes viajes interiores y el silencio generalizado a cargo de un nuevo grupo de almas. Reanudé mi vigilancia, intenté ayudarlos todo lo posible y con ellos volví a alcanzar un estado de *turiya* alguna que otra vez. Y no me quedó más remedio que reírme cuando acabaron su periodo de meditación y muchos de ellos me dijeron que durante las jornadas me habían considerado una «presencia silenciosa, grácil y etérea». ¿Ésa era la última broma que me iba a gastar el ashram? Ahora que había aprendido a aceptar mi carácter escandaloso, locuaz y sociable y a amar a la coordinadora social que llevo dentro, ¿al fin iba a poder convertirme en Esa Chica Tan Callada que siempre se pone al fondo del templo?

Durante las últimas semanas que pasé en el ashram me dio la sensación de que había el ambiente melancólico de los últimos días de un campamento de verano. Cada día que pasaba parecía haber más gente con maletas subiéndose a un autobús que se alejaba. No llegaba nadie nuevo. Estábamos casi en mayo, que es cuando empieza la estación cálida en India, de modo que nuestro ritmo de vida iba a ser más lento. No había más jornadas espirituales, así que me dieron un trabajo nuevo, en el departamento de Inscripciones, donde me tocó la labor agridulce de «dar de baja» a todos mis amigos en el ordenador conforme se iban marchando del ashram.

El despacho lo compartía con una ex peluquera de Madison Avenue que era muy graciosa. Hacíamos juntas nuestras oraciones de la mañana, cantando nuestros himnos a Dios.

—¿Qué te parece si avivamos el tempo del himno de hoy? —me preguntó la peluquera una mañana—. ¿Y si lo subimos una octava? Puede que no suene tanto a una versión espiritual de Count Basie...

Ahora estoy pasando mucho tiempo sola. Todos los días paso entre cuatro y cinco horas en las cuevas de meditación. Ahora soy capaz de estar muchas horas seguidas haciéndome compañía a mí misma, tranquila ante mi propia presencia, sabiendo aceptar mi existencia en este planeta. A veces mis meditaciones son experiencias surrealistas y físicas del *shakti*, todas tan intensas que me estremecen la espina dorsal y me hacen hervir la sangre. Procuro entregarme a ellas con la menor resistencia posible. Otras veces experimento una alegría dulce y silenciosa que también es muy agradable. Mi mente sigue fabricando frases y mis pensamientos hacen piruetas para llamar la atención, pero ya conozco tan bien mis mecanismos mentales que no me molestan. Mis pensamientos son como esos vecinos de toda la vida a los que se les tiene cariño por muy pesados que sean: el señor y la señora Dale-Que-Te-Dale y los memos de sus tres hijos Bla, Bla y Bla. El caso es que me dejen llevar mi vida. En el barrio hay sitio para todos.

En cuanto a los otros cambios que pueda haber experimentado en estos últimos meses, es posible que todavía no los note. Mis amigos que llevan mucho tiempo estudiando yoga dicen que la influencia de un ashram no se nota hasta que te marchas de él y vuelves a tu vida normal. Según la ex monja surafricana: «Sólo entonces empezarás a notar que todos tus cajones internos están cambiados de sitio». En cualquier caso, de momento no sé muy bien cuál es exactamente mi vida normal. Porque estoy a punto de irme a Indonesia a casa de un curandero... ¿Ésa es mi vida normal? Pues puede que sí, ¿quién sabe? El caso es que mis amigos coinciden en que se tarda un tiempo en apreciar los cambios. Puede ser que elimines tus obsesiones de toda la vida o que modifiques tus costumbres más siniestras e inamovibles. Quizá esas tonterías que tanta rabia te daban ya no te molesten, pero ya no pases por alto esas abismales miserias que antes soportabas por la pura fuerza de la costumbre. Las relaciones tóxicas se renuevan o eliminan, dando paso a personas más luminosas y benéficas.

Anoche no pude dormir. Pero no era de nervios, sino de la pura emoción. Me vestí y fui a dar un paseo por el jardín. En lo alto del cielo había una exuberante luna llena que daba al jardín una pátina metalizada. El aire olía a jazmín y al aroma embriagador de un arbusto típico de aquí que sólo florece de noche. El día había sido húmedo y caluroso, y la noche también lo era. Al notar el soplo de una cálida brisa, de repente me dije: «¡Estoy en India!».

¡Llevo sandalias y estoy en India!

De pronto eché a correr y, saliéndome del camino, galopé hacia la hierba bañada por la luz de la luna. Llevaba meses haciendo yoga, llevando una dieta vegetariana y durmiéndome pronto, así que me sentía sana y viva. Al caminar sobre la hierba mojada de rocío, mis sandalias hacían: *chipa-chipa-chipa-chipa*, el único sonido que se oía en todo el valle. Estaba tan exultante que corrí directamente hacia los eucaliptos del centro del parque (donde dicen que hubo un templo dedicado al dios Ganesha) y me abracé a uno de los árboles, cuyo tronco conservaba el calor del día, y lo besé apasionadamente. Vamos, que lo besé con toda mi alma, sin pararme a pensar que ésa era la peor pesadilla de cualquier estadounidense al que se le haya escapado una hija a India, que acabe teniendo orgías con árboles a la luz de la luna.

Pero el amor que yo sentía era puro. Era celestial. Contemplé el valle oscurecido y no vi nada que no fuera Dios. Me sentía completamente feliz, tremendamente feliz. Me dije a mí misma: «Este sentimiento, sea cual sea, era lo que pedía en mis oraciones. Mis oraciones iban dirigidas a esto».

69

Por cierto, ya sé cuál es mi palabra.

La he descubierto en la biblioteca, por supuesto, como lectora impenitente que soy. Le había dado vueltas al tema desde aquella tarde en que mi amigo italiano Giulio me dijo que la palabra de Roma es SEXO y me preguntó cuál era la mía. Entonces no supe darle una respuesta, pero pensé que acabaría topándome con ella y que la reconocería en cuanto la viera.

La vi durante la última semana que iba a pasar en el ashram. Estaba leyendo un texto de yoga clásico que describía a los estudiantes místicos de la Antigüedad. En el párrafo había una antigua palabra clásica: ANTEVASIN, que significa «persona que vive al límite». En principio se trataba de una descripción literal. Hacía referencia a una persona que había abandonado el mundanal ruido y vivía al límite del bosque donde moraban los maestros espirituales. El *antevasin* ya no era un aldeano más, pues no tenía casa ni llevaba una vida convencional. Pero tampoco era uno de esos sabios trascendentes que viven en las profundidades del bosque, sintiéndose plenamente realizados. Estaba en medio. Era una persona que vivía en la frontera. Veía dos mundos distintos, pero tenía la mirada puesta en lo desconocido. Y era un individuo erudito.

Al leer esta descripción del *antevasin*, me reconocí inmediatamente y di un pequeño ladrido de emoción. ¡Ésa es tu palabra, nena! Hoy en día, por supuesto, esa imagen de un bosque inexplorado sería simbólica, y la frontera también. Pero aún se puede vivir ahí. Se puede vivir en la resplandeciente línea entre la mentalidad de antes y la de ahora, con un constante afán de aprender. En un sentido figurativo es una frontera en constante movimiento. Al avanzar en nuestros estudios y descubrimientos, siempre vamos en pos del misterioso bosque de lo desconocido, así que debemos viajar ligeros de equipaje para poder seguirlo. Debemos mantenernos en forma, ágiles y flexibles. Escurridizos, incluso. Y esto lo digo porque el día anterior se había ido del ashram mi amigo el poeta/fontanero de Nueva Zelanda y, ya en la puerta, se despidió con una amable poesía sobre mi viaje. Esta estrofa se me había quedado grabada:

Elizabeth, el derecho y el revés.
La frase italiana y el sueño balinés.
Elizabeth, el derecho y el revés,
Y a veces, escurridiza como un pez...

Estos últimos años he dedicado mucho tiempo a pensar en lo que se supone que soy. ¿Mujer? ¿Madre? ¿Amante? ¿Célibe? ¿Italiana? ¿Glotona? ¿Viajera? ¿Artista? ¿Yogui? La verdad es que no soy ninguna de estas cosas. Al menos, no del todo. Y, desde luego, no soy «tía Liz, la Loca». Lo que soy es una escurridiza *antevasin* —el derecho y el revés—, una estudiante siempre al límite del maravilloso y terrorífico bosque de lo desconocido.

70

Creo que todas las religiones del mundo comparten, en el fondo, un deseo de hallar una metáfora trascendente. Alcanzar la comunión con Dios consiste en abandonar lo mundano y acceder a lo eterno (ir del pueblo al bosque, podríamos decir, al hilo del tema del *antevasin*), pero se precisa una idea magnífica que nos conduzca hasta allí. Esta metáfora debe ser grande, verdaderamente grande y mágica y poderosa, porque nos tiene que transportar a lo largo de una gran distancia. Tiene que ser el mayor barco imaginable.

Los ritos religiosos a menudo surgen de la experimentación mística. Un valiente explorador espiritual busca una nueva senda hacia la divinidad, tiene una experiencia trascendente y vuelve a casa hecho un profeta. Él —o ella— regresa a su comunidad contando historias sobre el cielo y pertrechado de mapas que indican el camino. Las gentes se hacen eco de las palabras, las obras, las oraciones y los actos del profeta para llegar a donde ha llegado él. A veces la cosa funciona. Puede ser que las sílabas y los ritos espirituales repetidos generación tras generación sirvan para transportarlos. Pero otras veces la cosa no funciona. Inevitablemente, hasta las ideas más originales se anquilosan, convirtiéndose en dogmas inservibles.

Los indios de aquí cuentan una historia sobre un santo insigne que siempre estaba en su ashram, rodeado de sus devotos fieles. El santo y sus seguidores dedicaban horas a meditar sobre Dios. Lo malo era que el santo tenía un gato, una criatura desesperante que se dedicaba a pasearse por el templo maullando y ronroneando sin dejar a la gente concentrarse para meditar. Haciendo uso de su sabiduría práctica, el santo mandó atar al gato a un poste durante varias horas al día, sólo durante la meditación, para no molestar a nadie. Al final lo de atar al gato y ponerse a meditar se convirtió en una costumbre tan arraigada que, con los años, llegó a ser un rito religioso. Nadie se ponía a meditar sin haber atado al gato al poste. Hasta que un buen día el gato murió. Y los seguidores del santo se quedaron aterrados. Se produjo una crisis religiosa. ¿Cómo iban a meditar ahora sin tener un gato atado al poste? ¿Cómo iban a comunicarse con Dios? Sin darse cuenta habían convertido al gato en un medio para un fin.

La moraleja de esta historia es que no conviene obsesionarse con la repetición de un rito religioso. En este mundo nuestro tan dividido, los talibanes y la coalición cristiana siguen enzarzados en su guerra internacional sobre quién tiene derecho a usar «Dios» como marca registrada y quién emplea los ritos religiosos más adecuados. Quizá convenga recordar que no es el gato atado al poste lo que posibilita la trascendencia, sino el constante deseo del devoto de experimentar la compasión eterna de la divinidad. En el ejercicio espiritual tan esencial es la flexibilidad como la disciplina.

Nuestra labor, entonces, una vez tomada la decisión de emprenderla, es hacer una búsqueda constante de metáforas, ritos y maestros que nos acerquen cada vez más a la divinidad. Los textos del yoga clásico dicen que Dios responde a las sagradas oraciones y afanes de los seres humanos *sea cual sea el modo* elegido por los mortales para rendirle culto siempre y cuando se haga con sinceridad. Como sugiere una frase de los *Upanisad*: «Las personas toman distintos caminos, rectos o sesgados, pues su carácter los llevará a elegir el que consideren mejor, o más apropiado, pero todos te alcanzan a Ti, como los ríos desembocan en el mar».

El otro objetivo de la religión, por supuesto, es dar un sentido al caos del mundo y explicarnos todas las cosas inexplicables que vemos a diario: los inocentes sufren, los malvados reciben su recompensa. ¿Qué interpretación podemos darle? La tradición occidental nos dice que la muerte lo pone todo en su sitio, en el cielo y en el infierno. (La justicia, por supuesto, la imparte un personaje al que James Joyce llamaba el «dios verdugo», una figura paternal que desde su estricto trono justiciero condena el mal y premia el bien.) La actitud oriental, en cambio, es distinta. Los *Upanisad* no pretenden dar un sentido al caos de este mundo. Es más, ese caos ni siquiera existe realmente, sino que es una apariencia que vislumbramos con nuestra limitada mente. Estos textos no prometen repartir justicia ni castigo alguno, pero sí dicen que todos nuestros actos tienen sus consecuencias por lo que debemos elegir nuestro comportamiento adecuadamente. Sin embargo, esas consecuencias pueden tardar en llegar. El yoga siempre toma el camino más largo. Es más, los *Upanisad* sugieren que el denominado caos puede tener una función divina aunque individualmente no seamos capaces de verla: «Los dioses prefieren lo críptico antes que lo evidente». Lo mejor que podemos hacer, por tanto, teniendo en cuenta lo incomprensible y peligroso que es el mundo, es practicar el equilibrio *interior*, independientemente de la locura que nos rodea.

Sean, mi amigo el granjero irlandés, lo explica así, basándose en la filosofía del yoga: «Imaginemos que el universo es un gran motor en movimiento —dice—. Lo que conviene es estar pegados al centro, justo en el eje de la rueda, no en el borde, donde todo se mueve a lo bestia, donde puedes acabar vapuleado y loco. En el eje de la tranquilidad es donde debes tener el corazón. Y ahí es a donde debes llevar a Dios. Así que no busques las respuestas en el mundo exterior. Mantente pegado al núcleo interior, donde siempre hallarás la paz».

Desde un punto de vista espiritual nada tiene tanto sentido como esta idea. Al menos, en mi opinión. Y si alguna vez descubro algo que me funcione mejor, lo usaré, te lo aseguro.

En Nueva York tengo muchos amigos que no son creyentes. La mayoría, diría yo. Unos han abandonado la doctrina religiosa de su juventud y otros nunca creyeron en un Dios. Como es normal, muchos de ellos están atónitos ante mis denodados esfuerzos por hallar la santidad. Por supuesto, hacen bromas. Como me dijo en tono burlón mi amigo Bobby cuando fue a casa a arreglarme el ordenador: «Tendrás un aura sagrada, pero no tienes ni puta idea de lo que es descargar un programa informático». Por mí, que hagan todas las bromas que quieran. A mí también me hacen gracia. De verdad.

El caso es que a algunos de mis amigos, al irse haciendo mayores, les gustaría poder creer en algo. Pero se dan de bruces con una serie de obstáculos, como su intelecto y su sentido común. Por inteligentes que sean, viven inmersos en un mundo que se tambalea, dando tumbos alocados, devastadores y completamente absurdos. En las vidas de todos ellos se suceden experiencias maravillosas y horribles con su correspondiente ración de sufrimiento o alegría, como nos pasa a todos, y tras pasar por estas megaexperiencias muchos anhelan un contexto espiritual en el que poder expresar su sufrimiento y gratitud, además de hallar consuelo. El problema es: ¿a quién podemos venerar? ¿A quién podemos dirigir nuestras oraciones?

Un buen amigo mío tuvo su primer hijo justo después de haber muerto su madre. Al sucederse tan aprisa el milagro y el desastre, sintió la necesidad de hallar un lugar sagrado donde refugiarse, o practicar alguna liturgia para poder expresar sus sentimientos contradictorios. Pertenece a una familia católica, pero se sentía incapaz de volver a misa después de tantos años sin ir. («Ya no me lo trago», dice. «Sabiendo lo que sé.») Por otra parte, le daba vergüenza hacerse hindú, o budista, o algo así de absurdo.

¿Qué solución le quedaba? Como me dijo a mí: «No quiero andar buscando una religión como el que sale al bosque a coger fresas».

Entiendo y respeto su actitud, pero no la comparto en absoluto. Creo que estás en tu perfecto derecho de elegir con cuidado si lo que quieres es transportar tu alma para hallar la paz de Dios. Creo que puedes valerte de cualquier metáfora que te eleve sobre las diferencias del mundo y te ayude a cambiar o a hallar consuelo. No hay por qué avergonzarse de ello. A lo largo de toda nuestra historia siempre hemos buscado la santidad. Si la humanidad no hubiera evolucionado en su exploración de lo divino, muchos seguirían rindiendo culto a esos gatos dorados egipcios. Y para que el pensamiento religioso evolucione es necesario «andar buscando» y saber elegir. Buscas, comparas y, si encuentras algo mejor, lo «compras» en tu continuo viaje hacia la luz.

Según los indios hopi, todas las religiones del mundo tienen un hilo espiritual y estos hilos se persiguen entre sí incansablemente, buscando la unión. Cuando todos los hilos se junten por fin, tejerán una recia cuerda que nos sacará de este oscuro periodo de nuestra historia y nos llevará al siguiente reino. En tiempos más recientes el Dalái Lama ha repetido la misma idea, asegurando repetidamente a sus estudiantes occidentales que no tienen que hacerse monjes budistas para ser sus discípulos. Los anima a sacar las ideas que más les gusten del budismo tibetano e integrarlas en sus correspondientes ritos religiosos. Hasta en los sectores más reacios y conservadores nos topamos con la resplandeciente idea de que Dios puede ser mayor de lo que nos dicen nuestras limitadas doctrinas religiosas. En 1954 el papa Pío XI, nada menos, envió una delegación del

Vaticano a Libia con las siguientes instrucciones por escrito: «No vayáis convencidos de que vais a encontraros entre infieles. Los musulmanes también logran la salvación. Los caminos de Dios son insondables».

¿Y no tiene todo el sentido del mundo? ¿No será que el infinito es efectivamente... infinito? ¿Y si los santos, por muy santos que sean, sólo ven fragmentos sueltos del eterno devenir? Y si pudiéramos unir esos fragmentos y compararlos, ¿no nacería una historia de un Dios semejante a todos nosotros, una historia donde salgamos todos? ¿Y cada anhelo de trascendencia individual no forma parte de ese enorme anhelo místico inherente al ser humano? ¿No estamos en nuestro derecho de continuar nuestra búsqueda hasta acercarnos todo lo posible al origen del milagro? Y si hay que venir a India y pasar una noche besando árboles a la luz de la luna, ¿qué más da?

Como dice REM* en una de sus canciones, yo soy la de la esquina, soy la que está bajo el foco. Pero no estoy *dejando* la religión. Estoy *eligiendo* una religión.

71

Mi vuelo sale a las cuatro de la madrugada, hecho que nos da una idea de cómo funciona India. Decido no dormir

---

* La autora se refiere al famoso tema *Losing My Religion* del grupo pop REM, incluido en su álbum *Out of Time*, editado en 1991. (*N. de la T.*)

esa noche y paso toda la tarde en una de las cuevas de meditación, enfrascada en la oración. No soy una persona noctámbula, pero me apetece aprovechar las últimas horas que voy a pasar en el ashram. A menudo he trasnochado por algún motivo —hacer el amor, discutir, viajar en coche, bailar, llorar, angustiarme (y a veces todo ello junto durante una sola noche)—, pero nunca he dejado de dormir para dedicarme exclusivamente a rezar. ¿Qué tal si lo pruebo?

Hago la maleta y la dejo en la puerta del templo para tenerla a mano cuando llegue el taxi antes de amanecer. Entonces subo la cuesta, entro en la cueva de meditación y me siento. Estoy sola, pero me pongo frente a la enorme foto de Swamiji, el maestro de mi gurú y fundador de este ashram, el león difunto pero omnipresente. Cierro los ojos y espero a que acuda el mantra. Desciendo la escalera y accedo al centro de mi quietud. Al llegar, noto que el mundo se detiene, justo como yo quería detenerlo cuando tenía 9 años y me aterraba el paso del tiempo. Se para el reloj de mi corazón y las páginas del calendario dejan de pasar. Me quedo ahí sentada, en silencio, asombrada de entender tantas cosas. No estoy rezando, sino que me he convertido en una oración.

Puedo pasarme la noche entera aquí.

De hecho, es lo que hago.

No sé cómo me doy cuenta de que ha llegado el momento de meterme en el taxi, pero tras varias horas de quietud noto una especie de codazo invisible, miro el reloj y veo que es exactamente la hora de irme. Me tengo que ir a Indonesia, nada menos. Qué increíble y extraño. Poniéndome en pie, me inclino ante la foto de Swamiji, ese mandamás temible y maravilloso. Después meto bajo la alfombra, justo debajo de su imagen, una hoja de papel. Son los dos poemas que he escrito durante los cuatro meses que he pasado en India. Es la primera vez que escribo poesía en mi vida. El fontanero de Nueva Zelanda me animó a intentarlo alguna vez. Por eso ha sucedido. Uno de los poemas lo escribí cuando llevaba sólo un mes aquí. El otro lo he escrito esta mañana.

En el tiempo que media entre ambos he descubierto lo que es estar en estado de gracia.

72

Dos poemas escritos en un ashram de India.

Primero

Todo este rollo del néctar y la felicidad me está cabreando ya.
Tú, colega, no sé qué pensarás,
pero llegar a Dios no es sólo incienso y tal.
Es más bien lo del gato en el palomar:
Soy el gato, pero aúllo si me quieren cazar.

Llegar a Dios es una reivindicación laboral,
porque no hay paz sin acuerdo.
Pero la bronca es tan monumental
que la policía llega y se va.

El camino hacia Dios lo supo trillar
un indio enjuto y moreno, muerto ya,

que se pateó los lodos de su país,
descalzo, famélico, febril,
durmiendo hoy bajo un puente, mañana en un portal.
Un *sin techo* buscando el Gran Hogar.
Es él quien me pregunta: «Liz, ¿te has enterado ya?
¿Sabes dónde está tu casa? ¿Sabes adónde vas?».

Segundo

Pero...
si pudiera hacerme unos pantalones
con la hierba de este jardín,
lo haría.

Si pudiera enrollarme
con todos los eucaliptos del bosque de Ganesha,
juro que lo haría.

Estos días sudé rocío,
solté escoria,
restregué la barbilla contra un árbol,
que tomé por la pierna del maestro.

No puedo adentrarme más.

Si pudiera comerme el barro de este sitio,
servido en un lecho de nidos de pájaro,
me tomaría la mitad,
y dormiría sobre el resto.

INDONESIA

o

«Me siento distinta
desde la cabeza hasta la entrepierna»

o

Treinta y seis historias sobre
la búsqueda del equilibrio

73

Nunca he tenido tan poco claro lo que voy a hacer en la vida como cuando llego a Bali. He hecho muchos viajes disparatados en mi vida, pero éste se lleva la palma. No sé dónde voy a vivir, no sé lo que voy a hacer, no sé a cuánto está el dólar aquí, no sé cómo funciona lo de los taxis en el aeropuerto... Por no saber, no sé adónde decirle al taxista que me lleve. No me espera nadie. En Indonesia no conozco a nadie; ni siquiera tengo los socorridos amigos de amigos. Y nada más llegar descubro que no hay nada peor que tener una guía vieja y, encima, no leerla. Resulta que no puedo pasarme cuatro meses en este país, como tenía pensado. Es lo primero que me dicen. Sólo me pueden dar un visado para turistas de un mes como mucho. Ni se me había pasado por la cabeza que el Gobierno indonesio no quisiera recibirme en su país durante todo el tiempo que me diera la gana.

Mientras el amable funcionario de la oficina de inmigración me sella el pasaporte, dándome permiso para pasar en Bali exactamente treinta días, le pido en mi tono más cordial si me da permiso para quedarme más tiempo, por favor.

—No —me dice con enorme cortesía, haciendo gala del célebre encanto balinés.

—Es que tenía pensado estar tres o cuatro meses —le digo.

No me atrevo a contarle que se trata de una profecía, porque hace tres o cuatro meses un curandero entrado en años y posiblemente senil me predijo (durante una lectura de manos que no duró ni diez minutos) que iba a pasar en Indonesia tres o cuatro meses. La verdad es que no sé cómo explicarlo.

Pero ¿qué fue lo que me dijo el curandero ahora que lo pienso? ¿De verdad me dijo que iba a volver a Bali y pasarme tres o cuatro meses en su casa? ¿Seguro que me invitó a pasar una temporada en su casa? ¿O lo que quería es que me dejara caer si andaba por su barrio y le soltara diez pavos por leerme la mano otra vez? ¿Me dijo que iba a volver a Indonesia o que *debería* volver a Indonesia? ¿Me dijo «Hasta luego, cocodrilo» o «No pasaste de caimán»?

No he vuelto a saber nada del curandero desde aquella tarde. Pero tampoco hubiera podido ponerme en contacto con él. ¿Qué señas habría puesto en el sobre? ¿«Señor Curandero, Porche de su Casa, Bali, Indonesia»? No sé si sigue vivo o si ha muerto. Recuerdo que me pareció viejísimo hace dos años cuando lo conocí; desde entonces le puede haber pasado cualquier cosa. Lo único que tengo claro es su nombre —Ketut Liyer— y el vago recuerdo de que vive en un pueblo a las afueras de Ubud. Pero no tengo ni idea de cómo se llama el pueblo.

La verdad es que me tendría que haber pensado un poco mejor toda esta historia.

74

Pero moverse por Bali es bastante fácil. No es como estar tirada en mitad de Sudán sin tener ni puñetera idea de qué va el tema. Esto es una isla algo más grande que Mallorca y también una de las más turísticas del mundo. Todo está organizado para que los occidentales usemos nuestras tarjetas de crédito y podamos desplazarnos sin problemas. Casi todos los balineses hablan inglés y son muy simpáticos. (Al enterarme, siento una mezcla de alivio y remordimientos. Tengo las sinapsis cerebrales tan sobrecargadas de haberme pasado los últimos meses estudiando italiano y sánscrito antiguo que ni me planteo la posibilidad de aprender indonesio, por no hablar del balinés, un idioma más raro que el lenguaje marciano.) Hay que reconocer que estar aquí no se hace muy cuesta arriba. Prácticamente cualquiera puede cambiar dinero en el aeropuerto y encontrar un taxista amable que sepa de algún hotel bonito. Y como el turismo se fue al garete con el atentado terrorista que hubo aquí hace dos años (pocas semanas después de mi primera visita), moverse por la isla es aún más fácil; todos están deseando ayudarte, deseando buscarse un trabajito.

Así que voy en taxi a la ciudad de Ubud, que parece un buen punto de partida. Doy con un hotel pequeño y agradable en la carretera del Bosque de los Monos (nombre que me encanta). El hotel tiene una piscina de agua dulce y un jardín abarrotado de árboles tropicales y flores del tamaño de un balón (cuidadas por un equipo perfectamente organizado de colibríes y mariposas). Como el personal es balinés, te agasajan y piropean en cuanto entras por la puerta.

Mi habitación da al frondoso jardín y el desayuno incluido en el precio consiste en toneladas de fruta tropical totalmente fresca. Vamos, que es uno de los sitios más agradables donde he estado nunca y me está costando menos de diez dólares al día. Me alegro de haber vuelto a esta isla.

Ubud está en el centro de Bali en lo alto de unos montes salpicados de arrozales, templos hindúes, briosos ríos que bañan los bancales de la selva y volcanes que comban el horizonte. Esta ciudad es el foco cultural de la isla, el centro del arte balinés tradicional, con sus célebres esculturas talladas, danzas y ritos religiosos. No está cerca de las playas, así que los turistas que vienen a Ubud son gente mejor informada y con más criterio; prefieren ver una ceremonia tradicional en un templo antes que beber piña colada en un chiringuito. Independientemente de cómo acabe lo de la profecía del curandero, éste podría ser un lugar maravilloso para pasar una temporada. La ciudad es una especie de versión liliputiense de Santa Fe, pero en el océano Pacífico y poblada de monos y familias vestidas con el atuendo balinés tradicional. Hay buenos restaurantes y unas librerías pequeñas, pero estupendas. Podría pasarme los cuatro meses en Ubud haciendo lo que las estadounidenses divorciadas de buena familia han hecho desde que se inventaron los clubes YMCA, es decir, apuntarse a un curso detrás de otro: batik, instrumentos rítmicos, bisutería, cerámica, danza indonesia tradicional, cocina... Enfrente del hotel hay un cartel que anuncia «La Tienda de la Meditación», un pequeño local que anuncia sesiones públicas de meditación todas las tardes de seis a siete. «Que reine la paz en la Tierra», ruega el cartel. Eso digo yo.

Cuando termino de deshacer la maleta, me queda toda la tarde por delante, así que decido darme un paseo para volver a orientarme por esta ciudad que llevo dos años sin ver. Y después me plantearé qué hago para encontrar al curandero. Supongo que será una tarea difícil, que puede llevarme días o semanas. No tengo claro por dónde empezar, así que me paso por la recepción y pido a Mario si puede ayudarme.

Mario es uno de los tíos que trabajan en el hotel. Me ha caído bien desde el primer momento, porque me sorprende su nombre. Este viaje lo empecé en un país lleno de Marios, pero ninguno de ellos era un balinés pequeño, musculoso y dinámico, con un sarong de seda y una flor detrás de la oreja. No me queda más remedio que preguntarle:

—¿De verdad te llamas Mario? No suena muy indonesio que digamos.

—No es mi nombre de verdad —me dijo—. Me llamo Nyoman.

Ah. Ya decía yo. En realidad tenía un 25 por ciento de posibilidades de averiguar el verdadero nombre de Mario. Esto es desviarse un poco del tema, pero la mayoría de los balineses barajan sólo cuatro nombres a la hora de bautizar a sus hijos, independientemente de que sean niños o niñas. Los nombres son Wayan («guaian»), Made («madei»), Nyoman («nioman») y Ketut. La traducción de estos nombres significa Primero, Segundo, Tercero y Cuarto, y hacen referencia al orden en que se nace. En caso de tener un quinto hijo el ciclo se repite desde el principio, pero al niño se le alarga el nombre, que se convierte en algo tipo: «Wayan del Segundo Poder». Y así sucesivamente. Si se trata de gemelos, se los bautiza en el orden en que nacen. Como en Bali sólo hay esos cuatro nombres primordiales (las élites tienen un repertorio más selecto), es perfectamente posible (y, de hecho, muy común), que dos Wayan se casen. Y su primer hijo se llamaría... Wayan obviamente.

Esto nos da una idea de la importancia que tiene en Bali la familia y el lugar que se ocupa en esa familia. Este sistema puede parecer complicado, pero los balineses parecen arreglarse con él. Como es lógico, no les queda más remedio que usar motes. Por ejemplo, una de las empresarias más conocidas de Ubud es una señora llamada Wayan, que tiene un restaurante muy popular, el Café Wayan. A esta mujer se la conoce por el mote de «Wayan Café», que significa «La Wayan dueña del Café Wayan». También se usan motes como «Made la Gorda», «Nyoman-el-del-alquiler-de-coches» o «Ketut-el-tonto-que-quemó-la-casa-de-su-tío». Mi amigo el de la recepción del hotel ha solucionado el problema poniéndose el nombre de Mario.

—¿Por qué has elegido Mario?

—Porque me gustan todas las cosas de Italia —me dice en su inglés balinés.

Cuando le cuento que, hace poco, he pasado cuatro meses en Italia, le parece tan sorprendente y maravilloso que sale de detrás del mostrador y me dice:

—Ven, siéntate. A hablar.

Y así es como nos hacemos amigos. Por eso esta tarde, cuando salgo a buscar al curandero, decido preguntar a mi nuevo amigo Mario si no conocerá por casualidad a un hombre llamado Ketut Liyer.

Pensativo, Mario frunce el ceño.

Estoy convencida de que me va a decir algo así como: «¡Ah, sí! ¡Ketut Liyer! Viejo curandero que murió la semana pasada... Triste perder a un curandero tan venerable...».

En lugar de eso me pide que repita el nombre y esta vez lo escribo, pensando que lo he pronunciado mal. Efectivamente, a Mario se le ilumina la cara.

—¡Ketut Liyer! —exclama.

Pero sigo convencida de que va a decir algo como: «¡Ah, sí! ¡Ketut Liyer! ¡Un demente! Detenido la semana pasada por loco...».

En lugar de eso me dice:

—Ketut Liyer es un famoso curandero.

—¡Sí! ¡Ése es!

—Yo conozco. Voy a su casa. Semana pasada llevo a mi prima, porque su bebé llora toda la noche. Ketut Liyer arregla eso. Un día llevo chica americana como tú a casa de Ketut Liyer. Ella quiere magia para ser bonita con los hombres. Ketut Liyer hace un dibujo mágico para ayudar a su belleza. Yo, después, hago bromas. Todos los días le digo: «¡Dibujo funciona! ¡Mira guapa que eres! ¡Dibujo funciona!».

Recordando la imagen que me dibujó Ketut Liyer hace unos años, le cuento a Mario que el curandero también me hizo un dibujo a mí.

Mario suelta una carcajada.

—¡Dibujo funciona también para ti! —exclama.

—Mi dibujo era para encontrar a Dios —le explico.

—¿No quieres ser más bonita con los hombres? —me pregunta, lógicamente desconcertado.

—Oye, Mario —le digo—. ¿No me puedes llevar
a ver a Ketut Liyer un día de éstos? Tendrás algún rato
libre, ¿verdad?

—Ahora no —me responde.

Y ya me estaba poniendo triste cuando dice:

—Pero ¿en cinco minutos?

75

Así es como recién llegada a Bali me veo montada en
una moto, agarrada a mi nuevo amigo Mario-el-italiano-
indonesio, que se desliza veloz entre los arrozales iluminados por el sol de la tarde hacia la casa de Ketut Liyer.
Aunque llevo dos años pensando en esta reunión con el
curandero, la verdad es que no sé muy bien qué decirle.
Y, obviamente, no tenemos una cita con él. Así que nos
presentamos por sorpresa. El cartel que tiene colgado en
la puerta es el mismo: «Ketut Liyer – Pintor». Es la típica
finca de una familia balinesa. Un alto muro de piedra rodea
toda la propiedad, que tiene un patio en el centro y un templo en la parte de atrás. En las pequeñas casas interconec-
tadas que contienen estos muros viven juntas varias generaciones familiares. Entramos sin llamar (entre otras
cosas, porque no hay puerta) y provocamos la alborota-
da reacción de los típicos perros guardianes balineses (del-
gados, furibundos) y al entrar en el patio vemos a Ketut
Liyer, el anciano curandero, con su sarong y su camisa de
manga corta, exactamente igual que hace dos años cuando
lo conocí. Mario dice algo a Ketut y, aunque no sé nada de
balinés, me suena algo así como:

—Te traigo a una chica americana. No te quejarás.

Ketut me dedica una sonrisa desdentada, pero potente como una manguera antiincendios, cosa que me tranquiliza enormemente. Todo lo que recordaba es cierto, pienso. Es un hombre extraordinario. Su rostro es una verdadera enciclopedia de la bondad. Me da la mano con toda su energía y entusiasmo.

—Un gran placer conocerte —dice.

No tiene ni idea de quién soy.

—Ven, ven —me dice, guiándome hacia el porche de su pequeña casa, amueblada con esteras de bambú. Está exactamente igual que hace dos años. Los dos nos sentamos. Sin preámbulos, me agarra la mano con la palma hacia arriba, dando por hecho que, como la mayoría de los occidentales que vienen a verlo, vengo a que me diga la buenaventura. Me hace un breve pronóstico que, cosa que me tranquiliza, es una versión resumida de exactamente lo mismo que me dijo la última vez. (Mi cara no le suena de nada, pero mi destino, ante su mirada sagaz, es el mismo.) Habla inglés mejor de lo que yo recordaba, y bastante mejor que Mario. Ketut habla como los sabios chinos que salen en las películas tipo *Kung Fu*, una variante que podría llamarse el *inglés saltamontano*, porque incluyendo lo de «pequeño saltamontes» aquí y allá las frases suenan mucho más sabias. «Ah, la buena fortuna te sonríe, pequeño saltamontes...».

Espero a que Ketut haga una pausa en sus predicciones y le interrumpo para recordarle que ya vine a verle hace dos años.

Se queda desconcertado.

—¿No primera vez en Bali?

—No, señor.

Frunce el ceño.

—¿Eres chica de California?

—No —digo cada vez más dolida—. Soy la de Nueva York.

Entonces, aunque no parece venir a cuento, Ketut me dice:

—Ya no soy tan guapo, pocos dientes. Quizá iré al dentista un día para ponerme dientes. Pero me da miedo el dentista.

Abre su despoblada boca y me enseña los desperfectos. Efectivamente, le faltan casi todos los dientes del lado izquierdo y en el derecho sólo le quedan unos bultos amarillentos, medio rotos y con pinta de dolerle bastante. Me cuenta que fue al tropezar y caer cuando perdió casi todos los dientes.

Le digo que lo siento mucho y vuelvo a intentar explicarle el tema, hablando más despacio.

—Creo que no se acuerda bien de mí, Ketut. Estuve aquí hace dos años con una mujer americana, una profesora de yoga que pasó muchos años en Bali.

—¡Ya sé! —dice, sonriendo emocionado—. ¡Ann Barros!

—Eso es. La profesora se llama Ann Barros. Pero yo soy Liz. Vine a pedirle ayuda, porque quería acercarme a Dios. Me hizo un dibujo mágico.

Se encoge amablemente de hombros, como si le trajera sin cuidado.

—No me acuerdo —reconoce.

Es tan desesperante que casi me da la risa. ¿Y qué hago yo en Bali? No sé cómo me había imaginado mi reencuentro con Ketut, pero supongo que me esperaba una especie de reunión lacrimógena y *superkármica*. Y aunque me había planteado que pudiera haber muerto, no se me había pasado por la cabeza que —si seguía vivo— no se acordara de mí para nada. En cualquier caso, ahora me parece el colmo de la estupidez haber pensado que a él le impresionara tanto conocerme a mí como me impresionó a mí conocerlo a él. La verdad es que tenía que haber enfocado esto de una manera más realista.

Así que describo el dibujo que me hizo: la figura humana con cuatro piernas («los pies firmemente plantados en la tierra»), sin cabeza («sin mirar el mundo con la mente») y con un rostro en el pecho («mirando el mundo con el corazón»). Ketut me escucha educadamente, con cierto interés, como si habláramos de la vida de otra persona.

Con reticencia, porque no quiero agobiarlo, pero sabiendo que no me queda más remedio que decirlo, lo acabo soltando.

—Usted me dijo que debía volver a Bali —le explico—. Me dijo que pasara aquí tres o cuatro meses. Que yo le enseñara inglés y, a cambio, me enseñaría todo lo que usted sabe.

No me gusta cómo suena mi voz. Parezco ligeramente desesperada. No le menciono que me había invitado a quedarme en su casa, con su familia, porque eso sí que quedaría raro, dadas las circunstancias.

Me escucha educadamente, sonriendo y moviendo la cabeza hacia los lados, como diciendo *¡Hay que ver las cosas que dice la gente!*

En ese momento estoy a punto de rendirme. Pero, como no tengo nada que perder, decido hacer una última intentona.

—Soy la escritora, Ketut —le digo—. Soy la escritora de Nueva York.

Y, por algún extraño motivo, todo cambia. De pronto la alegría le inunda el rostro y me mira con una expresión luminosa, pura y transparente. Al reconocerme, es como si se le hubiera encendido una bombilla en la cabeza.

—¡ERES TÚ! —exclama—. ¡TÚ! ¡ME ACUERDO DE TI!

Inclinándose hacia delante, me pone las manos encima de los hombros y me sacude alegremente, como un niño meneando un regalo de Navidad para intentar averiguar lo que hay dentro.

—¡Has vuelto! ¡Has VUELTO!

—¡He vuelto! ¡He vuelto! —confirmo.

—¡Tú, tú, tú!

—¡Yo, yo, yo!

A estas alturas estoy al borde de las lágrimas, pero procuro que no se me note. El alivio que siento es imposible de expresar. Me sorprende hasta a mí. Pero a ver si logro explicarlo. Vamos a suponer que voy en coche, me salgo de la carretera, caigo de un puente, me hundo en el río, logro salir del coche sumergido por una ventana abierta y nado lentamente en el agua fría y verdosa hacia la luz del sol, moviendo frenéticamente los brazos y las piernas, casi sin oxígeno, con las arterias del cuello a punto de estallar y los carrillos abultados por el último aliento de aire, hasta que —¡*Buf!*— llego a la superficie y me lleno los pulmones de aire. Ese alivio, esa sensación de salir del agua, es lo que experimento al oír decir al curandero indonesio «¡Has vuelto!». Es exactamente lo mismo.

Pero me cuesta creer que al fin sabe quién soy.

—Sí, he vuelto —confirmo—. Claro que he vuelto.

—¡Qué contento estoy! —dice emocionado, tomándome las manos entre las suyas—. ¡Al principio no te conozco! ¡Es hace tanto tiempo! ¡Estás cambiada! ¡Distinta de hace dos años! ¡Antes eras mujer muy triste! ¡Ahora eres feliz! ¡Pareces una persona diferente!

El hecho de que una persona pueda cambiar tanto en sólo dos años lo hace estremecerse de alegría.

Dejo de aguantarme las lágrimas y me echo a llorar.

—Sí, Ketut. Antes estaba muy triste. Pero ahora la vida me va mejor.

—Antes tenías un divorcio. No bueno.

—No bueno —le confirmo.

—Antes tenías muchas preocupaciones, mucha tristeza. Antes eras mujer mayor y triste. Ahora eres chica joven. ¡Antes fea! ¡Ahora guapa!

Mario aplaude emocionado y exclama en tono victorioso:

—¿Lo ves? ¡Dibujo funciona!

—¿Aún quieres que te enseñe inglés, Ketut? —pregunto, llamándole de tú.

Me dice que puedo empezar a ayudarlo ya mismo y se levanta con la agilidad de un gnomo. Entra a toda velocidad en su casa y vuelve con un taco de cartas que ha recibido del extranjero en estos últimos años (¡así que tiene una dirección de correos!). Me pide que le lea las cartas en voz alta, porque entiende bastante inglés, pero casi no sabe escribirlo. Vamos, que ya me ha convertido en su secretaria. Soy la secretaria de un curandero. Esto es fantástico. Las cartas son de coleccionistas de arte extranjeros, de gente que se ha hecho con sus famosos dibujos y cuadros mágicos.

En una de las cartas un coleccionista australiano lo alaba por su talento artístico y le pregunta: «¿Cómo has aprendido a pintar con tanto detalle?». Ketut me contesta, como al dictado: «Porque he practicado muchos, muchos años».

Cuando terminamos con las cartas, me cuenta cómo ha sido su vida durante estos últimos años. Han ocurrido ciertos cambios. Ahora tiene una esposa, por ejemplo. Señala al otro lado del patio y veo a una mujer corpulenta medio oculta entre las sombras de la puerta de la cocina, mirándome como si no supiera si pegarme un tiro o envenenarme primero y luego pegarme un tiro. La primera vez que vine Ketut me enseñó apenado las fotos de su esposa recién muerta, una hermosa anciana balinesa que parecía muy animosa y juvenil para su edad. Saludo con la mano a la mujer, que desaparece entre las sombras de su cocina.

—Buena mujer —proclama Ketut, mirando hacia el hueco de la puerta—. Muy buena mujer.

Entonces me dice que ha estado muy ocupado con sus pacientes balineses, que le dan mucho que hacer. Tiene que repartir su magia entre los recién nacidos, los ritos fúnebres, la curación de enfermos y las ceremonias matrimoniales. Dice que la próxima vez que tenga una boda balinesa tengo que ir con él.

—¡Podemos ir juntos! ¡Yo te llevo!

Lo malo es que casi no vienen occidentales a verlo. Desde que pasó lo del atentado terrorista ya no viene nadie a Bali. Esto lo hace sentirse «muy confuso en mi cabeza» y «muy vacío en mi banco».

—¿Vienes todos los días a mi casa para practicar inglés? —me pregunta y cuando asiento sonriente dice—: Yo te enseño meditación balinesa. ¿Vale?

—Vale —contesto.

—Creo que en tres meses puedo enseñarte la meditación balinesa para que encuentres a Dios —me dice—. Quizá cuatro meses. ¿Te gusta Bali?

—Me encanta Bali.

—¿Te casas en Bali?

—Aún no.

—Creo que en poco tiempo. ¿Mañana vienes?

Le prometo que sí. No me dice nada de lo de venirme a casa con su familia, así que no saco el tema, pero veo de reojo que su mujer sigue apostada en la cocina. Puede que sea mejor quedarme en mi maravilloso hotel. Además, es más cómodo. Tiene un buen cuarto de baño y eso. Pero me va a hacer falta una bicicleta para venir a verlo todos los días.

Pero ha llegado el momento de irse.

—Me alegro mucho de conocerte —me dice, dándome la mano.

Aprovechando la ocasión, le doy su primera lección de inglés. Le enseño la diferencia entre «me alegro de conocerte» y «me alegro de verte». Le explico que sólo decimos «me alegro de conocerte» la primera vez que nos presentan a alguien. A partir de ese momento decimos «me alegro de verte». Ahora que ya nos *conocemos*, nos vamos a *ver* todos los días.

Esto le gusta. Sin perder el tiempo lo pone en práctica.

—¡Me alegro de verte! ¡Me alegro de verte! ¡Te veo! ¡No estoy sordo!

Con eso nos hace reír a todos, hasta Mario. Nos damos la mano y quedamos en vernos mañana por la tarde.

—Hasta luego, cocodrilo —dice a modo de despedida.

—Hasta mañana, caimán —improviso.

—Deja que tu conciencia te guíe. Si tus amigos occidentales vienen a Bali, tú dices que yo leo la mano. Desde la bomba tengo el banco muy vacío. Yo soy un autodidacta. ¡Me alegro mucho de verte, Liss!

—Yo también me alegro mucho de verte, Ketut.

76

Bali es una diminuta isla hindú situada en la mitad del archipiélago indonesio, que mide 3.200 kilómetros de largo y es el país musulmán más poblado del mundo. Bali, por tanto, es un lugar extraño y asombroso. No debería existir, pero ahí está. El hinduismo entró desde India, vía Java. En el siglo iv a. C. los comerciantes indios trajeron la religión a la isla. Los reyes javaneses fundaron una poderosa dinastía hindú, de la que hoy apenas queda nada, salvo las impresionantes ruinas del templo de Borobudur. En el siglo xvi hubo una violenta insurgencia islámica y la monarquía hinduista javanesa —fiel al dios Siva— tuvo que refugiarse en Bali durante lo que se denomina el Éxodo de Majapahit. La élite javanesa exilada consistía en los miembros de la familia real, sus artesanos y sus sacerdotes. Por tanto, no parece tan exagerado eso que dicen los balineses de que todos son descendientes de un rey, un sacerdote o un artista; y eso explicaría la genialidad y el orgullo de estas gentes.

Los colonizadores javaneses se trajeron a Bali el sistema de castas hindú, aunque aquí la división de clases nunca fue tan despiadada como lo era en India. A pesar de todo, los balineses tienen una complicada jerarquía social (sólo los brahmanes se dividen en cinco grupos) y estoy segura de que es más sencillo descifrar el genoma humano que desentrañar el complicado sistema de clanes que siguen teniendo aquí. (Los numerosos y magníficos ensayos del escritor Fred B. Eiseman sobre la cultura balinesa ahondan en estas sutilezas, aportando numerosos detalles y datos que me han sido muy útiles, no sólo en esta ocasión concreta, sino a lo largo de todo el libro.) Resumiendo mucho, todos los balineses pertenecen a un clan y no sólo saben cuál es el suyo, sino que saben perfectamente cuáles son los de los demás. Y si a alguien lo echan de un clan por una desobediencia grave, ya se puede tirar al cráter de un volcán, porque, sinceramente, es una ofensa peor que la muerte.

La cultura balinesa es una organización social y religiosa que está entre las más metódicas del mundo; es una compleja colmena donde todos llevan a cabo las labores, las funciones y las ceremonias correspondientes. Los balineses están completamente inmersos, casi atrapados, en una compleja trama de costumbres. Esta red está formada por una combinación de varios factores, pero podríamos decir que Bali es lo que sucede cuando los lujosos rituales del hinduismo tradicional se superponen a una enorme sociedad agrícola basada en el cultivo del arroz y que opera, por necesidad, mediante una compleja actividad comunitaria. Para que un bancal sembrado de arroz sea productivo se requiere una entrega impresionante en cuanto a mano de obra, mantenimiento y sistemas de ingeniería, de modo que cada pueblo balinés tiene un *banjar*, es decir, una colectividad de ciudadanos que administran, por consenso, las decisiones políticas, económicas, religiosas y agrícolas de la población. En Bali lo colectivo es mucho más importante que lo individual. De lo contrario nadie comería.

Otra cosa que tiene una importancia fundamental son las ceremonias religiosas. No olvidemos que es una isla con siete volcanes impredecibles (si fuera balinesa, yo también rezaría mucho). Se calcula que la típica balinesa pasa una tercera parte del día preparándose para una ceremonia, participando en una ceremonia o recogiendo los restos de una ceremonia. Aquí la vida es un ciclo constante de ofrendas y rituales. Todos deben seguir un orden y hacerse con una intención concreta para no quebrar el equilibrio del universo. Margaret Mead escribió sobre «el increíble ajetreo» de los balineses, y es verdad; en una casa balinesa apenas hay un momento de ocio. Ciertas ceremonias se celebran cinco veces al día y otras son diarias, mensuales, anuales o se conmemoran cada diez años, cada cien años, cada mil años. Estas fechas y esos ritos los organizan los sacerdotes y hechiceros, que consultan un sistema bizantino basado en tres calendarios distintos.

Todos los balineses han de pasar por trece ritos de iniciación marcados por una prolija ceremonia. Una vida incluye toda una serie de complicadas ceremonias de perfeccionamiento espiritual para proteger al alma de los 108 vicios (108, ¡otra vez ese número!) que incluyen defectos como la violencia, el robo, la pereza y la mentira. Todo niño balinés pasa por la importantísima ceremonia de su pubertad, en la que se le liman los dientes caninos o colmillos, que se corrigen por motivos estéticos. En Bali lo peor que se puede ser es tosco y salvaje, y, como los colmillos se consideran una reminiscencia de nuestra naturaleza animal, deben eliminarse. En una sociedad tan unida es peligroso ser violento. El instinto asesino de una sola persona puede dar al traste con el tejido social de toda una colectividad. Por tanto, lo mejor que se puede ser en Bali es *alus*, es decir, «refinado» o «embellecido». La belleza se considera una virtud tanto en los hombres como en las mujeres. La belleza es sagrada. Es fiable. A los niños se les enseña a afrontar las dificultades e incomodidades con «un rostro sonriente». Al mal tiempo, buena cara.

La sociedad balinesa es como una matriz matemática, una malla invisible de almas, objetivos, caminos y costumbres. Todo balinés sabe perfectamente el lugar que ocupa en este enorme mapa intangible. Basta con fijarse en los cuatro nombres que comparten casi todos los ciudadanos balineses —Primero, Segundo, Tercero, Cuarto—, recordándoles el puesto que les corresponde en la familia a la que pertenecen. Es algo así como diseñar un mapa social y llamar a tus hijos Norte, Sur, Este y Oeste. Mario, mi amigo italo-indonesio, me dice que sólo es feliz si logra mantenerse en la intersección entre una línea vertical y una horizontal, en un estado de perfecto equilibrio. Para ello, tiene que saber exactamente dónde está en cada momento, tanto en su relación con Dios como con su familia en la Tierra. Si pierde ese equilibrio, pierde el poder.

No parece muy descabellado, por tanto, decir que los balineses son los grandes maestros del equilibrio, para quienes la armonía perfecta es un arte, una ciencia y una religión. Como el objetivo de mi viaje era hallar el equilibrio, sabía que podían ayudarme a hallar la estabilidad en el caos del mundo. Pero al ir leyendo sobre los balineses, al irlos conociendo, voy viendo lo lejos que estoy de la matriz del equilibrio tal como ellos la conciben. La costumbre de pasearme por el mundo sin el menor sentido de la orientación y la decisión de mantenerme fuera de la red protectora del matrimonio y la familia me convierten —a sus ojos— en una especie de fantasma. A mí me gusta vivir así, pero para ellos es una auténtica pesadilla. Si no sabes dónde estás ni a qué clan perteneces, ¿cómo piensas hallar el equilibrio?

Teniendo esto en cuenta, no sé qué parte de su filosofía de la vida voy a poder incorporar a la mía, ya que por ahora me identifico más con una definición más moderna y occidental de la palabra *equilibrium*. (Por ahora la traduzco como «libertad equilibrada», es decir, la igualdad de posibilidades de ir en cualquier dirección en un momento dado, dependiendo de..., ya sabes..., cómo vayan las cosas.) Un balinés no espera a ver «cómo van las cosas». Eso le daría pánico. Lo que hace es organizarse la vida para evitar el desastre.

En Bali, si vas dando un paseo y te cruzas con un desconocido, lo primero que te preguntará es: «¿Adónde vas?»; y su segunda pregunta será: «¿De dónde vienes?». A un occidental le parecerá una conducta bastante entrometida, pero lo único que pretenden es darte una ubicación, meterte en su malla para su mayor tranquilidad y seguridad. Si dices que no sabes adónde vas y que sólo estás dando un paseo, puede ser que pongas bastante nervioso a tu nuevo amigo balinés. Es mucho mejor optar por algo que suene a una dirección concreta —*la que sea*— para no desconcertar al personal.

La tercera pregunta que te hará un balinés, casi seguro, es: «¿Estás casado?». De nuevo su intención es situarte y orientarte. Necesitan tener datos sobre ti para asegurarse de que tienes tu vida completamente ordenada. Lo que quieren es que les digas que sí. Eso les produce un enorme alivio. Si estás soltero, es mejor que no lo reconozcas abiertamente. Y también te recomiendo que no saques el tema del divorcio por mucho que forme parte de tu historia. A los balineses les cuesta mucho entenderlo. En tu soledad lo único que ven es tu peligroso alejamiento de la red. Si eres una mujer soltera y vas a Bali y te preguntan si estás casada o no, lo mejor que puedes decir es: «Aún no». Es una manera educada de decir que no aunque indica una intención optimista de solucionar el asunto lo antes posible.

Incluso si tienes 80 años, o eres lesbiana, o eres una feminista recalcitrante, o una monja, o una monja lesbiana feminista recalcitrante de 80 años que nunca ha estado casada ni tiene intención alguna de estarlo, la respuesta más educada es: «Aún no».

77

A la mañana siguiente Mario me ayuda a comprar una bicicleta. Como buen pseudoitaliano, me dice: «Conozco a un tío que las vende» y me lleva a la tienda de su primo, donde compro una estupenda bici todoterreno, un casco, un candado y una cesta por algo menos de cincuenta dólares estadounidenses. Ya estoy motorizada en la ciudad de Ubud, o al menos me puedo desplazar por estas carreteras estrechas, llenas de curvas y baches y abarrotadas de motos, camiones y autobuses llenos de turistas.

Por la tarde voy en bici al pueblo de Ketut a ver a mi amigo el curandero para... lo que sea que vayamos a hacer juntos. La verdad es que no lo tengo muy claro. ¿Clases de inglés? ¿Clases de meditación? ¿Sentarnos en el porche a pasar el rato? No sé lo que me tendrá reservado Ketut, pero me alegro de que me haya invitado a formar parte de su vida.

Cuando llego, veo que tiene invitados. Es una pequeña familia de campesinos balineses que han traído a su hija de un año para que Ketut la ayude. A la pobre le están saliendo los dientes y lleva varias noches llorando. El padre es un joven guapo que lleva un sarong y tiene las pantorrillas musculosas, como las de una estatua de un héroe soviético. La madre es guapa y tímida y me mira cohibida con los párpados entornados. En pago por sus servicios a Ketut le traen 2.000 rupias, unos 25 centavos estadounidenses, en una cesta de hojas de palma del tamaño de un cenicero de hotel. En la cesta también hay una flor y unos granos de arroz. (Su pobreza contrasta totalmente con la familia adinerada que viene a ver a Ketut a última hora de la tarde, cuya madre lleva en la cabeza un cesto de tres pisos con fruta, flores y un pato asado; un tocado tan magnífico e impresionante que Carmen Miranda habría hecho una humilde reverencia al verlo.)

Totalmente relajado, Ketut trata a sus invitados con cordialidad. Escucha a los padres mientras le cuentan los problemas de su hija. Después abre un pequeño baúl que tiene en el porche y saca un cuaderno viejísimo con las páginas llenas de sánscrito balinés, escrito en una letra diminuta. Consulta el libro con la actitud de un sabio, buscando alguna combinación de palabras que le satisfaga mientras habla y ríe con los padres sin parar. Entonces arranca una página en blanco de un cuaderno con un dibujo de la Rana Gustavo y escribe «una receta» para la niña que, según diagnostica, es víctima de un demonio menor, además de sufrir la incomodidad física propia de la dentición. Para esto último aconseja a los padres que simplemente le froten las encías con el jugo de una cebolla roja. Para aplacar al demonio tienen que sacrificar un pollo pequeño y un cerdo pequeño, con un pedazo de tarta, mezclado con las especias que su abuela sin duda tendrá en su vergel. (Esta comida no se malgastará; tras el rito correspondiente a las familias balinesas se les permite comerse sus ofrendas a los dioses, pues se trata de un acto más metafísico que literal. En su opinión, a Dios le corresponde el gesto, mientras al ser humano le corresponden los alimentos.)

Tras escribir la receta, Ketut nos da la espalda, llena un cuenco de agua y entona en voz baja un mantra espectacular aunque algo siniestro. Entonces bendice al bebé con el agua santificada. Aunque sólo tiene 1 año, la niña ya sabe recibir una bendición como dicta la tradición balinesa. En brazos de su madre saca sus manitas para recibir el agua, que bebe una vez, dos veces, antes de salpicarse la cabeza con ella, cumpliendo con el rito a la perfección. No tiene ningún miedo al hombre desdentado que le canturrea palabras incomprensibles. Ketut vierte el agua sobrante en una bolsa de plástico del tamaño de un sándwich y se la entrega a los padres para que puedan usarla más tarde.

La madre se lleva la bolsa de plástico como si hubiese ganado un pez de colores en la feria de ese año, pero lo hubiese olvidado.

Por unos veinticinco centavos Ketut ha dedicado a esta familia cuarenta minutos de su tiempo. Si no hubieran tenido dinero que darle, habría hecho lo mismo, pues es su deber como curandero. No puede rechazar a nadie o los dioses le quitarán sus poderes de curandero. Ketut recibe unas diez visitas diarias como ésta, de balineses que precisan consuelo o un consejo sobre algún asunto religioso o médico. En los días sagrados, cuando muchos buscan una bendición, puede recibir más de cien visitas.

—¿No te cansas? —le pregunto.

—Pero ésta es mi profesión —me dice—. Es lo mío, ser curandero.

Por la tarde aparecen un par de pacientes más, pero también pasamos un rato solos en el porche. Me siento muy a gusto con este curandero, tan tranquila como si fuese mi abuelo. En mi primera lección de meditación balinesa me explica que hay muchas formas de hallar a Dios, aunque la mayoría son demasiado complicadas para un occidental, así que me va a enseñar la técnica fácil. En lo que consiste, esencialmente, es en esto: hay que sentarse en silencio y sonreír. Me encanta. Él lo sigue tan al pie de la letra que se ríe mientras me lo explica. Sentarse y sonreír. Perfecto.

—¿Estudiaste yoga en India, Liss? —me pregunta.

—Sí, Ketut.

—Puedes hacer yoga —me dice—. Pero es muy duro.

Y aquí se contorsiona hasta ponerse en una retorcida postura de loto con la cara arrugada en un cómico gesto como de estreñimiento. Después, recuperando su languidez habitual, me pregunta:

—¿Por qué siempre tan serios en el yoga? Si tú con cara seria como ésta, asustas a la buena energía. Para meditar, sólo falta una sonrisa. Sonrisa en la cara, sonrisa en la mente y así viene la energía buena y se lleva la energía mala. También sonrisa en el hígado. Hoy debes probar en tu hotel. No con prisa, no con demasiado trabajo. Si estás tan seria, te pones enferma. Puedes llamar a la buena energía con una sonrisa. Hemos acabado hoy. Hasta luego, cocodrilo. Vuelve mañana. Me alegro mucho de verte, Liss. Deja que tu conciencia te guíe. Si tus amigos occidentales vienen a Bali, tú dices que yo leo la mano. Desde la bomba tengo el banco muy vacío.

78

Ésta es la historia de la vida de Ketut, tal como él la cuenta:

«En mi familia, en nueve generaciones siempre hay un curandero. Mi padre, mi abuelo, mi bisabuelo, todos ellos son curanderos. Todos quieren que yo sea un curandero, porque ven la luz que yo tengo. Ven que soy belleza y que soy inteligencia. Pero yo no quiero ser curandero. ¡Demasiado estudiar! ¡Demasiada información! ¡Y yo no creo en curandero! ¡Yo quiero ser pintor! ¡Yo quiero ser artista! Tengo talento.

»Cuando yo aún era hombre joven, conozco americano muy rico, quizá también de Nueva York, como tú. Él aprecia mi pintura. Él quiere comprarme una pintura grande, quizá de un metro de grande, por mucho dinero. Bastante dinero para hacerme rico. Así que empiezo a hacerle la pintura. Todos los días yo pinto, pinto, pinto. Hasta de noche también pinto. En estos días, hace mucho tiempo, no bombillas como hoy, así que yo tengo lámpara. Lámpara de aceite, ¿tú me entiendes? Pero es lámpara con palanca, yo tengo que mover la palanca para hacer subir el aceite. Y todas las noches pinto con la lámpara.

»Una noche la lámpara se apaga, así que doy a la palanca mucho, mucho, ¡y explota! ¡El brazo se me pone en llamas! Paso un mes en hospital con brazo quemado y tengo una infección. La infección me llega al corazón. El doctor dice que tengo que ir a Singapur para cortarme el brazo, para hacerme amputación. Esto no me gusta nada. Pero el doctor dice que voy a Singapur y me hago operación para cortarme el brazo. Yo le digo al doctor que primero voy a mi pueblo.

»Esa noche, en el pueblo, tengo un sueño. Mi padre, abuelo, bisabuelo... Todos vienen a mi casa en mi sueño y me dicen la manera de curarme el brazo quemado. Me dicen que haga jugo de azafrán y sándalo. Poner este jugo en la quemadura. Después hacer polvo de azafrán y sándalo. Ponerlo en la quemadura. Me dicen que tengo que hacerlo para no perder el brazo. Este sueño es muy real, como si todos están en mi casa conmigo, todos juntos.

»Me despierto. No sé qué hacer, porque a veces los sueños sólo son bromas, ¿tú me entiendes? Pero vuelvo a mi casa y me pongo el jugo de azafrán y sándalo en el brazo. Y después me pongo el polvo de azafrán y sándalo en el brazo. Mi brazo muy infectado, mucho dolor, muy grande, muy hinchado. Pero después del jugo y el polvo se pone frío. Muy frío. Empiezo a sentirme mejor. En diez días mi brazo está bien. Todo curado.

»Es entonces cuando empiezo a creer. Entonces tengo otro sueño con mi padre, abuelo, bisabuelo. Me dicen que ahora tengo que ser curandero. Tengo que dar mi alma a Dios. Para hacerlo, tengo que ayunar seis días, ¿tú me entiendes? Sin comida, sin agua. Sin beber nada. Sin desayunar. No es fácil. Tengo tanta sed de ayunar que voy a los arrozales por la mañana antes de que salga el sol. Me siento en arrozal con la boca abierta para beber agua del aire. ¿Cómo llamas a esto? ¿Al agua en un arrozal por la mañana? ¿Rocío? Sí. Rocío. Sólo como este rocío durante seis días. Nada de comida, sólo este rocío. En el día número cinco me desmayo. Veo todo de color amarillo. No, no color amarillo...; color ORO. Veo todo de color oro, hasta por dentro de mí. Muy feliz. Ya lo entiendo. Este color oro es Dios, que está dentro de mí. Lo mismo que es Dios es lo que está dentro de mí. Lo mismo-mismo.

»Por eso tengo que ser curandero. Tengo que estudiar los libros de medicina de mi bisabuelo. Estos libros no son de papel, son de hojas de palma. Estas hojas se llaman *lontars*. Así es la enciclopedia médica balinesa. Tengo que aprender las diferentes plantas de Bali. No es fácil. Una por una las aprendo todas. Aprendo a curar a personas con muchos problemas. Uno es cuando alguien está enfermo de lo físico. A este enfermo físico lo ayudo con hierbas. Otro problema es cuando está enferma la familia, cuando hay muchas peleas. Esto lo curo con armonía, con un dibujo mágico especial y también hablando para ayudar. Pongo dibujo mágico en la casa y ya no más peleas.

A veces hay personas enfermas de amor, que no encuentran pareja. Los balineses, y los occidentales también, siempre tienen muchos problemas con el amor, porque es difícil encontrar la pareja buena. Curo los problemas de amor con un mantra y con un dibujo sagrado para encontrar el amor. También aprendo magia negra para ayudar a las personas cuando están embrujados con magia negra. Mi dibujo mágico, lo pones en tu casa y te trae buena energía.

»También me gusta ser artista. Me gusta pintar cuando tengo tiempo. Vendo a una galería. Mi pintura es siempre misma pintura... Cuando Bali era un paraíso, quizá hace mil años. Pintura de selva, animales, mujeres con... ¿Cuál es la palabra? Seno. Mujeres con seno. Es difícil para mí encontrar el tiempo para pintar, porque soy curandero, porque tengo que ser curandero. Es mi profesión. Es lo mío. Tengo que ayudar a la gente para que Dios no se enfade conmigo. A veces traigo niño al mundo, a veces hago ceremonia para un muerto, o para un empaste de diente, o para una boda. A veces me despierto a las tres de la madrugada, hago una pintura con una bombilla eléctrica. Sólo en ese momento hago pintura para mí. Me gusta estar solo en ese momento del día, buena hora para la pintura.

»Hago magia real; no de broma. Siempre digo la verdad aunque no sea buena. Debo ser siempre buen hombre en mi vida para no estar en el infierno. Hablo balinés, indonesio, un poco japonés, un poco inglés, un poco holandés. Durante la guerra muchos japoneses aquí. No me fue mal. Leo la mano a los japoneses, me hago su amigo. Antes de la guerra muchos holandeses aquí. Ahora muchos occidentales aquí. Todos hablan inglés. Mi holandés suena... ¿cómo se dice? ¿Qué palabra me enseñaste ayer? ¿Oxidado? Sí, oxidado. Mi holandés suena oxidado. ¡Ja!

»En Bali estoy en la cuarta casta, una casta muy baja, como la de un campesino. Pero veo muchas personas de la primera casta no tan inteligentes como yo. Me llamo Ketut Liyer. Liyer es el nombre que me dio mi abuelo cuando era pequeño. Significa "luz brillante". Ése soy yo».

79

En Bali tengo tanto tiempo libre que casi me parece ridículo. Lo único que tengo que hacer es ir a ver a Ketut Liyer y pasar con él un par de horas por la tarde, cosa que apenas parece una obligación. El resto del día lo dedico a una serie de actividades totalmente relajadas. Todos los días medito durante una hora usando el yoga que me ha enseñado mi gurú y por la tarde uso la técnica que me ha enseñado Ketut («sonrisa en la cara, sonrisa en la mente»). Entremedias, doy paseos y monto en bici y hablo con la gente y salgo a comer algo. He dado con una biblioteca pequeña y tranquila, me he sacado el carné y ahora dedico porciones grandes y apetitosas de mi vida a leer en el jardín. Después de lo intensa que ha sido mi vida en el ashram, después de esa historia tan decadente de pasearme por toda Italia comiéndome todo lo que veía, éste es un episodio de mi vida radicalmente nuevo y distinto. Tengo tanto tiempo libre que podría medirlo en toneladas métricas.

Siempre que salgo del hotel, Mario y sus compañeros de la recepción me preguntan adónde voy y siempre que vuelvo me preguntan dónde he estado. Estoy segura de que en el cajón de la mesa tienen unos mapas diminutos con señales que indican dónde están todos en un momento dado para asegurarse de que la colmena siempre esté cuidada.

Por la noche subo al monte en bicicleta y recorro los bancales de arroz que hay al norte de Ubud, un magnífico espectáculo en tonos verdes. Veo las nubes rosa reflejadas en el agua embalsada de los arrozales y es como si hubiera dos cielos, uno arriba para los dioses y otro abajo, lleno de barro, para los mortales. El otro día subí al santuario de las garzas, donde vi un cartel poco entusiasta («Vale, aquí puedes ver garzas»), pero no vi ninguna. Sólo había patos, así que me quedé un rato mirándolos y pedaleé hasta el siguiente pueblo. Por el camino me crucé con hombres, mujeres, gallinas y perros que, cada uno a su manera, estaban ocupados en lo suyo, pero ninguno tanto como para no poder detenerse a saludarme.

Hace un par de noches, en lo alto de un hermoso bosque vi un cartel: «Se alquila casa de artista con cocina». Como el universo es generoso, a los pocos días me veo viviendo ahí. Mario me ayuda a hacer la mudanza y todos sus amigos del hotel me despiden entre lágrimas.

Mi casa nueva está en una carretera tranquila y rodeada de arrozales por todas partes. Es una especie de chalé con paredes cubiertas de hiedra. La dueña es una inglesa que va a pasar el verano en Londres, así que me instalo en su casa, sustituyéndola en este lugar milagroso. Hay una cocina de color rojo chillón, un lago lleno de peces, una terraza de mármol, una ducha exterior alicatada de azulejos brillantes; mientras me lavo el pelo, veo las garzas anidadas en las palmeras. Hay un jardín verdaderamente encantador con una miríada de senderos secretos. La casa viene con jardinero, así que yo puedo dedicarme a mirar las flores. No sé cómo se llama ninguna de estas extraordinarias flores tropicales, así que les pongo nombres inventados. ¿Y por qué no? Es mi jardín del Edén, ¿no? En poco tiempo les pongo motes nuevos a todas las plantas: árbol narciso, palmera-repollo, hierbajo elegantón, espiral presumida, flor de puntillas, hiedra melancólica y una orquídea rosa espectacular que he bautizado como «Mano de bebé». Cuesta creer la magnitud innecesaria y superflua de belleza en estado puro que hay en este sitio. Si saco el brazo por la ventana de mi cuarto, alcanzo las papayas y los plátanos de los árboles del jardín. Aquí vive un gato que es cariñosísimo conmigo media hora antes de que le alimente y luego se pasa el día aullando histéricamente, como si estuviera reviviendo la guerra de Vietnam. Curiosamente, no me molesta. Últimamente, no hay nada que me moleste. Me cuesta imaginar o recordar algún momento triste.

El universo sonoro también es espectacular en este sitio. Por las noches hay un coro de grillos con un grupo de ranas a cargo de los graves. En plena noche los perros gimotean porque nadie los entiende. Antes de amanecer todos los gallos que hay en muchos kilómetros a la redonda nos cuentan cuánto mola ser gallo. («¡Somos GALLOS!», chillan. «¡Somos los únicos que tenemos la suerte de ser GALLOS!».) Todas las mañanas, al amanecer, hay un concurso de canto de aves tropicales y siempre quedan empatados los diez primeros participantes. Cuando sale el sol, las cosas se tranquilizan un poco y las mariposas se ponen a trabajar. La casa está tan cubierta de hiedra que no sería extraño que un día desapareciera bajo las hojas y yo acabara convertida en una flor de la selva. Lo que pago de alquiler es menos de lo que me gastaba en taxis al mes en Nueva York.

La palabra *paraíso*, por cierto, que viene del persa, significa literalmente «jardín amurallado».

80

Dicho esto, seré sincera y confesaré que tres tardes metida en la librería local me bastan para descubrir que todas mis ideas sobre el paraíso balinés eran equivocadas. Cuando conocí Bali hace dos años, me dio por contar que esta pequeña isla era la única verdadera utopía del mundo entero, un lugar que sólo conocía la paz, la armonía y el equilibrio desde el inicio de los tiempos. Un perfecto jardín del Edén sin ningún episodio de violencia ni derramamiento de sangre en toda su historia. No sé de dónde me había sacado aquella idea tan estupenda, pero la repetía totalmente convencida.

—Si hasta los policías llevan flores en el pelo —decía, como si eso fuese la máxima prueba.

Sin embargo, lo cierto es que Bali tiene una historia exactamente igual de sanguinaria y tiránica que todos los lugares de la Tierra donde hayan vivido seres humanos. Cuando los reyes javaneses emigraron aquí en el siglo XVI, lo que establecieron fue una colonia feudal con un estricto sistema de castas que —como todos los sistemas de castas que se precien— mostraba una escasa o nula consideración por los desfavorecidos. La economía de Bali se estableció sobre un lucrativo comercio de esclavos (que no sólo se adelantó varios siglos a la participación europea en el tráfico internacional de esclavos, sino que la sobrevivió ampliamente). En cuanto a la política local, la isla estaba sometida a los constantes enfrentamientos entre reyes rivales, que atacaban continuamente (con violaciones y asesinatos en masa) a sus vecinos. Hasta finales del siglo xix los balineses fueron temidos por los comerciantes y marinos, que los consideraban unos adversarios feroces. (La palabra *amok*, que usó Stefan Zweig como título de una de sus novelas, es una técnica bélica balinesa que consiste en enfrentarse salvaje y alocadamente al enemigo en un cuerpo a cuerpo sanguinario y suicida.) Con un disciplinado ejército de 30.000 soldados los balineses vencieron a sus invasores holandeses en 1848, de nuevo en 1849 y les dieron la puntilla en 1850. Sólo se dejaron vencer por los holandeses cuando los monarcas rivales de Bali rompieron filas y se traicionaron entre sí para lograr el poder, alineándose con el enemigo para conseguir provechosos acuerdos comerciales. Así que vender la historia actual de la isla como un sueño paradisiaco es distorsionar la realidad; no se puede decir que estas gentes se hayan pasado el último milenio tan campantes, sonriendo y cantando alegres canciones.

Pero en las décadas de 1920 y 1930, cuando los viajeros occidentales más enterados descubrieron Bali, optaron por ignorar su pasado sanguinario y decidieron bautizarlo como «La isla de los dioses», donde «todos son artistas» y se vive en un estado de felicidad inmaculada. Este sueño idílico ha calado tan hondo que la mayoría de la gente que llega a Bali por primera vez (incluida yo) se lo tragan. «No le perdono a Dios que no me haya hecho balinés», dijo el fotógrafo alemán George Krauser cuando visitó Bali en la década de 1930. Atraídos por esa belleza y serenidad sobrenatural de la que tanto les hablaban, los turistas más selectos también optaron por viajar a la isla, artistas como Walter Spies, escritores como Noël Coward, bailarinas como Claire Holt, actores como Charlie Chaplin e intelectuales como Margaret Mead (que, sin dejarse engañar por los pechos desnudos, describió sabia y certeramente la cultura balinesa como una sociedad tan remilgada como la Inglaterra victoriana: «No hay ni un gramo de atrevimiento en su sensualidad»).

La juerga acabó en la década de 1940, cuando el mundo entró en guerra. Los japoneses invadieron Indonesia y los felices expatriados tuvieron que huir de sus jardines balineses atendidos por sus bellos sirvientes. En la lucha por la independencia indonesia que se desencadenó tras la guerra Bali acabó tan dividida y devastada por la violencia como el resto del archipiélago y en la década de 1950 (según un estudio llamado *Bali: el paraíso inventado)* todo occidental que se atreviese a poner un pie en la isla tenía casi que dormir con una pistola bajo la almohada. En la década de 1960 la lucha por el poder convirtió Indonesia en un campo de batalla entre nacionalistas y comunistas. Tras el fallido golpe de Estado que hubo en Yakarta en 1965 llegaron a la isla tropas de soldados nacionalistas encargados de depurar a los balineses comunistas. En cosa de una semana, contando con la colaboración de la policía y las autoridades locales, las tropas nacionalistas dejaron un reguero de sangre en todas las aldeas de la isla. Al acabar la siniestra matanza, unos cien mil cadáveres se amontonaban en los hermosos ríos de Bali.

Fue en la década de 1960 cuando renació el sueño de un paraíso legendario, cuando el Gobierno indonesio decidió reinventarse Bali como «La isla de los dioses», eslogan de una gran campaña publicitaria que tuvo un éxito enorme en el mercado internacional. Los turistas que regresaron a Bali eran un grupo de intelectualoides (la isla nunca fue un bastión militar tampoco) a los que les interesaba la belleza artística y religiosa de la cultura balinesa. Se pasaron por alto los aspectos más tétricos de su historia. Y así hasta hoy.

Después de pasar varias tardes leyendo sobre este tema en la biblioteca local me quedo un poco desconcertada. Un momento, me digo a mí misma. ¿Para qué había venido yo a Bali? Para hallar el equilibrio entre el placer terrenal y la devoción espiritual, ¿no? Pero ¿estoy en el sitio adecuado? ¿Es verdad que los balineses llevan una vida más pacífica y equilibrada que nadie en el mundo? La verdad es que parecen equilibrados, eso sí, con tanto baile, oración y celebración y tanta belleza y tanta sonrisa, pero no acabas de saber muy bien qué hay detrás de todo eso. Es verdad que los policías llevan una flor en la oreja, pero Bali es un hervidero de corrupción, como el resto de Indonesia (el otro día lo pude comprobar cuando di a un funcionario uniformado varios centenares de dólares de dinero extraoficial para que me alargara ilegalmente la extensión del visado a cuatro meses). Los balineses viven, literalmente, de esa imagen que tenemos de ellos como las personas más pacíficas, místicas y artísticamente expresivas del mundo, pero ¿qué parte de la leyenda es verdad y qué parte forma parte de su economía nacional? ¿Cuánto puede llegar a saber una extranjera como yo sobre las tensiones ocultas que pueda haber tras esos «rostros relucientes»? Aquí pasa igual que en el resto del mundo. Si miras la imagen de cerca, las líneas se difuminan y se convierten en una masa ambigua de brochazos borrosos y píxeles entremezclados.

De momento lo único que puedo decir es que estoy encantada con la casa que he alquilado y que los balineses han sido amabilísimos conmigo, sin excepción. El arte y las ceremonias de este país me parecen hermosos y tonificantes, cosa en la que ellos parecen estar de acuerdo. Ésa es mi experiencia de un lugar que probablemente sea mucho más complejo de lo que yo sospecho. Pero lo que los balineses tengan que hacer para mantener su equilibrio vital (y ganarse el pan) es cosa suya. Lo que yo he venido a hacer es trabajarme mi propio equilibrio interno y, de momento, me sigue pareciendo un entorno adecuado para conseguirlo.

81

No sé qué edad tiene mi amigo el curandero. Se lo he preguntado, pero no está seguro. Creo recordar que, cuando estuve aquí hace dos años, el traductor dijo que tenía 80. Pero Mario se lo preguntó el otro día y le dijo: «Creo que 65, no estoy seguro». Cuando le pregunté en qué año nació, me dijo que no recordaba haber nacido. Sé que ya tenía sus años cuando los japoneses ocuparon Bali durante la Segunda Guerra Mundial, así que ahora debería tener en torno a 80. Pero, cuando me contó la historia de que se había quemado el brazo de joven, le pregunté en qué año fue y me dijo: «No lo sé. ¿En 1920?». Suponiendo que tuviera veinte años en 1920, ¿qué tendría ahora? ¿Unos 105 o así? Vamos, que está en algún punto entre los 65 y los 105 años.

También he descubierto que dice tener más o menos años según el humor del que esté ese día. Cuando está muy cansado, suspira y dice: «Puede que 85 hoy», pero, si está más contento, dirá: «Creo que hoy tengo 60». Bien pensado, es un sistema para calcular la edad tan bueno como cualquiera. Es decir, a juzgar por cómo te encuentras, ¿qué edad dirías que tienes? ¿Hay algo más que tenga alguna importancia? A pesar de todo no pierdo la esperanza de llegar a averiguarlo. Una tarde decido ir al grano y le pregunto por las buenas:

—Ketut, ¿cuándo es tu cumpleaños?

—El jueves —contesta.

—¿Este jueves?

—No. Este jueves, no. Un jueves.

El dato parece prometedor..., pero ¿no hay más información que ésa? ¿Un jueves de qué mes? ¿En qué año? Vete a saber. Además, en Bali es más importante el día de la semana en que uno nace que el año. Por eso, Ketut, aunque no sabe la edad que tiene, me explica que el santo de los niños nacidos en jueves es Siva el Destructor y también los protegen dos espíritus animales: el león y el tigre. El árbol oficial de los niños nacidos en jueves es el banyán. El ave es el pavo real. El nacido en jueves habla mucho, interrumpe a los demás, puede ser agresivo y tiende a ser guapo («un ligón o ligona», según Ketut), pero tiene bastante buen carácter, una memoria excelente y la sana intención de ayudar a los demás.

Cuando sus pacientes vienen a verlo con problemas serios de salud, dinero o pareja, él siempre les pregunta en qué día de la semana han nacido para poder prepararles el ensalmo o el medicamento adecuado. Porque, según Ketut, hay personas que «tienen enfermo el cumpleaños» y hay que hacerles un reajuste astrológico para que recuperen el equilibrio. El otro día una familia del barrio de Ketut llevó a su hijo a verlo. El niño tendría unos 4 años o así. Cuando le pregunté qué pasaba, Ketut me explicó que a la familia le preocupaba que «este niño muy agresivo. Este niño no obediente. Portarse mal. No hacer caso de nada. Todos en su casa, hartos. Y también, el niño, a veces, muy mareado».

Ketut pidió a los padres que le dejaran tener al niño en brazos. Se lo sentaron en el regazo y el niño apoyó la espalda en el pecho del anciano, tranquilo y sin miedo. Tratándolo con cariño, Ketut le puso la mano abierta en la frente y cerró los ojos. Después le puso la mano abierta en la tripa y cerró los ojos. Entretanto, sonreía al niño y le hablaba en voz baja. El reconocimiento se acabó enseguida. Ketut devolvió el niño a sus padres y los tres se marcharon poco después con una receta y un recipiente de agua bendita. Entonces Ketut me contó que les había preguntado en qué circunstancias nació el niño y le habían dicho que con «mala estrella» y en sábado, un día auspiciado por espíritus potencialmente malignos, como el de un cuervo, un búho, un gallo (que convierte al niño en «peleón») y una marioneta (que lo hace estar «mareado»). Pero no todo era malo. Al haber nacido en sábado, el cuerpo del niño también tenía el espíritu de un arco iris y el de una mariposa, cuya presencia convenía fortalecer. Había que hacer una serie de ofrendas para que el niño pudiera recuperar el equilibrio.

—¿Por qué le has puesto la mano en la frente y en la tripa? —le pregunté—. ¿Para ver si tenía fiebre?

—Le miro la mente —me dice Ketut—. Para ver si tiene malos espíritus en la mente.

—¿Qué clase de malos espíritus?

—Liss —me contesta—. Soy balinés. Creo en la magia negra. Creo que los malos espíritus salen de los ríos y van contra las personas.

—¿Ese niño tiene malos espíritus?

—No. Sólo tiene enfermo el cumpleaños. Su familia va a hacer un sacrificio. No hay problema. ¿Y tú, Liss? ¿Tú haces práctica de meditación balinesa todas las noches? ¿Tienes limpia la mente y limpio el corazón?

—Todas las noches —le aseguré.

—¿Tú aprendes a sonreír hasta con el hígado?

—Hasta con el hígado, Ketut. Tengo una gran sonrisa en el hígado.

—Bien. Esta sonrisa te hará una mujer guapa. Te dará energía para ser muy guapa. Puedes usar esta energía, la «energía guapa», para conseguir las cosas que quieres en la vida.

—¡Energía guapa! —repito, encantada con la expresión, como una Barbie mística—. ¡Yo quiero tener energía guapa!

—¿También haces todavía meditación india?

—Todas las mañanas.

—Bien. No olvides tu yoga. Es bueno para ti. Es bueno que tengas las dos formas de meditación: la india y la balinesa. Las dos diferentes, pero buenas de igual manera.

Es lo mismo-mismo. Si piensas en la religión, casi todo es lo mismo-mismo.

—No todos están de acuerdo en eso, Ketut. A la gente le gusta discutir sobre Dios.

—No es necesario —me dice—. Tengo una buena idea para usar si conoces a alguien de una religión distinta que quiere discutir sobre Dios. Mi idea es, tú escuchas todo lo que la persona te dice de Dios. Nunca discutas sobre Dios. Lo mejor es decir «Estoy de acuerdo contigo». Entonces vas a tu casa y rezas lo que tú quieres. Ésta es mi idea para que las personas estén en paz con la religión.

Me doy cuenta de que Ketut va siempre con la barbilla levantada y la cabeza ligeramente inclinada hacia atrás, hecho que le da un aire entre enigmático y elegante. Como un impertinente rey anciano, contempla el mundo por encima del hombro. Tiene la piel lustrosa, de un tono dorado oscuro. Está casi totalmente calvo, pero lo suple con unas cejas excepcionalmente largas y algodonosas que parecen a punto de salir volando. Aparte de los dientes que le faltan y la quemadura del brazo derecho, parece estar en plena forma. Me ha contado que de joven bailaba en las ceremonias del templo y que era un hombre bello. Le creo. Sólo come una vez al día, el típico guiso balinés de arroz con pato o con pescado, un plato muy sencillo. También toma todos los días una taza de café con azúcar, sobre todo para celebrar el hecho de que puede permitírselo. Cualquiera de nosotros llegaríamos a los 105 años con una dieta como la suya. Según me cuenta, se mantiene fuerte meditando todas las noches antes de acostarse para atraer la energía sana del universo hacia el centro de su cuerpo. Dice que el cuerpo humano no contiene nada más, ni nada menos, que los cinco elementos de la creación —agua *(apa)*, fuego *(tejo)*, viento *(bayu)*, cielo *(akasa)* y tierra *(pritiwi)*— y sólo hay que concentrarse en esta realidad durante la meditación para recibir la energía de todos estos elementos que nos mantendrán fuertes. Demostrando que tiene muy buen oído para las expresiones idiomáticas en inglés, me dice: «El microcosmos se convierte en el macrocosmos. Tú, el microcosmos, te conviertes en lo mismo que el universo, el macrocosmos».

Hoy ha estado muy ocupado, rodeado de pacientes balineses que se apiñaban en su patio como cajas, todos ellos con niños y ofrendas en el regazo. Había granjeros y comerciantes, padres y abuelas. Había matrimonios con niños que vomitaban la comida y ancianos embrujados con magia negra. Había hombres jóvenes torturados por la agresividad y la lujuria, y mujeres jóvenes que buscaban pareja, y niños doloridos que se quejaban de un sarpullido. Todos ellos habían perdido el equilibrio y necesitaban recuperarlo.

Pero en el patio de la casa de Ketut siempre reina la paciencia. Es normal que la gente tenga que esperar tres horas a ser atendidos, pero jamás tamborilean con el pie en el suelo ni ponen los ojos en blanco de la desesperación. Igual de extraordinaria es la serenidad con que esperan los niños, apoyados sobre sus hermosas madres, jugando con los dedos para entretenerse. Por eso me impresiona enterarme de que los padres de estos niños tan tranquilos los han traído a ver a Ketut porque han decidido que son «malos» y necesitan una cura. ¿Esa niñita? ¿Esa niña de 3 años que lleva cuatro horas sentada al sol sin quejarse ni merendar ni jugar? ¿Esa niña es *mala?* Me dan ganas de decirles:

«Gente, si queréis saber de qué va el tema, venid conmigo a Estados Unidos y veréis lo que es un niño malo de verdad». Pero está claro que el concepto de buena conducta es distinto en este país.

Ketut trata a todos los pacientes con cortesía, sin agobiarse, dedicándoles toda la atención necesaria y sin importarle cuánta gente le queda por ver. Ese día tenía tanto trabajo que ni siquiera pudo tomarse el almuerzo, que es su única comida del día, sino que se quedó clavado en su porche. Por respeto a Dios y a sus antepasados pasó horas ahí sentado, curando a las gentes que lo necesitaban. Al caer la noche tenía los ojos tan enrojecidos como los de un médico de guerra. El último paciente del día era un balinés de mediana edad que estaba muy agobiado porque llevaba semanas sin dormir; decía que se le repetía una pesadilla en la que soñaba que se «ahogaba en dos ríos a la vez».

Hasta esta noche no he tenido claro qué pintaba yo en la vida de Ketut Liyer. Todos los días le pregunto si no le molesta que aparezca por su casa, pero siempre me insiste en que tengo que venir y pasar un rato con él. Tengo mala conciencia por hacerle perder el tiempo a diario, pero siempre parece quedarse triste cuando me marcho a última hora de la tarde. La verdad es que no le estoy enseñando nada de inglés. Lo que aprendió hace no sé cuántas décadas lo tiene tan metido en la cabeza que cuesta hacerle correcciones o empeñarse en que aprenda vocabulario nuevo. Bastante me cuesta que diga: «Me alegro de verte» cuando llego en lugar de: «Me alegro de conocerte».

Esta noche, cuando se acaba de ir el último paciente y Ketut está claramente agotado, con un aspecto decrépito tras haber cumplido con su deber, le pregunto si quiere que me marche para dejarlo descansar un poco, pero me contesta:

—Siempre tengo tiempo para ti.

Y me pide que le cuente historias de India, de América, de Italia, de mi familia. Es entonces cuando me doy cuenta de que no soy la profesora de inglés de Ketut Liyer ni su discípula de teología, sino que le proporciono a este anciano curandero el más simple y puro de los placeres: le hago compañía. Disfruta hablando conmigo porque quiere saber qué pasa por ese mundo que no ha tenido oportunidad de ver.

Durante las horas que hemos pasado juntos en este porche Ketut tan pronto me pregunta cuánto vale un coche en México como cuáles son las causas del sida. (Procuro contestarle ambas preguntas aunque los correspondientes expertos le habrían sabido responder mejor.) Ketut no ha salido de la isla de Bali en su vida. A decir verdad, ha pasado muy poco tiempo fuera de este porche. Una vez hizo una peregrinación al monte Agung, el volcán mayor de Bali (y el más importante desde el punto de vista espiritual), pero dice que la energía que se notaba era tan fuerte que no se atrevió a meditar por miedo a que le consumieran las llamas sagradas. Va a los templos cuando se celebra alguna ceremonia importante y sus vecinos lo invitan a oficiar bodas o mayorías de edad, pero la mayor parte del tiempo lo pasa aquí, sentado en su estera de bambú, con las piernas cruzadas, rodeado de las enciclopedias médicas de su bisabuelo —escritas en hojas de palmera—, curando a la gente, alejando a los demonios y conformándose con saborear un café con azúcar de vez en cuando.

—Anoche sueño contigo —me dice hoy—. Anoche sueño que vas en tu bicicleta a ninguna parte.

Como hace una pausa, le sugiero una corrección gramatical.

—¿Te refieres a que has soñado que iba en bicicleta a todas partes?

—¡Sí! Anoche sueño que vas en tu bicicleta a ninguna parte y a todas partes. ¡Qué contenta estás en mi sueño! Por todo el mundo vas en tu bicicleta. ¡Y yo voy detrás!

Tal vez le hubiera gustado, pienso.

—Quizá puedas venir a verme a Estados Unidos, Ketut —le sugiero.

—No puedo, Liss —dice, agitando la cabeza, aceptando su destino con resignación—. Me faltan dientes para ir en avión.

82

En cuanto a la esposa de Ketut, tardo un tiempo en llevarme bien con ella. Nyomo, como él la llama, es grande y rolliza; tiene algo en una cadera que le impide moverla al andar y los dientes rojos de mascar tabaco de betel. Tiene los dedos de los pies doloridos y combados por la artritis. Es de esas mujeres a las que no se les escapa ni una. A mí me ha dado miedo desde el primer momento. Tiene ese rollo de señora mayor cabreada que recuerda a las viudas italianas y esas señoronas negras estadounidenses que van mucho a misa. Parece capaz de darte una torta en el culo a la mínima. Al principio me ponía muy mala cara, como diciendo *¿Quién es la pava esta que se presenta en mi casa todos los días?* Me miraba desde las polvorientas sombras de su cocina sin tener muy claro mi derecho a existir. Yo le sonreía y ella me miraba fijamente, planteándose si echarme con la escoba o no.

Pero, entonces, hubo un cambio. Fue después del incidente de la fotocopia.

Ketut tiene un montón de cuadernos viejos y libretas llenas de secretos y remedios tradicionales escritos en sánscrito balinés. Los escribió él con una letruja diminuta en la década de 1940 o la de 1950, después de morir su abuelo, para tener reunida toda la información médica necesaria. Es un material que no tiene precio. Hay páginas de datos sobre árboles rarísimos y las propiedades medicinales de toda una serie de hojas y frutos. Tiene unas sesenta páginas de diagramas sobre la quiromancia y cuadernos llenos de datos astrológicos, mantras, hechizos y remedios. El problema es que estos cuadernos llevan décadas sufriendo los efectos de la humedad y los ratones, así que están prácticamente hechos trizas. Amarillentos, resquebrajados y mohosos, parecen un montón de hojas otoñales resecas. Cada vez que Ketut pasa una página se le parte entre los dedos.

—Ketut —le dije la semana pasada, enseñándole uno de sus cuadernos desvencijados—, yo no soy médico, como tú, pero creo que este libro se está muriendo.

—¿Crees que muriendo? —preguntó con una carcajada.

—Señor —le dije, muy seria—, ésta es mi opinión profesional. Si no lo remediamos, este libro morirá de aquí a seis meses.

Entonces le pedí permiso para llevarme el libro a la ciudad para fotocopiarlo antes de que falleciera. Tuve que explicarle lo que es una fotocopia y prometerle que sólo lo tendría durante veinticuatro horas y que tendría mucho cuidado con él. Al final accedió a que me lo llevara de su porche, pero sólo después de asegurarle que iba a respetar la sabiduría de su abuelo. Me lo llevé en bici a una tienda donde tenían Internet y fotocopiadoras y, con muchísimo esmero, dupliqué todas las páginas y encuaderné las nuevas con unas tapas de plástico estupendas. Al día siguiente, antes del mediodía, le llevé la versión antigua y la nueva a su casa. Al verlo, Ketut se quedó atónito y entusiasmado, porque tenía ese cuaderno desde hacía cincuenta años, según me dijo. Vamos, que podían ser «cincuenta años», literalmente, o simplemente «muchísimo tiempo».

Le pedí permiso para fotocopiar el resto de sus cuadernos, asegurándole que así la información quedaría a salvo. Me dio otro cuaderno mustio, roto y arqueado escrito en un sánscrito balinés casi ilegible y lleno de complicados bocetos.

—¡Otro paciente! —exclamó.

—¡Déjame curarlo! —contesté.

Aquello también fue todo un éxito. Al acabar la semana había fotocopiado varios de los manuscritos. Todos los días Ketut decía a su mujer que viniera a ver las copias totalmente fascinado. La expresión de ella no cambió lo más mínimo aunque siempre miraba las reproducciones detenidamente.

Y el lunes siguiente, cuando fui a ver a Ketut, Nyomo me trajo un café caliente en un tarro de mermelada. Cuando la vi salir de la cocina con el café encima de un plato de loza, cojeando aparatosamente hacia el patio, pensé que sería para Ketut, pero, no. Resultó que él ya se había tomado el suyo. Era para mí. Intenté darle las gracias, pero no se lo tomó muy bien. Hizo un gesto con la mano como para quitarle importancia, lo mismo que hacía con el gallo que siempre se le plantaba en la puerta de la cocina cuando estaba preparando la comida. Pero al día siguiente me trajo un vaso de café con un cuenco de azúcar. Y al otro apareció con un vaso de café, un cuenco de azúcar y una patata hervida fría. Según iba avanzando la semana, añadía alguna sorpresa. Aquello cada vez se parecía más a un juego al que jugábamos en el coche cuando yo era pequeña: «Voy a casa de la abuela y me llevo una manzana... Voy a casa de la abuela y me llevo una manzana y un globo... Voy a casa de la abuela y me llevo una manzana, un globo, un café en un tarro de mermelada, un cuenco de azúcar y una patata hervida fría...».

Y lo siguiente sucedió ayer. Estaba yo en el patio, despidiéndome de Ketut, cuando apareció Nyomo con una escoba entre las manos, fingiendo no enterarse de nada de lo que sucede en sus dominios. Yo estaba de pie con las manos en la espalda y de repente se me acercó y me tomó una mano entre las suyas. Me toqueteó los dedos como si quisiera descubrir la combinación de una cerradura hasta que dio con mi dedo índice. Entonces me rodeó el dedo, envolviéndolo con su enorme puño, y apretó con fuerza durante un buen rato. Noté una corriente de amor que salía de su mano, me entraba por el brazo y me llegaba hasta las entrañas. Entonces dejó caer la mano y se alejó con su cojera artrítica sin decir ni una palabra, barriendo como si no hubiera pasado nada. Yo me quedé muy callada con la sensación de estarme bañando en dos ríos de felicidad a la vez.

83

Tengo un amigo nuevo. Se llama Yudhi, que se pronuncia «yu-dei». Es indonesio, de Java. Lo conocí cuando me alquiló la casa. Es el que cuida la finca de mi casera, la inglesa, mientras ella pasa el verano en Londres. Yudhi tiene 27 años, es bajito y cachas y habla como un surfero californiano. Me llama «tío» y «colega» sin parar. Tiene una sonrisa capaz de reformar a un asesino y ha tenido una vida larga y complicada para lo joven que es.

Nació en Yakarta; su madre era ama de casa y su padre un indonesio, fan de Elvis Presley y dueño de una pequeña tienda de aparatos de aire acondicionado. Eran cristianos —una rareza en esta parte del mundo— y Yudhi cuenta anécdotas amenas sobre los argumentos que usaban los musulmanes del barrio para burlarse de él, como: «¡Comes cerdo!» y «¡Quieres a Jesús!». A Yudhi le daban igual las bromas; a Yudhi, en general, le da igual casi todo. A su madre, en cambio, no le gustaba que fuera con los chicos musulmanes, porque siempre iban descalzos. A Yudhi también le gustaba ir descalzo, pero a ella le parecía una porquería, así que dio a su hijo dos opciones: salir a la calle con zapatos o quedarse en casa descalzo. Como no le gustan los zapatos, Yudhi se pasó una buena parte de su infancia y adolescencia encerrado en su habitación y ahí fue cuando aprendió a tocar la guitarra. Descalzo.

El tío tiene un oído impresionante para la música. Toca la guitarra que es una belleza; nunca ha dado clases, pero conoce la melodía y la armonía como si fueran hermanas pequeñas con las que ha crecido de pequeño. Mezcla la música oriental con la occidental, combinando las nanas indonesias tradicionales con el ritmo del *reggae* y el *funk* del Stevie Wonder de los primeros tiempos. Es difícil de explicar, pero tendría que ser famoso. Todos los que oyen tocar a Yudhi dicen lo mismo que yo.

Lo que más le habría gustado hacer es vivir en Estados Unidos y trabajar en el mundo del espectáculo. Como a todo el mundo. Por eso, cuando era muy joven y aún vivía en Java, consiguió (sin saber casi inglés) un empleo en un crucero de las líneas Carnival Cruise, gracias a lo cual salió de su pequeño entorno de Yakarta y pudo conocer el gran mundo del mar. Lo que hacía Yudhi en el barco era uno de esos trabajos siniestros para emigrantes laboriosos: limpiaba las bodegas durante doce horas al día, vivía bajo cubierta y tenía un día libre al mes. Sus compañeros eran filipinos e indonesios que dormían y comían en una zona distinta del barco sin mezclarse (musulmanes y cristianos, juntos pero no revueltos), pero Yudhi, muy en su onda, acabó llevándose bien con todo el mundo y se convirtió en una especie de mensajero entre los dos grupos de trabajadores asiáticos. Entre las camareras, los vigilantes y los mozos de cocina veía más parecidos que diferencias, ya que todos trabajaban horas y horas para poder mandar unos dólares a su casa.

Cuando su barco entró en la bahía de Nueva York por primera vez, Yudhi no pegó ojo en toda la noche. Agazapado en la cubierta más alta, se quedó mirando hasta ver aparecer la silueta de la ciudad, con el corazón acelerado de la emoción. Horas después desembarcó y tomó un taxi amarillo, como en las películas. Cuando el emigrante africano recién llegado le preguntó adónde quería ir, le contestó: «Adonde sea, tío. Llévame a dar una vuelta. Quiero verlo todo». Cuando, varios meses después, el barco volvió a Nueva York, Yudhi se quedó en tierra. Se le había acabado el contrato con la empresa de cruceros y quería quedarse a vivir en Estados Unidos.

Acabó viviendo en el extrarradio, en Nueva Jersey, nada menos, compartiendo piso con un hombre al que había conocido en el barco. Consiguió un trabajo en la sandwichería de un centro comercial, volviendo a trabajar las doce horas al día que le corresponden a un emigrante, pero con compañeros mexicanos en lugar de filipinos. Durante esos primeros meses aprendió más español que inglés. En los pocos ratos libres que le quedaban iba en autobús a Manhattan y paseaba boquiabierto por las calles. Sigue tan enamorado de la ciudad que la describe como «el sitio donde se respira más amor del mundo entero». Con esa suerte que tiene (debe de ser gracias a su sonrisa) en Nueva York conoció a un grupo de músicos jóvenes y se puso a tocar la guitarra en la calle con instrumentistas jamaicanos, africanos, franceses, japoneses que a veces se pasaban toda la noche improvisando... En uno de esos conciertos conoció a Ann, una atractiva rubia de Connecticut que tocaba el bajo. Como era de esperar, se enamoraron. Después de casarse buscaron un piso en Brooklyn, donde se hicieron amigos de una gente muy *cool* con la que se iban en coche a los cayos de Florida. Yudhi era tan feliz que le costaba creerlo. Tardó poco en hablar un inglés impecable. Se estaba planteando meterse en la universidad.

El 11 de septiembre vio desmoronarse las Torres Gemelas desde su azotea de Brooklyn. Como la mayoría de la gente, se quedó horrorizado. ¿Cómo se podía cometer semejante atrocidad en la ciudad donde se respira más amor del mundo entero? No sé lo atento que estaría cuando el Congreso de los Estados Unidos aprobó poco después la Ley Patriota, que incluía una drástica regulación de la inmigración procedente de países islámicos como Indonesia. Una de estas leyes exigía que todos los ciudadanos indonesios residentes en Estados Unidos se inscribieran en un registro del Departamento de Seguridad Nacional. Mientras Yudhi y sus jóvenes amigos indonesios se planteaban posibles soluciones, empezaron a recibir llamadas del Departamento de Inmigración. Muchos de ellos tenían el visado caducado y sabían que los podían deportar si pedían una ampliación del plazo. Por otra parte, si no se daban de alta en el registro, los clasificarían como delincuentes. Los fundamentalistas islámicos que andaban sueltos por Estados Unidos debieron de ignorar la mencionada ley, pero Yudhi decidió que él sí quería registrarse. Estaba casado con una estadounidense y quería regular su estatus de inmigración para convertirse en un ciudadano legal. No quería vivir en la sombra.

Fue con Ann a consultar a varios abogados, pero ninguno supo qué decirles. Antes del 11-S no habría habido ningún problema. Yudhi, dado su estatus matrimonial, podía haber ido tranquilamente al Departamento de Inmigración, actualizar el plazo de su visado y poner en marcha el proceso de obtener la ciudadanía estadounidense.

Pero después de lo sucedido ¿qué sabía nadie? «La ley está recién estrenada», les dijeron los abogados expertos en temas de emigración. «Vosotros sois los conejillos de Indias». Así que Yudhi y su mujer fueron a ver a un amable funcionario de inmigración y, cuando le contaron su historia, les dijo que Yudhi tenía que volver por la tarde para que le hicieran una «segunda entrevista». La cosa no sonaba bien, porque recibió instrucciones estrictas de ir sin su mujer, sin un abogado y con los bolsillos vacíos. Pensando que quizá no fuera para tanto, Yudhi obedeció, presentándose para la segunda entrevista completamente solo y a cuerpo gentil. Ahí fue cuando lo detuvieron.

Se lo llevaron a un centro de detención en Elizabeth, Nueva Jersey, donde pasó varias semanas retenido en cumplimiento de la Ley de Seguridad Nacional. En el mismo centro había un numeroso grupo de emigrantes, muchos de los cuales llevaban años viviendo y trabajando en Estados Unidos aunque la mayoría de ellos no hablaba inglés. Algunos no se habían podido poner en contacto con su familia. Desde que estaban en el centro de detención se habían vuelto invisibles; nadie sabía de su existencia. Ann se puso medio histérica al ver que su marido no volvía, pero tardó varios días en encontrarlo. Lo que más impresionó a Yudhi del centro de detención fue la docena de nigerianos —negros como el carbón, escuálidos y aterrados— que aparecieron en un contenedor de acero dentro de un carguero del puerto; llevaban casi un mes ahí metidos, en las tripas de un barco, porque querían llegar a América, o a donde fuera. No tenían ni idea de dónde estaban. Según Yudhi, tenían los ojos tan abiertos que parecía que se les habían quedado así después del primer interrogatorio con focos.

Después de pasar un tiempo detenido, el Gobierno estadounidense mandó a mi amigo cristiano Yudhi —un supuesto terrorista islámico— de vuelta a Indonesia. Eso fue el año pasado. No sé si le dejarán volver a acercarse a Estados Unidos alguna vez. Ni él ni su mujer saben cómo encarrilar su vida; no entraba en sus planes tener que mudarse a Indonesia.

Incapaz de soportar los barriales de Yakarta después de haber vivido en el primer mundo, Yudhi se vino a Bali a buscarse la vida, aunque le está costando integrarse, teniendo en cuenta que no es balinés, sino de Java. Y a los balineses no les gustan los javaneses ni pizca, porque los consideran a todos unos ladrones y unos pordioseros. Vamos, que la gente le trata con más prejuicios aquí —en Indonesia, su país— que en Nueva York. De momento no sabe qué hacer. Puede que Ann, su mujer, se venga a vivir con él. Pero puede que no. ¿Qué se le ha perdido aquí? Su joven matrimonio, que ahora funciona por correo electrónico, se ha ido al garete. Yudhi está totalmente perdido y desconcertado. Es más americano que otra cosa; usa el mismo argot que yo, nos gustan los mismos restaurantes neoyorquinos y las mismas películas. Al caer la noche se viene a mi casa, le doy cerveza y me toca unas canciones maravillosas con su guitarra. Ojalá fuera famoso. Si hubiera algo de justicia en la vida, sería famosísimo.

Como dice él:

—Tío, ¿por qué está así de loca la vida?

84

—Ketut, ¿por qué está así de loca la vida? —le pregunto a mi amigo el curandero al día siguiente.

—*Bhuta ia, dewa ia* —me contesta.

—¿Y eso qué significa?

—El hombre es un demonio, el hombre es un dios. Los dos son verdad.

Esa idea me sonaba. Es una filosofía muy india, típica del yoga, esa noción de que los seres humanos nacen, como me ha explicado mi gurú muchas veces, con igual capacidad para la contracción que para la expansión. Los ingredientes de la oscuridad y los de la luz están presentes en todos nosotros y depende del individuo (o de la familia, de la sociedad) decidir qué va a potenciar: sus virtudes o su malevolencia. La locura de este planeta procede, en gran parte, de la incapacidad humana para alcanzar un equilibrio personal virtuoso. La demencia (colectiva e individual) es la consecuencia.

—Entonces, ¿qué podemos hacer con la locura de este mundo?

—Nada —dijo Ketut, soltando una carcajada, pero con su dosis habitual de amabilidad—. Ésta es la naturaleza del mundo. Piensa sólo en tu locura... para hacer tu paz.

—Pero ¿cómo podemos hallar la paz en nuestro interior? —pregunté a Ketut.

—Con meditación —me contestó—. Meditación sólo busca felicidad y paz. Muy sencillo. Hoy te enseño una nueva meditación para ser aún mejor persona. Se llama Meditación Cuatro Hermanos.

Ketut me explicó que los balineses creen que al nacer nos acompañan cuatro hermanos invisibles, que vienen al mundo con nosotros y nos protegen durante toda nuestra vida. Cuando un bebé está en el útero materno, ya está con los cuatro hermanos, representados por la placenta, el líquido amniótico, el cordón umbilical y esa sustancia cerosa de color amarillento que protege la piel de los niños antes de nacer. Al nacer el niño, los padres guardan la mayor cantidad posible de estos elementos ajenos al parto en sí y los meten en una cáscara de coco que entierran junto a la puerta de la casa familiar. Según los balineses, éste es el sagrado lugar de descanso de los cuatro hermanos nonatos. Por eso lo cuidan durante toda su vida, venerándolo como un santuario.

Cuando adquiere uso de razón, el niño aprende que tiene cuatro hermanos que lo acompañarán vaya donde vaya, cuidándolo siempre. Los cuatro hermanos habitan en las cuatro virtudes necesarias para hallar la serenidad y la felicidad: inteligencia, amistad, fuerza y *poesía* (ésta me encanta). Si estamos en una situación crítica, podemos pedir a los cuatro hermanos que vengan a sacarnos del apuro. Cuando morimos, los espíritus de nuestros cuatro hermanos son los que llevan nuestra alma al cielo.

Hoy Ketut me ha dicho que jamás ha enseñado a ningún occidental la técnica de la Meditación Cuatro Hermanos, pero cree que yo estoy preparada para aprenderla. Primero me ha enseñado los nombres de mis hermanos invisibles: Ango Patih, Maragio Patih, Banus Patih y Banus Patih Ragio. Luego me ha dicho que tengo que aprenderme los nombres de memoria y pedir a mis hermanos que me ayuden en cualquier momento de la vida en que los necesite. Dice que no tengo que hablarles en un tono formal, como si estuviera hablando con Dios. Puedo hablarles con un cariño normal, porque: «¡Son de tu familia!». Me dice que, si los llamo al lavarme la cara por la mañana, aparecerán. Si los llamo uno por uno antes de cada comida, podrán disfrutar tanto como yo. Si los llamo antes de acostarme, diciendo: «Ahora voy a dormir y vosotros estáis despiertos para protegerme», mis hermanos me ampararán durante toda la noche, defendiéndome de los demonios y las pesadillas.

—Qué bien —le digo—. Porque a veces tengo pesadillas y no pego ojo.

—¿Qué pesadillas?

Le explico al curandero que hay una pesadilla horrible que se me repite desde que soy pequeña, la del hombre con un cuchillo de pie junto a mi cama. Lo veo tan nítido, el hombre es tan real que a veces grito aterrorizada. Siempre me despierto con taquicardia (y los que duermen a mi lado se pegan un buen susto también). Desde que tengo uso de razón esta pesadilla se me repite cada dos o tres semanas.

Cuando se lo cuento a Ketut me dice que, en todos estos años, no he sabido interpretar esa visión adecuadamente. El hombre que aparece en mi habitación con un cuchillo no es un enemigo, sino uno de mis cuatro hermanos. Es el hermano espiritual que representa la fuerza. No tiene intención de atacarme, sino de protegerme mientras duermo. Si me despierto, debe de ser porque percibo la tensión de mi hermano al enfrentarse a algún demonio maligno. Y no es un cuchillo lo que lleva, sino un *kris*, una pequeña daga muy poderosa. Así que no tengo nada que temer. Puedo dormirme tranquilamente, sabiendo que estoy bien protegida.

—Tú, suerte —me dice Ketut—. Suerte de poder verlo. Yo a veces veo a mis hermanos al meditar, pero es muy raro que una persona normal tenga esa visión. Creo que tú tienes un gran poder espiritual. Espero que un día tú seas una mujer curandera.

—Vale —le digo, riéndome—. Pero quiero tener mi propia serie de televisión.

Ketut me ríe la gracia, sin entenderla, por supuesto, pero le encanta que la gente haga bromas. Entonces me explica que, cuando hable con mis cuatro hermanos espirituales, les tengo que decir quién soy para que me reconozcan. Debo usar el mote secreto por el que me conocen. Tengo que decir: «Soy Lagoh Prano».

Lagoh Prano significa «Cuerpo Feliz».

Vuelvo a casa en bici, pedaleando mi cuerpo feliz cuesta arriba, hacia el monte donde está mi casa, sumida en la luz del atardecer. Al pasar por el bosque, un enorme mono macho salta de un árbol y se planta delante de mí, enseñándome los dientes.

Ni me inmuto.

—Fuera, tío, que tengo cuatro hermanos que no se andan con gilipolleces.

Y seguí de largo.

85

Eso sí, al día siguiente (pese a que iba con mis cuatro hermanos) me atropelló un autobús. Era una especie de autobús-camioneta, pero me tiró de la bicicleta cuando bajaba por la carretera sin arcenes. Fui a parar a una acequia de cemento. Al verlo, unos treinta balineses se bajaron de su correspondiente moto para ayudarme (el autobús había desaparecido hacía rato) y me invitaron a su casa a tomar té o se ofrecieron a llevarme al hospital del susto que se habían llevado al verme. Pero no fue para tanto, la verdad, para lo que me podía haber pasado. La bicicleta estaba perfectamente aunque la cesta estaba abollada y el casco se había partido. (En estos casos, mejor romperse el casco que abrirse la cabeza.) Lo más grave es un profundo corte en la rodilla, lleno de arena y piedrecillas, que acaba —al cabo de varios días de humedad tropical— gravemente infectado.

No había querido preocuparle, pero al cabo de unos días me remango el pantalón, estiro la pierna en el suelo del porche, me quito la gasa amarillenta y le enseño la herida a mi amigo el curandero. Ketut lo mira con gesto preocupado.

—Infectado —diagnostica—. Duele.

—Sí —le confirmo.

—Debes ir a ver doctor.

Esto me sorprende bastante. Él no es un doctor, ¿o qué? Pero, por algún motivo, no parece querer intervenir, así que no insisto. Puede que no recete medicamentos a los occidentales. O puede que Ketut tuviera un plan secreto pensado de antemano, porque gracias a mi rodilla descacharrada conozco a Wayan. Y a partir de ese momento todo lo que tenía que suceder..., sucede.

86

Wayan Nuriyashi es una curandera balinesa. Es lo mismo que Ketut Liyer aunque son bastante distintos. Para empezar, él es un hombre mayor y ella es una mujer de treinta y tantos años. Él es un personaje con un aire sacerdotal, bastante místico, mientras que Wayan es una doctora práctica, que mezcla hierbas y fármacos en su botica, donde también atiende a los pacientes.

Wayan tiene un local comercial en el centro de Ubud que se llama Centro de Medicina Balinesa Tradicional. Al ir a casa de Ketut he pasado por delante muchas veces y me había fijado porque tiene la acera llena de macetas con plantas y porque tiene una pizarrilla con un curioso cartel escrito a mano que anuncia un «Almuerzo Multivitamínico Especial». Antes de que me pasara lo de la rodilla no había entrado nunca. Pero, cuando Ketut me manda buscarme un «doctor», me acuerdo de haberlo visto y me acerco en mi bici con la esperanza de que puedan curarme la infección.

El local de Wayan es una clínica diminuta, un restaurante y una casa, todo junto. En la planta baja hay una cocina diminuta y un pequeño comedor abierto al público con tres mesas y unas sillas. Arriba está la parte privada donde Wayan da los masajes y los tratamientos. En la parte de atrás hay un dormitorio con poca luz.

Entro en la tienda cojeando y digo mi nombre a Wayan la curandera, una balinesa muy atractiva con una enorme sonrisa y una reluciente melena negra que le llega por la cintura. En la cocina, medio escondidas detrás de ella, hay dos chicas jóvenes que sonríen cuando las saludo con la mano, desapareciendo de nuevo. Entonces enseño a Wayan la herida infectada y le pregunto si me la puede curar. Al instante pone a hervir unas hierbas en la cocina y me hace beber *jamu*, un brebaje de la medicina balinesa tradicional. Después me pone en la rodilla unas hojas hervidas que me alivian el dolor inmediatamente.

Mientras charlamos, descubro que habla un inglés excelente. Como es balinesa, enseguida me hace las tres preguntas típicas de este país: *¿Adónde vas hoy? ¿De dónde eres?* y *¿Estás casada?*

Cuando le digo que no estoy casada («¡Aún no!»), se queda perpleja.

—¿Nunca te has casado? —me pregunta.

—No —miento.

No me gusta mentir, pero he descubierto que a los balineses no conviene hablarles de divorcio, porque es un tema que les pone nerviosos.

—¿En serio que nunca has estado casada? —me vuelve a preguntar, mirándome con enorme curiosidad.

—En serio —miento—. Nunca he estado casada.

—¿Estás segura?

Su insistencia me desconcierta.

—¡Totalmente segura! —insisto.

—¿Ni una sola vez? —me pregunta.

Vale. Tiene poderes.

—Bueno —confieso—. La verdad es que sí...

Al fin parece relajarse. Hace un gesto tipo «Ah, ya decía yo» y me pregunta:

—¿Estás divorciada?

—Sí —digo con gesto compungido—. Divorciada.

—Eso me había parecido al verte.

—Aquí no es muy común, ¿verdad?

—Pero yo también —me dice Wayan, dejándome atónita—. Yo también... divorciada.

—¿Tú también? —exclamo.

—Yo aguanto mucho —me explica—. Intento evitar divorcio por todos los medios y rezaba todos los días. Pero tuve que quitarme de su lado.

Se le saltan las lágrimas y casi sin darme cuenta le tomo una mano entre las mías. Es la única balinesa divorciada a la que conozco.

—Seguro que hiciste todo lo posible, cielo —le digo para consolarla—. Seguro que intentaste evitarlo como fuera.

—Un divorcio es lo más triste —me explica.

Le digo que estoy de acuerdo.

Paso las cinco horas siguientes hablando con Wayan, mi nueva amiga, sobre sus problemas. Mientras me cura la rodilla infectada, escucho su historia. Su marido, un hombre balinés, «bebía sin parar, le gustaba apostar, gastaba nuestro dinero, me pegaba cuando no doy dinero para beber y apostar», me cuenta. «Muchas veces acabo en hospital». Apartándose un mechón de pelo, me enseña las cicatrices que tiene en la cabeza.

—Esto fue cuando me pega con el casco de la motocicleta. Él siempre me pega con el casco cuando ha bebido y yo no tengo dinero. Me pega tanto que yo me desmayo, me mareo y no veo nada. Tengo buena suerte de ser curandera, de tener familia de curanderos, porque sé curarme cuando él me pega. Creo que, si no soy curandera, me quedo sin las orejas, sabes, sin poder oír nunca más. O pierdo un ojo y no veo nada nunca más.

Me dice que le abandonó después de que le diera tal paliza que la hizo abortar.

—Perdí a mi bebé, el segundo, cuando lo tengo en la tripa.

Fue entonces cuando su primera hija, una chica muy lista que se llama Tutti, le dijo: «Mamá, mejor te divorcias. Como pasas mucho tiempo en el hospital, a mí me toca trabajar demasiado».

Su hija Tutti le dijo eso a los 4 años.

La soledad y desprotección que experimenta una persona divorciada en Bali es algo que a un occidental le cuesta entender. El núcleo familiar balinés, enclaustrado entre los muros de una finca, es lo único que existe en la vida. Cuatro generaciones de hermanos, primos, padres, abuelos y niños viven todos juntos en varios bungalós apiñados en torno al templo familiar, cuidándose unos a otros desde que nacen hasta que mueren. La comunidad familiar asegura un cierto poder y una estabilidad en aspectos tan importantes como la economía, la sanidad, la alimentación, la educación y un elemento básico para los balineses, la conexión espiritual.

El núcleo familiar es tan importante que los balineses lo consideran un ente en sí mismo, un organismo vivo autosuficiente. La población de una localidad balinesa no es la suma de sus ciudadanos individuales, sino la suma de las comunidades familiares. Por eso nadie abandona su familia. (Salvo las mujeres, por supuesto, que sólo se mudan una vez en su vida, al salir de la casa paterna para irse a la de su marido.) Cuando el sistema funciona —cosa habitual en esta sociedad tan sana— produce los seres humanos más saludables, protegidos, serenos, felices y equilibrados del mundo. Pero ¿qué sucede cuando no funciona? ¿Qué sucede en los casos como los de mi amiga Wayan? Los proscritos se pierden en una órbita baldía. Wayan tuvo que elegir entre quedarse en el nido familiar con un marido que la tenía entrando y saliendo del hospital de las palizas que le daba o salvar la vida y marcharse con las manos vacías.

Bueno, no es que se quedara totalmente desprovista. Llevaba consigo el caudal enciclopédico de sus conocimientos médicos, su bondad, su ética laboral y su hija Tutti, por cuya custodia tuvo que pelear duro. Bali es un patriarcado puro y duro; y cuando se da el caso extraño de un divorcio, los hijos se quedan automáticamente con el padre. Para recuperar a Tutti, Wayan contrató un abogado y tuvo que vender todo lo que tenía para poder pagarle. Y cuando digo todo, es *todo*. No sólo vendió los muebles y las joyas, sino los tenedores, las cucharas, los calcetines, los zapatos, los trapos viejos y hasta las velas medio gastadas. Tuvo que venderlo *todo* para pagar al abogado. Pero consiguió recuperar a su hija tras una dura batalla legal que duró dos años. Y es una suerte que Tutti sea chica. Si llega a ser chico, Wayan no le habría vuelto a ver el pelo. Un chico es mucho más valioso.

Wayan y Tutti llevan años viviendo solas —¡dos mujeres solas, en la colmena de Bali!—, mudándose cada pocos meses, dependiendo del dinero que tengan, siempre nerviosas de tener que volver a hacer las maletas. Obviamente, esta movilidad le perjudica desde el punto de vista laboral, porque cada vez que se muda sus pacientes (en su mayoría balineses con los mismos problemas económicos que ella) tienen que intentar seguirle la pista. Además, siempre tiene que cambiar a Tutti de colegio. Antes era la primera de la clase, pero con tanto ajetreo ahora es la número veinte de una clase de cincuenta alumnos.

Mientras Wayan me contaba esta historia, llega Tutti del colegio corriendo a todo correr. Ahora tiene 8 años y es una poderosa mezcla de carisma y energía, como unos fuegos artificiales en miniatura. Esta especie de minibomba (con coletas, muy delgada y nerviosa) me pregunta en un inglés muy rápido si quiero comer algo y entonces Wayan exclama:

—¡Me había olvidado! ¡Tengo que darte algo de comer!

La madre y la hija se encierran apresuradamente en la cocina y —con ayuda de las dos chicas tímidas que se escondían de mí al principio— preparan en poco tiempo la que resulta ser la mejor comida que he tomado en Bali hasta ahora.

La pequeña Tutti me anuncia cada plato con una alegre explicación, sonriendo de oreja a oreja, tan vivaracha que debería ser una de esas animadoras estadounidenses que desfilan con un bastón en la mano.

—¡Zumo de cúrcuma para tener limpios los riñones! —proclama—. ¡Algas de mar para el calcio! ¡Ensalada de tomate para la vitamina D! ¡Mezcla de hierbas para no tener la malaria!

Al final no me queda más remedio que preguntarle:

—Tutti, ¿dónde has aprendido a hablar tan bien inglés?

—¡En un libro! —exclama.

—Eres una chica muy lista —le informo.

—¡Gracias! —me dice y, haciendo un bailecillo espontáneo, añade—: ¡Tú eres una chica muy lista también!

Por cierto, los niños balineses no suelen ser así. Suelen ser modositos y bien educados, de esos que se esconden detrás de las faldas de su madre. Pero Tutti, no. Tutti es puro espectáculo. Es de las que te van contando la película.

—¡Te enseño mis libros! —canturrea, subiendo las escaleras a grandes zancadas para traérmelos.

—Quiere ser doctora para los animales —me dice Wayan—. ¿Cómo es la palabra en inglés?

—¿Una veterinaria?

—Sí. Una veterinaria. Pero me hace muchas preguntas sobre los animales, cosas que no sé contestar. Me dice: «Mamá, si alguien me trae un tigre enfermo, ¿le pongo una venda en los dientes para que no me muerda? Si una serpiente está enferma y necesita una medicina, ¿dónde tiene el agujero para tomarla?». No sé de dónde saca estas ideas. Espero que pueda ir a la universidad.

Tutti se abalanza escaleras abajo con los brazos llenos de libros y acaba acurrucada en el regazo de su madre. Soltando una carcajada, Wayan besa a su hija y parece olvidar la tristeza del divorcio. Mirándolas, pienso que una niña que da a su madre un motivo para vivir será una mujer fuerte. Sólo he pasado una tarde con ella, pero le estoy tomando un cariño enorme a esta niña. Envío a Dios una oración silenciosa por ella: *¡Ojalá Tutti Nuriyashi ponga vendas en los dientes a mil tigres blancos!*

La madre de Tutti también me cae muy bien. Pero llevo horas metida en su tienda y ha llegado el momento de marcharme. Además, acaba de entrar un grupo que parece tener intención de comer. Una turista, una australiana charlatana de mediana edad, pide a voz en grito a Wayan que por favor le quite «este maldito estreñimiento». Al oírla, pienso: *Dilo más alto, cielo, que no nos hemos enterado.*

—Mañana vengo otra vez —le prometo a Wayan—. Y vuelvo a tomarme un almuerzo multivitamínico especial.

—Ya tienes mejor la rodilla —me anuncia—. Se ha curado muy rápido. No hay infección ya.

Me quita los restos de la cataplasma de hierbas y me pellizca la rodilla con cuidado, como buscándome algún bulto. Después me palpa la otra rodilla con los ojos cerrados. Al cabo de unos segundos abre los ojos y me dice sonriente:

—Te noto en las rodillas que no tienes mucho sexo en estos tiempos.

—¿Por qué? —le pregunto—. ¿Por lo juntas que las tengo?

Suelta una carcajada.

—No —me contesta—. Es por el cartílago. Lo tienes muy seco. Las hormonas del sexo lubrican las articulaciones. ¿Hace cuánto tiempo no tienes sexo?

—Como un año y medio.

—Necesitas un buen hombre. Yo te lo busco. Rezo en el templo para encontrarte un buen hombre, porque ahora eres mi hermana. Y si vienes mañana, yo te limpio los riñones.

—¿Un buen hombre y los riñones limpios? Suena fantástico.

—Hasta hoy nunca he contado a nadie estas cosas de mi divorcio —me confiesa—. Pero mi vida es mala, demasiado triste, demasiado dura. No entiendo por qué la vida es tan dura.

Entonces, sin venir a cuento, tengo una reacción inesperada. Tomo las manos de la curandera en las mías y le digo con toda mi convicción:

—La parte más dura de tu vida ya ha quedado atrás, Wayan.

Y al salir de la tienda noto que estoy temblando, inexplicablemente, como invadida por una potente intuición o por un impulso que no consigo identificar ni manifestar.

87

Ahora mis días se dividen en tercios naturales. Paso las mañanas con Wayan, en su tienda, riendo y comiendo. Las tardes las paso con el curandero Ketut, riendo y tomando café. Las noches las paso en la soledad de mi jardín, sin hacer nada, tranquilamente, o leyendo un libro, o a veces hablando con Yudhi, que viene a tocar la guitarra. Por la mañana medito mientras sale el sol por encima de los arrozales y antes de acostarme hablo con mis cuatro hermanos espirituales y les pido que me protejan mientras duermo.

Sólo llevo aquí un par de semanas, pero ya tengo la sensación de haber cumplido una misión. Lo que pretendo hacer en Indonesia es buscar el equilibrio, pero me da la sensación de que ya no lo necesito, porque se me ha restablecido el equilibrio de una manera natural. No es que me haya vuelto balinesa (como tampoco me volví italiana, ni india), pero tengo una cosa muy clara. Noto la paz que llevo dentro y me gusta el ritmo de mi vida diaria, alternando la disciplina de los ejercicios espirituales con el placer de disfrutar de la hermosura del paisaje, la compañía de mis amigos y la buena comida. Últimamente he rezado mucho con serenidad y frecuencia. Cuando más ganas de rezar me entran es al volver en bici de casa de Ketut, mientras pedaleo por la selva de los monos viendo los arrozales iluminados por los últimos rayos del sol. También rezo para que no me atropelle un autobús ni me ataque un mono o me muerda un perro, pero eso es superfluo; la mayoría de mis oraciones son para expresar mi agradecimiento por la plenitud de mi felicidad. Es la primera vez en mi vida que no me agobia estar viva en un mundo como éste.

Tengo muy presente lo que me ha enseñado mi gurú sobre la felicidad. Ella dice que la felicidad es un golpe de suerte, casi como el buen tiempo, que parece más una bendición que otra cosa. Pero la felicidad, de hecho, no funciona así. La felicidad es consecuencia de un esfuerzo personal. Luchas para conseguirla, te la trabajas, insistes en encontrarla y hasta viajas por el mundo buscándola. Participas incansablemente en la manifestación de tus propios dones. Pero, cuando alcanzas la felicidad, tienes que luchar a brazo partido para mantenerla, procurando nadar siempre a favor de la corriente en el río de tu felicidad, para mantenerte a flote. Si no lo haces, perderás tu alegría innata. Rezar es bastante fácil cuando estás triste, pero seguir rezando después de una crisis nos sirve para afianzar los logros espirituales.

Voy recordando estas enseñanzas mientras pedaleo por las carreteras de Bali al atardecer, repitiéndome unas oraciones que son más bien juramentos, mostrando mi armonía a Dios y diciéndole: «Esto es lo que quiero tener siempre. Te ruego que me ayudes a memorizar esta sensación de alegría para conservarla constantemente». Es como meter mi felicidad en la caja de seguridad de un banco, protegida no sólo por el servicio de vigilancia, sino por mis cuatro hermanos espirituales, como una especie de seguro que me ampara de las futuras vicisitudes de la vida. Esta práctica la he bautizado con el nombre de «Alegría Diligente». Mientras me concentro en la Alegría Diligente, también me acuerdo de una cosa que me contó mi amiga Darcey un buen día. Es una idea muy simple: el sufrimiento y los problemas de este mundo los producen las personas infelices. Y no sólo al nivel monumental de Hitler y Stalin, sino en las pequeñas dosis individuales de cada uno. Por ejemplo, yo sé perfectamente cuáles han sido los tramos infelices de mi vida que han producido sufrimiento, pena o (en el mejor de los casos) molestias a las personas que me rodean. Por tanto, no buscamos la felicidad sólo por nuestro propio bien y para poder seguir vivos, sino que es un generoso regalo que hacemos al mundo. Si te limpias por dentro para librarte del sufrimiento, es como si *te quitaras de en medio*. Dejas de ser un obstáculo, no sólo para ti mismo, sino para todos los demás. Sólo entonces estarás libre para poder servir a otros y disfrutar de ellos.

En este momento la persona de la que más disfruto es Ketut. El anciano —que es verdaderamente una de las personas más felices que conozco— me ha abierto todas sus puertas, dándome plena libertad para hacerle preguntas sobre la divinidad y la naturaleza humana. Me gustan las técnicas de meditación que me ha enseñado, la cómica sencillez de «la sonrisa en el hígado» y la tranquilizadora presencia de los cuatro hermanos. El otro día Ketut me contó que conoce dieciséis tipos de meditación distintos y muchos mantras, cada uno con una función distinta.

Algunos sirven para lograr la paz o la felicidad, otros nos mejoran la salud, pero hay unos puramente místicos, que él usa para transportarle a otros niveles de conciencia. Me habla de una meditación, por ejemplo, que le hace entrar «en arriba».

—¿En arriba? —le pregunto—. ¿Qué es «en arriba»?

—Subo siete niveles —me dice—. Voy al cielo.

Al oírle mencionar los «siete niveles», le pregunto si se refiere a que la técnica de meditación pasa por los siete *chakras* sagrados del cuerpo (que estudia el yoga).

—*Chakras*, no —me dice—. Son lugares. Esta meditación me lleva a siete lugares del universo. Arriba y arriba. El último lugar es el cielo.

—¿Has estado en el cielo, Ketut? —le pregunto.

Sonríe. Por supuesto que ha estado, me dice. Es fácil ir al cielo.

—¿Y cómo es?

—Bonito. Todo allí es bonito. Cada persona es bonita. Y toda la comida bonita está allí. Todo es amor. El cielo es amor.

Después Ketut me cuenta que conoce otra técnica de meditación, que va «en abajo». Esta meditación hacia abajo le hace descender siete niveles por debajo del mundo. Es más peligrosa. No es para los principiantes; sólo para los maestros.

—Entonces, si subes al cielo con la primera meditación, ¿con la segunda bajas al...?

—Al infierno —dice, acabando mi frase.

Qué interesante. El cielo y el infierno no son conceptos típicos del hinduismo. El elemento básico del universo hindú es el karma, que genera un movimiento constante de seres que no acaban su vida «en arriba» ni en ningún sitio como el cielo o el infierno, sino reciclados en alguna otra forma terrenal para solucionar los procesos o los errores que hayan dejado incompletos. Cuando un ser logra llegar a la perfección, se «licencia», por así decirlo, abandonando por completo el ciclo de la vida terrena y fundiéndose con el vacío. La noción del karma implica que el cielo y el infierno sólo se hallan aquí, en la Tierra, donde tenemos capacidad para crearlos, ya que generamos el bien o el mal dependiendo de nuestro destino y nuestro carácter.

Siempre me ha gustado la noción del karma. Pero no literalmente. Vamos, que no me creo la mucama reciclada de Cleopatra ni nada de eso, sino que el asunto me interesa simbólicamente. La filosofía kármica me atrae a nivel metafórico, porque es evidente que en nuestra vida repetimos a menudo los mismos errores, cayendo una y otra vez en las mismas adicciones y compulsiones, provocando los mismos resultados lamentables y a menudo catastróficos, hasta que conseguimos parar y solucionarlo. Ésta es la gran lección que nos enseña el karma (y la psicología occidental, por cierto). Es decir, soluciona tus problemas ahora o los vas a tener que sufrir más adelante, la próxima vez que metas la pata. Y eso de volver a pasar por el mismo sufrimiento... es infernal. En cambio, salir de esa repetición incesante y pasar a un nuevo nivel de entendimiento es *celestial*.

Pero mi amigo Ketut me habla de un cielo y un infierno distintos, como si fueran sitios de verdad, donde él ha estado. Por lo que dice, creo que se refiere a eso.

Para intentar aclararlo, le pregunto:

—¿Tú has estado en el infierno, Ketut?

Sonríe. Por supuesto que ha estado.

—¿Cómo es el infierno?

—Igual que el cielo —me dice.

Al ver mi gesto de perplejidad, intenta explicármelo.

—El universo es un círculo, Liss.

No sé si lo he entendido del todo.

—Vas arriba, vas abajo. Todo es lo mismo al final.

Creo recordar una máxima cristiana que decía: *En las alturas como en las bajuras.*

—¿Y en qué se distingue el cielo del infierno?

—En la manera de llegar. Cuando subes al cielo, pasas por siete lugares felices. Cuando bajas al infierno, pasas por siete lugares tristes. Por eso es mejor que tú subas, Liss —me asegura con una carcajada.

—¿Quieres decir que más te vale pasarte la vida subiendo al cielo, pasando por los siete lugares felices, porque nuestro destino final, sea el cielo o el infierno, es el mismo?

—Lo mismo-mismo —me dice—. El final es el mismo, así que mejor si el viaje es feliz.

—Entonces, si el cielo es amor, el infierno es...

—Amor también —me aclara.

Me quedo un rato callada, intentando encajar el rompecabezas.

Ketut suelta una carcajada, dándome una palmadita cariñosa en la rodilla.

—¡Para una persona joven siempre es difícil entenderlo!

88

Esta mañana estaba haciendo el vago en la tienda de Wayan otra vez mientras ella pensaba en la manera de hacerme tener un pelo más largo y tupido. Como ella tiene una maravillosa mata de pelo reluciente que le llega hasta el culo, le da mucha pena que yo sólo tenga cuatro pelajos rubios. Como curandera que es, sabe de un remedio para hacerme tener el pelo más tupido, pero no va a ser fácil. Primero tengo que encontrar un platanero y cortarlo, yo misma, en persona. Después tengo que «quitar la parte de arriba del árbol» y vaciar la parte del tronco y las raíces (que siguen metidas en la tierra) para hacer un agujero grande y profundo, «como una piscina». Entonces tengo que tapar la concavidad con una madera para que no entre el agua de la lluvia ni el rocío. Al cabo de varios días, cuando vuelva, veré que el hueco se ha llenado de un líquido cargado de nutrientes de las raíces del platanero. Esto tengo que meterlo en unos frascos y llevárselos a Wayan, que irá a bendecirlo al templo para poder untármelo en la cabeza todos los días. En unos meses tendré un pelo como el de Wayan, tupido, brillante y largo hasta el culo.

—Aunque seas calva, con esto tienes pelo —me dice.

Mientras hablamos, la pequeña Tutti, que acaba de llegar del colegio, está sentada en el suelo dibujando una casa. Últimamente le ha dado por dibujar casas. Está deseando tener una casa propia. En sus dibujos, en último término, siempre hay un arco iris. Y una familia muy sonriente con padre y todo.

Así se nos pasan las horas en la tienda de Wayan. Mientras Tutti hace sus dibujos, Wayan y yo cotilleamos y hacemos bromas. A Wayan le encanta decir burradas, hablar de sexo y reírse de mí porque estoy soltera. Cada vez que pasa un hombre por delante de su tienda suelta algo sobre lo grande o pequeña que la tiene. Dice que va todas las tardes al templo a rezar para que yo conozca a un buen hombre que sea mi amante.

—No, Wayan. Mejor que no —le digo por enésima vez esta mañana—. Ya me han roto el corazón muchas veces.

—Sé un remedio para corazón roto —dice.

Con la autoridad que le da ser una curandera va contando con los dedos los seis elementos de su Tratamiento Infalible para Curar el Corazón Roto.

—Vitamina E, dormir mucho, beber mucho agua, viajar lejos de la persona amada, meditar y decirle a tu corazón que es cosa de tu destino —recita.

—Justo lo que he hecho yo, quitando lo de la vitamina E.

—Entonces, tú ya curada. Ahora necesitas hombre nuevo. Yo te lo traigo, rezando.

—Yo no rezo para conseguir un hombre, Wayan. Lo que quiero ahora es estar en paz conmigo misma.

Wayan pone los ojos en blanco como diciendo *Ya, vale. Lo que tú digas, tía rara y blancucha.*

—Esto es porque tú tienes mala memoria —me dice—. Ya no recuerdas lo bueno que es el sexo. Cuando estoy casada, también tengo mala memoria. Siempre que veo hombre guapo por la calle olvido que tengo marido en casa.

Le da tanta risa que casi se cae de la silla.

—Todos necesitan el sexo, Liz —me dice, poniéndose seria.

En ese momento entra en la tienda una mujer muy elegantona que sonríe como un faro. Levantándose de un salto, Tutti se lanza a sus brazos, gritando: «¡Armenia, Armenia, Armenia!», que resulta ser el nombre de la mujer, no un extraño eslogan nacionalista. Después de presentarme me pongo a hablar con ella y me cuenta que es de Brasil. Efectivamente, su dinamismo tiene algo de brasileño. Armenia es guapa, va bien vestida, despliega todo el encanto de esas mujeres que parecen no tener edad y, por si fuera poco, es tremendamente sensual.

Me entero de que es una amiga de Wayan que viene mucho a comer a la tienda y también a hacerse tratamientos de belleza y medicina tradicional. Se sienta y pasa una hora con nosotras, cotilleando de cosas de chicas. Sólo va a estar en Bali una semana más, porque tiene que irse a África, o volver a Tailandia, a ocuparse de sus negocios. Resulta que la tal Armenia ha tenido una vida medio *glamourosa*. En sus tiempos trabajó en las Naciones Unidas, en el Alto Comisionado para los Refugiados, el famoso ACNUR. En la década de 1980 la enviaron a las selvas de El Salvador y Nicaragua, en plena guerra, usando su belleza, su carisma y su inteligencia para aplacar a los generales y los rebeldes a ver si entraban en razón. (¡Otra con energía guapa!) Ahora tiene una agencia internacional llamada Novica, que vende por Internet obras de una serie de artistas indígenas del mundo entero. Habla unos siete u ocho idiomas y lleva los zapatos más elegantes que he visto desde que estaba en Roma.

Mirándonos a las dos, Wayan me dice:

—Liz, ¿por qué tú nunca vistes sexy, como Armenia? Eres una mujer guapa. Tienes suerte de tener bonita cara, bonito cuerpo, bonita sonrisa. Pero siempre vas con camiseta rota y vaqueros rotos. ¿No quieres ser sexy, como ella?

—Wayan —le digo—, Armenia es brasileña. Su caso es completamente distinto.

—¿Distinto en qué?

—Armenia —digo, volviéndome hacia la mujer que acabo de conocer—. Por favor, ¿puedes explicarle a Wayan lo que significa ser una mujer brasileña?

La aludida suelta una carcajada, pero luego se pone seria y dice:

—Bueno, yo siempre voy arreglada y femenina, hasta en las zonas de guerra y en los campos de refugiados de América Central. Aunque estés en una situación trágica o una crisis, no veo motivos para empeorar la situación yendo sin arreglar. Ésa es mi filosofía. Por eso siempre he ido a la selva maquillada y con alguna joya. Nada extravagante tampoco. Una pulsera de oro bonita, unos pendientes, los labios pintados y un buen perfume. Para dejar claro que me respeto a mí misma, nada más.

A su manera, Armenia me recuerda a esas grandes damas viajeras de la época victoriana que decían que en África hay que ponerse lo mismo que en un salón londinense. La tal Armenia es una mariposa social. Nos explica que se va porque tiene que trabajar, pero antes me invita a una fiesta que hay esta noche. Tiene un amigo, otro brasileño trotamundos que ha acabado viviendo en Ubud, según me cuenta, que da una cena en un restaurante muy agradable. Va a hacer una *feijoada*, un típico plato brasileño que consiste en grandes cantidades de cerdo con frijoles. Y todo aderezado con cócteles brasileños, claro. Va a haber muchos expatriados de todas partes del mundo, que viven en

Bali. Armenia me pregunta si me apetece ir. Puede que luego se vayan a bailar a algún sitio. No sabe si me gusta ir a fiestas o no, pero...

¿Cócteles? ¿Bailar? ¿Cerdo con frijoles?

Por supuesto que voy.

89

No sé cuándo fue la última vez que me puse elegante, pero esta noche saco el único vestido elegante que tengo —uno de tirantes que se me ha quedado en el fondo de la mochila— y me lo pongo. Hasta me pinto los labios. No recuerdo cuándo me pinté los labios por última vez, pero sí sé que no estaba en India, eso seguro. De camino a la fiesta me paso por casa de Armenia, que me adorna con varias de sus joyas elegantes, me anima a ponerme su perfume elegante y me deja meter la bici en su jardín para poder llegar a la fiesta en su coche elegante, como una mujer adulta «normal».

Me divierto mucho en la cena de los expatriados, donde se me despiertan ciertos aspectos de la personalidad que tenía hibernados. Hasta me emborracho un poco, cosa memorable después de tantos meses de pureza mística en el ashram y tantas tardes bebiendo té en mi florido jardín balinés. ¡Si hasta me da por ligar! Llevo siglos sin coquetear con nadie, porque últimamente no he ido más que con monjes y curanderos. Pero esta noche, de repente, desempolvo la sexualidad de toda la vida. Eso sí, no tengo muy claro con quién estoy ligando, porque explayo mi encanto por doquier. ¿Me atraía el ingenioso ex periodista australiano que tenía al lado? («Aquí todos le damos al frasco», me explica. «Nos recomendamos unos a otros nuevos lugares donde tomar algo.») ¿Y el discreto intelectual alemán del fondo de la mesa? (Me ha prometido que me va a prestar las novelas de su surtida biblioteca.) ¿Y el atractivo brasileño de mediana edad que nos ha preparado este festín con sus propias manitas? (Me gustan sus ojos castaños y su acento. Y su arte culinario, por supuesto. Sin venir a cuento, le suelto una clara insinuación. Él se está riendo de sí mismo, diciendo: «Yo, como brasileño, soy una catástrofe. No sé bailar ni jugar al fútbol ni tocar ningún instrumento musical». Y voy yo y le contesto: «Pues a mí me da la sensación de que serías un casanova fantástico». El tiempo se detiene mientras nos miramos a los ojos como diciendo: *La verdad es que esa idea da bastante que pensar.* El atrevimiento de mi frase se queda en el aire, como un perfume. Él no lo niega. Yo soy la primera en apartar la mirada al notar que me estoy sonrojando.)

En cuanto a su *feijoada*, está espectacular. Decadente, especiada y sabrosa, tiene todo lo que le falta a la comida balinesa. Después de repetir varias veces, decido que la noticia ya es oficial: Jamás seré vegetariana, al menos mientras siga habiendo comida como ésta en el mundo. Después nos vamos a bailar a la discoteca local, por llamarle algo. Es más bien un chiringuito elegantón, pero sin playa. Hay una banda de chicos balineses tocando buena música *reggae* y está lleno de juerguistas de todas las edades y nacionalidades, trotamundos, turistas, lugareños y chicas y chicos balineses guapísimos, todos bailando sin el menor sentido del ridículo. Armenia no ha venido, porque tiene que trabajar al día siguiente, según dice, pero el brasileño guapo me está tratando muy bien. Para empezar, no baila tan mal. Seguro que juega al fútbol también. Me gusta que me abra las puertas, me diga lindezas y me llame «cariño». Eso sí, me quedo un poco desconcertada al ver que se lo dice a todo el mundo, hasta al peludo camarero. En fin, que es un hombre cariñoso.

Hacía siglos que no salía por la noche. Ni siquiera en Italia había ido a muchos bares y en la época de David tampoco salía casi nunca. Si me ponía a pensar, la última vez que había bailado fue con mi marido. Cuando estaba felizmente casada, qué tiempos aquellos. Madre mía, eso fue hacía *siglos*. En la pista de baile me encuentro con mi amiga Stefania, una chica italiana muy simpática a la que había conocido hacía poco en una clase de meditación. Nos ponemos a bailar juntas con el pelo desparramado por todas partes, rubia y morena, contoneándonos alegremente. En algún momento, después de la medianoche, la banda se retira y la gente se pone a hablar.

Es entonces cuando conozco a un tío que se llama Ian. Uf, cómo me gusta. Desde el primer momento, me encanta. Es muy atractivo, una cosa entre Sting y el hermano pequeño de Ralph Fiennes, no sé si me explico. Como es galés, tiene un acento maravilloso. Además, es hablador, listo, hace preguntas y habla con mi amiga Stefania en el mismo italiano roto que yo. Resulta que es el percusionista de la banda de *reggae* y que toca el bongó. Le digo, en broma, que es un «bongolero», como los «gondoleros» de Venecia, pero al revés. La tontería le hace gracia y se ríe y seguimos hablando.

En ese momento se acerca Felipe —que es como se llama el brasileño— y nos invita a ir al restaurante local de moda. Nos cuenta que los dueños son europeos y que es un sitio muy loco que no cierra nunca, donde hay cerveza y juerga asegurada a todas horas. Miro a Ian (*¿le apetecerá ir?*) y, cuando dice que sí, yo también digo que sí. Nos vamos todos al restaurante, me siento con Ian y nos pasamos toda la noche hablando y riéndonos. Uf, el tío me gusta de verdad. Hace mucho que no conozco a un tío que me guste en serio, como se suele decir. Ian es varios años mayor que yo, ha vivido una vida interesante y tiene muchos puntos a su favor (le gustan *Los Simpson*, ha viajado por todo el mundo, pasó una temporada en un ashram, sabe quién es Tolstói, parece tener un trabajo, etcétera). Lo primero que hizo fue meterse en el Ejército británico y después de trabajar en Irlanda del Norte como técnico en desactivación de bombas acabó de experto internacional en detonación de minas. Había construido campos de refugiados en Bosnia y se estaba tomando un respiro en Bali para trabajar en la música... Bastante impresionante, la verdad.

Me parece increíble estar despierta a las tres y media de la madrugada. ¡Y no precisamente para meditar! Estoy de juerga, llevo un vestido y estoy hablando con un hombre atractivo. Qué noche tan radical. Al final de la noche Ian y yo nos decimos que nos ha gustado conocernos. Me pregunta si tengo teléfono y le digo que no, pero que tengo *email* y me contesta: «Ya, pero es que no es lo mismo». Así que nos despedimos dándonos un abrazo.

—Nos volveremos a ver cuando ellos —me dice, señalando al cielo— lo decidan.

Justo antes de que amanezca, Felipe el brasileño me dice que me lleva a casa si quiero. Mientras subimos lentamente por las curvas del monte, me dice:

—Cariño, llevas toda la noche hablando con el tío más cabrón de Ubud.

Me quedo hundida.

—¿De verdad que Ian es un cabrón? —le pregunto—. Dime la verdad y así me evito muchos problemas.

—¿Ian? —pregunta Felipe, soltando una carcajada—. ¡No, cariño! Ian es un tío serio. Es un buen hombre. Me refería a mí. El tío más cabrón de Ubud soy yo.

Nos quedamos los dos callados durante varios minutos.

—Y lo digo en broma, además —afirma y después de otro largo silencio me pregunta—: Te gusta Ian, ¿verdad?

—No lo sé —le contesto algo confusa por la cantidad de cócteles que había bebido—. Es atractivo, inteligente. Hace tiempo que no me planteo que me pueda gustar un tío.

—Vas a pasar unos meses maravillosos aquí, en Bali. Ya lo verás.

—Pues no sé si voy a poder ir a muchas más fiestas. Sólo tengo este vestido. La gente se dará cuenta de que siempre voy vestida igual.

—Eres joven y guapa, cariño. Con un vestido te basta.

90

¿Soy joven y guapa?

Estaba convencida de que era una vieja divorciada.

Casi no pego ojo en toda la noche. No tengo costumbre de trasnochar, me martillea la música de la discoteca en la cabeza, el pelo me huele a tabaco y el estómago se me queja de tanto alcohol. Me quedo adormilada y me despierto cuando sale el sol, como siempre. Pero esta mañana no estoy tranquila ni me siento en paz conmigo misma y, desde luego, no estoy en condiciones para ponerme a meditar. ¿Por qué estoy tan nerviosa? Ha sido una noche divertida, ¿no? He conocido gente interesante, me he puesto mi vestido, he bailado, he coqueteado con hombres...

Hombres.

Cuanto más pienso en esa palabra, más frenética me pongo, hasta rozar el pánico. *Ya no sé cómo se hace esto.* Entre los 15 y los 25 he sido la coqueta más valiente y desvergonzada del mundo. Me parece recordar que era divertido eso de conocer a un tío, atraerlo lentamente, lanzándole indirectas y provocaciones veladas sin la menor cautela ni temor a las consecuencias.

Pero ahora sólo siento pánico e incertidumbre. Me pongo a pensar y convierto la noche en algo mucho más grande de lo que ha sido, viéndome emparejada con un galés que no me ha dado ni su *email*. Imagino nuestro futuro juntos, incluyendo las discusiones porque él fuma. Me planteo si entregarme a un hombre puede acabar destrozándome el viaje, el trabajo, la vida... Por otra parte, algo de romanticismo estaría bien. Llevo una larga temporada de sequía. (Recuerdo que Richard el Texano, hablando de mi vida amorosa, me dijo un día: «Tienes un problema de sequía, nena. Tienes que buscarte un aguador».) Me imagino a Ian viniendo a verme en su moto, con su torso musculoso de experto en minas, haciéndome el amor en mi jardín y me parece una idea muy agradable. Pero esta idea tan atractiva se convierte en un chirrido que acaba en un frenazo en seco, porque no quiero que nadie me vuelva a romper el corazón. Y entonces echo de menos a David, acordándome de él como hacía meses que no me acordaba y pensando: *Debería llamarlo para ver si quiere volver a intentarlo.* (Entonces recibo un mensaje telepático muy preciso de mi amigo Richard, que me dice: *Una idea genial, Zampa. ¿Qué pasa, que te hiciste una lobotomía anoche aparte de tomarte unas copitas de más?*) En pocos minutos paso de elucubrar sobre David a obsesionarme (como en los viejos tiempos) con mi ex marido, mi divorcio...

Pero ¿ese tema no lo habíamos liquidado ya, Zampa?

Y entonces me da por pensar en Felipe, el brasileño guapo y mayor. Es simpático. *Felipe.* Dice que soy joven y guapa y que lo voy a pasar muy bien en Bali. Tiene razón, ¿no? Debería relajarme y pasarlo bien, ¿no? Pero esta mañana no acabo de verle la gracia al asunto.

Se me ha olvidado cómo se hacía esto.

91

—¿Qué es esta vida? ¿Tú la entiendes? Yo, no.

La que dice esto es Wayan.

Estoy en su restaurante, tomando su delicioso y nutritivo almuerzo multivitamínico especial para ver si me ayuda a quitarme la resaca y la ansiedad. También está Armenia la brasileña que, como siempre, se deja caer por el centro estético antes de irse a casa a descansar del último balneario.

Wayan acaba de enterarse de que le van a renovar el contrato de la tienda a finales de agosto —dentro de tres meses—, pero que le suben el alquiler. Es casi seguro que se va a tener que ir otra vez, porque no tiene dinero para quedarse. Lo malo es que sólo tiene cincuenta dólares en el banco y no sabe adónde ir. Mudarse implica cambiar a Tutti de colegio otra vez. Tienen que buscarse una casa, una casa de verdad. Es absurdo que una balinesa viva así.

—¿Por qué nunca termina el sufrimiento? —nos pregunta Wayan.

No está llorando. Se limita a hacer una pregunta sencilla, insondable y eterna.

—¿Por qué todo siempre es lo mismo, mismo, mismo, sin final, sin descanso? Trabajas mucho un día, pero mañana sólo puedes trabajar otra vez. Comes, pero al otro día ya tienes hambre. Tienes amor y el amor se va. Naces sin nada, sin reloj, sin camiseta. Eres joven y pronto eres vieja. Trabajas mucho, pero igual eres vieja.

—Armenia, no —bromeo—. Ella no envejece, mírala.

—Porque ella es brasileña —dice Wayan, que va descubriendo cómo funciona el mundo.

Todas nos reímos, pero es un humor casi carcelario, porque la situación de Wayan no tiene ni pizca de gracia. Éstos son los datos: madre soltera, hija precoz, pequeño negocio, pobreza inminente, posibilidad de quedarse en la calle. ¿Qué solución le queda? Obviamente, no puede irse con la familia de su marido. Sus padres son campesinos pobres que viven en mitad del campo. Si se va a vivir con ellos, tendrá que abandonar su consulta, porque perderá a los pacientes. Y por supuesto, Tutti se quedará sin estudiar para poder ir algún día a la universidad de las doctoras de animales.

Además, hay que tener en cuenta otra serie de factores. ¿Quiénes eran las dos niñas tímidas a las que vi el primer día, escondiéndose de mí en la cocina? Resulta que son un par de huérfanas a las que ha adoptado Wayan. Las dos se llaman Ketut (para complicar aún más el asunto de los nombres que salen en este libro) y las llamamos Ketut Grande y Ketut Pequeña. Hace unos meses Wayan las vio pidiendo limosna en el mercado, medio muertas de hambre. Las había abandonado una tipa que parece sacada de una novela de Dickens, una mujer —puede que sea pariente suya— que es una especie de proxeneta de niños mendigos. Parece ser que los deposita en los marcados de Bali por la mañana y pasa a buscarlos por la noche en una camioneta, quedándose con el dinero que han sacado y llevándoselos a dormir a una choza. Cuando Wayan se las trajo a casa, llevaban días sin comer, tenían piojos, parásitos y de todo. Dice que la más pequeña tendrá unos 10 años y la mayor puede que tenga 13. Ellas no lo saben, como tampoco saben su apellido. (Lo único que recuerda Ketut Pequeña es que nació el mismo año que «el cerdo grande» de su pueblo, pero eso no nos ha sido de mucha ayuda.) Wayan las ha adoptado y las cuida con el mismo cariño que a su querida Tutti. Duermen las cuatro juntas en el colchón de la habitación que hay al fondo de la tienda.

El hecho de que una madre balinesa soltera que está al borde del desalojo decida adoptar a dos niñas recogidas de la calle es algo que supera ampliamente mi concepto de la compasión.

Quiero ayudarlas.

Ahora lo entiendo. Ahora entiendo ese estremecimiento tan tremendo que sentí al conocer a Wayan. Quería ayudar a esta madre soltera con una hija y dos huérfanas adoptadas. Quería proporcionarles una vida mejor. Lo malo era que no sabía cómo hacerlo. Pero hoy, mientras Wayan, Armenia y yo comemos, hablando de lo de siempre y haciendo bromas, miro a la pequeña Tutti y veo que está haciendo una cosa bastante rara. Se pasea por la tienda con un bonito baldosín azul cobalto en las manos, que lleva vueltas hacia arriba, mientras repite una especie de cántico. Me dedico a contemplarla para ver en qué consiste el tema. Pasa un buen rato jugando con el baldosín, lanzándolo al aire, diciéndole y cantándole cosas, empujándolo por el suelo como un coche de juguete. Al final se sienta encima de él en una esquina de la habitación, callada, con los ojos cerrados, canturreando sin parar, metida en una burbuja mística, invisible y sólo suya.

Pregunto a Wayan de qué va el tema. Me dice que Tutti se encontró el baldosín en un hotel de lujo que están construyendo en el barrio. Desde entonces lo había convertido en una especie de fetiche y no hacía más que decir a su madre: «Si alguna vez tenemos una casa, podemos ponerle un suelo azul tan bonito como éste». Según Wayan, Tutti se pasa horas sentada encima de ese diminuto azulejo azul con los ojos cerrados, jugando a que está en su casa nueva.

¿Qué más puedo decir? Cuando me entero de la historia, miro a Tutti, que sigue ensimismada con el azulejo, y digo: *Vale, se acabó.*

Y me despido de todas ellas, marchándome de la tienda para solucionar este asunto intolerable de una vez por todas.

92

Wayan me contó un día que cuando cura a un paciente se siente una mediadora del amor de Dios y que sabe lo que tiene que hacer sin pensarlo. Su intelecto se detiene, dando paso a la intuición y a un estado de gracia divina que le da plena seguridad en sí misma. Según dice, «es un viento que viene y me mueve las manos».

Puede que sea ese viento el que me saca de la tienda de Wayan, quitándome de un soplido la resaca y el estrés por la reaparición de los hombres en mi vida, guiándome hacia el cibercafé de Ubud, donde me siento y escribo —todo seguido, sin pararme a pensar— un correo electrónico para pedir fondos a todos los amigos que tengo repartidos por el mundo.

Les recuerdo a todos que mi cumpleaños es en julio y que voy a cumplir 35 años. Les cuento que no tengo absolutamente ningún antojo ni necesidad y que no me he sentido más feliz en mi vida. Les digo que, si estuviera en Nueva York, estaría organizando una fiesta de cumpleaños enorme y frívola a la que todos tendrían que ir con regalos y botellas de vino y que toda la historia sería ridículamente cara. Por tanto, les explico, les va a salir mucho más barato el hermoso gesto de hacer una donación para que una mujer indonesia llamada Wayan Nuriyashi se pueda comprar una casa en la que poder vivir con sus hijas.

Entonces les cuento la historia de Wayan, Tutti y las huérfanas, explicándoles la situación en que se encuentran. Les aseguro que yo voy a donar una cifra equivalente a la que logre recaudar, sea cual sea. Sé que son muchos los que sufren anónimamente en este mundo arrasado por las guerras, les explico, y sé que todos tenemos nuestras necesidades, pero ¿no es mejor hacer algo si se puede? Este pequeño grupo de personas se había convertido en mi familia en Bali y a la familia hay que cuidarla. Cuando iba a firmar el correo colectivo, recordé una cosa que me había dicho Susan hacía nueve meses, antes de marcharme a recorrer el mundo. Temiéndose que no me iba a volver a ver, me dijo: «Te conozco, Liz. Seguro que te enamoras y acabas comprándote una casa en Bali».

Menuda Nostradamus es Susan.

Cuando abrí mi correo electrónico a la mañana siguiente, ya había recaudado 700 dólares. Al día siguiente las donaciones superaron los ahorros que yo tenía disponibles.

No voy a contar detalladamente cómo fue la semana ni pretendo explicar qué se siente al abrir todos los días un aluvión de *emails* del mundo entero, diciendo: «¡Cuenta conmigo!». Todo el mundo ponía algo. Hasta los que estaban arruinados o endeudados daban algo sin dudarlo ni un instante. Una de las primeras en responder fue la novia de mi peluquero —que le había reenviado mi carta— con una donación de 15 dólares. El puñetero de mi amigo John no pudo evitar hacer el típico comentario irónico sobre lo larga, cursi y sensiblera que era mi carta («Oye, la próxima vez que te dé por montarte el cuento de la lechera procura que sea leche condensada, ¿vale?»), pero también puso dinero, eso sí. El novio nuevo de mi amiga Annie (un banquero de

Wall Street al que yo ni conocía) se ofreció para doblar la cantidad final. Entonces el correo empezó a viajar por los ordenadores del mundo y me llegaban donaciones de gente a la que no conocía de nada. Fue un desbordamiento de generosidad global. Para no extenderme más diré que —siete días después de haber enviado la petición— entre mis amigos, mis familiares y un montón de desconocidos del mundo entero logré reunir casi 18.000 dólares para comprar a Wayan Nuriyashi una casa.

Estoy convencida de que fue Tutti la que produjo el milagro con la fuerza de sus oraciones, logrando que ese baldosín azul suyo creciera —como el cuento de *Juan y las habichuelas mágicas*— hasta convertirse en una casa donde poder vivir sin apuros con su madre y las dos niñas huérfanas.

Ah, una última cosa. Me da vergüenza admitir que fue mi amigo Bob, no yo, quien reparó en la obviedad de que *tutti* en italiano significa «todos». ¿Cómo era posible que no me hubiera dado cuenta? ¡Con la de meses que había pasado en Roma! El caso es que no se me ocurrió relacionarlo. Ha sido Bob, que vive en Utah, el que lo ha descubierto. En el correo que me mandaba la semana pasada se comprometía a poner dinero para la casa, diciendo: «Es como un cuento con moraleja, ¿no? Cuando te lanzas al mundo para ver si arreglas tu vida, al final acabas ayudando a... *Tutti*».

93

No quiero contárselo a Wayan hasta que haya logrado reunir todo el dinero. Es difícil guardar un secreto tan importante como éste, con lo mucho que le preocupa su futuro, pero no quiero darle esperanzas hasta que sea oficial. Así que aguanto una semana entera sin contarle mis planes y para entretenerme salgo a cenar casi todas las noches con Felipe el brasileño, al que no parece importarle que sólo tenga un vestido elegante.

Me parece que me gusta. Después de salir unas cuantas veces a cenar con él estoy bastante segura de que me gusta. Es bastante más de lo que parece este «cabronazo» —como él se llama— que conoce a todo Ubud y parece el alma de todas las fiestas. Un día pregunto a Armenia por él. Hace bastante que se conocen.

—El tal Felipe... es más persona que los demás, ¿no? —le pregunto—. Es más complicado de lo que parece, ¿verdad?

—Ah, sí —me contesta—. Es un hombre bueno y amable. Pero ha pasado por un divorcio difícil. Creo que se ha venido a Bali para recuperarse.

Anda. Pues es un tema del que no me ha contado nada.

Pero tiene 52 años. ¿Será que he llegado a una edad en la que un hombre de 52 años está en el terreno de lo posible? El caso es que me gusta. Tiene el pelo plateado y está perdiéndolo, pero con un atractivo aire picasiano. En su cara de piel suave destacan sus amables ojos castaños y, además, huele maravillosamente. Es un hombre de verdad, por así decirlo. El macho adulto de la especie, lo que supone toda una novedad para mí.

Lleva unos cinco años viviendo en Bali. Importa piedras preciosas de Brasil, que los artesanos locales engastan en plata para venderlas en Estados Unidos. Me gusta el hecho de que pasara casi veinte años fielmente casado antes de que su matrimonio se fuese al garete por una serie de motivos bastante complicados. También me gusta saber que tenga hijos, a los que ha sabido educar y que lo quieren mucho. Además, fue él quien se quedó en casa cuidando de sus hijos mientras su esposa australiana trabajaba. (Es un buen marido feminista, según dice, «que quería estar en el bando correcto de la historia social».) Otra cosa que me gusta es lo cariñoso que es y esa espontaneidad brasileña que tiene. Cuando su hijo australiano cumplió 14 años, no le quedó más remedio que decirle: «Papá, ahora que tengo 14, mejor que no me des un beso en la boca cuando me lleves al colegio». También le admiro por hablar perfectamente cuatro idiomas o más. (Dice que no sabe indonesio, pero le oigo hablarlo a todas horas.) Me gusta saber que ha viajado por más de cincuenta países en su vida y que el mundo le parece un sitio pequeño y fácilmente manejable. Me gusta cómo me escucha, acercándose, interrumpiéndome sólo cuando me interrumpo a mí misma para preguntarle si le estoy aburriendo, a lo que siempre me contesta: «Tengo todo el tiempo del mundo, cielito mío». Y me gusta que me llame «cielito mío». (Aunque a la camarera se lo diga también.)

La última noche que lo vi me dijo:

—¿Por qué no te buscas un amante mientras estés en Bali, Liz?

En su honor diré que no se refería a sí mismo, aunque tampoco creo que le hiciese ascos al tema. Me asegura que Ian —el galés guapete— hace buena pareja conmigo, pero tiene más candidatos. Dice que conoce a un cocinero neoyorquino, «un tío alto, musculoso y seguro de sí mismo», que me gustaría. La verdad es que en Bali hay todo tipo de hombres que se dejan caer por Ubud, trotamundos que vienen a esta comunidad de «apátridas sin fortuna», según los llama Felipe, muchos de los cuales estarían dispuestos a proporcionarme «un verano de lo más agradable, cielito mío».

—Me parece que aún no me ha llegado el momento —sentencio—. Me da pereza todo el tema del amor, ¿me entiendes? No me apetece tener que afeitarme las piernas todos los días ni tener que enseñarle el cuerpo al enésimo amante. No quiero ponerme a contarle mi vida a nadie ni preocuparme por si me quedo embarazada. Además, puede que ya no sepa hacerlo. Creo que tenía más claro lo del sexo y el amor a los 16 que ahora.

—Pues claro —me dice Felipe—. Entonces eras joven y estúpida. Sólo los jóvenes estúpidos tienen claro lo del sexo y el amor. ¿Tú crees que alguno de nosotros sabe lo que hace? ¿Crees que los seres humanos pueden quererse sin complicaciones? Deberías ver cómo funciona la cosa aquí en Bali, cariño. Los hombres occidentales vienen aquí huyendo de sus siniestras vidas familiares y, hartos de las mujeres occidentales, se casan con una jovencita balinesa dulce y obediente. Una chica así de guapa tiene que hacerles felices y darles buena vida. Pero yo siempre les digo lo mismo: *Buena suerte*. Porque, aunque sea joven y balinesa, es una mujer. Y él es un hombre. Son dos seres humanos intentando convivir y eso siempre se complica. El amor es complicado siempre. Pero las personas tienen que procurar amarse, cariño. A veces te toca que te rompan el corazón. Es una buena señal, que te rompan el corazón. Quiere decir que has hecho un esfuerzo.

—A mí me lo rompieron tanto la última vez que aún me duele —le digo—. ¿No es una locura tener el corazón roto casi dos años después de que se acabe una historia?

—Cariño, yo soy del sur de Brasil. Puedo pasarme diez años con el corazón destrozado por una mujer a la que no he llegado a besar.

Hablamos de nuestros matrimonios y divorcios, pero no en plan amargado, sino para consolarnos. Comparamos los correspondientes abismos a los que llegamos durante la depresión posterior al divorcio. Bebemos vino, comemos bien y nos contamos uno al otro alguna anécdota cariñosa de nuestros respectivos ex cónyuges para quitar hierro a la conversación.

—¿Quieres hacer algo conmigo este fin de semana? —me pregunta.

Y le contesto que sí, que me gustaría. Y la verdad es que me apetece.

De las noches en que me ha llevado a casa, ha habido dos en que Felipe se ha acercado a mí en el coche para darme un beso de despedida y las dos veces he hecho lo mismo. Acercándome, agacho la cabeza en el último momento y le apoyo la mejilla en el pecho, dejándole que me abrace durante unos segundos. De hecho, más tiempo del habitual para dos amigos. Noto cómo me acerca la cara al pelo mientras yo le apoyo la cabeza en alguna parte del esternón. Huelo su suave camisa de algodón. Me gusta mucho cómo huele. Tiene los brazos fuertes y el torso ancho. En Brasil fue campeón de atletismo. Eso fue en 1969, el año en que yo nací, pero en fin. Se nota que tiene un cuerpo fuerte.

Lo de agacharme cada vez que me quiere besar es como si me escondiera. Estoy huyendo de un simple beso de buenas noches. Aunque, por otra parte, no me escondo. Dejándole que me abrace durante un buen rato al final de la noche, estoy dejando que alguien me toque.

Y eso hacía mucho tiempo que no me pasaba.

94

—¿Qué opinas tú del romanticismo? —pregunto a Ketut, mi viejo amigo el curandero.

—¿Qué es eso, el romanticismo? —me contesta.

—Déjalo, da igual.

—No, dime qué es. ¿Qué es esa palabra?

—El romanticismo es el amor entre un hombre y una mujer. O entre dos hombres, o entre dos mujeres. Todo eso de los besos y el sexo y el matrimonio... Esas historias.

—Yo no he tenido sexo con muchas personas, Liss. Sólo con mi mujer.

—Tienes razón. No son muchas. Pero ¿te refieres a tu primera mujer o a la segunda?

—Sólo tengo una mujer, Liss. Pero ya murió.

—Y Nyomo, ¿qué?

—Nyomo no es mi mujer de verdad, Liss. Es mujer de mi hermano —me explica y, viendo mi gesto de sorpresa, añade—: Es típico de Bali.

Y me explica que su hermano mayor, un campesino dedicado al cultivo del arroz, vivía al lado de Ketut y estaba casado con Nyomo, que le dio tres hijos. Ketut y su mujer, en cambio, no pudieron tener ninguno, así que adoptaron uno de los hijos del hermano de Ketut para tener un heredero. Al morir la mujer de Ketut, Nyomo tuvo que empezar a cuidar de los dos hermanos, dividiendo su jornada entre las casas de los dos, atendiendo tanto a su marido como a su cuñado y a los hijos de ambos. A todos los efectos, se convirtió en la esposa balinesa de Ketut (cocinaba, limpiaba y se encargaba de la liturgia religiosa doméstica), pero sin ningún tipo de contacto sexual.

—¿Por qué no? —le pregunto.

—¡Demasiado VIEJOS! —exclama.

Entonces llama a Nyomo para que se lo pregunte a ella y le dice que la señora americana quiere saber por qué no tienen una relación sexual. Nyomo casi se muere del ataque de risa que le da. Se acerca y me da un buen puñetazo en el brazo.

—Yo sólo tuve una mujer —insiste Ketut—. Y murió.

—¿La echas de menos?

Sonríe con tristeza.

—Le llegó el momento de morir. Ahora te digo cómo yo encuentro mi mujer. Cuando tengo 27 años, conozco una mujer y la amo.

—¿En qué año fue? —le pregunto siempre ansiosa de saber qué edad tiene.

—No lo sé —me dice—. ¿Tal vez en 1920?

(Cosa que, de ser cierta, le haría tener unos 112 años ahora. Creo que estamos a punto de resolver el enigma...)

—Yo amo a esta chica, Liss. Es muy hermosa. Pero no tiene buen carácter esta chica. Sólo busca el dinero. Va con otros hombres. Nunca dice la verdad. Creo que tenía una mente secreta dentro de la otra mente y allí no entra nadie.

Un día ya no me quiere y se va con otro chico. Yo, muy triste. Con el corazón roto. Rezo y rezo a mis cuatro hermanos espirituales. Les pregunto por qué ella ya no me quiere. Entonces uno de ellos me dice la verdad. Me dice: «Ésta no es tu verdadera pareja. Ten paciencia». Y yo tengo paciencia y encuentro a mi mujer. Mujer hermosa, mujer buena. Siempre dulce conmigo. Nunca una discusión. Siempre hay armonía en nuestra casa, ella siempre sonrisa. Si no hay dinero en casa, ella siempre sonrisa. Siempre me dice que está contenta de verme. Cuando murió, yo muy triste en mi mente.

—¿Lloraste?

—Sólo un poco, con los ojos. Pero hago meditación para limpiar el cuerpo del dolor. Yo medito para ayudar a su alma. Muy triste, pero feliz también. En mi meditación la veo todos los días y la beso. Es la única mujer con la que yo tengo sexo. Así que no sé nada de la nueva palabra... ¿Cómo es la palabra de hoy?

—¿Romanticismo?

—Sí, eso. Yo no conozco el romanticismo, Liss.

—Así que no eres un experto en eso, ¿eh?

—¿Qué quiere decir *experto*? ¿Qué significa esa palabra?

95

Por fin me siento con Wayan y le cuento lo del dinero que he reunido para que se compre una casa. Le explico lo de mi cumpleaños, le enseño la lista con los nombres de mis amigos y le digo la cifra final que he logrado reunir: 80.000 dólares estadounidenses. Al principio se queda tan atónita que su rostro se convierte en una mueca de pánico. Es extraño pero cierto que a veces una emoción intensa nos puede hacer reaccionar ante una noticia rompedora de un modo exactamente contrario al que parecería dictar la lógica. Así es el valor absoluto del sentimiento humano. Los sucesos alegres a veces aparecen en la escala de Richter como un trauma absoluto; otras veces, algo espantoso nos puede hacer soltar una carcajada. A Wayan le resultaba tan difícil asimilar la noticia que la percibía más bien como algo triste. Por eso tuve que quedarme con ella durante varias horas, enseñándole las cifras una y otra vez, hasta que acabó aceptando la realidad.

Lo primero que consiguió decir (antes de echarse a llorar al darse cuenta de que iba a tener un jardín) fue lo siguiente, con un tono de mucha preocupación:

—Por favor, Liz, debes explicar a todos los que ponen el dinero que ésta no es la casa de Wayan. Es la casa de todos los que ayudan a Wayan. Si alguna de estas personas viene alguna vez a Bali, nunca van a un hotel, ¿vale? Tú les dices que vienen a mi casa, ¿vale? ¿Prometes decirlo? La llamamos Casa del Grupo..., la Casa de Todos...

Entonces se da cuenta de que va a tener un jardín y se echa a llorar.

Después, a su ritmo, va descubriendo cosas aún mejores. Era como poner boca abajo un bolso del que salían todo tipo de cosas, sentimientos incluidos. Si tuviera una casa, ¡podría tener una pequeña biblioteca donde guardar sus manuales de medicina! ¡Y una botica para sus remedios tradicionales! ¡Y un restaurante auténtico con mesas y sillas de verdad (tuvo que vender sus mesas y sillas buenas para pagar al abogado que le llevó el divorcio). Si tuviera una casa, por fin podría salir en la lista del programa televisivo *Lonely Planet*, que quiere citarla, pero no puede porque no tiene una dirección permanente que puedan dar. Si tuviera una casa, ¡Tutti podría hacer una fiesta de cumpleaños!

Al rato deja de pensar y se pone muy seria.

—¿Cómo puedo darte las gracias, Liz? Te doy cualquier cosa. Si tuviera un marido al que quisiera y tú necesitaras un hombre, te daría a mi marido.

—Quédate con tu marido, Wayan. Lo que tienes que hacer es asegurarte de que Tutti vaya a la universidad.

—¿Y qué haría yo si tú no hubieras venido a Bali?

Pero si yo siempre iba a venir. Recuerdo uno de mis poemas sufíes preferidos. Dice que, hace siglos, Dios dibujó un círculo en la arena justo donde está uno ahora. Nunca iba a dejar de venir. Eso no va a suceder.

—¿Dónde te vas a hacer la casa, Wayan? —le pregunto.

Como un niño que lleva años mirando un guante de béisbol en un escaparate, o una chica romántica que lleva desde los 13 diseñando su vestido de boda, resultó que Wayan sabía perfectamente dónde le gustaría tener la casa. Es en el centro de un pueblo cercano, con abastecimiento de agua y electricidad, un buen colegio para Tutti y bien situado para que sus pacientes y clientes vayan a su consulta a pie. Sus hermanos pueden ayudarla a construir la casa, según me dice. Menos el color de la pintura de su dormitorio, lo tiene casi todo pensado.

Vamos juntas a ver a un expatriado francés que es asesor financiero y experto en operaciones inmobiliarias, que tiene la amabilidad de indicarnos la mejor manera de transferir el dinero. Sugiere que lo mejor es que yo haga un giro telegráfico para pasar el dinero de mi cuenta a la de Wayan y que ella se compre la finca o la casa que quiera. Así me evitaré el lío de tener que registrar una propiedad en Indonesia. Si hago envíos nunca superiores a 10.000 dólares, el Departamento de Hacienda estadounidense y la CIA nunca pensarán que estoy lavando dinero procedente del narcotráfico. A continuación vamos al pequeño banco de Wayan, cuyo director nos explica el modo de hacer un giro telegráfico. Al final, resumiendo perfectamente la situación, el director del banco dice:

—Mira, Wayan. En unos días, cuando te llegue la transferencia, tendrás en tu cuenta unos 180 millones de rupias.

Wayan y yo nos miramos y nos da un ataque de risa casi infantil. ¡Qué cantidad de dinero! Intentamos mantener la compostura, porque estamos en el elegante despacho de un director de banco, pero no podemos parar de reírnos. Salimos por la puerta como dos borrachas, agarrándonos para no caernos.

—¡Nunca he visto un milagro tan rápido! —exclama—. Paso mucho tiempo pidiendo a Dios ayuda para Wayan. Y Dios también pide a Liz ayuda para Wayan.

—¡Y Liz también pide a sus amigos ayuda para Wayan! —apostillo.

Cuando volvemos a la tienda, Tutti acaba de volver del colegio. Poniéndose de rodillas, Wayan agarra a la niña y le dice:

—¡Una casa! ¡Una casa! ¡Tenemos una casa!

Al oírlo, Tutti finge un desmayo maravilloso, desplomándose en el suelo como un personaje de dibujos animados.

Mientras las tres nos reímos, veo a las niñas huérfanas contemplando la escena desde la cocina y me doy cuenta de que me miran con algo semejante al... *miedo*. Mientras Wayan y Tutti dan saltos de alegría, me planteo lo que pueden estar pensando ellas. ¿Por qué estarán tan asustadas? ¿Temerán quedarse fuera de la historia? ¿O les doy miedo porque me ven capaz de sacar mucho dinero de debajo de las piedras? (Como es una cifra casi *impensable*, ¿creerán que hago magia negra?) Habiendo llevado una vida tan inestable como la de estas dos niñas, puede que cualquier cambio resulte terrorífico.

Cuando veo que los ánimos se apaciguan algo, pregunto a Wayan, sólo para cerciorarme:

—¿Qué pasa con Ketut Grande y Ketut Pequeña? ¿También son buenas noticias para ellas?

Wayan vuelve la cabeza hacia la cocina, donde están las niñas, y ve en sus caras el mismo temor que he visto yo, porque se acerca a ellas y las abraza y les susurra palabras tranquilizadoras con la boca pegada a sus cabezas. Al oírla, las niñas parecen relajarse. Entonces suena el teléfono y Wayan intenta apartarse de ellas, pero los brazos huesudos de las dos Ketut se agarran implacablemente a su madre extraoficial. Clavándole la cabeza en la tripa y las axilas, pasan muchos minutos en los que se niegan —con una ferocidad que no les he visto hasta ahora— a soltarla.

Mientras tanto, voy yo a contestar al teléfono.

—Centro de Medicina Balinesa Tradicional —digo—. ¡Vengan a vernos, que hay grandes rebajas por cierre del establecimiento!

96

El fin de semana vuelvo a quedar con Felipe el brasileño, dos veces. El sábado lo llevo a la tienda para que conozca a Wayan y las niñas. Tutti se pone a dibujarle casas y Wayan guiña provocativamente los ojos a sus espaldas, susurrando: «¿Novio nuevo?» mientras yo sacudo la cabeza como diciendo: «No, no, no». (Aunque tengo que reconocer que ya no me acuerdo de ese tío galés tan guapo.) También llevo a Felipe a conocer a Ketut, mi amigo el curandero, que le lee la mano y declara unas siete veces seguidas (mientras me mira fijamente con sus ojos penetrantes) que es «un hombre bueno, un hombre muy, muy bueno. No un hombre malo, Liss. *Un hombre bueno*».

El domingo Felipe me pregunta si me apetece pasar el día en la playa. Entonces caigo en la cuenta de que llevo dos meses en Bali sin haber visto la playa, cosa que me parece una idiotez absoluta, así que le digo que sí. Me pasa a buscar en su jeep y tardamos una hora en llegar a la playa de Pedangbai, que está en una pequeña cala escondida donde casi no van turistas. El sitio donde me lleva es lo más parecido al paraíso que he visto en mi vida, con agua azul y arena blanca y palmeras verdes que dan una sombra estupenda. Nos pasamos todo el día hablando, interrumpiendo nuestra charla sólo para bañarnos, echarnos la siesta o leer, a veces leyéndonos en voz alta uno al otro. En la playa hay un chiringuito donde unas mujeres balinesas nos preparan un pescado fresco a la plancha, que tomamos con cerveza fría y fruta helada. De pie entre las olas nos contamos los detalles de nuestra vida que se nos han escapado en estas últimas semanas, que hemos pasado en los restaurantes más tranquilos de Ubud, charlando mientras nos bebíamos una botella de vino tras otra.

A Felipe le gusta mi cuerpo, según me dice después de verlo en la playa por primera vez. Me cuenta que los brasileños tienen un término exacto para el tipo de cuerpo que tengo yo (ay, estos brasileños), que es *magrafalsa*, es decir, «falsa delgada». Lo usan para referirse a una mujer que parece flaca de lejos, pero de cerca resulta que es redondeada y carnosa, que en Brasil se considera bueno. Benditos sean los brasileños. Mientras hablamos tumbados en las toallas, Felipe a veces alarga el brazo y me quita unas motas de arena de la nariz o me aparta un mechón rebelde de la cara. Pasamos diez horas seguidas hablando sin parar. Cuando se hace de noche, recogemos nuestras cosas y nos vamos a dar un paseo por la oscura calle principal de aquel pueblecito pesquero balinés, caminando bajo las estrellas cogidos del brazo. Es entonces cuando Felipe el brasileño me pregunta con la mayor naturalidad del mundo (casi como si me preguntara si quiero comer algo):

—¿Quieres tener algo conmigo, Liz? ¿Te apetece?

Me gusta mucho cómo sucede esta parte de la historia. No empieza con un acto —el típico amago de beso o una valentonada—, sino con una pregunta. Y, además, es la pregunta correcta. Recuerdo lo que me dijo mi terapeuta hace más de un año, antes de empezar este viaje. Le había contado que quería permanecer célibe durante el año entero que durase mi periplo, pero le pregunté con cierta preocupación:

—¿Y si conozco a un hombre que me gusta de verdad? ¿Qué hago? ¿Tengo algo con él o no? ¿Mantengo mi independencia? ¿O me doy el capricho de tener una historia de amor?

Con una sonrisa indulgente, mi terapeuta me contesta:

—Mira, Liz. Todo esto deberías hablarlo en el momento oportuno con la persona implicada.

Pues aquí estoy, en el momento oportuno y con la persona implicada. Nos ponemos a hablar del tema, tranquilamente, mientras paseamos tranquilamente junto a la orilla del mar, cogidos del brazo como dos amigos.

—En circunstancias normales te diría que sí, Felipe —le explico—. Aunque tampoco sé muy bien cuáles serían esas *circunstancias normales*...

Los dos soltamos una carcajada. Pero después le explico los motivos por los que me cuesta decidirme. Pese a lo mucho que pueda disfrutar de entregarme en cuerpo y alma a un experto amante brasileño, una parte de mí me pide que me dedique totalmente a mí misma durante el año que va a durar mi viaje. En mi vida se está produciendo una transformación fundamental que precisa un espacio y un tiempo para llevarse a cabo como es debido. Soy como una tarta recién sacada del horno, que tiene que enfriarse antes de poder ponerle la última capa de azúcar. No quiero quedarme sin disfrutar de este periodo tan importante. No quiero volver a perder el control de mi vida.

Por supuesto, Felipe me dice que lo entiende, que haga lo que crea más conveniente y que espera que le perdone por haber sacado el tema. («Tarde o temprano tenía que preguntártelo, cielito mío.») Me asegura que, decida lo que decida, seguiremos siendo amigos, ya que a los dos parece habernos sentado muy bien el tiempo que hemos pasado juntos.

—Pero tienes que dejarme que te cuente mi punto de vista —me dice.

—Estás en tu derecho —le contesto.

—Para empezar, si te he entendido bien, estás dedicando este año a buscar el equilibrio entre la devoción y el placer. Te he visto muy entregada a los ejercicios espirituales, pero creo que el placer lo tienes bastante abandonado.

—En Italia comí mucha pasta, Felipe.

—¿Pasta, Liz? *¿Pasta?*

—Vale. Tienes razón.

—Además, creo que sé lo que te preocupa de verdad. Temes que llegue otro hombre a tu vida y te lo quite todo. Pero yo no te voy a hacer eso, cariño. También llevo mucho tiempo solo y también he perdido mucho con el amor, como tú. No quiero que nos quitemos nada el uno al otro. Lo que me pasa es que nunca he estado tan a gusto con nadie como contigo, y me gustaría estar a tu lado. Tranquila, que no te voy a seguir a Nueva York cuando te vayas en septiembre. Y en cuanto a los motivos que me diste hace unas semanas para no querer tener un amante..., pues te digo lo siguiente. Me da igual que no te afeites las piernas todos los días, adoro tu cuerpo; ya me has contado la historia de tu vida y no tienes que preocuparte por lo de quedarte embarazada, porque me he hecho la vasectomía.

—Felipe —le digo—, es la mejor propuesta que me ha hecho un hombre jamás.

Y lo era. Pero le dije que no.

Me llevó a casa. Al llegar a casa, en el coche nos dimos unos besos dulces, salados y arenosos, besos de haber pasado todo el día juntos en la playa. Fue maravilloso. Claro que sí. Pero volví a decirle que no.

Se marchó y yo me metí en la cama sola.

Durante toda mi vida las decisiones relativas a los hombres las he tomado muy deprisa. Siempre me he enamorado a toda velocidad sin tener en cuenta los posibles riesgos. Tiendo a ver sólo las cosas buenas de la gente, pero doy por hecho que todos estamos capacitados para llegar a la cima de nuestra capacidad sentimental. Me he enamorado incontables veces de la mejor versión de un hombre, no del hombre real, y después me dedico a esperar durante muchísimo tiempo (a veces una barbaridad) a que el hombre alcance su máximo potencial de grandeza. En el amor a menudo he sido una víctima de mi excesivo optimismo.

Me casé joven y apresuradamente, llena de amor y esperanza, pero sin haberme planteado en serio todo lo que implica un matrimonio. Nadie me aconsejó sobre el tema. Mis padres me enseñaron a ser independiente, autosuficiente y segura de mí misma. A los 24 años se esperaba de mí que tomara mis decisiones de manera autónoma. Como todos sabemos, las cosas no siempre fueron así. De haber nacido en cualquier otro siglo del patriarcado occidental, yo habría tenido que obedecer a mi padre hasta que me entregase a mi marido, pasando a ser de su propiedad. Huelga decir que no habría tomado ninguna de las grandes decisiones de mi vida. Antaño mi padre le habría hecho a mi pretendiente una larga lista de preguntas para decidir si era el hombre adecuado o no. Habría querido saber lo siguiente: «¿Vas a poder mantener a mi hija? ¿Estás bien considerado en tu comunidad? ¿Tienes buena salud? ¿Dónde vais a establecer vuestro hogar? ¿Qué deudas y bienes tienes? ¿Cuáles son tus mejores virtudes?». A mi padre no le habría bastado el hecho de que yo me hubiera enamorado de un hombre. Pero en estos tiempos que corren, cuando yo decidí casarme, el moderno de mi padre no intervino en absoluto. Su intervención habría sido tan rara como si de repente le diera por opinar sobre mi peinado.

Os aseguro que el patriarcado no me produce ninguna nostalgia. Pero me he dado cuenta de que al desmontarlo —legítimamente— como sistema social, no se sustituyó por ninguna otra forma de protección. Vamos, que a mí no se me había pasado por la cabeza hacer a mis pretendientes las preguntas que habría hecho mi padre en otros tiempos. Han sido muchas las veces que me he entregado totalmente a un hombre sólo por amor. Y, en algunos casos, he perdido hasta la camisa. Si quiero ser una mujer autónoma de verdad, tengo que saber protegerme. La célebre feminista Gloria Steinem aconsejó a las mujeres que procurasen ser iguales a los hombres con quienes quisieran casarse. Me acabo de dar cuenta de que no sólo tengo que convertirme en mi propio marido, sino también en mi padre. Por eso me he mandado irme a la cama sola esta noche. Porque me parece pronto para empezar a recibir pretendientes.

Dicho todo esto, me despierto a las dos de la mañana y suspiro profundamente al darme cuenta de que tengo un hambre física que no sé cómo satisfacer. Como el gato lunático que vive en mi casa estaba aullando tristemente por algún motivo, le dije: «Estoy exactamente igual que tú». Pero tenía que quitarme la ansiedad como fuese, así que me levanté, fui a la cocina en camisón, pelé medio kilo de patatas, las herví, las freí en mantequilla, les eché una generosa ración de sal y me las comí todas, una detrás de otra, intentando convencer a mi cuerpo de que se conformase con medio kilo de patatas fritas, en vez de la satisfacción de hacer el amor.

Después de comerse hasta el último bocado del festín, mi cuerpo contestó: «No cuela, nena».

Así que me metí en la cama, suspiré aburrida y me puse a...

A ver. Voy a decir unas palabritas sobre la masturbación con permiso del respetable. A veces es un arma (con perdón) útil, pero otras veces puede ser tan insatisfactoria que te deja peor de lo que estabas. Después de un año y medio de celibato, de un año y medio de amarme a mí misma en mi cama de soltera, me aburre un poco el tema. Pero, esta noche, con lo inquieta que estoy, ¿qué remedio me queda? Lo de las patatas no ha funcionado. Así que me busco la vida yo sola una vez más. Como siempre, mi mente repasa su archivo de imágenes eróticas, buscando la fantasía o recuerdo que solucione la papeleta cuanto antes. Pero nada me funciona, ni los bomberos, ni los piratas, ni el numerito voyeur de Bill Clinton que siempre me saca del apuro. Y tampoco lo de los caballeros victorianos rodeándome en su salón con su cohorte de doncellas núbiles. Al final lo único que me satisface es cuando admito a regañadientes la idea de mi buen amigo el brasileño metiéndose en esta cama conmigo..., poniéndose encima de mí...

Y, al fin, me duermo. Me despierto bajo un tranquilo cielo azul en un dormitorio aún más tranquilo. Todavía intranquila y poco equilibrada, dedico un largo tramo de la mañana a cantar los 182 versos sánscritos del Gurugita, el gran himno purificador que había aprendido en el ashram indio. Entonces medité durante una hora de estremecedora paz, hasta experimentar esa sensación nítida, constante, luminosa, independiente, inmutable, anónima e impasible que es mi propia felicidad. Una felicidad mejor, sinceramente, que nada de lo que he experimentado en mi vida, incluidos los besos salados y deliciosos y las patatas aún más saladas y deliciosas.

Me alegro de haber tomado la decisión de quedarme sola.

97

Así que la noche siguiente me quedo un poco sorprendida cuando —después de darme de cenar en su casa, después de pasar horas tumbados en el sofá hablando de un montón de temas, después de meterme la cabeza debajo del brazo y anunciar que le encanta lo maravillosamente mal que huelo— Felipe me pone la mano abierta encima de la mejilla y dice:

—Bueno, ya basta, cariño. Vente a mi cama.

Y me voy.

Sí, me voy a su cama con él, a ese dormitorio de enormes ventanales que dan a la noche y a los silenciosos arrozales de Bali. Abre la cortina transparente de la mosquitera blanca que rodea su cama y me invita a entrar. Entonces me ayuda a quitarme el vestido con la cariñosa destreza de quien se ha pasado muchos años desvistiendo a sus hijos para meterlos en el baño. Después me explica cómo plantea él este asunto: no quiere absolutamente nada de mí, salvo que le dé permiso para adorarme mientras yo quiera. ¿Acepto sus condiciones?

Como me he quedado sin voz en algún momento entre el sofá y la cama, asiento con la cabeza. No me queda nada que decir. Ha sido una larga y austera etapa de soledad. Me ha sentado bien, pero Felipe tiene razón. Ya basta.

—Bien —contesta, sonriendo mientras aparta unas almohadas y coloca mi cuerpo debajo del suyo—. Vamos a organizarnos un poco.

Eso me hizo gracia, porque es justo el momento en que yo decido abandonar mi manía de organizarlo todo.

Después Felipe me contaría cómo me vio esa noche. Según me dijo, le había parecido muy joven, nada que ver con la mujer segura de sí misma con quien se veía durante el día. Pero en esa chica tan tremendamente joven también vio una mujer sincera, nerviosa y aliviada de poder relajarse y dejar de ser tan valiente. Me dijo que se me notaba mucho que hacía tiempo que nadie me tocaba. Le parecí muy necesitada, pero también agradecida de poder expresar esa necesidad. Y aunque yo no recuerdo toda esa cantidad de cosas, ni mucho menos, me creo su versión, porque parecía estar muy atento a mis movimientos, eso sí.

Lo que más recuerdo de esa noche es la mosquitera abullonada que nos rodeaba. Pensé que parecía un paracaídas. La miro y pienso que es el paracaídas que me pongo para saltar del avión sólido y disciplinado en que he volado durante lo que podemos llamar Unos Años Muy Duros De Mi Vida. De repente mi fiable máquina voladora se queda obsoleta a medio vuelo, así que me bajo de ese rancio avión unidireccional y uso este brioso paracaídas blanco para recorrer el extraño espacio vacío entre mi pasado y mi futuro, aterrizando sana y salva en esta isla con forma de cama habitada sólo por un guapo náufrago brasileño que (después de estar tanto tiempo solo) se alegra y sorprende tanto al verme llegar que se le olvida de golpe todo el inglés que sabe y sólo logra repetir estas cinco palabras cada vez que me mira: *guapa, guapa, guapa, guapa* y *guapa.*

98

Como era de suponer, esa noche no dormimos nada. Y entonces, por ridículo que parezca, me tengo que ir. Me tengo que ir a mi casa como una tonta, porque he quedado con mi amigo Yudhi. Hace mucho que hemos organizado pasar una semana recorriendo Bali en coche. La idea se nos ocurrió una noche en mi casa, cuando Yudhi me contó que, aparte de su mujer y de Manhattan, lo que más echa de menos de Estados Unidos es los viajes por carretera, eso de meterse en un coche con unos amigos y marcharse al buen tuntún a hacer kilómetros por todas esas autovías estatales tan maravillosas. Al oírle, le dije:

—Venga, pues vamos a hacer un viaje en coche por Bali, estilo americano.

Esto nos hizo muchísima gracia a los dos, porque es imposible hacer un viaje tipo americano por Bali. Para empezar, es una isla pequeña donde no hay grandes distancias. Y las «autovías» son surrealistas, tremendamente peligrosas debido a la tupida presencia de la versión balinesa del monovolumen estadounidense. Es decir, una pequeña motocicleta en la que van cinco personas: el padre conduce con una mano, llevando a su hijo recién nacido en la otra (como un balón de fútbol); la madre va sentada detrás a lo amazona, envuelta en un ajustado sarong y con un cesto encima de la cabeza, pidiendo a sus hijos gemelos que procuren no caerse de la moto, que probablemente va a toda castaña en sentido contrario y sin luces. Casi nadie se pone casco, sino que suelen llevarlos —cosa que jamás comprenderé— en la mano. Si nos imaginamos varias hordas de estas motocicletas cargadas de gente, cruzándose unas con otras a una velocidad temeraria, esquivándose como una especie de atracción de feria acelerada, ya sabemos cómo son las autopistas balinesas. Lo que me extraña es que los balineses no se hayan matado todos en un accidente de coche.

Aun así, Yudhi y yo decidimos hacer el viaje de marras, tomarnos una semana libre, alquilar un coche y recorrernos esta isla diminuta como si estuviéramos en Estados Unidos y fuésemos dos trotamundos. La idea me encantó cuando se nos ocurrió hace un mes, pero ahora mismo —estoy en la cama con Felipe, que me está besando los dedos, los brazos y los hombros— no me hace tanta ilusión. Pero me tengo que ir. Además, en parte quiero irme. No sólo me apetece pasar una semana con mi amigo Yudhi, sino que quiero descansar después de mi gran noche con Felipe para asimilar que, como dicen en las novelas, *tengo un amante*.

Así que Felipe me deja en mi casa, me da un último beso apasionado y tengo el tiempo justo de ducharme y vestirme cuando aparece Yudhi con nuestro coche alquilado. En cuanto me echa la vista encima, me dice:

—Tío, ¿a qué hora llegaste anoche?

—Tío, no he dormido en casa —le respondo.

—Tíooooooo —suelta con una carcajada.

Seguro que recuerda la conversación que tuvimos hace dos semanas, cuando le dije que quizá no volviera a tener una relación sexual en mi vida, nunca jamás.

—Has caído, ¿eh? —me pregunta.

—Yudhi —le contesto—, déjame que te cuente una historia. El verano pasado, justo antes de marcharme de Estados Unidos, fui a ver a mis abuelos, que viven al norte del estado de Nueva York. La mujer de mi abuelo —su segunda mujer— es una señora muy simpática que se llama Gale, que ya tiene ochenta y pico años. Cuando fui a verlos, Gale sacó un álbum de fotos antiguas y me enseñó una suya de 1930, o por ahí, cuando tenía 18 años y se fue a pasar un año en Europa con sus dos mejores amigas y una institutriz. Iba pasando las páginas del álbum, enseñándome unas fotos estupendas de Italia en blanco y negro, hasta que de repente llegamos a una en la que sale un guaperas italiano en Venecia. «Gale, ¿quién es este tío bueno?», le pregunté. Y me dice: «El hijo de los dueños del hotel donde estuvimos en Venecia. Era mi novio». «¿Tu *novio*?», le pregunto, atónita. Y la dulce mujercita de mi abuelo me mira con cara de pillina y con una mirada tipo Bette Davis me suelta: «Me harté de ver iglesias, Liz».

—Mola, tío —me dice Yudhi, levantando la palma de la mano para chocarla con la mía.

Y entonces empezamos nuestro falso viaje americano por Bali, este músico genial tan *cool*, este indonesio exilado con el que cargo el maletero del coche de guitarras, cervezas y el equivalente balinés de los *snacks* estadounidenses: galletas de arroz frito y unos caramelos típicos de aquí, que están malísimos, y yo. Los detalles de nuestro viaje los tengo un poco confusos, porque iba distraída pensando en

Felipe y por esa calidad brumosa que tiene todo viaje por carretera en cualquier país del mundo. Lo que sí recuerdo es que Yudhi y yo vamos hablando inglés americano todo el tiempo, un idioma que llevo mucho tiempo sin hablar. Durante este año he hablado mucho inglés británico, eso sí, pero no inglés americano, y mucho menos el americano tipo *hip-hop* que le gusta hablar a Yudhi. Así que nos dejamos llevar, convertidos de golpe en dos quinceañeros adictos a MTV, vacilándonos como dos macarras de Hoboken, llamándonos *tío* y *colega* y a veces —con mucho cariño— *homo*. Una gran parte de nuestra conversación consiste en insultar cariñosamente a nuestras madres.

—Tío, ¿dónde has metido el mapa?

—¿Qué tal si le preguntas a tu madre dónde he metido el mapa?

—Se lo preguntaría, tío, pero está demasiado gorda. Y tal y cual.

Ni siquiera llegamos al interior de Bali; sólo vamos por la costa. Nos pasamos una semana entera viendo playas, playas y más playas. A veces alquilamos un barquito de pesca y nos acercamos a una isla para variar un poco. En Bali hay muchísimos tipos de isla distintos. Un día nos tumbamos en la *glamourosa* arena blanca de Kuta —que se parece al sur de California— y luego subimos por la rocosa costa occidental, oscura y algo siniestra, pero hermosa a su manera. Después cruzamos esa línea divisoria que los turistas no se atreven a rebasar y llegamos a las salvajes playas del norte, donde sólo hay surferos (y bastante locos, la verdad). Nos sentamos en la playa a ver lo peligrosas que son las olas y a mirar a los valientes indonesios y occidentales —huesudos, morenos y blancos— deslizarse por el agua como cremalleras que abren un vestido azul océano por la espalda. Al ver a los surferos salir arrastrados por encima del coral y las rocas, dándose la vuelta para no perderse la siguiente ola, gritamos boquiabiertos:

—¡Tío, está gente está mal de la olla!

Logramos nuestro propósito, que es olvidarnos durante unas horas de que estamos en Indonesia (como quiere Yudhi), mientras vamos por ahí en nuestro coche alquilado, comiendo comida basura, cantando canciones americanas y comiendo pizza siempre que podemos. Cuando nos supera lo balinés del entorno, hacemos que no nos damos cuenta y seguimos jugando a estar en Estados Unidos.

—¿Cuál es el mejor camino para rodear este volcán? —pregunto yo, por ejemplo.

—Deberíamos ir por la I-95 —me dice Yudhi.

—Pues vamos a pasar por Boston en plena hora punta —le contesto.

Es un juego, pero funciona más o menos.

A veces nos encontramos con un buen trecho de mar azul y nos pasamos el día entero nadando, dándonos permiso uno al otro para empezar a beber cerveza a las diez de la mañana: «Tío, es beneficioso para la salud». Nos hacemos amigos de toda la gente con la que nos encontramos. Yudhi es ese tipo de tío que si va andando por la playa y se encuentra con un hombre construyendo un barco, se para y le dice: «¡Venga ya! ¿Estás haciendo un barco?». Y tiene una curiosidad tan sincera que normalmente el señor del barco nos acaba invitando a pasar un año en su casa.

Al caer el sol nos pasan cosas raras. Nos topamos con esotéricos rituales religiosos en templos que aparecen en mitad de la nada y nos quedamos hipnotizados con el coro de voces y tambores de la música *gamelan* balinesa. Llegamos a un pequeño pueblo costero cuyos habitantes están todos reunidos en una calle oscura para celebrar un cumpleaños local; a Yudhi y a mí nos sacan al frente (agasajándonos por ser forasteros) y nos invitan a bailar con la chica más guapa del pueblo. (Va cubierta de oro y joyas, perfumada de incienso y maquillada como una egipcia; debe de tener unos 13 años, pero mueve las caderas con la tierna sensualidad de una niña que se sabe capaz de seducir a los dioses.) Al día siguiente salimos a pasear por el mismo pueblo y nos encontramos un extraño restaurante familiar cuyo dueño balinés nos asegura que sabe hacer una comida tailandesa muy buena, cosa que resulta ser mentira, pero nos pasamos el día entero metidos en su local, tomando Coca-Cola helada, comiendo unos fideos *pad thai* muy grasientos y jugando a juegos de mesa tipo Monopoly con el hijo del dueño, un quinceañero de elegancia algo afeminada. (Después se nos ocurre que ese chico tan guapo podía ser la bella bailarina de la noche anterior, porque los balineses son expertos en ritos que incluyen números de travestismo.)

Todos los días llamo a Felipe cuando logro encontrar algún teléfono y me pregunta:

—¿Cuántas noches me quedan de dormir sin ti?

Después me dice:

—Estoy disfrutando de la experiencia de enamorarme de ti, cariño. Me parece muy natural, como si fuese algo que me pasa cada dos semanas, cuando llevo treinta años sin sentir esto por nadie.

Como yo no estoy todavía en el reino del amor, carraspeo y le recuerdo que me marcho dentro de unos meses. Pero eso le da igual. Me dice:

—Puede que esto sea una bobada suramericana, pero quiero que entiendas, cariño, que por ti estoy hasta dispuesto a sufrir. Aunque vengan malos tiempos, los acepto, a cambio del placer de estar contigo ahora. Vamos a disfrutar de este momento. Es maravilloso.

—Mira, tiene gracia —le digo—. Pero antes de conocerte me había planteado la posibilidad de quedarme sola y sin sexo para siempre. Me planteaba llevar una vida de contemplación espiritual...

—Pues contempla esto, cariño —me contesta y empieza a detallarme con meticulosa llaneza lo primero, lo segundo, lo tercero, lo cuarto y lo quinto que me va a hacer cuando me tenga a su lado en la cama otra vez. Me alejo del teléfono con las rodillas un poco flojas, divertida y sorprendida ante este arrebato de pasión.

El último día de nuestro viaje Yudhi y yo nos pasamos horas tumbados en una playa perdida y —como nos suele pasar— volvemos a hablar de Nueva York otra vez, de lo maravillosa que es y lo mucho que nos gusta. Yudhi dice que echa de menos la ciudad casi tanto como a su mujer, como si Nueva York fuese una persona, un pariente al que no ha vuelto a ver desde que lo deportaron. Mientras hablamos, dibuja un mapa de Manhattan en el trecho de arena blanca que hay entre nuestras toallas.

—Vamos a intentar poner aquí todo lo que recordamos de la ciudad —me dice.

Con la punta del dedo dibujamos las avenidas, las grandes calles transversales, el lío que monta Broadway al cruzar la isla en diagonal, los ríos, el Village, Central Park. Convertimos una bonita concha alargada en el Empire State Building y otra en el edificio Chrysler. Respetuosamente, clavamos dos palos en la base de la isla, para poner las Torres Gemelas en el lugar que les corresponde.

Usamos este mapa arenoso para enseñarnos uno al otro nuestros sitios neoyorquinos preferidos. Aquí es donde Yudhi compró las gafas de sol que lleva ahora mismo; aquí es donde compré las sandalias que llevo yo. Aquí es donde cené por primera vez con mi ex marido; aquí es donde Yudhi conoció a su mujer. Aquí tienen la mejor comida vietnamita de la ciudad, aquí los mejores *bagels*, aquí los mejores tallarines. («Qué dices, homo. Los mejores tallarines están aquí.») Le hago un plano del barrio donde vivía antes, Hell's Kitchen, y Yudhi me dice:

—Ahí conozco un buen restaurante.

—¿Tick-Tock, Cheyenne o Starlight? —le pregunto.

—Tick-Tock, tío.

—¿Has probado los huevos batidos de Tick-Tock?

—Madre mía, pues claro... —gimotea.

Se le nota tanto lo que añora la ciudad que, por un momento, me creo que a mí me pasa lo mismo. Su nostalgia me influye tanto que de repente se me olvida que puedo volver a Manhattan cuando quiera, aunque él no. Yudhi juguetea con los dos palos de las Torres Gemelas, los clava en la arena, mira hacia el silencioso océano azul y dice:

—Ya sé que esto es muy bonito. Pero ¿tú crees que volveré a Estados Unidos alguna vez?

¿Qué le puedo decir?

Nos quedamos los dos callados. Entonces se saca de la boca el asqueroso caramelo indonesio que lleva más de una hora chupando y dice:

—Tío, este caramelo sabe como el culo. ¿De dónde lo has sacado?

—Me lo ha dado tu madre, tío —le contesto—. Me lo ha dado tu madre.

99

Cuando volvemos a Ubud, voy directamente a casa de Felipe y no salgo de su dormitorio en un mes aproximadamente. Y no estoy exagerando demasiado. Nunca en toda mi vida me habían amado y adorado así, nunca con tanto placer, energía y dedicación. Nunca me habían desvelado, revelado, desplegado y transportado de semejante manera durante el acto del amor.

Lo que está claro es que en la intimidad existen ciertas leyes naturales que gobiernan la experiencia sexual entre dos personas y que estas leyes no pueden alterarse, como tampoco se puede alterar la gravedad. El hecho de sentirse físicamente a gusto con el cuerpo de otra persona no depende de nosotros. Tiene muy poco que ver con lo que piensan, hacen, dicen o parecen las dos personas en cuestión. Hay un imán misterioso que puede estar ahí, enterrado en las profundidades del esternón, o no. Cuando no existe ese imán (cosa que sé por mi dolorosa experiencia propia), no se puede forzar, como un médico no puede obligar al cuerpo de un paciente a aceptar un riñón del donante equivocado. Según mi amiga Annie, todo se reduce a una pregunta muy sencilla: «¿Quieres pasarte el resto de la vida restregándote la tripa con esa persona, o no?».

Felipe y yo, como descubrimos con enorme placer, somos un caso de pareja perfectamente combinada, genéticamente programada para frotarnos la tripa estupendamente. Todas las partes de nuestros cuerpos son perfectamente compatibles sin que haya el más mínimo síntoma de alergia. Nada es peligroso, nada es difícil, nada es imposible. Todo nuestro universo sensual se complementa simple y totalmente. Y también se *cumplimenta*.

—Mírate —me dice Felipe, poniéndome ante un espejo después de hacer el amor por enésima vez, enseñándome mi cuerpo desnudo y mi pelo, que parece recién salido de una centrifugadora espacial de la NASA—. Mira lo hermosa que eres..., cada línea de tu cuerpo es una curva..., pareces un paisaje lleno de dunas...

(Efectivamente, no creo haber tenido el cuerpo así de relajado en la vida, bueno, puede que a los seis meses estuviera igual de esponjada, cuando mi madre me hacía fotos en la encimera de la cocina después de haberme dado un buen baño en la pila.)

Y entonces me vuelve a llevar hacia la cama, diciéndome en portugués:

—*Vem, gostosa*.

Ven conmigo, deliciosa.

Felipe es un maestro en el terreno de los cariñitos. En la cama me ama en portugués, así que he pasado de ser su «cielito bonito» a convertirme en su *queridinha*, que viene a ser lo mismo. Estando en Bali me ha dado pereza ponerme a estudiar indonesio o balinés, pero el portugués se me da bastante bien. Bueno, sólo estoy aprendiendo el lenguaje de la cama, pero es un apartado interesante.

—Cariño, vas a acabar harta —sentencia él—. Te vas a acabar aburriendo de que te acaricie tanto, de que te diga sin parar lo guapa que eres.

Porque tú lo digas, encanto.

Los días se me pasan casi sin darme cuenta, como si desapareciese entre sus sábanas, entre sus manos. Me gusta la sensación de no saber qué día es. Mis maravillosos horarios se han ido al garete. Eso sí, después de muchos días sin verlo, una tarde hago una visita a mi amigo el curandero. Nada más verme, Ketut me lo nota en la cara sin que yo haya abierto la boca.

—Tienes novio en Bali —me anuncia.

—Sí, Ketut.

—Bien. Cuidado, no te pongas embarazada.

—De acuerdo.

—¿Es hombre bueno?

—Tú sabrás, Ketut —le digo—. Le leíste la mano. Me prometiste que era un hombre bueno. Lo dijiste unas siete veces.

—¿Yo? ¿Cuándo?

—En junio. Yo lo traje aquí. Un hombre brasileño. Mayor que yo. Me dijiste que te había caído bien.

—Yo, no —insiste y no hay manera de sacarlo de ahí.

A veces a Ketut se le olvidan las cosas, como nos pasaría a todos, si tuviéramos entre 65 y 112 años. Suele estar coherente y atento, pero hay días en que me da la sensación de haberlo sacado de otro nivel de conciencia, casi de otro universo. (Hace unas semanas me dijo, de repente, sin venir a cuento para nada: «Tú eres una buena amiga mía, Liss. Amiga fiel. Amiga cariñosa». Y luego suspiró, se le nubló la mirada y añadió con tono de tristeza: «No como Sharon». ¿Quién demonios es Sharon? ¿Qué le habrá hecho? Cuando intenté sonsacarle, no hubo manera. De golpe fingió no saber de quién le hablaba. Como si fuese yo la que había sacado el tema de la maldita traidora de la Sharon.)

—¿Por qué nunca traes a tu novio para yo conocerlo? —me pregunta ahora.

—Si lo traje un día, Ketut. De verdad. Y me dijiste que te caía bien.

—No recuerdo. ¿Es hombre rico, tu novio?

—No, Ketut. No es rico, pero tiene dinero suficiente.

—¿Medio rico? —pregunta el curandero, que quiere detalles, cifras, datos.

—Tiene suficiente dinero.

Mi respuesta parece indignarle.

—Si tú pides dinero a este hombre, ¿te lo da o no? —me pregunta.

—Ketut, no quiero su dinero. Nunca he pedido dinero a un hombre.

—¿Duermes todas noches con él?

—Sí.

—Bien. ¿Te mima?

—Mucho.

—Bien. ¿Y meditas todavía?

Sí, sigo meditando todos los días de la semana. Me salgo a escondidas de la cama de Felipe y me instalo en el sofá en silencio para intentar dar las gracias por todo lo que me ha sucedido. En el jardín, al borde del porche, una bandada de patos se pasea por los arrozales, soltando graznidos y chapoteando. (Felipe dice que los patos balineses siempre le recuerdan a las mujeres brasileñas que se pasean por las playas de Río de Janeiro, chillando, interrumpiéndose unas a otras sin parar y meneando el trasero vanidosamente.) Ahora estoy tan relajada que me deslizo al reino de la meditación como si fuese un baño de espuma preparado por mi amante. Desnuda bajo el sol de la mañana, con una ligera manta sobre los hombros, estoy en un estado de gracia, encaramada sobre el vacío como una pequeña concha marina metida en una cucharilla.

¿Por qué lo habré pasado tan mal en la vida?

Un día llamo a mi amiga Susan a Nueva York y la oigo contarme, con las sirenas de la policía aullando al fondo, los últimos detalles de su último fracaso amoroso. Con una voz suave y sensual, como la de una locutora de un programa de jazz nocturno, le digo que tiene que relajarse, tía, que tiene que descubrir que las cosas son perfectas aunque no lo parezcan, que el universo es generoso, nena, que todo es paz y armonía...

No me hace falta verla para saber que ha puesto los ojos en blanco mientras dice, alzando la voz sobre las sirenas de la policía: «Hablas con la voz de una mujer que ya ha tenido cuatro orgasmos en lo que va de día».

100

Pero los efectos de tanta juerga y diversión aparecen al cabo de unas semanas. Después de tantas noches sin dormir y tantos días haciendo el amor mi cuerpo se desquita con una siniestra infección de vejiga. Parece ser que es la típica enfermedad de las personas muy sexuales, sobre todo cuando llevan tiempo sin practicar el deporte sexual. A mí se me manifiesta con la rapidez de toda tragedia. Una mañana estoy en la ciudad haciendo unos recados cuando, de repente, caigo al suelo doblada por la fiebre y el dolor. He tenido infecciones como ésta cuando era una joven casquivana, así que sé de qué va el tema. Al principio me entra el pánico —estas cosas pueden ser horribles—, pero luego pienso: «Menos mal que la mejor amiga que tengo en Bali es una doctora». Y me voy corriendo a la tienda de Wayan.

—¡Estoy enferma! —exclamo.

Wayan me mira por encima y me dice:

—Estás enferma de mucho sexo, Liz.

Suelto un gruñido y me tapo la cara con las manos avergonzada.

—Con Wayan no puedes tener secretos —me dice riéndose.

Me dolía muchísimo. Quien haya tenido una infección como ésta sabe lo horrible que es. A quien no haya experimentado este dolor concreto puede valerle una metáfora siniestra que incluya el término «hierro candente» en algún momento.

Wayan, como los bomberos veteranos y los cirujanos de urgencias, nunca se apresura en su trabajo. Tranquila, metódicamente, corta unas hierbas con un cuchillo, pone a hervir unas raíces, sale y entra de la cocina trayéndome unos oscuros brebajes que saben asquerosos, diciéndome: «Bebe, cielo».

Mientras hierve el siguiente potingue, se sienta delante de mí, mirándome con gesto taimado y viciosillo, aprovechando la oportunidad para cotillear.

—¿Seguro que no estás embarazada, Liz?

—Es imposible, Wayan. Felipe se ha hecho una vasectomía.

—¿Felipe se ha hecho una vasectomía? —pregunta asombrada.

Está igual de atónita que si hubiera dicho «¿Felipe se ha hecho una casa en Lombardía?» (A mí me parece igual de maravilloso, la verdad.)

—En Bali muy difícil que el hombre hace esto. Siempre es problema de la mujer.

(Lo cierto es que la tasa de natalidad ha bajado mucho en Bali gracias a un programa de control de natalidad incentivado: el Gobierno ofrece una moto nueva a todos los hombres que se hagan la vasectomía voluntariamente aunque los pobres tengan que volver a casa en moto el mismo día recién operados.)

—El sexo tiene gracia —murmura Wayan, viéndome hacer un gesto de dolor al tomarme su pócima casera.

—Sí, Wayan, gracias. El sexo es tronchante.

—De verdad. El sexo tiene gracia —insiste—. Pone a la gente un poco loca. Al principio del amor todos como tú. Todos quieren mucha felicidad, mucho placer, hasta que ponen enfermos. Hasta a Wayan le pasa al principio de una historia de amor. Todos pierden el equilibrio.

—Estoy avergonzada —le confieso.

—No estés —me dice, añadiendo en un inglés perfecto (y con una perfecta sensatez balinesa)—: Perder el equilibrio por el amor a veces es parte de una vida equilibrada.

Decido llamar a Felipe. Tengo unos antibióticos en casa en un botiquín de emergencia que siempre llevo en los viajes. Como ya he tenido infecciones parecidas, sé que pueden ser graves y llegar a los riñones. Y no quiero pasar por una cosa así estando en Indonesia. Así que lo llamo, le cuento lo que me ha pasado (se queda horrorizado) y le pido que me traiga las pastillas. No es que no me fíe de la capacidad médica de Wayan, pero me duele una barbaridad.

—No necesitas medicinas occidentales —me dice ella.

—Algo me harán —le contesto—. Es por si acaso...

—Espera dos horas —me pide—. Si yo no te curo, entonces tomas tus pastillas.

Poco convencida, acepto. Por experiencia sé que estas infecciones tardan días en curarse, hasta con antibióticos fuertes. Pero no quiero ofenderla.

Tutti, que está jugando en la tienda, me trae sus dibujos de casas para animarme, dándome palmaditas en la mano con toda la comprensión de sus 8 años.

—¿Mamá Elizabeth enferma? —pregunta.

Me consuela pensar que no sabe lo que he hecho para estar enferma.

—¿Ya te has comprado la casa, Wayan? —le pregunto.

—No todavía, cielo. No hay prisa.

—¿Qué me dices de ese sitio que te gustaba tanto? ¿No te lo querías comprar?

—No está en venta. Muy caro.

—¿Tienes pensado algún otro sitio?

—No piensas en eso ahora, Liz. Ahora déjame curarte rápidamente.

Felipe llega con mis medicinas y, atormentado por los remordimientos, nos pide perdón a mí y a Wayan por haberme hecho sufrir tanto, pues se considera totalmente culpable, según parece.

—No es serio —le confirma Wayan—. No preocuparse. La curo rápido. Pronto se pone mejor.

Entonces se mete en la cocina y trae un cuenco de cristal enorme lleno de hojas, raíces, frutos, una especia que me recuerda a la cúrcuma, una maraña de algo que parece pelo de bruja y un ojo que puede ser de un tritón... todo ello flotando en un líquido marrón. En el cuenco habrá unos cuatro litros de mejunje, sea lo que sea. Y apesta como un cadáver.

—Bebe, cielo —me pide Wayan—. Bebe todo.

Me lo trago entero, con lo asqueroso que está. Y en menos de dos horas... Bueno, ya sabemos todos cómo acaba esta historia. En menos de dos horas me encuentro perfectamente. Estoy curada. Una infección que hubiera tardado dos días en curarse con antibióticos occidentales ha desaparecido sin dejar ni rastro. Quiero pagarle por haberme curado, pero se echa a reír.

—Mi hermana no me paga —sentencia.

Luego se vuelve hacia Felipe y le dice, como regañándole:

—Ahora ten cuidado con ella. Hoy sólo dormir, no tocar.

—¿No te da vergüenza curar a la gente de este tipo de cosas, problemas sexuales? —pregunto a Wayan.

—Liz, soy curandera. Soluciono todo tipo de problemas, vaginas de mujer, bananas de hombre. A veces hago pene falso para las mujeres. Para tener sexo solas.

—¿Consoladores? —pregunto atónita.

—No todas tienen un novio brasileño, Liz —me advierte, diciéndole alegremente a Felipe—: Si alguna vez necesitas poner dura tu banana, puedo darte una medicina.

Aseguro a Wayan que Felipe no necesita ni pizca de ayuda con su banana, pero me interrumpe —con su mentalidad empresarial— para preguntar a Wayan si esta terapia para poner duras las bananas podría embotellarse y comercializarse.

—Podemos ganar una fortuna —afirma.

Pero Wayan le explica que la cosa no funciona así. Sus medicinas deben tomarse recién preparadas para que funcionen. Y deben ir acompañadas de sus oraciones. Pero la medicina interna no es la única técnica que usa Wayan para endurecer la banana de un hombre. Nos explica que también puede hacerlo con un masaje. Entonces nos deja pasmados al describir los distintos tipos de masaje que aplica para solucionar el problema de la banana impotente. Parece ser que agarra el miembro por la base y se pasa como una hora meneándolo para mejorar la circulación mientras reza unas oraciones especiales.

—Pero, Wayan —digo yo—, más de uno vendrá todos los días, diciendo: «¡Aún no curado, doctora! ¡Necesito otro masaje de banana!».

Ella me ríe la gracia y admite que, efectivamente, tiene que procurar no dedicar demasiado tiempo a curar las bananas de los hombres porque le produce sentimientos tan... fuertes... que no cree que la energía sea muy beneficiosa. Y a veces es cierto que los hombres se le desmadran. (Como le pasaría a cualquiera que lleve años siendo impotente y recupere la virilidad a manos de esta belleza de piel caoba y de reluciente pelo negro.) Nos cuenta la historia de un hombre que vino a curarse de impotencia y la perseguía por toda la habitación, gritando: «¡Necesito Wayan! ¡Necesito Wayan!».

Pero la doctora también hace otras cosas. Según nos cuenta, a menudo le piden que dé clases de sexo a parejas que tienen problemas de impotencia o frigidez, o que son incapaces de tener un hijo. Ella les hace dibujos mágicos en las sábanas y les explica cuáles son las posturas sexuales apropiadas, dependiendo del día del mes. Dice que, si un hombre realmente quiere tener un niño, debe tener un coito «muy, muy fuerte» con su mujer y echarle «el agua de su banana en la vagina muy, muy deprisa». A veces Wayan tiene que estar en la habitación mientras la pareja copula para explicarles claramente el tema de la fuerza y la velocidad.

—¿Y el hombre consigue echar el agua de su banana tan fuerte y tan deprisa como se le pide, con la doctora Wayan ahí delante, viéndolo todo? —le pregunto yo.

Felipe imita a Wayan vigilando a la pareja:

—¡Más rápido! ¡Más fuerte! ¿De verdad queréis tener un hijo o no?

Wayan dice que sabe que es una locura, pero que en eso consiste el trabajo de una curandera. Pero admite que, después de hacerlo, tiene que hacer muchísimas ceremonias de purificación para mantener intacta su alma sagrada y no le gusta hacerlo muy a menudo, porque le deja una sensación «rara». Pero si una pareja no consigue concebir, siempre acude en su ayuda.

—¿Y todas estas parejas tienen hijos ahora? —le pregunto.

—¡Todas! —me confirma con orgullo—. Claro.

Y entonces Wayan nos confía algo muy interesante. Dice que, si una pareja no ha conseguido tener un hijo, examina tanto al hombre como a la mujer para saber quién tiene la culpa, como se suele decir. Si es la mujer, no hay problema, porque se la puede curar con unas técnicas antiquísimas que ella conoce. Pero si es el hombre, se plantea una situación delicada, dado que Bali es un patriarcado. Las soluciones médicas que puede aplicar Wayan son más limitadas, porque informar a un hombre de que es estéril no es tan sencillo. Un hombre es un hombre, y sanseaca-bó. Si la mujer no se queda embarazada, la culpa la tiene ella. Y si tarda mucho en dar un hijo a su marido, la cosa puede acabar mal. El abanico de represalias incluye el azo-tamiento, la humillación pública y el divorcio.

—¿Y qué haces en una situación como ésa? —pre-gunto asombrada de que una mujer que llama al semen «agua de banana» sea capaz de diagnosticar la infertilidad masculina.

Wayan nos lo cuenta todo. Lo que hace en un caso de esterilidad masculina es informar al hombre de que su mujer no es fértil y debe acudir todas las tardes a unas «curas». Cuando la mujer llega sola a la tienda, Wayan trae a un semental del pueblo para que se encargue del asunto con la esperanza de que la deje embarazada.

—¡Wayan! ¡No! —exclama Felipe atónito.

Pero ella asiente tranquilamente.

—Sí. Es la única solución. Si la mujer está sana, tiene un niño. Y todos contentos.

Como Felipe conoce bien la ciudad, quiere saber los detalles del asunto.

—¿Quiénes son? ¿A qué hombres traes para hacer el trabajo?

—A los cocheros —confirma ella.

Y a todos nos da la risa porque Ubud está lleno de chi-cos jóvenes, los llamados «cocheros», que están en todas las esquinas hostigando a los turistas con su agotadora cantinela: «¿Transporte? ¿Transporte?», para ver si se sacan unos cuartos llevando a la gente a ver los volcanes, las pla-yas o los templos. En general, son bastante guapos, con su piel a lo Gauguin, sus cuerpos tersos y su atractivo pelo largo. En Estados Unidos se podría sacar un dineral montando una «clínica de fertilidad» para mujeres atendida por chicos como éstos. Wayan dice que lo mejor de su tratamiento de fecundidad es que los cocheros no suelen pedir dinero por su servicio de transporte sexual, sobre todo si la mujer es guapa. Felipe y yo estamos los dos de acuerdo en que es un detalle bastante generoso y altruista por su parte. A los nueve meses nace un hermoso niño. Y todos contentos. Lo mejor de todo: «no tener que anular matrimonio». Todos sabemos lo horrible que es anular un matrimonio, sobre todo en Bali.

—Por Dios, qué imbéciles somos los hombres —dice Felipe.

Pero Wayan no tiene remordimientos. Este tratamiento se justifica porque, si se le comunica a un hombre que es estéril, es muy probable que vaya a casa y le haga algo horrible a su mujer. Si los hombres balineses no fueran así, les podría curar la esterilidad de otra manera. Pero así es la realidad cultural del país y punto. No tiene ni un ápice de mala conciencia; simplemente se considera una curandera creativa. Además, añade, para muchas de estas mujeres es una suerte poder tener sexo con uno de los cocheros jóvenes, porque la mayoría de los maridos balineses no saben hacerle el amor a una mujer, la verdad.

—Los maridos de aquí son como gallos, como cabras.

—Podrías dar clases de educación sexual, Wayan. Podrías enseñar a los hombres a tocar a las mujeres con más suavidad para que el sexo les resultara más agradable. Porque, si un hombre te toca suavemente, te acaricia la piel, te dice cosas bonitas, te besa por todo el cuerpo, se toma su tiempo…, el sexo es maravilloso.

Y al oírme, Wayan se sonroja. Wayan Nuriyashi —la masajista de bananas, sanadora de vaginas infectadas, vendedora de consoladores y alcahueta de medio pelo— va y se pone roja.

—Cuando me dices esas cosas, me pongo rara —dice, abanicándose—. Hablar así me hace estar... *diferente*. ¡Hasta entre las piernas me siento diferente! Ahora os vais los dos a vuestra casa. Ya no hablamos más de sexo de esta manera. Os vais a casa y a la cama, pero sólo a dormir, ¿vale? ¡Sólo DORMIR!

101

En el coche, de camino a su casa, Felipe me pregunta:
—¿Se ha comprado ya la casa?
—Aún no, pero dice que la está buscando.
—Ya ha pasado un mes desde que le diste el dinero, ¿no?
—Sí, pero el sitio que a ella le gusta no está en venta.
—Ten cuidado, cariño —dice Felipe—. No dejes que esto se prolongue demasiado. A ver si ésta va a ser la típica historia balinesa.
—¿Y eso qué quiere decir?
—No quiero meterme en tus asuntos, pero llevo cinco años viviendo en este país y sé cómo funcionan las cosas aquí. Una historia puede complicarse mucho sin ningún motivo aparente. A veces es difícil dar con la verdad de una historia.
—¿Qué me estás diciendo, Felipe? —le pregunto y, al ver que no me contesta, le cito una de sus frases más típicas—: Si me lo cuentas despacio, lo entenderé más deprisa.

—Lo que te estoy diciendo es que tus amigos han reunido una cantidad enorme de dinero para esta mujer, que lo tiene metido tranquilamente en el banco. Asegúrate de que se compra una casa con ese dinero.

102

Llega el final de julio y yo estoy a punto de cumplir los 35 años. Para celebrarlo, Wayan me da una fiesta en su tienda, una fiesta totalmente distinta a las que he vivido hasta ahora. En primer lugar, me viste con el tradicional atuendo de cumpleaños balinés: un sarong morado brillante, un corpiño sin mangas y una larga banda de tela dorada con la que me envuelve el torso, formando un corpiño tan ajustado que casi no puedo ni comerme la tarta de cumpleaños. En su diminuto y oscuro dormitorio (lleno de pertenencias de las tres criaturas que lo comparten con ella), mientras me momifica con este elegante disfraz me pregunta sin mirarme de frente, atareada con su labor de remeter y colocarme la tira de tela encima de las costillas:

—¿Tienes proyecto de casarte con Felipe?

—No —le digo—. No hemos pensado en casarnos. No quiero más maridos, Wayan. Y tampoco creo que Felipe quiera tener más esposas. Pero me gusta estar con él.

—Guapo por fuera es fácil de encontrar, pero guapo por fuera y guapo por dentro..., eso no es fácil. Felipe lo tiene.

Le digo que sí, que es verdad.

—¿Y quién te trae a este buen hombre, Liz? —me pregunta sonriente—. ¿Quién reza todos los días para que llegue este hombre?

Le doy un beso.

—Gracias, Wayan. Lo has hecho muy bien.

Y empieza la fiesta de cumpleaños. Wayan y las niñas lo han decorado todo con globos y hojas de palmera y carteles con frases tan largas y complicadas como ésta: «Feliz cumpleaños a un corazón bueno y dulce, para ti, nuestra queridísima hermana, nuestra amada Lady Elizabeth, que tengas un cumpleaños feliz y siempre tengas paz y un feliz cumpleaños». Los hijos del hermano de Wayan bailan en las ceremonias del templo, y sus sobrinas y sobrinos vienen a bailar para mí aquí, en el restaurante, ofreciéndome una exótica actuación, una belleza que suelen dedicar a los sacerdotes del templo. Los niños llevan en la cabeza unos inmensos tocados dorados, un maquillaje muy marcado, tipo *drag queen*, y mueven sus bonitos dedos femeninos mientras dan sonoras patadas en el suelo.

En general, una fiesta balinesa consiste en ponerse todos muy elegantes y sentarse a mirarse las caras. La verdad es que se parecen bastante a las fiestas de las revistas neoyorquinas. («Por Dios, cariño», se queja Felipe cuando le digo que Wayan me ha preparado un cumpleaños balinés. «Va a ser aburridísimo.») Pero no es una fiesta aburrida. Es tranquila, distinta. Hay una parte dedicada a disfrazarse y otra parte dedicada al baile ceremonial, y luego viene la parte de estar todos sentados mirándonos, que no está tan mal. La verdad es que están todos guapísimos. Ha venido toda la familia de Wayan y todos me sonríen y saludan con la mano aunque sólo estén a un metro de distancia, y yo también les sonrío y los saludo con la mano.

Apago las velas de la tarta con Ketut Pequeña, la huérfana menor, cuyo cumpleaños, he decidido hace unas semanas, va a ser el 18 de julio a partir de ahora, compartido con el mío, porque nunca ha celebrado su cumpleaños ni le han hecho una fiesta hasta el día de hoy. Después de apagar las velas, Felipe regala a Ketut Pequeña una muñeca Barbie, que ella saca del envoltorio totalmente asombrada, mirándola como si fuese un billete para un vuelo espacial a Júpiter, algo que no se imaginaba que pudiera recibir jamás ni en siete mil millones de años luz.

Todo lo de esta fiesta es bastante curioso. Es una mezcla estrafalaria internacional e intergeneracional en la que hay un puñado de amigos míos. Está la familia de Wayan y varios de sus pacientes occidentales, a los que no conozco. Mi amigo Yudhi me trae un paquete de seis cervezas de regalo de cumpleaños y también viene un guionista de Los Ángeles, un tío medio *hippy* y muy *cool* que se llama Adam. Felipe y yo lo conocimos en un bar el otro día y lo invitamos a la fiesta. Adam y Yudhi se entretienen hablando con un niño que se llama John, cuya madre es paciente de Wayan, una alemana diseñadora de ropa casada con un estadounidense que vive en Bali. El pequeño John tiene siete años y se considera medio americano, según dice, porque su padre lo es (aunque él aún no ha ido nunca), pero con su madre habla en alemán y con las hijas de Wayan en indonesio. El caso es que John se queda entusiasmado al enterarse de que Adam es de California y sabe hacer surf.

—¿Cuál es su animal favorito, señor? —pregunta John.

Y Adam le contesta:

—Los pelícanos.

—¿Qué es un pelícano? —le pregunta el niño.

Yudhi da un bote y dice:

—Tío, ¿no sabes lo que es un pelícano? Tío, tienes que irte a casa a preguntarle a tu padre sobre ese tema. Los pelícanos molan, tío.

Entonces John, el niño medio americano, se da la vuelta y le dice algo en indonesio a la pequeña Tutti (seguro que le pregunta cómo es un pelícano), que está sentada en las rodillas de Felipe intentando leer mis tarjetas de cumpleaños, mientras Felipe habla un francés maravilloso con un jubilado parisino que viene a la consulta de Wayan a hacerse un tratamiento de riñón. Entretanto, Wayan ha encendido la radio y sale Kenny Rogers cantando *Cobarde del condado*, cuando llegan tres chicas japonesas que han entrado en la tienda para ver si pueden hacerse un masaje terapéutico. Mientras intento convencer a las japonesas de que prueben mi tarta de cumpleaños, las dos huérfanas —Ketut Grande y Ketut Pequeña— me adornan el pelo con las enormes horquillas de lentejuelas que me han regalado y en las que se han gastado todos sus ahorros. Las sobrinas y los sobrinos de Wayan —los bailarines del templo hijos de campesinos arroceros— no se mueven en sus sillas, casi sin atreverse a levantar los ojos del suelo, vestidos como deidades en miniatura, dando a la estancia un extraño aire de divinidad casi sobrenatural. Afuera los gallos empiezan a cantar, aunque no ha caído el sol ni ha anochecido. Mi traje balinés me aprieta como un abrazo ardiente y pienso que éste es, sin duda, el cumpleaños más raro —aunque puede que más feliz— de toda mi vida.

103

Pero Wayan tiene que comprarse una casa y me preocupa ver que la cosa no avanza. No entiendo por qué, pero es absolutamente necesario solucionar el tema. Felipe y yo hemos tenido que intervenir. Hemos ido a un agente inmobiliario que nos lleva a ver casas, pero a Wayan no le gusta ninguna de las que le hemos enseñado.

—Wayan, tenemos que comprar algo —le digo sin parar—. Yo me voy en septiembre y antes de irme tengo que poder decirles a mis amigos que su dinero ha ido a parar a una casa para ti. Y tú tienes que buscarte un sitio donde vivir antes de que te desahucien.

—No es tan fácil comprar una tierra en Bali —me contesta ella—. No es como entrar en un bar y comprar una cerveza. Puede llevar tiempo.

—No tenemos tiempo, Wayan.

Pero ella se encoge de hombros y yo recuerdo de nuevo el concepto balinés del «tiempo elástico», que significa que el tiempo es un concepto relativo y chicloso. Para Wayan «cuatro semanas» no significan lo mismo que para mí, como un día no tiene por qué tener veinticuatro horas necesariamente; puede ser más largo o más corto, dependiendo de la naturaleza espiritual y sentimental del día en cuestión. Lo mismo le sucede a mi amigo el curandero con el asunto de su edad, que en lugar de contar los días parece juzgarlos por lo que pesan.

A todas éstas, resulta que no me podía ni imaginar lo caro que es comprarse una casa en Bali. Como todo lo demás es tan barato, lo normal es que la tierra también estuviese infravalorada, pero esa suposición es incorrecta.

Comprar un terreno en Bali —sobre todo en Ubud— puede costar tanto como en el condado Westchester, en Tokio o en el californiano Rodeo Drive. Esto es totalmente ilógico, porque una vez que tienes la propiedad no puedes recuperar tu inversión de una manera sensata y tradicional. Si pagas los 25.000 dólares que vale un *aro* de tierra (un *aro* es una medida de superficie que podría traducirse por «algo más que una plaza de aparcamiento de un monovolumen»), te puedes construir una tiendecilla donde venderás a los turistas un sarong de batik diario que te dará unos beneficios de unos setenta y cinco centavos la pieza. Es totalmente absurdo.

Pero los balineses valoran su tierra con una pasión que supera los límites de lo puramente económico. Como en este país la tierra es la única riqueza que se reconoce como legítima, es igual de valiosa que una vaca para un masai africano o el brillo de labios para mi sobrina de 5 años. Es decir, siempre se quiere más, es una posesión que hay que conservar como sea y se aspira a tener todas las existencias mundiales.

Por otra parte —como descubro durante el mes de agosto, cuando me interno en un viaje tipo Narnia por las complejidades del sector inmobiliario de Bali—, es casi imposible saber si un terreno está en venta o no. Un balinés que vende una propiedad no quiere que se sepa. Hacerlo público le resultaría bastante útil, pero aquí no son de la misma opinión. Si eres un granjero balinés que vende sus tierras, significa que necesitas dinero desesperadamente, cosa que aquí se considera una humillación. Además, si tus vecinos y tu familia descubren que has vendido unas tierras, sabrán que tienes dinero y vendrán corriendo a pedirte que les prestes algo. La manera de saber si se vende una tierra es... el rumor. Y las negociaciones se llevan a cabo tras un tupido velo de discreción y falsedad.

Los expatriados occidentales que viven aquí —al saber que quiero comprarle un terreno a Wayan— vienen a contarme aleccionadoras historias sobre sus siniestras experiencias. Todos me avisan de que en el sector inmobiliario local uno nunca sabe a qué atenerse. El terreno que se «compra» puede no «pertenecer» a la persona que lo «vende». El tío que te enseña el terreno puede no ser el dueño, sino el amargado sobrino del dueño, que intenta desquitarse con su tío por una vieja rencilla familiar. Y no esperes que los límites de tu propiedad estén claros. Si te compras una finca para hacerte la casa de tus sueños, después puede resultar que está «demasiado cerca de un templo» para obtener el permiso de edificación (y es difícil, en este pequeño país donde hay aproximadamente 20.000 templos, hallar un terreno que no esté cerca de alguno de ellos).

También es muy probable que te toque vivir en la ladera de algún volcán o pegado a alguna falla. Y no sólo me refiero a las fallas geológicas. Con lo idílico que parece, los sabios tienen muy presente que forman parte de Indonesia, el mayor país islámico del mundo, con un sistema político inestable, corrupto desde los altos cargos de justicia hasta el tío que te pone gasolina en el coche (y que sólo pretende llenarte el depósito hasta arriba). Siempre parece haber una revolución inminente y todos tus bienes pueden acabar en manos de los insurgentes. Probablemente, a punta de pistola.

Está claro que no soy quién para llevar a cabo esta peliaguda negociación en absoluto. Porque supe bandeármelas con los documentos de mi divorcio neoyorquino, pero esto es mucho más kafkiano. Lo cierto es que en el banco de Wayan hay 18.000 dólares —donados por mí, mi familia y mis mejores amigos— convertidos en rupias indonesias, una moneda que tiene fama de hundirse de la noche a la mañana, convertida en polvo y paja. Y a Wayan la echan de la tienda en septiembre, que es cuando yo me voy de aquí. Es decir, dentro de unas tres semanas.

Pero mi amiga no consigue encontrar un terreno que le parezca apropiado para construirse una casa. Aparte de todas las consideraciones prácticas, tiene que examinar el *taksu* —el alma— de cada sitio que ve. Como curandera que es, tiene una sensibilidad especial para detectar el *taksu* aún mayor que el resto de sus compatriotas. Yo había encontrado un sitio que me parecía perfecto, pero Wayan decía que estaba poseído por demonios enfurecidos. El siguiente lugar fue rechazado por estar demasiado cerca de un río, que, como sabe cualquiera, es donde viven los fantasmas. (El mismo día en que fuimos a verlo Wayan soñó con una hermosa mujer vestida con andrajos, llorando, y ahí se acabó el tema. Ese terreno no se podía comprar.) Entonces encontramos una tiendecita estupenda cerca de la ciudad, con jardín y todo, pero estaba en una esquina y sólo los que quieren arruinarse y morir jóvenes se compran una casa en una esquina. Eso lo sabe cualquiera.

—En ese asunto no te metas —me aconseja Felipe—. Confía en mí, cariño. A un balinés no le toques el tema del *taksu*.

Entonces, la última semana, Felipe encuentra un sitio que parece reunir todos los elementos necesarios: es un terreno pequeño, bonito, cerca del centro de Ubud, en una calle tranquila, cerca de un arrozal, con espacio de sobra para un jardín y ajustado a nuestro presupuesto. Cuando pregunto a Wayan, «¿Lo compramos?», me contesta: «Aún no lo sé, Liz. No se puede correr con una decisión así. Primero tengo que hablar con un sacerdote».

Me explica que tiene que consultar a un sacerdote para encontrar un día adecuado para comprar el terreno si es que se decide a comprarlo. Porque en Bali no puede hacerse nada importante sin haber elegido un día adecuado. Pero no puede ponerse a buscar el día hasta que decida si realmente quiere vivir ahí. Sabiendo que me quedan muy pocos días, le pregunto, como la neoyorquina que soy:

—¿Cuánto tardarás en tener un sueño favorable?

—No se puede ir deprisa en este asunto —me contesta ella, como la balinesa que es.

Pero sería útil, añade, pensando en voz alta, ir a uno de los templos importantes de Bali a hacer una ofrenda y rezar a los dioses para que le envíen un sueño favorable.

—Vale —le digo—. Mañana te puede llevar Felipe al templo grande para que hagas una ofrenda y pidas a los dioses que, por favor, te envíen un sueño favorable.

A Wayan le encantaría, dice. Es una idea genial. Sólo hay un problema. No le está permitido entrar en ningún templo esta semana.

Porque tiene... la menstruación.

104

Puede que no le sepa ver la gracia a este asunto. Porque es bastante curioso y entretenido intentar entender toda esta historia. O puede que esté disfrutando tanto de este momento tan surrealista de mi vida porque resulta que me estoy enamorando y eso siempre hace que el mundo parezca maravilloso por absurda que sea la realidad.

Felipe siempre me ha gustado. Pero su manera de afrontar la Saga de la Casa de Wayan nos une durante el mes de agosto como si fuésemos una pareja de verdad. Es obvio que le trae sin cuidado lo que le pueda suceder a esta curandera balinesa medio chalada. Él es un empresario. Ha conseguido llevar cinco años viviendo en este país sin haberse metido para nada en la vida de nadie ni participar en los complejos rituales de estas gentes, pero de pronto se ve metido hasta las rodillas en el barro de los arrozales y buscando un sacerdote que pueda dar a Wayan una fecha favorable...

—Yo llevaba una vida aburrida y muy feliz hasta que apareciste tú —dice sin parar.

Es verdad que se aburría en Bali. Llevaba una vida lánguida y sólo le interesaba matar el tiempo, como un personaje sacado de una novela de Graham Greene. Esa indolencia desapareció desde el momento en que nos presentaron. Ahora que estamos juntos, Felipe me cuenta su versión de cómo nos conocimos, una historia deliciosa que nunca me canso de oír. Dice que esa noche me vio de espaldas y que no le hizo falta verme la cara para saber en lo más profundo de sus entrañas que «Ésa es mi mujer. Haré lo que sea para tenerla».

—Y fue fácil conseguirte —me dice—. Sólo tuve que rogar y suplicar durante varias semanas.

—No rogaste ni suplicaste.

—Es que no me viste rogar y suplicar, ¿o qué?

Me cuenta que cuando fuimos a bailar, la noche en que nos conocimos, se dio cuenta de que me atraía el galés guaperas y se le vino el mundo abajo. Al vernos juntos, pensó: «Aquí estoy yo, haciendo tanto esfuerzo para seducir a esta mujer y resulta que el tío ese tan guapo me la va a quitar y le va a complicar la vida totalmente sin que ella llegue a sospechar cuánto amor puedo darle».

Y es verdad que sabe querer. Es un cuidador nato, que se mueve a mi alrededor en una especie de órbita, convirtiéndome en el centro de su brújula, perfecto en su papel de caballero andante. Felipe es uno de esos hombres que necesitan desesperadamente tener una mujer en su vida, pero no para que lo cuide, sino para poder cuidar él de alguien, para poder consagrarse a alguien. Como llevaba sin vivir una relación así desde que acabó su matrimonio, había ido a la deriva, pero ahora se está organizando en torno a mí. Es una maravilla que te traten así, pero también da miedo. A veces lo oigo abajo, haciéndome la cena mientras yo estoy arriba, leyendo tan contenta, y mientras silba una alegre samba brasileña me dice desde abajo:

—Cariño, ¿quieres otro vaso de vino?

Entonces me pregunto si sabré ser el sol de su universo, serlo todo para él. ¿Estoy lo suficientemente centrada para ser el centro de la vida de alguien? Pero, cuando por fin le saco el tema una noche, me dice:

—¿Te he pedido yo que seas esa persona, cariño? ¿Te he pedido que seas el centro de mi vida?

Y entonces me da mucha vergüenza ser tan vanidosa como para dar por hecho que quiere quedarse conmigo toda la vida, colmándome de caprichos hasta el fin de los tiempos.

—Perdona —le digo—. Soy un poco arrogante, ¿no?

—Un poco —admite—. Pero no tanto, en realidad. Cariño, tenemos que hablar de ese tema, porque la verdad es que estoy locamente enamorado de ti.

Y al verme palidecer, se sale por la tangente para intentar tranquilizarme:

—Aunque lo digo hipotéticamente, claro —bromea, añadiendo después en tono serio—: Mira, tengo 52 años. Créeme, sé cómo funciona el mundo. Sé que aún no me quieres como yo te quiero, pero la verdad es que me da igual. Por algún motivo, contigo me pasa lo mismo que me pasaba con mis hijos cuando eran pequeños. Sabía que no eran ellos los que me tenían que querer a mí, sino yo a ellos. Tú puedes encauzar tus sentimientos como quieras, pero yo te quiero y siempre te querré. Aunque no nos volvamos a ver, me has hecho revivir y eso es mucho. Por supuesto, me gustaría compartir mi vida contigo. Lo malo es que aquí en Bali tampoco te puedo ofrecer una gran vida.

La verdad es que yo también me he planteado ese tema. He visto cómo es la vida social de los expatriados que viven en Ubud y sé perfectamente que no me interesa. La ciudad está llena de personajes todos cortados por el mismo patrón, occidentales tan vapuleados y hartos de su vida que han decidido rendirse y acampar aquí en Bali indefinidamente, donde viven en una casa preciosa por 200 dólares al mes con un joven balinés o balinesa como acompañante, donde pueden ponerse a beber antes de las doce de la mañana sin que nadie se escandalice, donde pueden ganar algo de dinero exportando muebles con un socio. Pero, en general, lo que les interesa es que nadie les vuelva a exigir nada serio en toda su vida. Y no son gente cutre ni mucho menos. Son un grupo multinacional de alto nivel, inteligentes y con talento. Pero me da la sensación de que todos ellos fueron algo alguna vez (estuvieron «casados» o «trabajaban»), pero ahora lo que los une es la ausencia de algo que han abandonado para siempre: la *ambición*. Obviamente, todos beben mucho.

Desde luego, la bonita ciudad balinesa de Ubud no es un mal sitio para hacer el vago, ignorando el paso del tiempo. Supongo que en eso se parece a otros sitios como Key West, en Florida, u Oaxaca, en México. La mayoría de los expatriados de Ubud son incapaces de decirte cuánto tiempo llevan viviendo aquí. Para empezar, no están seguros de cuánto tiempo ha pasado desde que se mudaron a Bali. Pero tampoco parecen tener muy claro que realmente vivan aquí. No pertenecen a ninguna parte; están desanclados. A algunos les gusta imaginar que sólo están pasando el rato, como si estuvieran en un semáforo en punto muerto, esperando a que se ponga verde. Pero al cabo de diecisiete años, por ejemplo, uno se plantea si alguien se marchará de aquí alguna vez.

Es muy agradable hacer el vago con ellos, pasar las tardes de domingo alargando la comida, bebiendo champán sin hablar de nada concreto. Pero llega un momento en que me siento como Dorothy en los campos de amapolas de Oz. *¡Cuidado! ¡No te tumbes en estos prados narcóticos, que puede que te pases el resto de la vida durmiendo!*

¿Y qué será de Felipe y de mí? Porque ya hay un «Felipe y yo», según parece. Hace poco me dijo: «A veces me encantaría que fueras una niña perdida, para poder tomarte entre mis brazos y decirte "Vente a vivir conmigo y cuidaré de ti para siempre". Pero no eres una niña perdida. Eres una mujer con una carrera y con ambición. Eres el caracol perfecto: llevas tu vida a cuestas. Deberías conservar esa libertad todo lo que puedas. Yo lo único que te digo es esto: si quieres tener un hombre brasileño, ya lo tienes. Soy todo tuyo».

No sé muy bien lo que quiero. Sí sé que, en el fondo, siempre he querido oír decir a un hombre: «Déjame cuidarte para siempre», pero ninguno me lo había dicho hasta ahora. Habiendo desistido de encontrarlo, en los últimos años había aprendido a decírmelo a mí misma, sobre todo cuando estaba asustada. Pero oírselo decir a otra persona, a una persona sincera...

Anoche, cuando Felipe se quedó dormido, me puse a pensar en todo esto; acurrucada a su lado, me planteaba qué sería de nosotros. ¿Qué futuros posibles nos esperan? ¿Qué hacemos con el asunto de la geografía? ¿Dónde íbamos a vivir? Y también está el tema de la edad. Aunque cuando llamé a mi madre el otro día para contarle que he conocido a un hombre estupendo, pero «¡A que no sabes qué, mamá! Tiene 52 años», no le impresionó lo más mínimo. Lo único que me dijo fue: «Pues te voy a dar un notición, Liz. Tú tienes 35». (Tienes toda la razón, mamá. Bastante suerte tengo de haberme conseguido un hombre, a mi edad caduca.) Aunque la diferencia de edad me da igual, la verdad. Me gusta que Felipe sea mucho mayor que yo. Me parece muy sexy. Me hace sentirme... francesa o algo así.

¿Qué será de nosotros?

¿Y por qué me habrá dado por pensar en este tema?

¿Aún no tengo claro lo inútil que es preocuparse por las cosas?

Así que, al cabo de un rato, dejo de pensar y me abrazo a él, que está dormido. *Me estoy enamorando de este hombre.* Y me quedo dormida a su lado y tengo dos sueños memorables.

Los dos son sobre mi gurú. En el primer sueño mi gurú me informa de que va a cerrar sus ashram y que ya no va a dar conferencias ni clases ni va a escribir más libros. Da a sus estudiantes una última charla, en la que dice: «Con lo que sabéis tenéis de sobra. Ya os he enseñado todo lo necesario para que podáis ser libres. Ha llegado el momento de que os lancéis al mundo y seáis felices».

El segundo sueño es aún más confirmatorio. Estoy con Felipe en un magnífico restaurante de Nueva York. Estamos tomando una comida estupenda (chuletas de cordero, alcachofas y un buen vino) y hablamos y nos reímos alegremente. Entonces miro al otro lado de la sala y veo a Swamiji, el maestro de mi gurú, que murió en 1982. Pero esa noche está vivo, está aquí, en uno de los restaurantes neoyorquinos de moda. Está cenando con un grupo de amigos y ellos también parecen estar pasándolo bien. De pronto nuestras miradas se encuentran y Swamiji me sonríe y levanta su vaso de vino para hacer un brindis.

Entonces —con toda claridad— este enclenque gurú indio que apenas ha hablado inglés en toda su vida mueve los labios para pronunciar una sola palabra desde la otra punta de la habitación:

Disfruta.

105

Llevo mucho sin ver a Ketut Liyer. Entre mi historia con Felipe y mi empeño en conseguir una casa a Wayan, hace tiempo que no paso una tarde en el porche del curandero, hablando largo y tendido de algún tema espiritual. He pasado por su casa un par de veces para decir hola y dejar una cesta de fruta a su mujer, pero no hemos vuelto a hablar en serio desde junio. Cuando intento disculparme con Ketut por mi ausencia, se ríe como si ya supiera las respuestas de todos los enigmas del universo y me dice:

—Todo está perfecto, Liss.

Pero le echo de menos, así que esta mañana voy a hacerle una visita. Me sonríe de oreja a oreja, diciéndome:

—¡Me alegro mucho de conocerte!

(Nunca conseguí quitarle esa costumbre.)

—Yo también me alegro de *verte*, Ketut.

—¿Te vas pronto, Liss?

—Sí, Ketut. En menos de dos semanas. Por eso he querido venir a verte hoy. Quiero darte las gracias por todo lo que me has dado. Si no hubiera sido por ti, nunca habría vuelto a Bali.

—Tú siempre estabas volviendo a Bali —dijo sin dudar ni dramatizar—. ¿Aún meditas con tus cuatro hermanos, como te enseño yo?

—Sí.

—¿Aún meditas como te enseña tu gurú de la India?

—Sí.

—¿Aún tienes pesadillas?

—Ya no.

—¿Eres feliz con Dios?

—Mucho.

—¿Amas a tu novio nuevo?

—Eso creo. Sí.

—Entonces debes mimarlo. Y él debe mimarte a ti.

—Vale —le prometo.

—Tú eres buena amiga mía. Mejor que amiga. Eres como hija —dice *(No como Sharon...)*—. Cuando yo muero, tú vienes a Bali a mi incineración. La ceremonia de incineración balinesa muy divertida. Te gustará.

—Vale —le prometo al borde de las lágrimas.

—Deja que tu conciencia te guíe. Si tus amigos occidentales vienen a Bali, tú los traes y yo leo la mano. Desde la bomba tengo el banco muy vacío. ¿Quieres venir conmigo a una ceremonia de un recién nacido hoy?

Y así es como acabo participando en la bendición de un niño que ha cumplido los seis meses y está listo para tocar la tierra por primera vez. Los balineses no dejan a sus hijos tocar la tierra durante los seis primeros meses de vida porque los recién nacidos se consideran dioses enviados del cielo y no se puede tener a un dios gateando por el suelo rodeado de uñas cortadas y colillas de cigarrillo. Durante esos primeros seis meses a los niños los llevan siempre en brazos y los veneran como los dioses menores que son. Si un niño muere antes de los seis meses, se le hace una ceremonia de incineración especial y sus cenizas no se entierran en un cementerio humano, porque se trata de un ser divino que nunca ha dejado de ser un dios. Pero, si el niño alcanza los seis meses, se celebra una gran ceremonia en la que al fin se permite al niño tocar el suelo con los pies y entrar a formar parte de la especie humana.

La ceremonia de hoy se celebra en casa de uno de los vecinos de Ketut. El bebé protagonista es una niña a la que todos llaman Putu. Sus padres son una guapa adolescente y su marido, un adolescente igual de guapo que es nieto de un primo de Ketut, o algo parecido. Para celebrar la ocasión, Ketut se ha puesto sus mejores galas: un sarong de satén blanco (ribeteado en dorado) y una chaqueta blanca de manga larga con botones dorados y cuello Nehru, que le da cierto aspecto de mozo de estación o botones de hotel de lujo. En la cabeza lleva un turbante blanco. Cuando me enseña orgulloso las manos, veo que las tiene cubiertas de enormes anillos dorados y amuletos mágicos. Unos siete anillos en total. Y todos tienen poderes divinos. También lleva una campana de latón reluciente que era de su abuelo y que sirve para invocar a los espíritus. Y me dice que tengo que hacerle muchas fotos.

Vamos andando juntos a la finca de su vecino. Está a una distancia considerable y pasamos un buen rato andando por la carretera atestada de tráfico. Llevo casi cuatro meses en Bali y nunca había visto a Ketut salir de su casa. Es desconcertante verlo caminar por la autopista rodeado de coches veloces y motos enloquecidas. Cuando lo miro, me parece diminuto y vulnerable. Está fuera de lugar en este moderno entorno de tráfico y bocinas insistentes. Por algún motivo me dan ganas de llorar, aunque ya llevo todo el día bastante ñoña, la verdad.

Cuando llegamos, en casa del vecino ya hay unos cuarenta invitados y el altar de la familia está lleno de ofrendas: montones de cestas de palma llenas de arroz, flores, incienso, cerdos asados, pollos, cocos y billetes que aletean al viento. Todos llevan sus mejores sedas y encajes. Yo voy mal vestida, estoy sudada de haber montado en bici y me avergüenzo de llevar una camiseta rota en medio de toda esta belleza. Pero me reciben con todo su cariño, haciéndome olvidar que soy la chica blanca que ha aparecido mal vestida y sin que nadie la invite. Todos me sonríen cariñosamente y luego me ignoran, pasando a la parte de la fiesta en que todos se sientan a admirar lo bien vestidos que van unos y otros.

Ketut oficia una ceremonia que dura horas. Haría falta un antropólogo con un equipo de intérpretes para poder entender todo lo que sucede, pero algunos de los rituales los entiendo gracias a las explicaciones de Ketut y a los libros que he leído. Durante la primera ronda de bendiciones la madre sostiene a la niña en brazos y el padre tiene un símbolo del bebé (un coco disfrazado de niño). Al coco lo bendicen y salpican de agua bendita, igual que al bebé auténtico, y después lo ponen en el suelo justo antes de que el bebé toque la tierra con los pies por primera vez. Esto es para engañar a los demonios, para que ataquen al bebé falso y dejen en paz al auténtico.

Pero hay horas de cánticos, eso sí, antes de que los pies de la niña rocen el suelo. Ketut toca la campana y recita mantras sin parar para gran regocijo de los jóvenes padres, que no caben en sí de orgullo. Los invitados vienen y van; se pasean, cotillean, ven parte de la ceremonia, dejan sus regalos y se marchan a otra cita. Para ser un rito tan tradicional y formal, el ambiente es muy relajado, una mezcla entre un picnic y una pomposa ceremonia eclesiástica. Los mantras que Ketut canta a la niña son entrañables, a medio camino entre lo sagrado y lo cariñoso. Mientras la madre tiene al bebé en brazos, Ketut va sacando porciones de comida, fruta, flores, agua, campanas, un ala del pollo asado, un pedazo de carne de cerdo, un coco partido... Cada vez que saca algo le dedica un cántico. Al verlo, la niña se ríe y aplaude, y Ketut se ríe y sigue cantando.

Ésta es la traducción que imagino de sus palabras:

—¡Oooh, pequeña niña, esto es pollo asado para comer! ¡Algún día te encantará el pollo asado y ojalá siempre puedas comerlo! ¡Oooh, pequeña niña, esto es arroz cocido y ojalá puedas comer siempre todo el arroz cocido que desees y que el arroz llueva sobre tu cabeza! ¡Oooh, pequeña niña, esto es un coco, mira qué gracioso es, un día comerás muchos cocos! ¡Oooh, pequeña niña, ésta es tu familia!, ¿no ves cuánto te adora tu familia? ¡Oooh, pequeña niña, el universo entero te venera! ¡Eres la mejor estudiante! ¡Eres nuestra conejita bonita! ¡Eres un delicioso pedazo de plastilina! Oooh, pequeña niña, eres la Sultana del Swing, eres la mejor...

Ketut bendice sin parar a todos los invitados con pétalos de flor mojados en agua sagrada. Los miembros de la familia se pasan a la niña de unos a otros, cantándole, mientras el curandero recita los mantras divinos. A mí también me dejan tener a la niña en brazos y le susurro mis bendiciones mientras todos cantan. «Buena suerte», le digo. «Sé valiente.» Hace un calor impresionante, hasta a la sombra. La joven madre, que lleva un sensual corpiño bajo una camisa de encaje, está sudando. El joven padre, que no parece tener ninguna expresión facial que no sea una orgullosa sonrisa de oreja a oreja, también está sudando. Las fatigadas abuelas se abanican, se sientan, se ponen de pie, vigilan las ofrendas de cerdo asado, espantan a los perros. Por turnos, todos estamos atentos, aburridos, cansados, alegres, serios. Pero Ketut y la niña parecen disfrutar de la experiencia los dos solos, mirándose fijamente. La niña no deja de mirar al viejo curandero ni un solo instante de la ceremonia. ¿Es posible que una niña de seis meses se pase cuatro horas seguidas sin llorar ni quejarse ni dormirse, porque está dedicada a mirar a un señor con mucha curiosidad?

Ketut cumple con su cometido y ella cumple con el suyo. La niña participa plenamente en la ceremonia de transformación que la hace pasar de un estatus divino a un estatus humano. Cumple con sus responsabilidades maravillosamente, como la chica balinesa que es, respetuosa de sus ritos, segura de sus creencias, fiel a los preceptos de su cultura.

Cuando los cánticos acaban, envuelven a la niña en una larga sábana blanca que cuelga bajo sus piernecillas, dándole un aspecto alto y regio; vamos, que parece una auténtica debutante. En el fondo de un cuenco de cerámica Ketut hace un dibujo que simboliza las cuatro direcciones del universo y lo pone en el suelo. Esta brújula manual marca el lugar sagrado de la tierra donde se van a posar por primera vez los pies de la niña.

Entonces, la familia entera se agrupa en torno a la niña, todos parecen abrazarla a la vez y —*¡ay, qué emoción!*— le remojan los pies suavemente en el cuenco de cerámica lleno de agua sagrada, justo encima del dibujo sagrado que representa el universo entero, y después le acercan las plantas de los pies al suelo por primera vez. Cuando la apartan del suelo, deja tras de sí las diminutas huellas húmedas de sus pies, que marcan su entrada en la gran trama social balinesa y establecen quién es al señalar el lugar que ocupa. Todos aplauden entusiasmados. La niña ya es uno de los nuestros. Un ser humano con todos los riesgos e ilusiones que entraña semejante encarnación.

La niña levanta la cabeza, mira alrededor y sonríe. Ha dejado de ser una diosa, pero no parece importarle. No parece tener ningún miedo. Parece totalmente satisfecha de todas las decisiones que ha tomado en su corta vida.

106

Lo de Wayan se va al traste. El terreno que le ha encontrado Felipe tampoco sirve. Cuando le pregunto por qué, me cuenta una historia bastante confusa sobre unas escrituras que no aparecen; ya empiezo a no creerme nada de lo que me dice. Pero lo importante es que el tema no ha salido. Me empieza a entrar el pánico con todo este asunto de la casa. Intento que lo entienda, diciéndole:

—Wayan, en menos de dos semanas me voy de Bali y vuelvo a Estados Unidos. A ver cómo les digo a mis amigos, que me han dado muchísimo dinero para ti, que aún no tienes una casa.

—Pero, Liz, si un sitio no tiene un buen *taksu*...

En este mundo la prisa no es igual para todos.

Pero varios días después Wayan llama a casa de Felipe entusiasmada. Por fin ha encontrado un terreno y éste le encanta. Es una parcela de arrozales color verde esmeralda en una carretera tranquila cerca de la ciudad. Tiene un *taksu* estupendo por todas partes. Wayan nos cuenta que el terreno pertenece a un granjero, un amigo de su padre, que necesita dinero desesperadamente. Tiene siete *aros* en venta, pero (como necesita dinero) está dispuesto a darle los dos *aros* que ella busca. A Wayan le encanta la parcela. A mí me encanta la parcela. Hasta a Felipe le encanta. A Tutti —que gira como una peonza por la hierba con los brazos abiertos, como una Julie Andrews balinesa— también le encanta.

—Cómprala —le digo a Wayan.

Pero pasan un par de días y no acaba de decidirse.

—¿Quieres vivir ahí o no? —le pregunto.

Sigue dando largas y ahora cambia un poco la historia. Esta mañana, según dice, el granjero la ha llamado para decirle que no sabe si sólo le puede vender dos *aros;* dice que quizá tenga que vender intactos los siete *aros*... La culpa la tiene su mujer... El hombre tiene que consultarle si no le importa que divida la parcela...

Y entonces Wayan dice:

—Quizá con más dinero...

Santo Dios. Quiere que le consiga dinero para comprarse la parcela entera. Ni siquiera sé de dónde me voy a sacar los 22.000 dólares que nos faltan de momento, así que le digo:

—Wayan, eso no lo puedo hacer. No tengo más dinero. ¿No puedes llegar a un acuerdo con el granjero?

Entonces Wayan, que ya no me está mirando a los ojos, se inventa una historia muy complicada. Me cuenta que hace unos días fue a ver a un mago y el mago le dijo que tiene que comprar este terreno de siete *aros* para abrir un centro de salud..., que es su destino..., que el mago también le ha dicho que si consigue el terreno entero quizá pueda construirse un buen hotel de lujo algún día...

¿Un buen hotel de lujo?

Ah.

Ahí es cuando me quedo sorda y los pájaros dejan de trinar y veo a Wayan mover la boca, pero ya no la escucho, porque sólo veo esta idea, escrita claramente dentro de mi cabeza: SE ESTÁ DESCOJONANDO DE TI, ZAMPA.

Entonces me levanto, digo adiós a Wayan, echo a andar muy despacio y cuando llego a casa pregunto a Felipe a bocajarro:

—¿Se está descojonando de mí?

Él no me ha dado su opinión sobre la historia de Wayan en ningún momento.

—Cariño —me dice amablemente—, pues claro que se está descojonando de ti.

Al oírle, me quedo completamente hecha polvo.

—Pero no lo hace aposta —añade Felipe rápidamente—. Tienes que entender la mentalidad de Bali. Siempre intentan sacar todo el dinero que pueden a los turistas. Es su medio de vida. Por eso te ha contado esa historia del granjero. Cariño, ¿cuántos hombres balineses consultan con sus mujeres antes de hacer un negocio? Mira, el tipo está deseando venderle la parcela pequeña. Ya lo ha dicho. Pero ella quiere el terreno entero. Y quiere que se lo compres tú.

Me quedo horrorizada por dos motivos. Primero, me horroriza pensar que Wayan pueda ser así. Y en segundo lugar, me horrorizan las connotaciones culturales de su discurso, el tufo a Hombre Blanco Colonialista, su actitud condescendiente de «esta-gente-es-así».

Pero Felipe, precisamente por ser brasileño, no es un colonialista.

—Escúchame —me explica—. Yo nací en América del Sur en una familia pobre. ¿Crees que no entiendo cómo es la mentalidad de los pobres? Le has dado a Wayan más dinero del que ha visto en toda su vida y se ha vuelto medio loca. Te considera su mecenas milagrosa y habrá pensado que ésta es su única oportunidad de salir adelante en la vida. Por eso quiere sacarte todo lo que pueda antes de que te vayas. Por el amor de Dios, hace cuatro meses esa pobre mujer no tenía dinero para dar de comer a su hija, ¿y ahora quiere un hotel?

—¿Y qué hago?

—Pase lo que pase, no te enfades. Si te enfadas, la vas a perder y eso sería una pena, porque es una persona maravillosa y te quiere. Para ella esto es una cuestión de supervivencia y tienes que saber aceptarlo. No pienses que no es una buena persona ni que ella y sus hijas no necesitan tu ayuda de verdad. Pero no permitas que se aproveche de ti. Cariño, esta situación es muy típica. Los occidentales que llevan mucho aquí se dividen en dos grupos. La mitad de ellos juegan a ser los eternos turistas, tipo: «Ay, los balineses, qué dulces son, qué educados», y se dejan timar a todas horas. La otra mitad odia a los balineses, porque les cabrea que hayan sido capaces de timarles tanto. Y es una pena, porque pueden ser gente maravillosa.

—Pero ¿qué hago?

—Tienes que recuperar el control de la situación. Juega con ella igual que ella está jugando contigo. Amenázala para que se ponga en marcha de una vez. En realidad, le estás haciendo un favor, porque necesita una casa donde vivir.

—Es que no quiero jugar con ella, Felipe.

Por toda respuesta, me da un beso en la cabeza.

—Entonces no puedes vivir en Bali, cariño —me dice.

A la mañana siguiente pienso un plan. No me lo puedo creer. Aquí estoy: después de un año de estudiar lo que es la virtud y esforzarme en llevar una vida honesta voy a contar una mentira como la copa de un pino. Estoy a punto de mentir a mi balinesa favorita, a la que quiero como una hermana y que, por si fuera poco, me ha desinfectado los riñones. ¡Por el amor de Dios, voy a contar una trola a la madre de Tutti!

Voy andando a la ciudad y entro en la tienda de Wayan. Cuando se acerca a darme un abrazo, me aparto, fingiendo estar enfadada.

—Wayan —le digo—, quiero hablar contigo. Tengo un problema grave.

—¿Con Felipe?

—No. Contigo.

Me mira como si estuviera a punto de desmayarse.

—Wayan —le digo—, mis amigos americanos están muy enfadados contigo.

—¿Conmigo? ¿Por qué, cariño?

—Porque hace cuatro meses te dieron un montón de dinero para comprarte una casa y no te la has comprado. Me mandan *emails* todos los días, preguntándome: «¿Dónde está la casa de Wayan? ¿Qué ha pasado con mi dinero?». Piensan que les has robado y que estás usando el dinero para otra cosa.

—¡No he robado!

—Wayan —prosigo—, mis amigos americanos dicen que eres... una cabrona.

Traga aire como si le hubieran dado un puñetazo en la tráquea. Se queda tan horrorizada que me falta poco para darle un abrazo y decirle: «¡No, no! ¡No es verdad! ¡Me lo he inventado!». Pero tengo que acabar lo que he empezado. El caso es que se ha quedado totalmente hecha polvo. *Cabrón* es una palabra que cualquier balinés entiende perfectamente, pero que tiene un significado muy fuerte para ellos. Es una de las peores cosas que puedes llamar a alguien: «un cabrón». En un país donde la gente se despierta haciendo cabronadas, donde te hacen cabronadas a docenas, donde hacer cabronadas es un deporte, un arte, una costumbre y una desesperada técnica de supervivencia, la palabra «cabrón» es un insulto tremendo. Es algo que en la vieja Europa habría supuesto batirse en duelo.

—Cielo —me dice con los ojos llenos de lágrimas—, ¡no soy una cabrona!

—Lo sé, Wayan. Por eso estoy tan triste. Quiero que mis amigos americanos sepan que Wayan no es una cabrona, pero no se lo creen.

Me pone una mano encima de la mía.

—Siento meterte en un lío, cielo.

—Wayan, has armado un buen lío. Mis amigos están furiosos. Dicen que tienes que comprarte un terreno antes de que yo me vaya a Estados Unidos. Dicen que, si no te lo compras en esta semana, voy a tener que... devolverles el dinero.

Ahora ya no parece a punto de desmayarse. Parece a punto de morirse. Me siento como la mayor canalla de la historia de la humanidad al contar esta historia a una pobre mujer que —entre otras cosas— no sabe que no estoy capacitada para sacarle el dinero de la cuenta por mucho que quiera; vamos, que es como si me empeñara en quitarle la nacionalidad indonesia. Pero ¿cómo lo iba a saber? Le he hecho llegar el dinero mágicamente a su cuenta, ¿verdad? Entonces, podría hacerlo desaparecer exactamente igual, ¿no?

—Cielo —me dice—, créeme. Voy a encontrar la tierra ya. Tranquila, que encuentro la tierra muy rápido. Por favor, no te preocupes. En tres días está hecho. Te lo prometo.

—Tienes que hacerlo, Wayan —le pido con una seriedad no del todo falsa.

Lo cierto es que tiene que hacerlo. Sus hijas necesitan una casa. Están a punto de echarla de la tienda. No es el mejor momento para ponerse cabrona.

—Me voy a casa de Felipe —le digo—. Llámame cuando te hayas comprado la parcela.

Entonces me alejo de mi amiga, sabiendo que no me quita ojo, pero sin volverme a mirarla. Durante todo el camino de vuelta rezo a Dios esta extraña oración: «Por favor, que sea verdad que ha estado jugando conmigo». Porque si resulta que es incapaz de comprarse un terreno con 18.000 dólares en la cuenta entonces la cosa es grave y no sé cómo vamos a lograr sacarla de la pobreza. Pero, si está jugando conmigo, entonces existe un rayo de esperanza. Quiere decir que tiene algo de malicia y que será capaz de buscarse la vida en este puñetero mundo, aunque no lo parezca.

Vuelvo a casa de Felipe con el corazón en un puño.

—Si Wayan supiera —le digo— la historia que me he tenido que montar...

—... para conseguir que sea feliz y tenga éxito en la vida... —dice él, acabando la frase por mí.

Cuatro horas después —¡cuatro breves horas!— suena el teléfono en casa de Felipe. Es Wayan. Hablando atropelladamente, me dice que el asunto está resuelto. Acaba de comprar los dos *aros* del granjero (a cuya «mujer» ya no le importa tener que dividir la propiedad). Según parece, ya no hacen falta sueños mágicos ni bendiciones sacerdotales ni mediciones de la radioactividad del *taksu*. ¡Wayan tiene en sus manos hasta la escritura de propiedad! ¡Y la ha autorizado un notario! Además, me asegura, ya ha encargado los materiales de construcción y los trabajadores van a empezar a construir la casa la semana que viene, antes de que me vaya. Así podré ver el proyecto en marcha. Espera que no esté enfadada con ella. Me dice que me quiere más de lo que quiere a su propio cuerpo, más que a su vida, más que al mundo entero.

Le digo que yo también la quiero. Y que estoy deseando que me invite a pasar unos días en su hermosa casa nueva. Y que me gustaría que me diera una fotocopia del certificado de propiedad.

Cuando cuelgo el teléfono, Felipe me dice:

—Bien hecho.

No sé si se refiere a ella o a mí. Pero abre una botella de vino y brindamos por nuestra querida amiga Wayan, la terrateniente balinesa.

Entonces Felipe dice:

—¿Ya podemos irnos de vacaciones, por favor?

107

El sitio al que nos vamos de vacaciones es una isla diminuta llamada Gili Meno, que está en la costa de Lombok, que es la siguiente isla al este de Bali en el enorme archipiélago indonesio. Yo ya he estado en Gili Meno, pero se la quiero enseñar a Felipe, que no ha estado nunca.

Para mí, la isla de Gili Meno es uno de los sitios más importantes del mundo. Vine sola hace dos años en mi primer viaje a Bali. Una revista me había encargado un reportaje sobre el yoga como opción vacacional y acababa de dar dos semanas de yoga que me habían sentado muy bien. Pero al acabar el reportaje decidí prolongar mi estancia en Indonesia, aprovechando que me había venido a Asia. Lo que quería hacer, a decir verdad, era encontrar un sitio alejado de todo y pasar diez días de absoluta soledad y silencio.

Si me paro a recordar los cuatro años que pasaron desde que mi matrimonio empezó a hacer aguas y el día en que por fin me vi divorciada y libre, lo que veo es un dilatado proceso doloroso. Y el momento en que llegué a esta diminuta isla yo sola fue el peor de todo ese siniestro viaje. Fue cuando toqué fondo. Mi triste mente era un campo de batalla lleno de demonios enfrentados. Cuando decidí pasar diez días sola y en silencio en mitad de la nada, dije lo mismo a todas mis huestes en conflicto: «Estamos todos juntos en esto, tíos, y nos hemos quedado solos. Vamos a tener que montárnoslo para llevarnos bien, porque si no, tarde o temprano, moriremos juntos en el intento».

Éste puede parecer el discurso de una persona segura y confiada, pero tengo que confesar que mientras iba en barco a esa isla tan perdida, yo sola, nunca había tenido más pánico en toda mi vida. Y no llevaba libros para leer ni nada con que poder distraerme. Estaba a solas con mi mente a punto de enfrentarnos una a otra en un solar vacío. Recuerdo que las piernas me temblaban de miedo. Entonces me dije una de las frases preferidas de mi gurú: «¿Miedo? ¿Y qué más da?» y me bajé sola en la isla.

Me alquilé una pequeña cabaña en la playa por unos dólares al día y cerré el pico y me juré a mí misma no volver a abrirlo hasta que hubiera cambiado algo en mi interior. La isla de Gili Meno fue mi gran ponencia sobre la verdad y la reconciliación. Había elegido el lugar adecuado para hacerlo, eso estaba claro. La isla en sí es diminuta, prístina, arenosa, toda agua azul y palmeras. Es un círculo perfecto con un camino que lo rodea y se puede hacer la circunferencia entera en una hora más o menos. Está prácticamente encima del ecuador, por lo que sus ciclos diarios apenas cambian. El sol sale por un lado de la isla en torno a las seis y media de la madrugada y se pone por el otro lado en torno a las seis y media de la tarde todos los días del año. Sus únicos habitantes son un puñado de pescadores musulmanes y sus familias. No hay ningún lugar de la isla desde el que no se oiga el mar. No hay ni un solo vehículo motorizado. La electricidad la produce un generador que sólo funciona un par de horas por la tarde. Es el sitio más tranquilo que conozco.

Todos los días, al amanecer, me hacía la circunferencia entera de la isla y me la volvía a hacer al ponerse el sol. El resto del tiempo me quedaba sentada, mirando. Miraba mis ideas, mis sentimientos y también miraba a los pescadores. Los filósofos yoguis dicen que toda la tristeza de la vida humana la producen las palabras, pero toda la alegría también. Las palabras las creamos para definir nuestra experiencia y esas palabras nos producen sentimientos anejos que brincan a nuestro alrededor como perros atados a una correa. Nos seducen tanto nuestros mantras individuales («Soy una fracasada... Qué sola estoy... Soy una fracasada... Qué sola estoy») que nos convertimos en monumentos erigidos en su honor. Por eso pasar un tiempo sin hablar es intentar despojar a las palabras de su poder, dejar de atragantarnos con las palabras, liberarnos de nuestros mantras asfixiantes.

En aquella ocasión tardé mucho en llegar al auténtico silencio. Aunque había dejado de hablar, descubrí que el lenguaje me seguía zumbando en los oídos. Todos los órganos y los músculos relacionados con el habla —cerebro, garganta, pecho, nuca— me vibraban con los efectos secundarios de mi verborrea mucho después de haber dejado de emitir sonidos. La cabeza me reverberaba llena de palabras efervescentes, como esas piscinas interiores donde siempre hay un eco de gritos y voces aunque la clase de natación haya terminado hace tiempo. El latido del idioma tardó mucho en desaparecer, el murmullo tardó en disiparse por completo. En total, serían unos tres días.

Entonces, empezó a salir todo a flote. En ese estado de silencio todo lo odioso, todo lo temible, me galopaba por la mente vacía. Me sentía como una yonqui en proceso de desintoxicación, convulsa por el veneno que me brotaba del interior. Lloré mucho. Recé mucho. Fue difícil y fue aterrador, pero no hubo ningún momento en que no quisiera estar allí, como tampoco quise nunca tener a nadie allí conmigo. Sabía que tenía que hacerlo, pero sabía que tenía que hacerlo sola.

Los escasos turistas que había en la isla eran un puñado de parejas románticas. (Gili Meno es una isla tan bonita y tan exótica que sólo a una loca como yo se le ocurre ir sola.) Viendo a las parejitas de enamorados, me daban cierta envidia, pero sabía que «Éste no es tu momento para estar acompañada, Liz. Lo que tú has venido a hacer aquí es distinto». Por eso me mantenía alejada de los demás. Las gentes de la isla me dejaban en paz. Es posible que les diera cierto mal rollo. Llevaba todo el año pachucha. No se puede dormir así de poco y adelgazar tantos kilos y llorar tanto sin empezar a parecer una psicótica. Por eso nadie me hablaba.

Aunque eso no es del todo verdad. Había una persona que me hablaba todos los días. Era un niño pequeño, uno de esos que se recorren las playas intentando vender fruta fresca a los turistas. El niño tendría unos 9 años y parecía ser el jefe del grupo. Era duro de pelar, gamberro y si en su isla hubiera alguna calle habría dicho de él que era un chico «callejero». Supongo que era más bien un chico «playero». El caso es que hablaba un buen inglés, que debía de haber aprendido incordiando a los occidentales en la playa. Y al chico le dio la venada conmigo. Nadie me preguntaba quién era yo, nadie me molestaba, pero él se me acercaba implacablemente siempre que me veía en la playa y me preguntaba: «¿Por qué no hablas? ¿Por qué eres tan rara? No hagas que no me oyes, porque sé que me oyes. ¿Por qué estás siempre sola? ¿Por qué no te metes en el agua a nadar? ¿Dónde está tu novio? ¿Por qué no tienes un marido? ¿Qué te pasa?».

Y yo pensaba: *¡Lárgate, niño! ¿Qué eres? ¿Una transcripción de mis peores pensamientos?*

Día tras día le dedicaba una sonrisa cordial y le pedía amablemente que se marchara, pero él no cejaba hasta conseguir sacarme de quicio. Y siempre lo lograba, tarde o temprano. Recuerdo que una de las veces le grité: «No hablo porque estoy haciendo un maldito viaje espiritual, niñato asqueroso. ¡Lárgate ya!».

Y entonces salía corriendo, tronchándose de risa. Todos los días, cuando conseguía hacerme hablar, se iba riéndose. Al verlo alejarse, a mí también me entraba la risa. Odiaba a ese niño entrometido, pero me acabé acostumbrando a sus apariciones. Era el único elemento cómico de aquella experiencia tan dura. San Antonio describe las visiones que tuvo durante un retiro en el desierto y dice que vio ángeles y demonios a la vez. Narra que, en su soledad, unas veces se encontraba con demonios que parecían ángeles y otras veces con ángeles que parecían demonios. Cuando le preguntaban cómo los distinguía, el santo contestaba que lo notaba por el estado de ánimo que le producía la criatura en cuestión. Si te quedas horrorizado, explica, te ha visitado un demonio. Si te sientes aliviado, ha sido un ángel.

Está claro lo que era ese trasto de niño, que siempre conseguía arrancarme una carcajada.

Al cumplirse mi noveno día de silencio, me puse a meditar en la playa al atardecer y no volví a ponerme en pie hasta después de la medianoche. Recuerdo que pensé: «Éste es el momento, Liz», y le dije a mi mente: «Ésta es tu oportunidad. Saca todo lo que te hace sufrir. Enséñamelo todo. No ocultes nada». Entonces todos mis pensamientos y recuerdos tristes fueron levantando la mano, uno tras otro, y se pusieron en pie para identificarse. Al contemplar cada pensamiento, cada unidad de sufrimiento, asimilaba su existencia y (sin intentar resguardarme) soportaba la correspondiente congoja. Después decía a cada una de mis penas: «No pasa nada. Te quiero. Te acepto. Te acojo con el corazón. Se acabó». Y la pena me entraba (como un ser vivo) en el corazón (como si fuera una habitación). Entonces yo decía: «¿Siguiente?» y afloraba a la superficie el siguiente sufrimiento. Después de haberlo contemplado, experimentado y bendecido, lo invitaba a entrar en mi corazón también. Esto lo hice con todos los pensamientos tristes que había tenido en mi vida —viajando por años de recuerdos— hasta que no quedó ni uno.

A continuación le dije a mi mente: «Ahora saca toda tu ira». Uno tras otro, todos los incidentes de mi vida relacionados con la furia fueron aflorando y dándose a conocer. Cada injusticia, cada traición, cada pérdida, cada indignación. Los fui viendo todos, uno por uno, y asimilé su existencia. Padecía cada fragmento de ira enteramente, como si estuviera sucediendo por primera vez, y decía: «Entra en mi corazón. Al fin podrás descansar. Estarás a salvo. Se acabó. Te quiero». El proceso duró horas, en las que yo me columpiaba entre los poderosos polos opuestos de mis variados sentimientos. Tan pronto experimentaba una furia que me hacía crujir los huesos como una frialdad absoluta mientras la ira me entraba en el corazón como quien entra por una puerta, acurrucándose junto a sus hermanos y abandonando la lucha.

La última parte era la más difícil. «Saca toda tu vergüenza», pedí a mi mente. Y Santo Dios, qué horrores vi. Un desfile patético en que estaban todos mis fallos, mis mentiras, mi egoísmo, mis celos, mi arrogancia. Pero los contemplé sin pestañear. «Muéstrame lo peor», dije. Y al invitar a las peores unidades de vergüenza a entrar en mi corazón, se quedaron paradas en el umbral, diciendo: «No. A mí no querrás invitarme a entrar. ¿Sabes lo que he hecho?». Y yo decía: «Sí que quiero tenerte dentro. A pesar de todo sí que quiero. Hasta a ti te acojo en mi corazón. No pasa nada. Te perdono. Formas parte de mí. Al fin podrás descansar. Se acabó».

Al acabar, me quedé vacía. Ya no tenía la mente en guerra. Miré dentro de mi corazón y me asombró lo grande que me pareció. Le quedaba mucho espacio para la bondad. Aún no estaba lleno, aunque había cobijado y atendido a todos los calamitosos golfillos de la tristeza, la ira y la vergüenza; sabía que mi corazón podía haber recibido y perdonado aún más. Su amor era infinito.

Comprendí entonces que así es como Dios nos ama y recibe a todos, y que en este universo no existe eso que llamamos el infierno, salvo en la aterrorizada mente de cada uno de nosotros. Porque, si un ser humano deshecho y limitado es capaz de experimentar semejante episodio de total perdón y aceptación de sí mismo, pensemos —¡intentemos imaginar!— la enormidad de cosas que Dios, en su eterna compasión, perdona y acepta.

Pero también sabía, intuía, que ese remanso de paz era temporal. Sabía que la labor no estaba terminada del todo, que mi furia, mi tristeza y mi vergüenza volverían a hacer acto de presencia, huyendo de mi corazón y volviendo a instalarse en mi cabeza. Sabía que volvería a enfrentarme a esos pensamientos, una y otra vez, hasta que lenta y decididamente cambiase mi vida entera. Iba a ser una labor ardua y agotadora. Pero en la silenciosa penumbra de aquella playa mi corazón le dijo a mi mente: «Te quiero. Jamás te abandonaré. Siempre cuidaré de ti». Esa promesa me salió flotando del corazón y la atrapé con la boca, donde me la guardé, saboreándola mientras me iba de la playa a la caseta donde vivía. Saqué un cuaderno sin usar, lo abrí por la primera página y entonces abrí la boca por primera vez, pronunciando esas palabras en el vacío de la habitación, dejándolas salir en libertad. Quebré mi silencio con esas palabras, cuyo colosal significado documenté a lápiz en la página:

«Te quiero. Jamás te abandonaré. Siempre cuidaré de ti».

Fueron las primeras palabras que escribí en mi cuaderno secreto, que llevo encima desde entonces. En los dos años siguientes a menudo he acudido a él en busca de ayuda y *siempre la he hallado*, hasta en los momentos de tristeza o miedo feroz. Y ese cuaderno guardián de esa promesa de amor me permitió sobrevivir a los dos siguientes años de mi vida, ni más ni menos.

108

Y ahora vuelvo a la isla de Gili Meno en unas circunstancias totalmente distintas. Desde la última vez que estuve aquí he dado la vuelta al mundo, solucionado el asunto de mi divorcio, superado la separación de David, eliminado de mi organismo los fármacos neurológicos, aprendido un idioma, vivido en India la experiencia inolvidable de sentarme en la mano de Dios, estudiado las enseñanzas de un curandero indonesio y comprado una casa a una familia que necesitaba desesperadamente un lugar donde vivir. Soy feliz, tengo salud y he hallado el equilibrio. Y, por si fuera poco, voy en barco con mi amante brasileño a una hermosa isla tropical perdida en los mares. ¡Un final —tengo que admitirlo— tan de cuento de hadas que es casi ridículo, como el sueño de toda ama de casa o algo así! (Puede que hasta sea una página de uno de mis sueños de hace años.) Pero si no me pierdo totalmente en el relumbrón de un cuento de hadas es gracias a esta sólida verdad, una verdad que me ha osificado los huesos durante los últimos años: a mí no me ha salvado ningún príncipe; de mi rescate me he encargado yo sola.

Recuerdo una cosa que leí una vez, una máxima del budismo zen que dice que un roble lo crean dos fuerzas simultáneas. Evidentemente, la primera es la bellota, la semilla que contiene la promesa y el potencial, que al crecer se convierte en el árbol. Eso está clarísimo. Pero son pocos los que reconocen otra fuerza importante, la del árbol futuro, cuya ansia de existir es tan enorme que hace eclosionar y brotar la bellota, llenándola de vigor, guiando la evolución desde la nada hasta la madurez. Hasta tal punto que, en opinión de los filósofos zen, es el propio roble quien crea la bellota de la que nace.

Pienso en cómo es la mujer en que me he convertido, en cómo es mi vida y en las ganas que tenía de ser esta persona y vivir esta vida, liberada al fin de la farsa de querer ser otra distinta. Pienso en todo lo que he aguantado hasta llegar donde estoy y me pregunto si habré sido yo de verdad —me refiero a la mujer feliz y equilibrada que va medio dormida en la cubierta de esta barquita pesquera indonesia—

quien ha tirado de mi *yo* joven, confuso e inseguro durante todos estos años tan difíciles. Mi *yo* joven era la bellota llena de vigor, pero ha sido mi *yo* mayor, ese roble ya existente, quien ha repetido una y otra vez: «¡Sí, crece! ¡Cambia! ¡Evoluciona! ¡Ven donde estoy yo, que ya tengo plenitud y madurez! ¡Tienes que crecer para unirte a mí!». Y quizá fuera esa versión mía —totalmente actualizada hoy— la que sobrevolaba por encima de la chica casada que lloriqueaba en el suelo del cuarto de baño y quizá fuera ese *yo* quien susurró cariñosamente al oído de esa chica desesperada: «Vuélvete a la cama, Liz», sabiendo perfectamente que todo iba a salir bien, que nos acabaríamos encontrando aquí. Precisamente aquí, justo en este momento. Como si ese *yo* feliz y tranquilo llevase toda la vida esperando a mi otro *yo*, esperando a que llegase para reunirse de una vez.

Y en ese momento Felipe se despierta. Llevamos toda la tarde quedándonos dormidos y volviéndonos a despertar, abrazados sobre la cubierta de este bote indonesio. El mar nos acuna bajo la tibia luz del sol. Mientras sigo con la cabeza apoyada en su hombro, Felipe me cuenta que se le ha ocurrido una idea mientras dormía.

—Sabes que yo tengo que vivir en Bali, porque tengo mis negocios aquí y porque está muy cerca de Australia, donde viven mis hijos. También tengo que ir a Brasil a menudo para importar las gemas y porque mi familia vive allí. Y tú tienes que vivir en Estados Unidos, evidentemente, porque es donde tienes tu trabajo y donde tienes la familia y los amigos. Así que he pensado que... podemos intentar montarnos la vida entre Estados Unidos, Australia, Brasil y Bali.

No me queda más remedio que reírme, la verdad, pero... ¿qué nos impide probarlo? Es una locura tan grande que puede que funcione. Una vida así puede parecer una demencia absoluta, un disparate total, pero es justo mi tipo de rollo. Pues claro que sí. Es una idea más llevadera de lo que parece. Y también me gusta desde el punto de vista poético, eso sí. Lo digo literalmente. Después de pasar un año entero explorando las intrépidas e individualistas *íes* de Italia, India e Indonesia Felipe acaba de sugerirme una nueva teoría viajera:

Australia, América, Bali, Brasil = A, A, B, B.

Como la rima de un poema clásico, como dos pareados.

El bote de pesca atraca en la playa de Gili Meno. La isla no tiene muelle. Tienes que remangarte los pantalones, saltar del barco y vadear hasta llegar a la arena. Esto es imposible hacerlo sin empaparte o, incluso, rasparte con los arrecifes de coral, pero merece la pena, porque la playa tiene una hermosura única. Así que mi amante y yo nos quitamos los zapatos, nos ponemos las bolsas encima de la cabeza y nos disponemos a saltar juntos del barco al mar.

Curiosamente, el único idioma romántico que Felipe no habla es el italiano. Pero se lo digo de todas formas, justo cuando vamos a saltar al agua.

—*Attraversiamo* —le digo.

Crucemos al otro lado.

Reconocimiento y agradecimiento final

Pocos meses después de haberme marchado de Indonesia volví para visitar a mis seres queridos y para celebrar la Navidad y el Año Nuevo. Mi vuelo aterrizó en Bali sólo dos horas después de que en el sudeste asiático hubiese un tsunami de consecuencias devastadoras. Mis amigos del mundo entero se pusieron inmediatamente en contacto conmigo para preguntarme si mis amigos indonesios estaban a salvo. Casi todos parecían coincidir en una pregunta: «¿Están bien Wayan y Tutti?». La respuesta es que el tsunami no afectó a Bali en absoluto (salvo en el aspecto emocional, por supuesto) y me los encontré a todos en perfectas condiciones. Felipe me estaba esperando en el aeropuerto (el primero de nuestros sucesivos encuentros en algún aeropuerto). Ketut Liyer estaba sentado en su porche, como siempre, preparando sus pócimas y medicamentos. Yudhi acababa de encontrar un trabajo tocando la guitarra en un hotel de lujo y le iba muy bien. Y la familia de Wayan estaba felizmente instalada en su casa nueva, lejos de la peligrosa costa, a salvo en los altos arrozales de Ubud.

Con todo mi cariño (y el de Wayan también), me gustaría dar las gracias a las personas que han aportado dinero para construir la mencionada casa:

493

Sakshi Andreozzi, Savitri Axelrod, Linda y Renee Barrera, Lisa Boone, Susan Bowen, Gary Brenner, Monica Burke y Karen Kudej, Sandie Carpenter, David Cashion, Anne Connell (experta, junto con Jana Eisenberg, en salvamentos de urgencia), Mike y Mimi de Gruy, Armenia de Oliveira, Rayya Elias y Gigi Madl, Susan Freddie, Devin Friedman, Dwight Garner y Cree LeFavour, John y Carole Gilbert, Mamie Healey, Annie Hubbard y el prodigioso Harvey Schwartz, Bob Hughes, Susan Kittenplan, Michael y Jill Knight, Brian y Linda Knopp, Deborah Lopez, Deborah Luepnitz, Craig Marks y Rene Steinke, Adam McKay y Shira Piven, Johnny y Cat Miles, Sheryl Moller, John Morse y Ross Petersen, James y Catherine Murdock (con los mejores deseos de Nick y Mimi), José Nunes, Anne Pagliarulo, Charley Patton, Laura Platter, Peter Richmond, Toby y Beverly Robinson, Nina Bernstein Simmons, Stefania Somare, Natalie Standiford, Stacey Steers, Darcey Steinke, The Thoreson Girls (Nancy, Laura y Miss Rebecca), Daphne Uviller, Richard Vogt, Peter y Jean Warrington, Kristen Weiner, Scott Westerfeld y Justine Larbalestier, Bill Yee y Karen Zimet.

Por último, y cambiando de tema, quisiera hallar el modo de agradecer debidamente a mis queridísimos tío Terry y tía Deborah por lo mucho que me ayudaron durante el año que duró mi viaje. Conformarme con llamarlo «apoyo técnico» sería disminuir la importancia de su contribución. Juntos tejieron una red bajo mi cuerda floja sin la cual —sinceramente— no habría podido escribir este libro. Algo así es totalmente impagable.

Sin embargo, es casi imposible corresponder a todas las personas que nos ayudan a lo largo de la vida. En